캐릭터 제작을 위한

블렌더 3D
모델링&렌더링

지은이 **3dtotal**Publishing

3dtotal Publishing은 1999년 톰 그린웨이가 설립한 CG 아티스트를 위한 웹 사이트 3dtotal.com
의 자회사로, 전 세계에서 활약하는 업계 최고 프로 작가의 작품을 모아 책을 만듭니다. 상세한 가이드
는 물론, 프로젝트를 단계별로 알기 쉽게 설명해 프로 캐릭터 아티스트들의 창의성 높은 통찰력과 조언
을 수록했습니다. 이와 더불어 블렌더 3D 작업에 필요한 자료와 영상을 아낌없이 제공하며 독자들이
첫걸음을 뗀 순간부터 프로의 길에 오르기까지 응원합니다. 또한 3dtotal Publishing은 2020년부터
숲을 다시 만드는 자선 단체들과 손을 잡고, 책이 한 권 팔릴 때마다 일정 액수를 기부하고 있습니다.

• 웹 사이트: 3dtotalpublishing.com

옮긴이 **안동현**

연세대학교 심리학과를 졸업하고 웹 개발 프리랜서를 거쳐 IT 전문 출판사에서 기획과 편집 업무를 담
당했다. 번역서로는 《Do it! 게임 10개 만들며 배우는 파이썬》,《Do it! 첫 통계 with 베이즈》,《인공
지능은 게임을 어떻게 움직이는가?》(이상 이지스퍼블리싱),《프로그래머, 수학으로 생각하라》,《처
음 만나는 머신러닝과 딥러닝》(이상 프리렉) 등이 있다.

캐릭터 제작을 위한 블렌더 3D 모델링&렌더링

초판 발행 • 2023년 9월 15일
초판 2쇄 • 2024년 1월 25일

지은이 • 3dtotal Publishing
옮긴이 • 안동현
발행인 • 이지연
펴낸곳 • 이지스퍼블리싱(주)
출판사 등록번호 • 제313-2010-123호
주소 • 서울시 마포구 잔다리로 109 이지스빌딩 4, 5층
대표전화 • 02-325-1722 | **팩스** • 02-326-1723
홈페이지 • www.easyspub.co.kr | **페이스북** • www.facebook.com/easyspub
Do it! 스터디룸 카페 • cafe.naver.com/doitstudyroom | **인스타그램** • instagram.com/easyspub_it

총괄 • 최윤미 | **책임편집** • 이수진 | **IT 1팀** • 이수진, 임승빈, 이수경, 지수민
교정교열 • 박명희 | **표지·본문 디자인** • 트인글터 | **인쇄** • 보광문화사
마케팅 • 박정현, 한송이, 이나리 | **독자지원** • 박애림, 오경신 | **영업 및 교재 문의** • 이주동, 김요한(support@easyspub.co.kr)

ISBN 979-11-6303-502-2 13000
가격 31,000원

블렌더 재단
공식 인증!

캐릭터 제작을 위한

예비 캐릭터
아티스트를 위한
최적의 코스!

블렌더 3D
모델링&렌더링

3D 기초부터 스컬프팅, 토폴로지,
실사 같은 재질, 애니메이션 표현까지!

초보자도
OK!

이지스 퍼블리싱

블렌더에서 인증한 공식 트레이너 집필!

4가지 프로젝트로 배우는 3D 모델링 교과서

이 시대 최고의 3D 프로그램, 블렌더!

블렌더(Blender)는 최고 디지털 아티스트가 모여 만든 세계적인 오픈 소스 3D 소프트웨어입니다. 이 책은 여러분이 3D 캐릭터를 직접 만들 수 있도록 분명하고 빠른 길을 알려 드립니다.

블렌더는 다재다능하고 폭넓게 쓸 수 있는 도구로, 이 책은 **블렌더를 사용할 때 알아야 할 모든 지식을 따라 실습하는 방식**으로 설명합니다. 즉, 3D 입문자를 위해 기초 지식을 소개하는 것부터 시작하여 멋진 캐릭터를 창조하는 데 필요한 기술을 익힐 수 있도록 돕습니다.

3D 기초부터 모델링, 스컬프팅, 토폴로지, 렌더링까지!
예비 캐릭터 아티스트에게 추천하는 최적의 루트!

이 책은 캐릭터를 꾸미는 데 초점을 두고 모델링, 스컬프팅, 조명, 텍스처와 재질, 렌더링 등의 중심 주제를 통해 캐릭터 모델을 어떻게 만드는지 배웁니다. 191쪽에서는 회전하는 애니메이션을 만드는 방법도 살펴봅니다. 이 모든 여정에는 **블렌더 재단 인증 트레이너**인 **피에릭 피코**(Pierrick Picaut)를 비롯해 다양한 전문가가 함께합니다. 최고의 3D 프로그램을 최고의 블렌더 강사에게 배우세요.

모델링, 브러시, 작업 영상, 재질 파일 모두 제공!

실습에 필요한 파일은 스케치 이미지부터 완성 블렌더 파일까지 모두 제공합니다. 재질, 렌더링 등 후반 작업에만 집중하고 싶다면 완성된 모델링 파일을 열어 실습할 수도 있습니다.

Blender modeling files

03_reference image.jpg

이 책으로 3D 모델링의 기초부터 프로페셔널한 수준의 작품에 이르기까지 모든 기술을 한번에 배울 수 있기를 바랍니다. 여러분만의 창작의 문을 활짝 열어 보세요!

스케치를 바탕으로
3D 모델링을 진행해요!

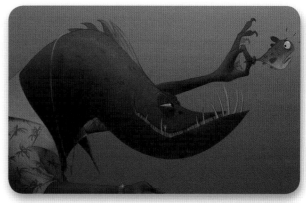

한눈에 보는 3D 캐릭터 만드는 과정

1단계. 기본 모양 만들기

캐릭터의 모양을 대략 만듭니다.

구체, 큐브, 실린더, 원뿔 등을 조합해 큰 덩어리를 만들어요.

2단계. 스컬프팅 ― 모양 빚기

찰흙 덩어리를 빚듯이 캐릭터의 모양을 구체화해 나갑니다.

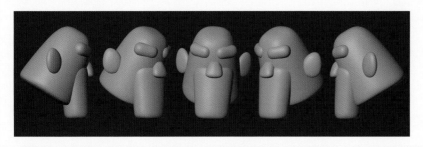

3단계. 리토폴로지 ― 단순화된 폴리곤으로 만들기

앞 단계에서 만든 모델링을 더 간단한 구조의 모델로 치환해 변형합니다.

쉽게 말해 조금 더 단순화된 폴리곤으로 덮어 씌우는 과정입니다. 이후 캐릭터에 움직임을 주거나 게임에서 사용할 때 용량을 가볍게 하고 오류를 덜어 주기 위해 꼭 필요한 과정입니다.

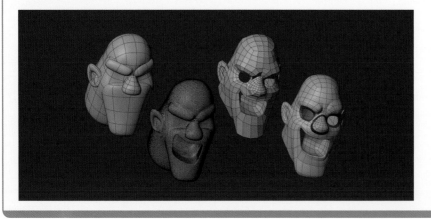

4단계. UV 펼치기 — 3D를 2D로 펼쳐서 그리기

3D 오브젝트의 표면을 벗겨서 칠할 수 있는 2D 평면으로 펼칩니다.

UV 펼치기 후 캐릭터의 피부를 표현하거나 질감을 입히는 작업을 해요.

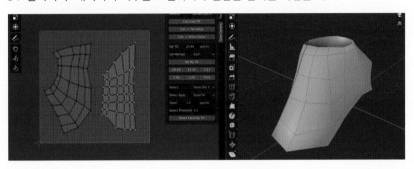

5단계. 셰이딩과 조명 넣기

오브젝트의 질감을 만드는 단계입니다!

빛남, 투명함 등을 표현할 때 셰이딩이 필요해요. 좋은 셰이딩이 되려면 반사를 표현하고 오브젝트를 비추는 적절한 조명이 있어야 합니다. 디지털 램프와 조명 환경을 조합해 분위기를 표현해 보세요.

6단계. 렌더링과 후보정, 합성하기

렌더링은 텍스처와 셰이더, 조명을 비춘 오브젝트를 디지털카메라로 계산하여 실제로 관객이 볼 사진인 2D 이미지로 출력하는 과정을 말해요. 이후에 합성, 후보정 과정을 거쳐 최종 작품으로 완성합니다.

이 책의 구성과 활용법

이 책의 **첫째마당, 둘째마당**에서는 블렌더라는 소프트웨어를 소개하면서 사용 방법을 자세히 설명합니다. 이어서 **셋째마당**에서는 3D 캐릭터를 만들려면 알아야 하는 것들을 실전 프로젝트의 단계를 따라 소개합니다. 만약 블렌더를 사용해 본 경험이 있다면 52쪽으로 넘어가 바로 모델링을 시작해도 좋습니다.

3D 그래픽을 배운 적이 없다면 인내심을 갖고 시작하세요. 먼저 모델과 장면을 다루는 데 익숙해지고 중요한 도구를 다룰 줄 안다면 창의성을 발휘하는 부분은 상대적으로 쉬워질 겁니다. 각 장의 시작 부분에는 **[이 장에서 다룰 내용]**을 정리해 두었으며, 책 뒤에는 **[개념 사전]**을 실었으니 모르는 용어가 나올 때마다 펼쳐서 참고하세요.

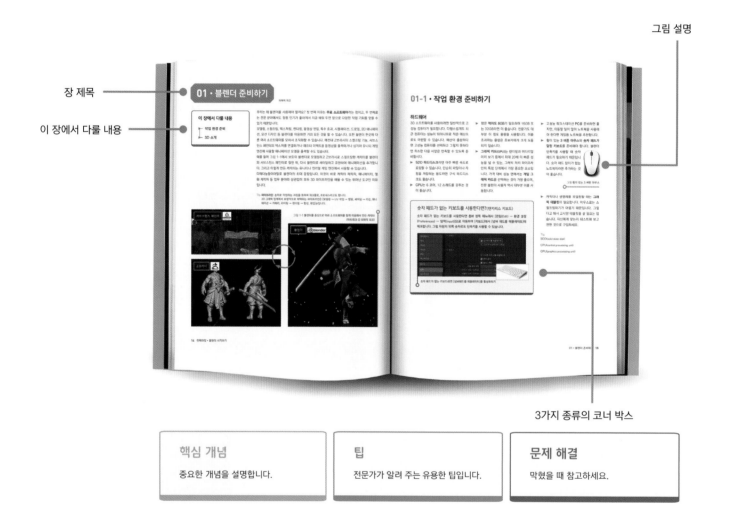

장 제목

이 장에서 다룰 내용

그림 설명

3가지 종류의 코너 박스

핵심 개념	팁	문제 해결
중요한 개념을 설명합니다.	전문가가 알려 주는 유용한 팁입니다.	막혔을 때 참고하세요.

실습 자료 내려받기

이 책의 아트워크 작가들이 사용한 다양한 텍스처와 참고할 블렌더 파일 등의 자료를 제공합니다.
이지스퍼블리싱 홈페이지(www.easyspub.co.kr)의 **[자료실]**에서 책 이름을 검색해 실습 자료를
내려받으세요.

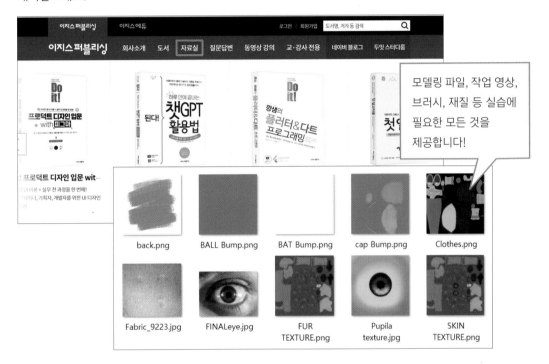

모델링 파일, 작업 영상,
브러시, 재질 등 실습에
필요한 모든 것을
제공합니다!

첫째마당

블렌더 시작하기

01 · 블렌더 준비하기

피에릭 피코

이 장에서 다룰 내용

▶ 작업 환경 준비

▶ 3D 소개

우리는 왜 블렌더를 사용해야 할까요? 첫 번째 이유는 **무료 소프트웨어**라는 점이고, 두 번째로는 전문 분야에서도 점점 인기가 좋아져서 지금 배워 두면 앞으로 다양한 직업 기회를 얻을 수 있기 때문입니다.

모델링, 스컬프팅, 텍스처링, 렌더링, 동영상 편집, 특수 효과, 시뮬레이션, 드로잉, 2D 애니메이션, 모션 디자인 등 블렌더를 이용하면 그래픽 작업의 거의 모든 것을 할 수 있습니다. 또한 블렌더 한곳에 다른 여러 소프트웨어를 모아서 조직화할 수 있습니다. 예컨대 Z브러시의 스컬프팅 기능, 서브스턴스 페인터의 텍스처를 연결하거나 애프터 이펙트용 동영상을 출력하거나 심지어 유니티 게임 엔진에 사용할 애니메이션 모델을 출력할 수도 있습니다.

예를 들어 그림 1-1에서 보듯이 블렌더로 모델링하고 Z브러시로 스컬프팅한 캐릭터를 블렌더와 서브스턴스 페인터로 칠한 뒤, 다시 블렌더로 셰이딩하고 표현하여 애니메이션을 추가합니다. 그리고 이렇게 만든 캐릭터는 유니티나 언리얼 게임 엔진에서 사용할 수 있습니다.

다재다능함이야말로 블렌더의 최대 강점입니다. 이것이 바로 캐릭터 제작자, 애니메이터, 영화 제작자 등 업무 분야와 상관없이 모두 3D 파이프라인을 배울 수 있는 뛰어난 도구인 이유입니다.

Tip. **파이프라인**: 순차로 작업하는 과정을 뜻하며 워크플로, 프로세스라고도 합니다.
3D 그래픽 업계에서 보편적으로 채택하는 파이프라인은 [모델링 → UV 작업 → 맵핑, 셰이딩 → 리깅, 애니메이션 → 카메라, 라이팅 → 렌더링 → 합성, 편집]순입니다.

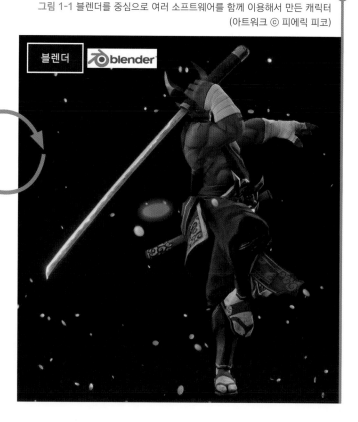

그림 1-1 블렌더를 중심으로 여러 소프트웨어를 함께 이용해서 만든 캐릭터
(아트워크 ⓒ 피에릭 피코)

01-1 · 작업 환경 준비하기

하드웨어

3D 소프트웨어를 사용하려면 일반적으로 고성능 컴퓨터가 필요합니다. 다행스럽게도 최근 컴퓨터는 성능이 뛰어나므로 적은 예산으로도 마련할 수 있습니다. 예산이 충분하다면 고성능 컴퓨터를 선택하고 그렇지 못하다면 최소한 다음 사양은 만족할 수 있도록 준비합시다.

▶ **SDD 하드디스크**라면 아주 빠른 속도로 로딩할 수 있습니다. 단순히 파일이나 자원을 저장하는 용도라면 구식 하드디스크도 좋습니다.

▶ **CPU**는 6 코어, 12 스레드를 갖추는 것이 좋습니다.

▶ 램은 **적어도 8GB가 필요**하며 16GB 또는 32GB라면 더 좋습니다. 전문가도 대부분 이 정도 용량을 사용합니다. 이를 초과하는 용량은 초보자에게 크게 도움되지 않습니다.

▶ **그래픽 카드(GPU)**는 렌더링과 머티리얼 미리 보기 등에서 최대 20배 더 빠른 성능을 낼 수 있는, 그래픽 처리 파이프라인의 특정 단계에서 가장 중요한 요소입니다. 가격 대비 성능 면에서는 **게임 그래픽 카드**를 선택하는 것이 가장 좋으며, 전문 블렌더 사용자 역시 대부분 이를 사용합니다.

▶ 고성능 워크스테이션 PC를 준비하면 좋지만, 이동할 일이 많아 노트북을 사용해야 한다면 게임용 노트북을 추천합니다.

▶ 휠이 있는 **3 버튼 마우스**와 **숫자 패드가 달린 키보드**를 준비해야 합니다. 블렌더 단축키를 사용할 때 숫자 패드가 필요하기 때문입니다. 숫자 패드 장치가 없는 노트북이라면 추가하는 것이 좋습니다.

그림 휠이 있는 3 버튼 마우스

▶ 캐릭터나 생명체를 모델링할 때는 **그래픽 태블릿**이 필요합니다. 마우스로는 스컬프팅하기가 어렵기 때문입니다. 그렇다고 해서 고사양 태블릿을 살 필요는 없습니다. 자신에게 맞는지 테스트해 보고 편한 것으로 구입하세요.

Tip.

SDD(solid state disk)

CPU(central processing unit)

GPU(graphics processing unit)

숫자 패드가 없는 키보드를 사용한다면?(텐키리스 키보드)

숫자 패드가 없는 키보드를 사용한다면 톱바 왼쪽 메뉴에서 [편집(Edit) → 환경 설정 (Preferences) → 입력(Input)]으로 이동하여 [키보드]에서 [넘버 패드를 에뮬레이트]에 체크하세요. 그럼 자판의 위쪽 숫자로도 단축키를 사용할 수 있습니다.

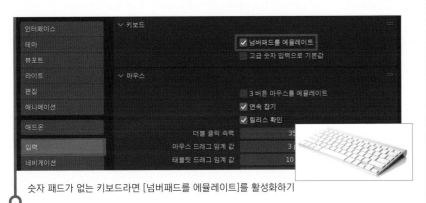

숫자 패드가 없는 키보드라면 [넘버패드를 에뮬레이트]를 활성화하기

블렌더 내려받고 설치하기

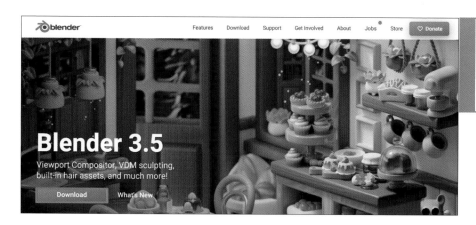

❶ blender.org를 방문하여 [Download] 버튼을 클릭해 최신 버전의 블렌더 설치 파일을 내려받습니다.

❷ 윈도우 사용자라면 [Download Blender 3.5.1]을 클릭해 실행 파일을 내려받습니다. 운영체제에 따라 오른쪽 그림처럼 가운데에 있는 버튼을 클릭해도 됩니다.

Tip. 이 책은 블렌더에서 '안정적'이라고 검증한 **3.3 LTS 버전**을 기준으로 합니다. LTS 버전을 설치하고 싶다면 [Looking for Blender LTS?] 버튼을 클릭하고 자신의 운영체제에 따라 설치하세요.

안정적인 3.3 LTS 버전을 받으려면 이곳을 클릭하세요!

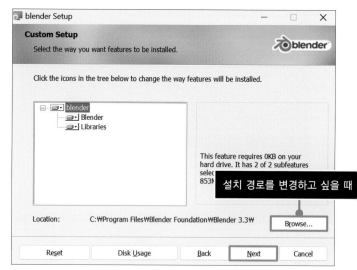

설치 경로를 변경하고 싶을 때

❸ 내려받은 파일을 실행해 설치를 진행합니다.

블렌더 실행하기

블렌더를 처음으로 실행하면 그림 1-2처럼 화면이 한가운데에 나타납니다. 이 창의 위쪽에는 새로운 블렌더 버전이 나올 때마다 작가의 작품을 선정해 싣습니다. 아마도 다음 작가는 여러분이 아닐까요?

이 창에서는 사용할 언어와 함께 마우스 오른쪽 버튼과 왼쪽 버튼 가운데 어떤 것을 사용할지를 선택할 수 있으며 키보드 Spacebar를 눌렀을 때 사용할 동작도 설정할 수 있습니다. 여기서는 기본 선택 그대로 둔 채 [Save New Settings]를 눌러 저장합니다.

설정을 마친 후 블렌더를 다시 열면 아까와 조금 다른 화면이 나타납니다. 이것이 블렌더를 열 때마다 나타나는 환영 창입니다. 템플릿을 이용하여 간단하게 새 파일을 만들거나 다른 파일을 열 수 있습니다. 또한 블렌더끼리 충돌했을 때 마지막 세션을 복구하거나 최근에 사용한 파일을 열 수도 있습니다.

그림 1-2 블렌더를 처음 열었을 때 나타나는 화면(3.3 버전)

새 파일 열기, 다른 이름으로 저장하기

블렌더를 처음 시작하면 큐브(Cube), 카메라(Camera), 조명(Light)으로 구성된 새로운 파일과 장면(scene)이 자동으로 생성됩니다. 메뉴에서 [파일(File) → 다른 이름으로 저장(Save As)]을 선택하여 저장합니다(그림 1-3). Ctrl + N을 누르거나 [파일(File) → 새로운(New)] 메뉴를 이용하면 새 파일을 만들 수 있습니다.

기존 파일을 열려면 Ctrl + O를 누르거나 [파일(File) → 열기(Open)] 메뉴를 이용합니다. [파일(File) → 최근 파일을 열기(Open Recent)] 메뉴는 최근에 사용한 블렌더 파일 목록을 표시합니다.

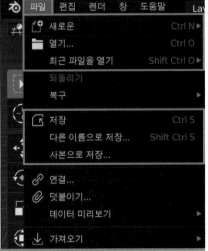

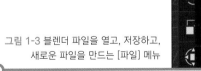

그림 1-3 블렌더 파일을 열고, 저장하고, 새로운 파일을 만드는 [파일] 메뉴

01-2 • 3D 작업할 때 알아야 하는 기초 지식

3D 작업이란?

3D 작업은 어도비 포토샵처럼 레이어를 겹치며 작업하지 않고 공간 속의 오브젝트를 이용한다는 점에서 2D 작업과 크게 다릅니다. 3D에서 작업 캔버스는 종이 같은 평면이 아니라 입체적인 세계입니다. 여러분은 이 공간을 이동하면서 사진과 동영상을 촬영합니다(그림 1-4).

그림을 그리고 칠할 때는 원근법을 고려해야 하지만 3D 소프트웨어를 이용하면 회전할 수 있으므로 여러 각도에서 작업할 수 있습니다. 그래서 때로는 작업 시간이 오래 걸리기도 하지만 훨씬 더 직관적입니다. 무언가를 표현할 때 픽셀을 더하거나 뺄 필요가 없습니다. 모델링할 때도 도형을 조작하고 공간에 점을 놓으면 되니까요. 조명이나 그림자를 표현할 필요도 없습니다. 사진 스튜디오나 무대 위처럼 모델에 조명을 쓰면 그만입니다.

그림 1-4 클릭 몇 번으로 각도를 다양하게 표현한 3D 캐릭터(아트워크 ⓒ 피에릭 피코)

3D의 기본 구성 — 오브젝트, 메시, 폴리곤

블렌더로 작업할 때 알아야 하는 몇 가지 중요한 용어를 먼저 살펴봅시다.

블렌더로 캐릭터를 만들려면 **오브젝트**(object)를 다루어야 합니다. 블렌더 오브젝트는 데이터를 담은 상자라고 생각하면 됩니다. 그 안에는 메시, 골조, 조명, 카메라 등 다양한 아이템이 들어 있습니다.

일반적으로 모델링은 **메시**를 중심으로 작업합니다. 메시(mesh)란 서로 연결된 점, 즉 정점의 집합을 말하며, 메시를 여러 개 묶어서 오브젝트를 구성합니다. 전체 구조가 메시로 이루어진 캐릭터 오브젝트를 떠올리면 됩니다. 그러니까 메시 오브젝트는 **정점**(vertex) 여러 개를 선으로 연결해 이루어집니다. 그리고 **선**(edge)을 여러 개 연결하면 닫힌 도형을 만들수 있으며, 이 도형 안을 **면**(face)으로 채우면 **폴리곤**(polygon)이 됩니다(그림 1-5).

면이나 폴리곤은 조명을 비추거나 그림자를 표현할 수 있는 표면(surface)으로 구성되므로 렌더링할 수 있습니다. 가장 간단한 폴리곤 모양은 정점과 선을 가장 적게 사용한 **삼각형**(triangle)입니다. 정점 4개로 이루어진 **사각형**(quads)은 가장 자주 사용합니다. 정점이 5개 이상인 폴리곤을 **n각형**(n-gon)이라고 합니다.

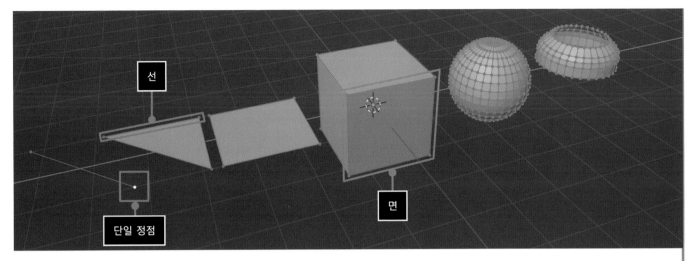

선

단일 정점

면

그림 1-5 정점으로 만든 다양한 메시

선 흐름을 잘 다루려면 이 세 요소를 잘 이해해야 합니다. **선 흐름**(edge flow)이란 정점이 서로 연결되는 방식을 말합니다. 선 흐름이 좋으면 애니메이션에서 캐릭터의 자세를 부드럽게 변형하고 UV 펼치기(unwrapping) 작업도 쉬워지므로 더 직관적으로 표현할 수 있습니다.

3D 작업에서 중요한 '에지 루프'

일반적으로 선은 에지 루프로 연결됩니다. **에지 루프**(edge loop)란 선으로 연결된 경로(path)를 말하는데, 이 경로는 메시 일부를 연속해서 지나가므로 매우 중요합니다. 에지 루프가 여러 개 모여 **페이스 루프**(face loop)를 만듭니다.

Tip. **에지 루프, 페이스 루프**: 03-3절 75쪽 참고

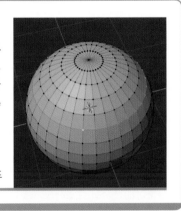

주황색으로 표시한 에지 루프

법선 — 메시의 안쪽, 바깥쪽

면의 안쪽과 바깥쪽에는 방향이 있습니다. 이 방향이 폴리곤이나 면의 **법선**(normal) 방향을 정의합니다. 표면의 법선은 표면에서 수직으로 뻗은 직선을 말합니다. 이러한 법선은 표면 셰이딩에 영향을 주므로 중요합니다. [에디트 모드(Edit Mode)]에서 오른쪽 위에 있는 [뷰포트 오버레이(Viewport Overlays)] 옵션을 이용하면 그림 1-6에서 보듯이 법선과 표면의 방향을 표시할 수 있습니다. 파란색 실선으로 표시된 것이 바로 법선입니다.

Tip. **[뷰포트 오버레이] 옵션**: 24쪽 참고

[페이스 오리엔테이션(Face Orientation)] 옵션을 선택하면 메시 안쪽과 바깥쪽을 확인할 수 있습니다. 이때 메시 바깥쪽은 파란색으로, 안쪽은 빨간색으로 표시합니다.

그림 1-6 메시에 면 방향과 표면의 법선을 표시한 모습

법선

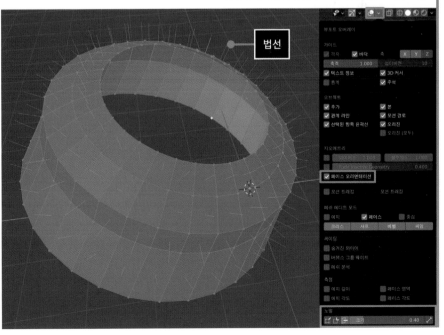

02 · 블렌더 인터페이스 살펴보기

피에릭 피코

이 장에서 다룰 내용

▶ 3D 뷰포트　　　▶ 사용자 정의 UI　　　▶ 에디터

▶ 아웃라이너　　　▶ 애드온　　　　　　▶ 워크스페이스

▶ 속성 편집기　　　▶ 모드

블렌더는 3D 모델링, 스컬프팅, 애니메이션, 동영상 편집 등 다양하게 작업할 수 있는 소프트웨어입니다. 블렌더의 인터페이스 역시 사용자가 주로 하는 작업에 맞춰 원하는 대로 정돈할 수 있죠. 어떤 작업이든 기본적으로 다음 3가지 영역은 포함됩니다(그림 2-1a).

▶ 톱바

▶ 작업 영역: 3D 뷰포트, 아웃라이너, 속성 편집기

▶ 상태 표시줄

Tip. **워크스페이스**: 02-8절 참고

톱바

톱바 왼쪽 메뉴에서는 파일에 접근해서 저장·관리하고 작업 환경도 설정할 수 있습니다. 또한 톱바 가운데에 있는 워크스페이스에서는 3D 제작 과정에 최적화된 작업 환경으로 변경할 수 있습니다.

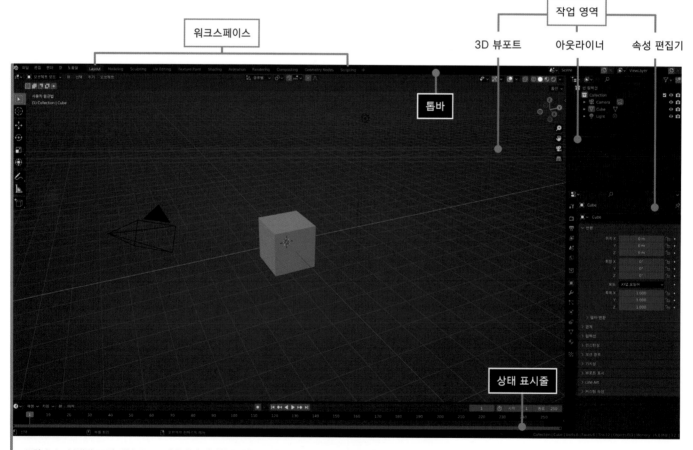

그림 2-1a 블렌더 UI의 기본 구조 - 사용자가 정의할 수 있는 작업 영역과 톱바, 상태 표시줄

작업 영역

메인 공간인 작업 영역은 세 부분으로 이루어집니다. 각각 마우스 포인터를 올리면 활성화되며, 경계 부분을 드래그해 크기를 조절할 수 있습니다. 작업 영역 윗부분에는 각각 해당 영역에서 명령을 실행할 수 있는 헤더가 있습니다(그림 2-1b).

Tip. **작업 영역 꾸미기**: 02-4절 참고

> ### 작업 영역에서 무엇을 하나요?
>
> 블렌더의 작업 영역에서는 2D 이미지, 애니메이션 데이터, 합성은 물론 텍스트도 편집할 수 있습니다. '3D 뷰포트', '아웃라이너', '속성 편집기'라는 창 3개를 기본으로 표시합니다.

그림 2-1b 작업 영역 경계와 영역 헤더(녹색 부분)

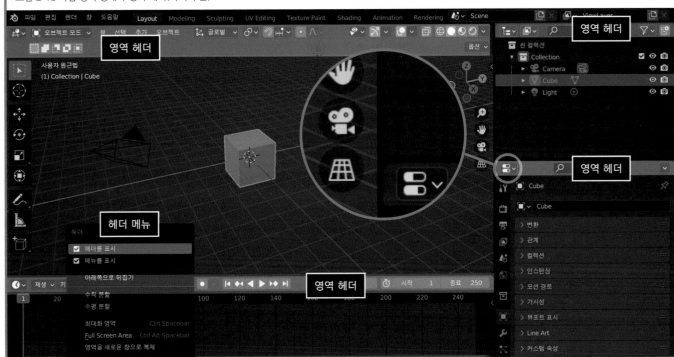

상태 표시줄

화면 아래에 있는 상태 표시줄은 오브젝트와 폴리곤의 개수, 메모리 사용량처럼 작업하는 장면의 다양한 정보와 입력을 간단하게 표시합니다. 또한 도구, 모드, 작업하는 오브젝트, 단축키, 활성화했을 때 도구가 어떤 동작을 하는지 등 해당 장면에서 필요한 정보를 제공합니다(그림 2-1c).

예를 들어 [오브젝트 모드]에서 편집한다면 현재 장면의 오브젝트와 정점의 개수, 메모리 사용량 등을 표시합니다. 상태 표시줄에서 마우스 오른쪽 버튼을 누르고 [Scene Statistics], [System Memory]에 체크했을 때 볼 수 있습니다.

그림 2-1c Alt 와 함께 사용할 수 있는 마우스 버튼을 표시한 상태 표시줄

02-1 · 3D 뷰포트 — 3D 작업이 이루어지는 주요 화면

블렌더를 실행하면 열리는 주요 작업 영역, 곧 3D 뷰포트와 아웃라이너, 속성 편집기를 하나씩 자세히 살펴보겠습니다.

먼저 살펴볼 3D 뷰포트(그림 2-2)는 블렌더로 모델링할 때 시간을 가장 많이 보내는 곳입니다. 이곳에서 3D 장면을 살펴보거나 새로운 오브젝트를 추가하거나 기존 오브젝트를 변형·편집할 수 있습니다. 3D 뷰포트는 오른쪽 4가지로 구성됩니다.

▶ 헤더
▶ 사이드바
▶ 툴바
▶ 내비게이션 도구

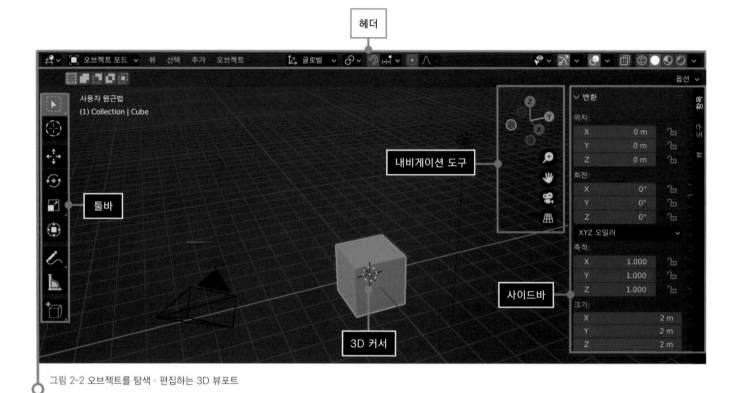

그림 2-2 오브젝트를 탐색·편집하는 3D 뷰포트

헤더

헤더(Header)에는 오브젝트를 추가·편집할 때 사용하는 다양한 메뉴가 있으며 뷰포트 셰이딩과 표시 옵션을 바꿀 수 있습니다. 예를 들어 오브젝트를 와이어프레임으로 표시하거나 렌더링 미리 보기를 선택할 수 있습니다.

이 기능은 잠시 후 28쪽에서 다른 옵션과 함께 자세히 살펴봅니다. 헤더 왼쪽의 드롭다운 메뉴에서는 6가지 모드 옵션 가운데 선택할 수 있습니다.

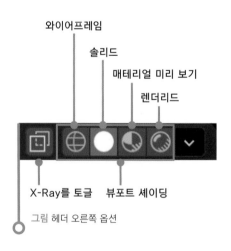

그림 헤더 오른쪽 옵션

작업 단계별 모드를 선택하세요!

모드는 메시나 텍스처와 같은 다양한 오브젝트 데이터를 다룰 수 있는
특정 편집 상태입니다. 헤더 왼쪽에서 드롭다운 메뉴나 현재 3D 뷰포트
라면 Ctrl + Tab 을 이용하여 모드를 바꿀 수 있습니다. 모드는 작업 단
계마다 최적화되었으므로 모드를 바꾸면 해당 모드에서만 사용할 수 있
는 특수한 도구를 이용할 수 있습니다.

Tip. **6가지 모드**: 02-6절 참고

3D 뷰포트의 6가지
모드 드롭다운 메뉴

사이드바

N 을 누르면 [변환(Transform)] 속성이 있
는 사이드바를 표시하거나 숨길 수 있습니다.
3D 뷰포트 오른쪽 끝에 있는 작은 화살표 아
이콘 ◀ 을 클릭해도 됩니다.

[항목(Item)] 탭의 [변환] 패널에서는 변환값
을 편집할 수 있습니다.

[도구(Tool)] 탭을 클릭하면 현재 사용하는 [활
성 도구(Active Tool)]의 설정을 바꿀 수 있
습니다.

[뷰(View)] 탭에서는 3D 뷰포트의 깊이와 전
망을 원하는 대로 설정할 수 있습니다.

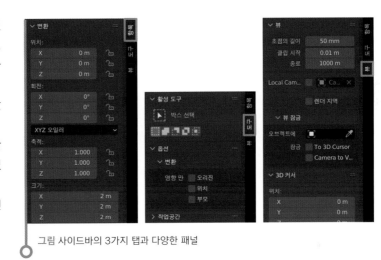

그림 사이드바의 3가지 탭과 다양한 패널

툴바

T 를 누르면 선택 도구, 3D 커서 등 현재 모
드에서 사용할 수 있는 편집 도구나 변형 도
구를 모은 툴바를 표시하거나 숨길 수 있습
니다.

헤더에서 선택하는 모드에 따라 사용할 수 있
는 도구도 달라집니다. 예를 들어 [스컬프트
모드(Sculpt Mode)]의 툴바는 다양한 스컬프
팅 브러시와 도구를 표시합니다.

툴바와 사이드바의 크기는 마우스를 이용해
서 조절할 수 있습니다. 툴바 경계선에 마우
스 포인터를 올리고 양쪽 화살표가 나타나면
클릭한 채 드래그하면 됩니다.

그림 툴바 크기 조절하기

3D 공간 탐색하기

3D 공간을 탐색하는 방법으로 회전, 패닝, 확대/축소가 있습니다. 이 3가지 기능은 마우스, 내비게이션 도구 등 다양한 방법으로 실행할 수 있습니다. 먼저 마우스로 화면을 조작하는 방법을 알아보겠습니다.

▶ **회전**: 공간 주변으로 뷰를 회전합니다.
▶ **패닝**: 뷰를 위, 아래, 왼쪽, 오른쪽으로 움직입니다.

▶ **확대/축소**: 공간 안에서 뷰에 다가가거나 멀어집니다.

블렌더는 휠이 있는 3 버튼 마우스를 기본으로 합니다. 3D 뷰포트에서 마우스 가운데 버튼을 누른 채로 상하좌우로 움직이면 뷰포트 가운데를 중심으로 회전합니다. 이때 Alt, Shift, Ctrl 을 추가로 누르면 각각 다음 기능을 합니다.

▶ Alt 를 누른 채 마우스 가운데 버튼으로 드래그하면 뷰를 45°씩 회전합니다.
▶ Shift 를 누른 채 마우스 가운데 버튼으로 드래그하면 3D 뷰포트를 패닝합니다.
▶ Ctrl 을 누른 채 마우스 가운데 버튼으로 드래그하면 확대/축소합니다. 마우스 휠을 이용해도 같은 효과를 볼 수 있습니다.

태블릿에서 마우스 가운데 버튼을 사용하려면

태블릿을 사용한다면 톱바 왼쪽 메뉴에서 [편집(Edit) → 환경 설정(Preferences) → 입력(Input)]을 누르고 [마우스]에서 [3 버튼 마우스를 에뮬레이트(Emulate 3 Button Mouse)]에 체크합니다. 이제부터 Alt 를 누른 채 오브젝트를 마우스 왼쪽 버튼으로 클릭하면 마치 마우스 가운데 버튼을 누른 것과 같이 화면을 조작할 수 있습니다.

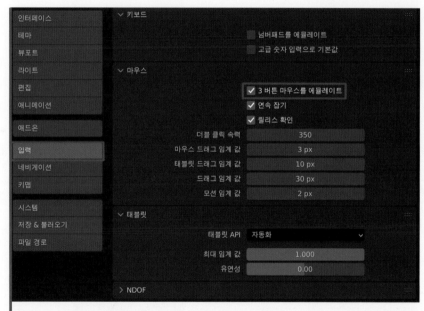

태블릿으로도 편하게 탐색하려면 [3 버튼 마우스 에뮬레이트]를 활성화하기

내비게이션 도구

마우스와 단축키를 사용하지 않고도 화면을 조작할 수 있습니다. 3D 뷰포트의 내비게이션 도구를 사용하면 됩니다(그림 2-3a).

3D 뷰포트 오른쪽 위의 X, Y, Z 축으로 이루어진 내비게이션 기즈모(Navigation Gizmo)를 마우스로 클릭한 채 드래그하면 뷰를 회전할 수 있습니다. 3가지 색으로 구분한 원을 클릭하면 그에 따라 뷰포트의 방향을 바꿉니다.

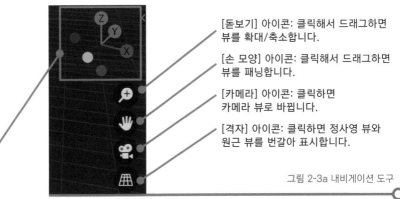

[내비게이션 기즈모]: 클릭해서 프리셋 뷰포트를 사용하고, 드래그해서 뷰를 회전합니다.

[돋보기] 아이콘: 클릭해서 드래그하면 뷰를 확대/축소합니다.

[손 모양] 아이콘: 클릭해서 드래그하면 뷰를 패닝합니다.

[카메라] 아이콘: 클릭하면 카메라 뷰로 바뀝니다.

[격자] 아이콘: 클릭하면 정사영 뷰와 원근 뷰를 번갈아 표시합니다.

그림 2-3a 내비게이션 도구

Tip. **기즈모(Gizmo)**: 소형 장치 또는 부품을 가리키는데, 컴퓨터 분야에서는 위젯이나 가젯처럼 미니 애플리케이션, 곧 응용 프로그램을 뜻합니다.

X축, Y축, Z축

2D 공간이나 종이에서는 좌표를 정하기가 상대적으로 쉽지만, 3D 공간에서는 조금 복잡합니다.

2D로 작업할 때는 왼쪽/오른쪽과 위쪽/아래쪽 좌표가 자연스레 떠오르지만, 3D에는 깊이라는 3차원이 등장합니다. 블렌더에서 X축, Y축, Z축은 다음과 같습니다.

- **X축**: 뷰포트에서는 빨간색 선으로 표시하며 내비게이션 기즈모에서도 빨간색 원입니다. 일반적으로 왼쪽과 오른쪽으로 표시합니다.
- **Y축**: 녹색으로 깊이를 나타냅니다.
- **Z축**: 파란색으로 위쪽과 아래쪽 축을 나타냅니다.

각 축에 주어진 값으로 좌표이기도 한 3D 공간의 한 점을 정할 수 있습니다. 작업하는 공간에 따라 축을 다르게 해석할 수도 있는데, 이는 잠시 후에 03-2절 63쪽에서 살펴봅니다.

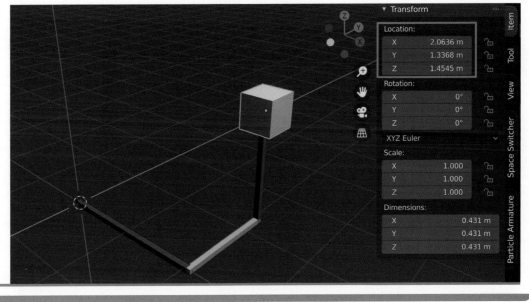

3D 공간에서 모든 축 방향으로 움직인 3D 큐브

[카메라] 아이콘을 클릭하면 카메라 뷰로 바꾸며 렌더링할 곳을 보여 줍니다. 영화감독이라고 상상하고 3D 뷰포트 안에 있는 모든 사람에게 지시를 내리고 움직여 캐릭터와 환경을 특정한 위치에서 촬영하거나 렌더링하는 모습을 떠올리면 쉬울 겁니다. 물론 여기에서는 렌더링하는 모습을 예로 들었습니다. 그리고 이 아이콘을 다시 클릭하면 사용자 뷰로 되돌아갑니다.

[격자] 아이콘을 클릭하면 정사영 뷰와 원근 뷰를 번갈아 표시합니다(그림 2-3b). 평행인 선이나 거리는 측정하기 쉬우므로 모델링할 때는 일반적으로 정사영 뷰(orthographic view)를 사용합니다.

원근 뷰(perspective view)는 장면을 재확인하거나 오브젝트를 영화 관점에서 바라볼 때 도움이 됩니다. 예를 들어 캐릭터를 스컬프팅할 때는 실제 관점에 가까워 비율을 올바르게 이해할 수 있으므로 원근 뷰를 사용하는 것이 좋습니다. 이와 달리 자동차를 모델링할 때는 정사영 뷰가 더 좋습니다. 청사진을 여러 장 이용하여 만들 듯이 작업할 수 있기 때문입니다.

그림 2-3b [격자] 아이콘을 클릭해 뷰 변경하기

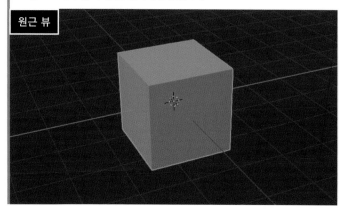
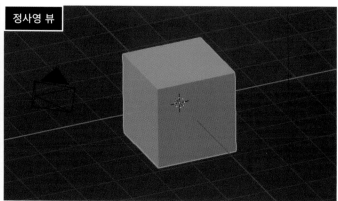

톱바 왼쪽 메뉴의 [편집(Edit) → 환경 설정(Preferences) → 내비게이션(Navigation)] 탭에서 [자동(Auto) 원근법(Perspective)] 옵션은 선택하지 않는 것이 좋습니다(그림 2-3c). 이렇게 설정하면 뷰포트를 회전할 때마다 원근 뷰로 되돌아가는 것을 막을 수 있습니다.

그림 2-3c 내비게이션 설정에서 [Auto 원근법] 옵션 끄기

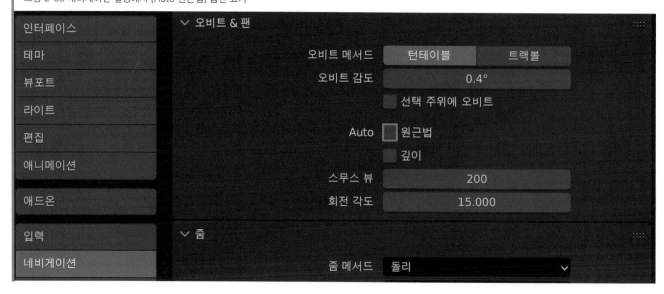

단축키로 뷰 전환하기

블렌더에서는 내비게이션 단축키를 사용하면 무척 편리하고 작업 효율을 높일 수 있습니다. 뷰 사이의 전환 방법은 다음 표와 같습니다. 뷰 이름은 3D 뷰포트 화면 왼쪽 위에서 확인할 수 있습니다(그림 2-4). 앞서 설명한 것처럼 내비게이션 기즈모나 헤더의 [뷰(View)] 메뉴를 이용하면 모든 뷰를 볼 수 있습니다.

단축키	설명
숫자 패드 ①	앞쪽(Front) 뷰
숫자 패드 ③	오른쪽(Right) 뷰
숫자 패드 ⑦	위쪽(Top) 뷰
Ctrl + 숫자 패드 ①	뒤쪽(Back) 뷰
Ctrl + 숫자 패드 ③	왼쪽(Left) 뷰
Ctrl + 숫자 패드 ⑦	아래쪽(Bottom) 뷰
숫자 패드 ⓪	카메라(Camera) 뷰
숫자 패드 ⑤	원근법/정사법 뷰로 전환합니다.
숫자 패드 ②, ④, ⑥, ⑧	뷰를 15°씩 회전합니다.
숫자 패드 ⏺	선택한 오브젝트로 3D 뷰포트를 이동합니다.
숫자 패드 ⁄	선택한 오브젝트를 분리합니다. 로컬 뷰에서 한 번 더 누르면 이전 뷰포트 방향으로 돌아가고, 복잡한 장면을 대상으로 작업할 때 편리합니다.

> **디테일한 작업은 '로컬 뷰'에서!**
>
> 로컬 뷰(local view)에서는 선택하지 않은 항목은 편집할 수 없습니다. 현재 선택한 항목만 표시하거나 초점을 둡니다. 다른 요소를 일일이 숨기지 않아도 되므로 작업하는 3D 장면에서 일부만 분리할 때 유용합니다. 로컬 뷰에서 나오면 들어가기 전 뷰 상태로 3D 뷰포트가 되돌아갑니다.

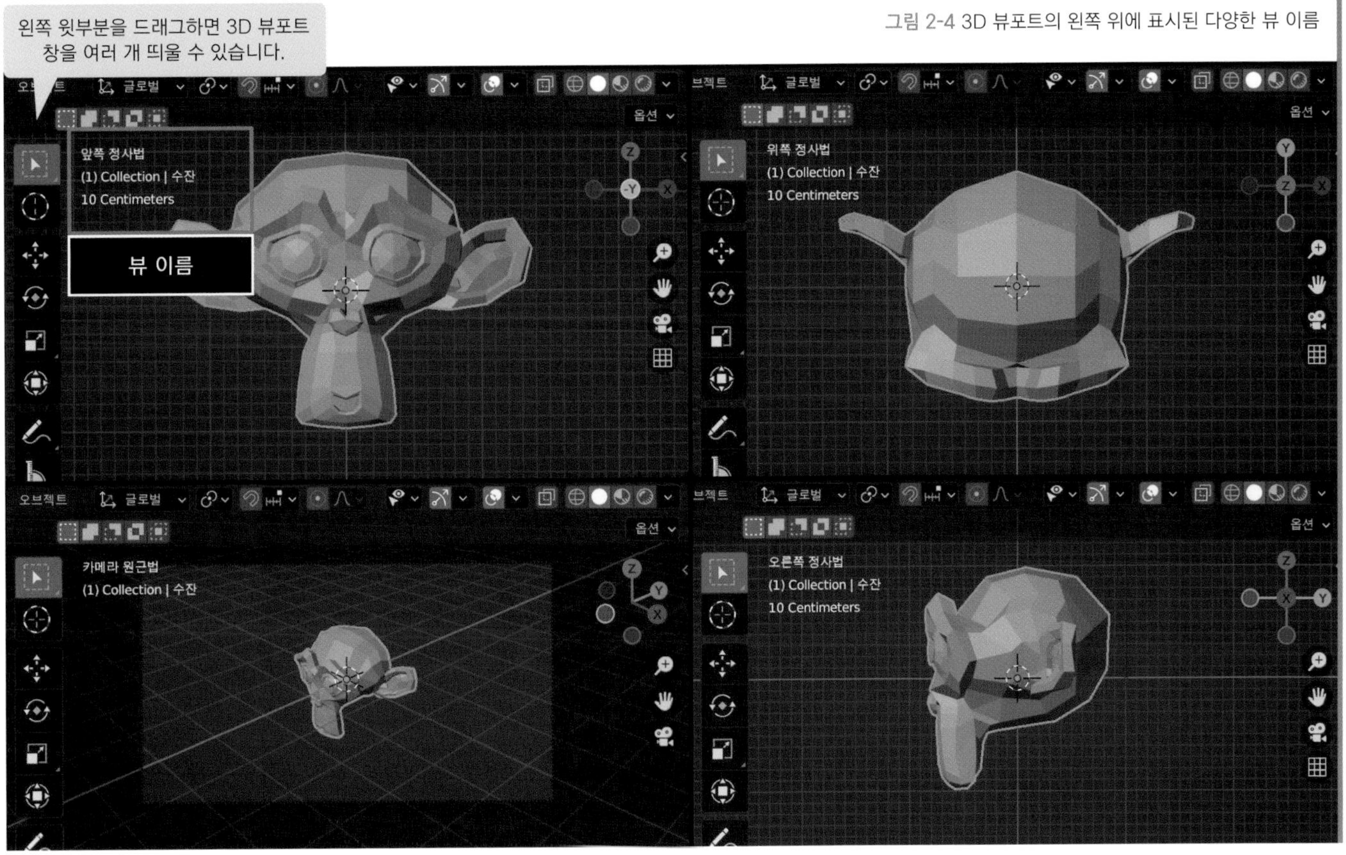

왼쪽 윗부분을 드래그하면 3D 뷰포트 창을 여러 개 띄울 수 있습니다.

그림 2-4 3D 뷰포트의 왼쪽 위에 표시된 다양한 뷰 이름

오버레이와 셰이딩

오버레이(overlay)는 렌더링할 오브젝트 위에 표시하는 추가 정보입니다. 3D 뷰포트 오른쪽 위에 있는 [오버레이를 표시(Show Overlays)] 버튼을 클릭하면 오버레이를 표시하거나 숨길 수 있습니다. 오버레이를 숨기면 3D 뷰포트는 렌더링할 수 있는 오브젝트, 곧 메시 오브젝트만을 표시합니다.

[오버레이를 표시] 오른쪽에 있는 드롭다운 화살표 버튼을 누르면 [뷰포트 오버레이(Viewport Overlays)](그림 2-5a)가 나타나는데, 여기서는 [격자(Grid)], [3D 축(Axes)] 등 3D 장면을 조작하고 탐색할 때 필요한 다양한 옵션을 선택할 수 있습니다. 예를 들어 [격자]와 [축] 오버레이는 작업하는 장면의 방향을 이해하는 데 도움이 됩니다. 수평 격자 역시 미터 단위로 눈금이 매겨지므로 크기 감각을 느낄 수 있습니다.

그림 2-5a [뷰포트 오버레이] 메뉴

이와 함께 3D 뷰포트는 다양한 셰이딩 모드를 표시하는데, 이를 이용하면 오브젝트가 표시되는 것을 변경할 수 있습니다. 예를 들어 오브젝트를 색이 다른 점토 조각으로 각각 표시한다면 구분하기 쉬울 겁니다. 헤더 오른쪽에 있는 셰이딩 모드를 선택하는 버튼이나 3D 뷰포트에서 Z를 누르면 모드를 바꿀 수 있습니다. 이는 3D Viewport Pie Menus 애드온을 활성화했을 때 가능합니다.

Tip. 3D Viewport Pie Menus 애드온: 02-5절 참고

▶ [솔리드(Solid)] 모드는 오브젝트의 표면을 표시하므로 모양과 크기를 느낄 수 있습니다(그림 2-5b).

▶ [와이어프레임(Wireframe)] 옵션을 선택하면 메시의 선만을 보여 줍니다(그림 2-5c).

▶ [X-Ray를 토글(Toggle X-Ray)] 버튼을 누르면 여러 오브젝트를 투시할 수 있으며 Alt + Z로 끄고 켤 수 있습니다(그림 2-5c).

▶ [매테리얼 미리 보기(Material Preview)] 옵션(그림 2-5d)은 조명 상태에 따라 오브젝트의 재질(material)을 표시합니다. [매트캡(Matcaps, material captures)] 옵션을 이용하면 미러볼, 자동차 페인트, 피부 등 특정 표면을 시뮬레이션할 수도 있습니다. 셰이딩 옵션 오른쪽에 있는 드롭다운 화살표 버튼을 클릭해 [뷰포트 셰이딩 (Viewport Shading)] 메뉴로 이동한 뒤 [라이트닝(Lighting)] 아래에서 [매트캡]을 선택하고 구체를 클릭하면 다양한 매트캡을 볼 수 있습니다.

Tip. [매트캡] 옵션이 보이지 않는다면 [환경 설정] 아이콘을 누르고 매트캡 항목을 설치하세요.

▶ [렌더리드(Rendered)] 옵션을 선택하면 재질, 조명, 작업한 환경 등을 이용하여 렌더링한 결과를 미리 볼 수 있습니다.

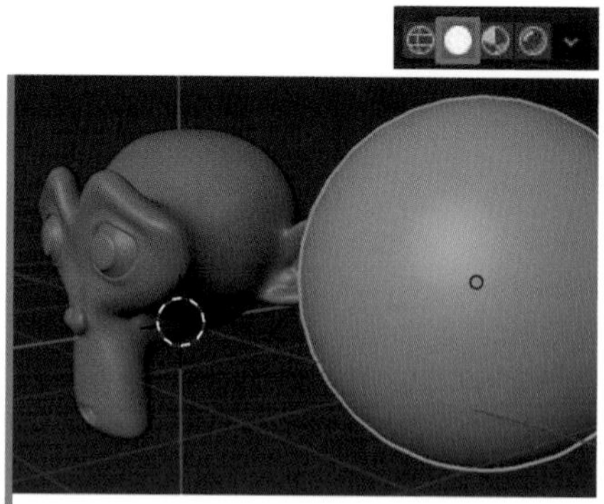

그림 2-5b [솔리드] 뷰

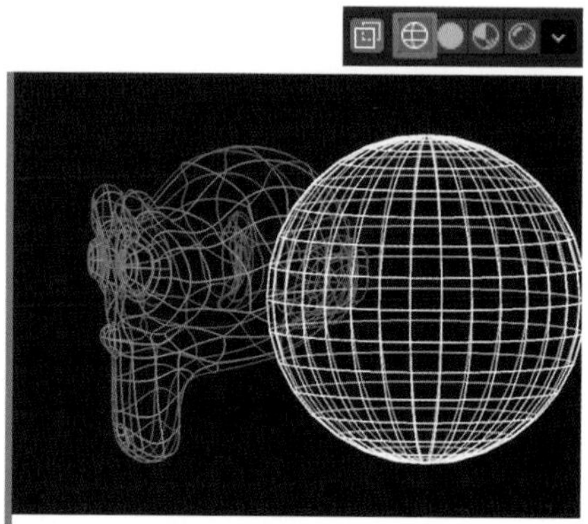

그림 2-5c X-Ray를 적용한 [와이어프레임]

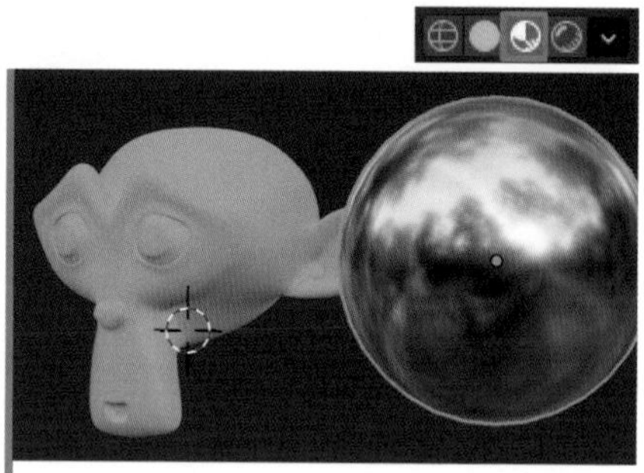

그림 2-5d [매테리얼 미리 보기] 뷰

02-2 • 아웃라이너 — 요소 정리 도구

장면, 오브젝트, 컬렉션 이해하기

아웃라이너를 살펴보기 전에 블렌더 파일을 구성하는 주요 요소부터 살펴봅시다. 먼저 염두에 두어야 할 내용은 블렌더는 계층을 이룬다는 점입니다.

블렌더 항목은 대부분 계층의 일부이며 무언가를 담은 상자로 볼 수 있습니다. 블렌더 파일 역시 다양한 **장면**(scene)을 담은 상자입니다. 하나의 블렌더 파일 안에서 장면을 여러 개 만들고 작업할 수 있습니다. 예를 들어 Scene 1의 캐릭터 애니메이션과 Scene 2의 3D 제목 화면 등입니다. 장면은 완전히 독립하기도 하고 데이터를 공유하기도 합니다.

장면에는 큐브와 같은 메시, 조명, 카메라 등의 오브젝트가 있습니다. 이 오브젝트는 **컬렉션**(Collection)으로 분류합니다.

블렌더를 처음 실행하면 다음 3가지 오브젝트를 볼 수 있습니다.

▶ 장면에 추가할 수 있는 기본 오브젝트인 **큐브**(Cube)
▶ 장면을 비추어 오브젝트를 볼 수 있도록 하는 **조명**(Light)
▶ 현재 장면의 렌더링된 모습을 볼 수 있도록 하는 **카메라**(Camera)(그림 2-6a)

이들 오브젝트는 아웃라이너에서 보듯이 컬렉션(Collection)이라는 기본 [씬 컬렉션]으로 분류됩니다(그림 2-6b).

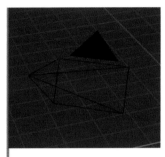

그림 2-6a 카메라 오브젝트

그림 2-6b 카메라를 통해 본 [씬 컬렉션]과 기본 큐브

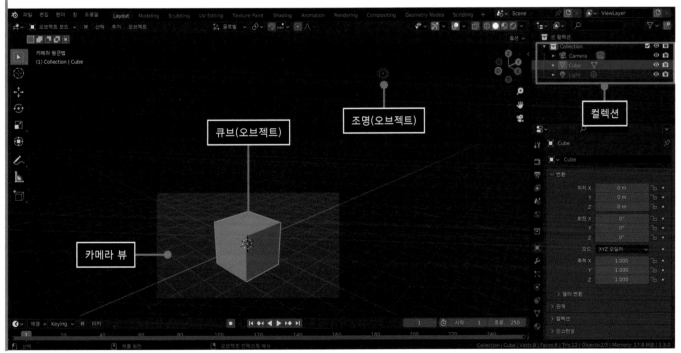

아웃라이너 살펴보기

아웃라이너(Outliner)는 블렌더에서 사용하는 강력한 요소 정리 도구입니다. 이를 이용하면 블렌더 파일 안의 모든 데이터에 접근할 수 있습니다. 기본 [표시 모드]인 [뷰 레이어(View Layer)]에서는 3D 뷰포트에 있는 오브젝트를 모두 표시합니다.

아웃라이너의 [Collection] 아래쪽에 있는 오브젝트를 클릭하면 3D 뷰포트에서 선택되어 주황색 테두리로 표시됩니다. Ctrl 을 누른 채 오브젝트를 마우스 왼쪽 버튼으로 클릭하면 여러 개 선택할 수 있고, Shift 를 누른

채 클릭하면 컬렉션 안의 일정 범위에서 활성화된 오브젝트를 선택할 수 있습니다. 선택한 오브젝트는 아웃라이너에서 파란색 띠 형태로 바뀝니다(그림 2-7a).

그림 2-7a
선택한 오브젝트를 표시한 아웃라이너

그림 2-7b
아웃라이너의 [필터] 메뉴에서
선택할 수 있는 다양한 옵션

[필터] 메뉴에서 유용한 옵션

[선택 해제] 상태이면 잘못 조작하는 등의 실수를 막을 수 있고, [렌더러에서 사용 중지] 상태이면 테스트할 때 불필요한 오브젝트를 렌더링하지 않아 렌더링 시간을 줄일 수 있습니다. [필터] 버튼을 클릭해 [제한 토글(Restriction Toggles)]에서 선택하면 파란색으로 활성화되고 컬렉션 오른쪽에 필터 아이콘이 나타납니다.

↑ ↓ 를 이용하면 아웃라이너 안의 오브젝트를 선택할 수 있습니다. Shift 를 누른 채 ↑ ↓ 를 누르면 바로 위 또는 아래 오브젝트를 함께 선택할 수 있습니다. 선택한 오브젝트나 컬렉션의 이름은 F2 를 누르거나 더블클릭하여 바꿀 수 있습니다.

아웃라이너 영역에서 마우스 오른쪽 버튼을 누르고 [새로운 컬렉션(New Collection)]을 선택하면 컬렉션을 추가할 수 있습니다. 또한

이 새 컬렉션을 클릭해서 선택한 컬렉션 안으로 끌어다 놓아 옮길 수도 있습니다. 오브젝트 오른쪽에 있는 눈 모양 아이콘을 클릭하면 3D 뷰포트에서 오브젝트를 숨기거나 나타나게 할 수 있습니다. 이 기능은 장면에서 한 요소에만 집중하고 싶을 때 유용합니다. 예를 들어 몸의 각 부분을 모델링하고자 큐브와 실린더(Cylinder)를 여러 개 사용할 때 팔이나 다리 한쪽만 보이게 하면서 작업할 수

있습니다.

아웃라이너의 [필터(Filter)] 메뉴를 이용하면 표시 형태를 다양하게 변경할 수 있습니다(그림 2-7b). 컬렉션 표시를 재구성하거나 오브젝트를 숨기는 등 원하는 대로 표시하거나 숨길 수 있습니다.

또한 컬렉션 이름 오른쪽에 있는 체크박스를 해제하면 해당 컬렉션을 모두 비활성화하거나 숨길 수 있습니다.

아웃라이너의 [표시 모드]

이미지가 여러 장 겹친 모양의 아이콘을 클릭하면 아웃라이너의 표시 모드를 변경할 수 있습니다. 그중에 장면을 분류하고 관리하는 데 가장 편리한 [뷰 레이어(View Layer)] 모드를 주로 사용하는데, 다른 모드를 이용하더라도 블렌더 장면의 모든 데이터에 접근할 수 있습니다. 이는 고급 단계를 다룰 때 유용합니다.

아웃라이너의
다양한 [표시 모드]와 옵션

02-3 • 속성 편집기 — 모든 편집 기능이 모인 곳

속성 편집기(Properties Editor, 그림 2-8)를 이용하면 특정 장면의 데이터나 오브젝트 등 블렌더 파일에서 사용한 모든 요소를 편집할 수 있습니다.

속성 편집기 왼쪽에는 탭이 여러 개 있으며 클릭하면 개별 편집기에 접근할 수 있습니다.

이 탭은 선택한 오브젝트에 따라 달라집니다. 속성 편집기의 탭은 계층의 고차원 요소부터 시작하여 가장 세세한 데이터순으로 표시됩니다.

다음은 여러 가지 탭을 간략하게 설명한 것입니다. 이 모든 기능을 지금 당장 외울 필요는 없습니다. 앞으로 실제 캐릭터를 만들어 보면서 자세히 배우기 때문입니다. 지금은 ❽ [오브젝트 프로퍼티스(Object Properties)] 탭과 ❾ [모디파이어 프로퍼티스(Modifier Properties)] 탭 정도만 잘 알아 두면 됩니다.

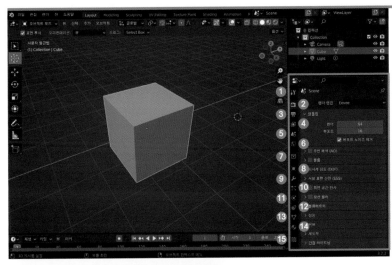

그림 2-8
3D 뷰포트 오른쪽에 있는 속성 편집기

❶ [활성 도구 및 작업 공간 설정 (Active Tool and Workspace Settings)]: 3D 뷰포트의 활성 도구를 설정합니다. 사이드바의 [도구] 탭에서 바로 설정할 수 있으므로 이 탭을 직접 사용할 일은 거의 없습니다.

❷ [렌더 프로퍼티스(Render Properties)]: 사용할 렌더링 엔진을 선택하거나 최상의 품질과 성능을 위해 렌더링 옵션을 조절합니다.

Tip. 렌더링 옵션: 05-7절 188~189쪽 참고

❸ [**출력 프로퍼티스**(Output Properties)]: 렌더링할 이미지의 크기, 프레임 수, 애니메이션 프레임 속도(frame rate), 저장할 파일 형식 등을 설정합니다.

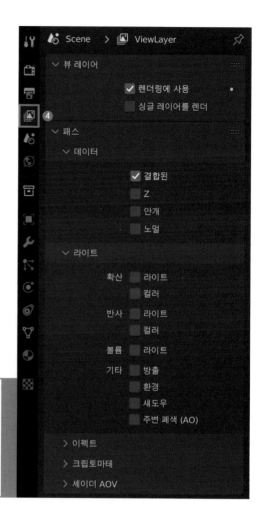

❹ [**뷰 레이어 프로퍼티스** (View Layer Properties)]: 이미지를 렌더링하고 나서 사용할 합성(compositing) 정보를 고릅니다.

❺ [**씬 프로퍼티스**(Scene Properties)]: 중력 강도, 오디오 설정 등의 중요 정보를 설정하고 카메라, 측정 단위(unit), 축적(scale)을 해당 장면에서 기본값으로 사용할지를 선택합니다.

❻ [**월드 프로퍼티스**(World Properties)]: 장면의 색과 조명을 설정합니다. 3D 장면을 감싸고 이를 비추는 구체를 월드라고 생각하세요.

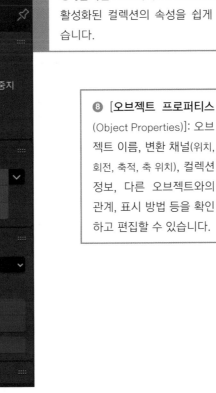

❼ [컬렉션 프로퍼티스(Collection Properties)]: 활성화된 컬렉션의 속성을 쉽게 조절할 수 있습니다.

❽ [오브젝트 프로퍼티스(Object Properties)]: 오브젝트 이름, 변환 채널(위치, 회전, 축적, 축 위치), 컬렉션 정보, 다른 오브젝트와의 관계, 표시 방법 등을 확인하고 편집할 수 있습니다.

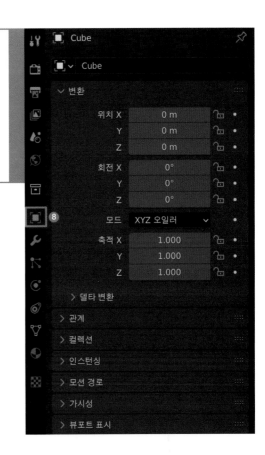

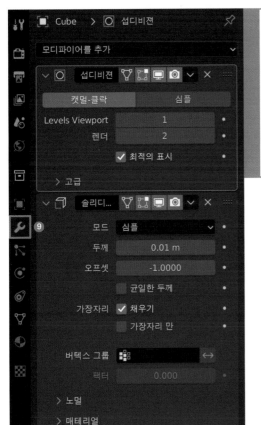

❾ [모디파이어 프로퍼티스(Modifier Properties)]: 활성 오브젝트에 모디파이어를 적용합니다. 단, 특정 오브젝트에는 모디파이어를 적용할 수 없습니다.

Tip. 모디파이어: 03-5절 참고

❿ [파티클 프로퍼티스(Particle Properties)]: 활성 오브젝트에 파티클 시스템(털이나 특수 효과)을 추가하거나 편집할 수 있습니다. 단, 특정 오브젝트에는 파티클을 적용할 수 없습니다.

Tip. 파티클: 05-6절 참고

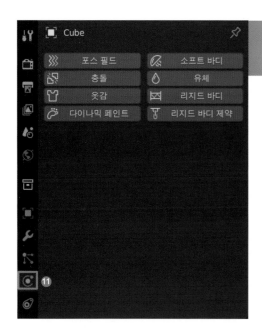

⑪ **[피직스 프로퍼티스**(Physics Properties)**]**: 오브젝트에 천의 움직임이나 중력의 영향 등과 같은 물리 행동을 적용할 수 있습니다.

⑫ **[오브젝트 제약 프로퍼티스**(Object Constraint Properties)**]**: 오브젝트에 제약을 추가하거나 이를 편집합니다. 이는 애니메이션에서 유용합니다. 골조(armature) 오브젝트에는 [본 제약 프로퍼티스(Bone Constraint Properties)] 탭이 추가됩니다.

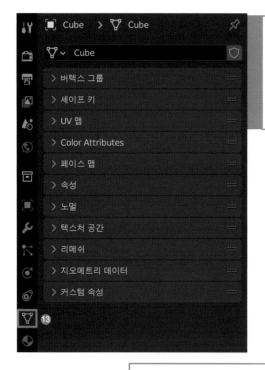

⑬ **[오브젝트 데이터 프로퍼티스**(Object Data Properties)**]**: 특별한 유형의 오브젝트 데이터에 접근할 수 있습니다. 예를 들어 큐브와 같은 메시 오브젝트라면 버텍스 그룹(Vertex Groups)의 위치와 정렬 순서를 보여 줍니다. 카메라라면 초점의 길이(focal length) 정보나 피사계 심도(depth of field)와 같은 속성을 볼 수 있습니다. 데이터 옵션은 선택한 오브젝트 유형에 따라 달라집니다.

⑭ **[매트리얼 프로퍼티스**(Material Properties)**]**: 재질을 편집합니다. 셰이더 에디터(Shader Editor) 편집기처럼 다양한 설정을 이용하여 나무, 콘크리트, 유리 등을 만듭니다.

Tip. **셰이더 에디터**: 02-7절 46쪽, 05-2절 168쪽 참고

⑮ **[텍스처 프로퍼티스**(Texture Properties)**]**: 브러시 알파로 사용하거나 메시를 변형하는 모디파이어에서 사용할 텍스처를 만듭니다.

02-4 • 블렌더 UI — 보기 편하게 화면 조작하기

여러 영역 동시에 보기

앞서 이야기했듯이 블렌더 UI(user inter-face)는 사용자가 마음대로 변경할 수 있으며 영역을 추가할 수도 있습니다. 영역 경계를 클릭하고 드래그하면 영역 크기를 변경할 수 있습니다. 또한 영역 경계를 마우스 오른쪽 버튼으로 누르면 현재 영역을 수직이나 수평 방향으로 분할할 수 있는 [영역 옵션(Area Options)] 메뉴를 열 수 있습니다(그림 2-9a).

이 메뉴에서 선택한 뒤 영역을 분할하고 싶은 곳까지 드래그하고 그곳에서 클릭하면 됩니다. 이렇게 영역을 분할하면 뷰 2개로 동시에 다른 각도에서 효과를 확인하며 모델링 작업을 할 수 있어서 무척 유용합니다.

[영역 옵션] 메뉴에서 [영역을 합치기(Join Areas)], [영역을 교환(Swap Areas)]을 이용하면 두 영역을 합치거나 서로 바꿀 수도 있

습니다. 영역을 합칠 때는 짙게 표시한 영역을 기준으로 하므로 이를 확인하고 클릭하면 됩니다. 영역의 둥근 모서리 역시 마우스 왼쪽 버튼으로 누른 채 안쪽으로 드래그하여 화면을 나누거나 바깥쪽으로 드래그하여 합칠 수 있습니다.

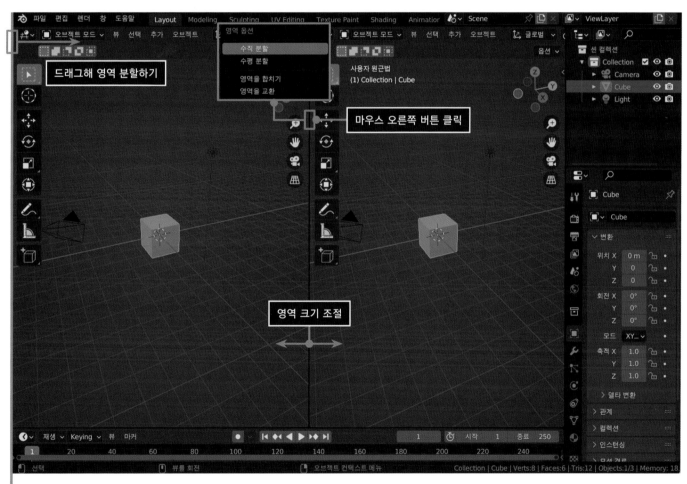

그림 2-9a [영역 옵션] 메뉴와 마우스를 이용해 다양한 모습으로 변경한 블렌더 UI

새 창 띄우기

마지막으로, 마우스 포인터를 영역의 둥근 모서리 부분으로 가져가 열십 자 모양이 되면 Shift를 누른 채 드래그하여 새로운 팝업 창을 띄울 수도 있습니다. 이 기능은 모니터를 여러 개 사용할 때 유용합니다.

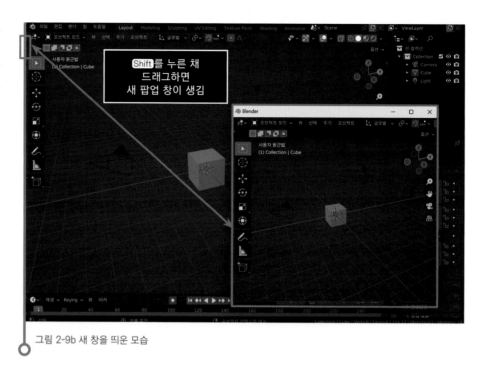

그림 2-9b 새 창을 띄운 모습

최대화로 보기 / 전체 창으로 보기

헤더에서 마우스 오른쪽 버튼을 클릭하고 [아래쪽으로 뒤집기(Flip to Bottom)] 또는 [위쪽으로 뒤집기(Flip to Top)]를 선택하면 영역 헤더를 각 영역의 위나 아래에 둘 수 있습니다. 헤더에서 마우스 오른쪽 버튼을 클릭하고 [최대화 영역(Maximize Area)]을 선택하거나 해당 영역에 마우스를 올려놓은 상태에서 Ctrl + Spacebar를 누르면 영역을 최대화할 수 있습니다.

이렇게 하면 전체 창을 선택한 영역으로 채울 수 있는데, 집중해서 작업하거나 복잡한 프로젝트를 살펴볼 때 도움이 됩니다. Ctrl + Spacebar를 다시 누르거나 톱바에 있는 [이전으로 돌아가기(Back to Previous)] 버튼을 누르면 이전 뷰포트로 돌아갑니다(그림 2-9c). 단축키 Ctrl + Alt + Spacebar를 누르면 창 전체로 표시할 수도 있으며, 한 번 더 누르면 역시 이전으로 돌아갑니다(그림 2-9d).

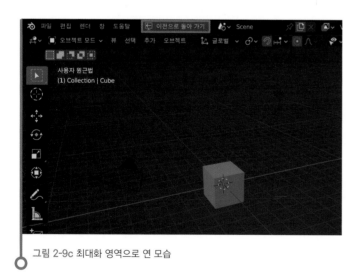

그림 2-9c 최대화 영역으로 연 모습

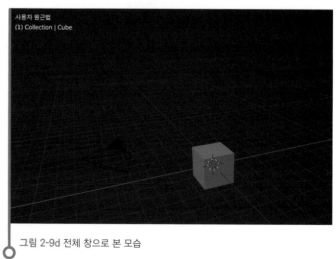

그림 2-9d 전체 창으로 본 모습

02-5 • 유용한 애드온(플러그인) 추가하기

오픈 소스인 블렌더의 강점은 수많은 커뮤니티에서 개발에 참여한다는 것입니다. 많은 개발자들은 애드온(add-on)이나 최적화 도구를 블렌더에 추가해서 사용합니다. 블렌더에는 프로그램을 설치할 때부터 제공되는 애드온도 많습니다.

Tip. 애드온은 다른 프로그램에서 플러그인이라고 합니다.

블렌더에 애드온 추가하기

블렌더의 톱바 왼쪽 메뉴에서 [편집(Edit) → 환경 설정(Preferences)]을 클릭합니다. [블렌더 환경 설정] 창이 나타나면 왼쪽 메뉴에서 [애드온(Add-ons)]을 선택합니다(그림 2-10a). 오른쪽 창에 애드온 목록이 나타나고 아래로 스크롤하면 다양한 애드온을 볼 수 있습니다. [모두(All)] 오른쪽의 드롭다운 화살표 버튼을 클릭해 검색 필터를 추가하거나 검색 창을 이용하여 특정 애드온을 찾을 수도 있습니다. 애드온을 활성화하려면 목록 앞에 체크하면 됩니다. 그러면 관련 에디터에서 애드온을 볼 수 있습니다.

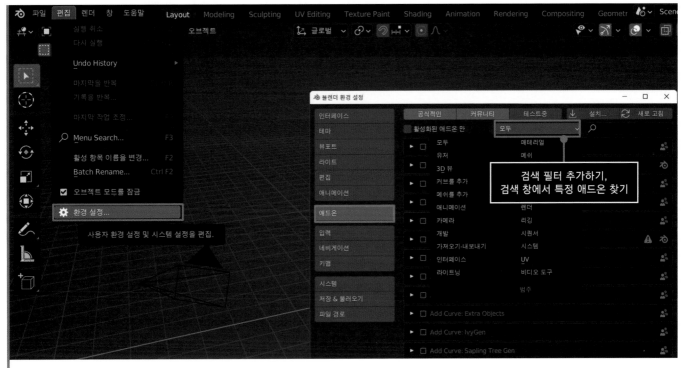

그림 2-10a [블렌더 환경 설정] 창

애드온을 제공하는 블렌더 커뮤니티와 웹 사이트

blenderartists.org와 같은 커뮤니티나 blender-market.com 등의 웹 사이트에서도 애드온을 찾을 수 있습니다. 애드온은 대부분 내려받을 수 있는 압축 파일로 제공됩니다. 추가 애드온을 내려받을 때에는 제공하는 곳이 믿을 수 있는지를 반드시 확인하세요.

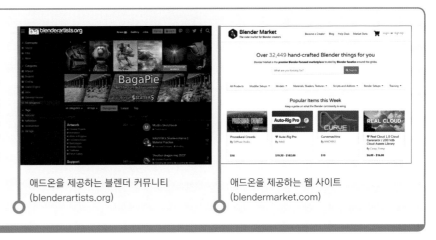

애드온을 제공하는 블렌더 커뮤니티
(blenderartists.org)

애드온을 제공하는 웹 사이트
(blendermarket.com)

기본으로 들어 있지 않은 애드온을 설치하려면 [애드온(Add-ons)] 메뉴의 [설치(Install)] 버튼을 클릭해(그림 2-10b) 원하는 애드온 파일을 선택하고(그림 2-10c) [애드온 설치(Install Add-on)] 버튼을 누르면 됩니다. 그러면 사용할 수 있는 애드온 목록(그림 2-10d)

에 원하는 파일이 나타납니다. 애드온을 활성화하려면 마찬가지로 선택한 애드온 이름 앞에 체크합니다.

그림 2-10b [설치] 버튼 클릭

그림 2-10c 파일 브라우저로 애드온 압축 파일을 선택한 모습

그림 2-10d 설치한 애드온 목록에 나타난 새로운 애드온

필수로 사용하면 좋은 애드온

앞서 설명했듯이 블렌더에는 이미 많은 애드온이 설치되어 있습니다. 그중에는 뛰어난 성능 덕분에 블렌더를 배울 때 함께 알아야 할 것도 있습니다. 이러한 필수 애드온을 오른쪽 표로 정리했으므로 [애드온(Add-ons)] 메뉴의 검색 창을 이용해 찾아서 체크하여 활성화합시다.

애드온을 활성화하여 체크 표시 앞에 있는 아래 방향 화살표 아이콘을 클릭하면 상세 정보를 보여 주는데, 여기에서 도움되는 정보나 관련 문서를 찾을 수 있습니다. 즉, 애드온의 버전 ID, 튜토리얼 링크, 제작자 그리고 도움을 얻을 수 있는 연락처 등을 알 수 있습니다.

추천 애드온	
F2	새로운 단축키를 이용하여 모델링 속도를 올립니다.
Node Wrangler	노드에 기반한 편집기 작업의 효율을 높이는 다양한 도구를 제공합니다.
LoopTools	복잡한 조작을 한 번에 할 수 있도록 추가 모델링 기능을 제공합니다.
3D Viewport Pie Menus	빠르면서도 시각적으로 메뉴에 접근할 수 있도록 합니다. Tip. **파이 메뉴**: 02-6절 39쪽 참고

지금까지 블렌더의 인터페이스와 3D 뷰포트의 기본 내용, 인터페이스의 사용자 정의 방법을 알아보았습니다. 다음 02-6절에서는 앞으로 다룰 다양한 모드를 좀 더 자세히 살펴보겠습니다.

02-6 • 작업 단계별 6가지 모드

02-1절 23쪽에서 살펴본 것처럼 모드(Modes)란 메시나 텍스처와 같은 오브젝트 데이터의 서로 다른 특징을 다룰 때 이용하는 특정 편집 상태입니다. 그러므로 모드는 오브젝트에 따라 달라집니다. 예를 들어 큐브에는 [에디트 모드 (Edit Mode)]와 [스컬프트 모드(Sculpt Mode)]가 있지만 카메라에는 없습니다. 애니메이션과

자세용으로 설계된 골조(armature)에는 [포즈 모드(Pose Mode)]가 있습니다. 3D 뷰포트에는 지금부터 살펴볼 6가지 모드가 있으며 다른 편집기 역시 각각 특정 모드가 있습니다.

Tip. **다른 편집기**: 02-7절 참고

앞에서 설명한 대로 모드는 헤더 왼쪽의 드롭다운 메뉴에서 선택할 수 있습니다. 3D Viewport Pie Menus 애드온을 활성화했다면 Ctrl + Tab 을 눌러 나타나는 파이 메뉴에서 선택할 수도 있습니다(그림 2-11).

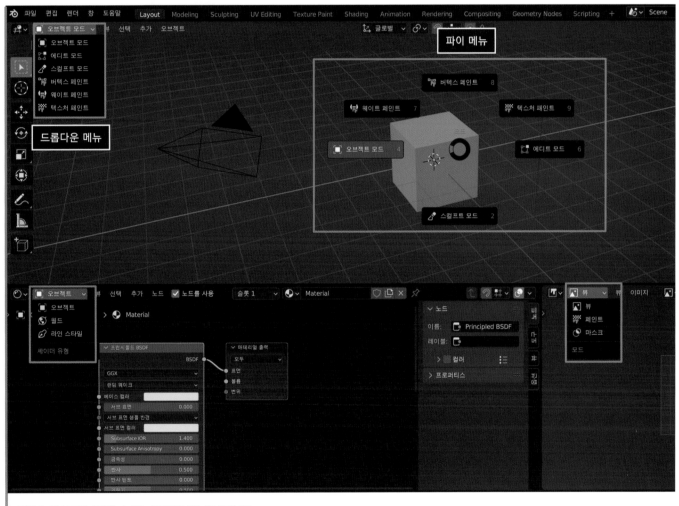

그림 2-11 모드를 선택할 수 있는 드롭다운 메뉴와 파이 메뉴

1. 오브젝트 모드

블렌더의 기본 모드는 그림 2-12의 [오브젝트 모드(Object Mode)]입니다. 여기서는 위치, 회전, 축적 등과 같은 오브젝트 데이터를 조정합니다. 이는 메시, 카메라, 커브, 엠프티 등 모든 3D 오브젝트에 사용할 수 있으며 주로 3D 장면, 오브젝트 배치, 애니메이션 등을 구성하는 데 사용합니다. [오브젝트 모드]에서는 새로운 오브젝트를 추가하고 원하는 곳에 배치할 수 있습니다. 물론 복제할 수도 있습니다. 이 책에서는 03-3절에서 캐릭터를 만들 때 오브젝트를 처음으로 사용합니다.

Tip. **블렌더에서 사용할 수 있는 오브젝트**: 03-1절 56쪽 참고

그림 2-12
[오브젝트 모드]에서 만든
오브젝트로 가득 찬 3D 뷰포트

2. 에디트 모드

모델링에서는 대부분 [에디트 모드]를 사용합니다. [에디트 모드(Edit Mode)]에서는 렌더링할 수 있는 기하 데이터(geometrical data)를 편집합니다. 이는 큐브나 캐릭터의 폴리곤일 수도 있고 3D 커브의 벡터일 수도 있습니다. 카메라나 조명 오브젝트에는 에디트 모드 옵션이 없습니다.

[에디트 모드]에는 모델링에서 정점을 더하거나 삭제하거나 옮기는 등을 할 때 사용할 수 있는 도구가 많습니다(그림 2-13a). 헤더와 툴바에는 다양한 편집 도구가 있는데, 이를 이용하면 정점, 선, 면을 선택하고 [돌출(Extrude)]이나 [베벨(Bevel)] 등을 적용할 수 있습니다(그림 2-13b).

Tip. **돌출과 베벨**: 03-3절 참고

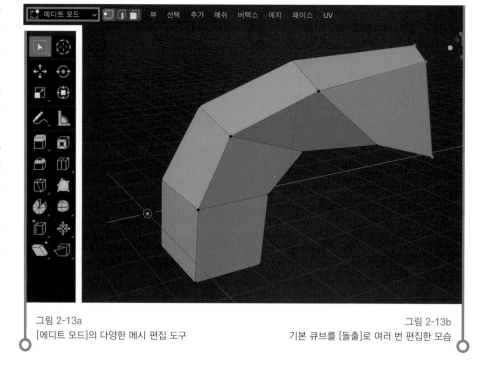

그림 2-13a
[에디트 모드]의 다양한 메시 편집 도구

그림 2-13b
기본 큐브를 [돌출]로 여러 번 편집한 모습

3. 스컬프트 모드

그림 2-14의 [스컬프트 모드(Sculpt Mode)]는 메시 오브젝트를 편집하는 방법입니다. 오브젝트의 메시 데이터를 편집하되 [에디트 모드]와 달리 디지털 찰흙을 조각하듯 더 직관적인 방법을 사용합니다.

둥근 모양으로 바뀐 마우스 커서는 포토샵의 브러시 도구와 비슷한 스컬프트 브러시와 그 굵기를 나타냅니다. 툴바에는 메시를 다루고 더 유기적인 모양으로 만드는 다양한 도구와 브러시가 있습니다. 로봇이나 자동차처럼 표면이 딱딱한 물체를 스케치할 때도 사용할 수 있지만, 어느 정도 경험이 필요합니다. 브러시마다 특별한 알고리즘에 따라 적용한 모습이 달라집니다.

Tip. **[스컬프트 모드]의 도구와 설정**: 4장 참고

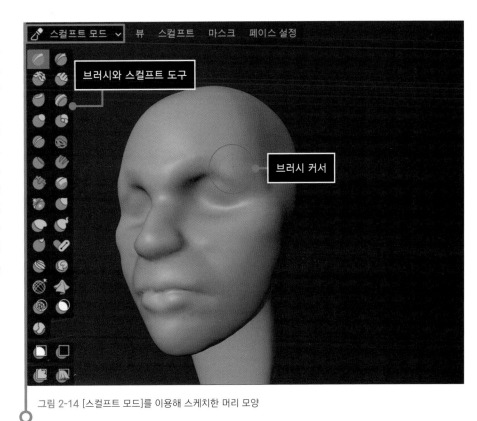

그림 2-14 [스컬프트 모드]를 이용해 스케치한 머리 모양

4. 버텍스 페인트 모드

그림 2-15의 [버텍스 페인트 모드(Vertex Paint Mode)]에서는 정점마다 색을 설정해 오브젝트를 칠할 수 있습니다. 이는 그리기의 해상도가 오브젝트의 정점 개수에 따라 달라진다는 뜻입니다. 예를 들어 스컬프트에 색 경로를 대략 표시할 때 특히 유용합니다.

[버텍스 페인트 모드]는 일반적으로 프로토타입을 만들거나 스컬프트의 색 패턴을 빠르게 만들 때 사용합니다. 이때 정점 사이의 색은 서로 블렌딩됩니다. 이 모드는 메시 오브젝트에서만 사용할 수 있습니다.

Tip. **[버텍스 페인트 모드]의 도구와 설정**: 05-4절 183쪽 참고

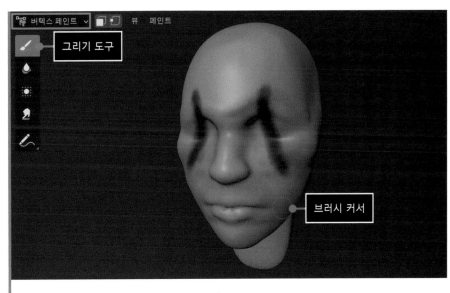

그림 2-15 버텍스 페인트를 적용한 머리 모양 스컬프트

5. 웨이트 페인트 모드

3D에서 웨이트(weight, 가중치)라는 표현은 매우 중요합니다. 웨이트는 평면의 두께, 메시 변형의 총량, 특정 영역에서 자라는 털의 개수처럼 많은 요소를 다룰 때 영향을 미치는 정도를 나타내는 것이라고 생각하면 됩니다. 가중치는 각 정점에 있는 정보이므로 메시 오브젝트에만 적용할 수 있습니다.

정점 가중치는 [에디트 모드]에서도 편집할 수 있지만, 그림 2-16처럼 [웨이트 페인트 모드(Weight Paint Mode)]를 사용하면 좀 더 직관적입니다.

[버텍스 페인트 모드]와 다음에 살펴볼 [텍스처 페인트 모드]에도 비슷한 그리기 도구가 있지만, [웨이트 페인트 모드]에서는 수많은 털과 같은 요소에도 그리기로 영향을 줄 수 있습니다. 메시에서 짙은 파란색은 영향이 0이고

빨간색은 1, 즉 최대 영향입니다. 예를 들어 털에 적용할 때 파란색 영역은 털이 전혀 없지만 빨간색 영역은 털로 꽉 차도록 합니다. 주황색, 노란색, 녹색과 같은 중간색에서는 색에 따라 털의 양이 점점 줄어듭니다.

Tip. **[웨이트 페인트 모드]를 실제로 적용한 모습:** 08-9절 344쪽 참고

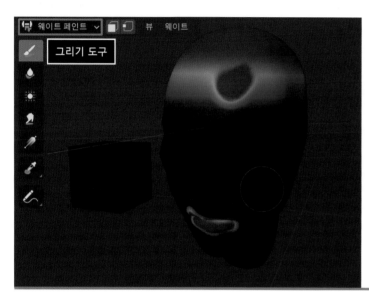

그림 2-16
[웨이트 페인트 모드]에서
영향 정도를 표시한 머리 모양 오브젝트

6. 텍스처 페인트 모드

그림 2-17의 [텍스처 페인트 모드(Texture Paint Mode)]에서는 3D 메시 오브젝트에 적용한 2D 이미지 텍스처를 직접 편집하는데, 이렇게 하면 텍스처를 매우 직관적으로 칠할 수 있습니다.

둥근 모양으로 바뀐 마우스 커서는 [그리기] 브러시 도구의 굵기를 나타냅니다. 툴바에서 다양한 브러시를 볼 수 있으며 사이드바에는 텍스처 옵션과 함께 해당 속성이 표시됩니다.

기본 큐브가 왜 분홍색으로 바뀌나요?

[텍스처 페인트 모드]로 이동하면 기본 큐브가 분홍색으로 바뀌는 것을 볼 수 있습니다. 3D 소프트웨어와 엔진 대부분에서 분홍색은 이미지 텍스처가 없다는 것을 나타냅니다. 메시를 칠하려면 먼저 이미지를 만들고 이 이미지 텍스처를 오브젝트와 연결해야 합니다. 05-4절 180쪽에서 자세히 살펴봅니다.

분홍색으로 바뀐 기본 큐브

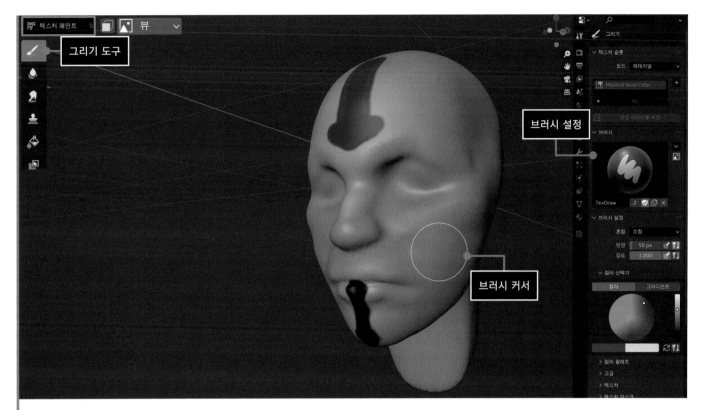

그림 2-17 3D 모델에 직접 칠한 색 텍스처

버텍스 페인트 모드 vs. 텍스처 페인트 모드
뭐가 다를까요?

[버텍스 페인트 모드]는 메시의 해상도에 따라 달라지므로 조각과 같이 수많은 폴리곤으로 이루어진 메시에 사용합니다. 큐브를 예로 들면 모서리의 정점에만 색을 칠할 수 있으므로 가운데는 칠할 수 없고 표면의 색은 블렌딩됩니다.
[텍스처 페인트 모드]의 해상도는 이미지 해상도에 따라 달라지므로 폴리곤이 아주 적은 캐릭터라도 섬세하게 칠할 수 있습니다. 이 모드에서는 일반적으로 펼친 UV와 함께 모델을 준비해야 합니다. 05-3절을 참고하세요.

요컨대 [버텍스 페인트 모드]는 일반적으로 프로토타입이나 스컬프트의 색 패턴을 빠르게 만들어야 할 때, [텍스처 페인트 모드]는 실제 제작할 때 많이 사용합니다.

Tip. [텍스처 페인트 모드], [버텍스 페인트 모드]: 05-4절 181~183쪽 참고

02-7 • 캐릭터 제작에 쓰이는 주요 에디터

모든 요소, 즉 데이터는 블렌더로 편집할 수 있습니다. 큐브, 이미지, 동영상, 재질 등과 같은 메시 오브젝트를 예로 들 수 있습니다. 에디터는 특정 유형의 데이터를 편집하는 데 최적화된 특정 도구 모음입니다. 헤더 왼쪽에 있는 [에디터 유형(Editor Type)]의 메뉴를 이용하면 에디터를 다양하게 선택할 수 있습니다(그림 2-18).

이미 살펴본 속성 편집기(Properties Editor), 아웃라이너(Outliner)와 같이 에디터에는 모드에 따라 달라지는 메뉴를 표시하는 고유 헤더가 있습니다. 마찬가지로 사이드바의 옵션 역시 에디터와 모드에 따라 달라집니다. 물론 툴바도 달라집니다.

에디터는 블렌더나 팝업 창 안에서 헤더 왼쪽의 첫 번째 아이콘을 클릭하여 열 수 있습니다. 에디터는 원하는 만큼 열 수 있으며 같은 에디터를 여러 개 열 수도 있습니다.

이는 3D 뷰포트에서 옆, 위, 아래 등 다양한 관점으로 오브젝트를 볼 수 있게 합니다. 즉, 관점을 바꾸지 않고도 편집할 수 있으므로 매우 편리합니다. 예를 들어 어떻게 렌더링될 것인지를 확인하는 카메라 뷰로 3D 뷰포트를 보면서 또 다른 3D 뷰포트에서는 장면을 편집할 수 있습니다. 에디터나 영역을 다시 닫으려면 앞서 02-4절에서 살펴본 [영역을 합치기(Join Areas)] 메뉴를 이용합니다.

블렌더로 캐릭터를 만들 때 사용할 핵심 에디터 몇 가지를 자세히 살펴보겠습니다.

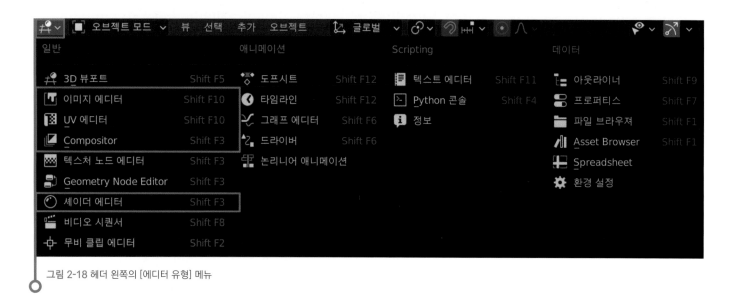

그림 2-18 헤더 왼쪽의 [에디터 유형] 메뉴

1. 이미지 에디터

그림 2-19의 [이미지 에디터(Image Editor)]
는 블렌더의 2D 그리기 도구로, 3D 뷰포트
처럼 다양한 모드가 있습니다. 기본은 몇 가
지 도구와 함께 이미지를 살펴볼 수 있는 뷰
(View) 모드입니다.

헤더에서 [페인트(Paint) 모드]로 바꾸면 툴바
의 도구를 이용하여 포토샵이나 GIMP처럼
이미지를 칠할 수 있습니다.

사이드바를 이용하면 [페인트 모드]의 툴바에
있는 도구의 속성을 자세히 볼 수 있습니다.

사이드바 왼쪽에 있는 내비게이션 도구를 이
용하면 이미지를 확대/축소하거나 화면을 이
동할 수 있습니다.

Tip. **이미지 에디터**: 05-4절 참고

그림 2-19 [이미지 에디터]의 [페인트 모드]를 이용해서 칠한 이미지

2. UV 에디터

그림 2-20의 [UV 에디터(UV Editor)]에서는
메시를 UV 맵(UV map)이라는 2D 버전으로
펼친 다음, 이를 대상으로 작업합니다. UV 맵
은 3D 모델을 2D로 투영한 것으로, 이를 이
용하면 종이로 상자를 만들 때 사용하는 전개
도 평면처럼 펼쳐서 오브젝트를 칠할 부분을
정할 수 있습니다.

[UV 에디터]를 선택하고 이미지를 표시할 수
는 있으나 편집할 수는 없습니다. 이미지를
편집할 때에는 앞서 살펴본 [이미지 에디터]
를 사용합니다.

Tip. **UV를 만드는 법, [UV 에디터]의 도구**: 05-3절 참고

그림 2-20 UV 에디터를 이용해서 표시한 기본 큐브의 UV 맵

3. 셰이더 에디터

[셰이더 에디터(Shader Editor)]에서는 나무, 콘크리트, 안개, 심지어 주변 조명과 같이 작업하는 오브젝트의 재질(material)을 만들고 설정합니다.

3D 뷰포트와 마찬가지로 오브젝트 재질을 편집하는 [오브젝트], 환경(또는 '월드')을 편집하는 [월드(World)], [라인 스타일(Line Style)] 편집 모드 등이 있습니다.

도구는 몇 개뿐이지만 셰이더 에디터를 이용하면 오브젝트의 재질을 만들고 편집하는 모든 노드에 접근할 수 있습니다. 그림 2-21은 [셰이더 에디터]에서 재질을 편집하는 예를 보여 줍니다.

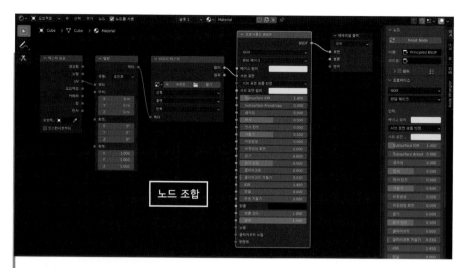

그림 2-21 [셰이더 에디터]에서 재질을 편집할 때 사용하는 다양한 노드

Tip. **다양한 노드와 [셰이더 에디터]:** 05-2절 참고

노드란?

노드란 [매테리얼 출력(Material Output)] 노드에 연결하여 오브젝트에 아주 복잡한 재질 표면과 효과를 만드는 속성과 기능을 조합하는 것을 말합니다. 노드에서는 색 속성을 편집하거나 반사, 표면 거칠기, 투명도와 같은 기존 재질 특성을 흉내 내는 등 특정한 작업을 할 수 있습니다.

---

4. 합성기

후처리나 합성은 컴퓨터 그래픽에서 중요한 단계입니다. [합성기(Compositor)]를 이용하면 렌더링한 이미지나 애니메이션의 출력을 확장하거나 완전히 다른 분위기 또는 스타일로 렌더링할 수 있습니다. 그림 2-22는 렌더링한 3D 장면에 색 대비 효과를 조금 더한 것입니다.

Tip. **[합성기]:** 05-8절 참고

그림 2-22
합성기를 이용해 렌더링한 이미지

02-8 • 단계별로 변신하는 워크스페이스

워크스페이스(Workspaces)란 특정 작업에 최적화된 작업 환경입니다. 톱바의 탭(그림 2-23)을 클릭하거나 Ctrl + PgUp 또는 Ctrl + PgDn 를 이용하면 워크스페이스를 선택할 수 있습니다. 또한 탭을 더블클릭하면 작업 공간의 이름을 바꿀 수 있으며, 오른쪽 끝의 ➕ 아이콘을 클릭하면 새로운 워크스페이스를 추가할 수 있습니다.

그럼 각각의 워크스페이스를 살펴봅시다.

워크스페이스

그림 2-23 톱바의 워크스페이스 탭

1. [Layout] 워크스페이스

블렌더의 기본 작업 공간(그림 2-24)으로 장면의 주요 특성을 편집할 수 있습니다. 3D 뷰포트로는 오브젝트, 카메라, 조명을 구성할 수 있습니다. 아웃라이너에서는 장면에 포함된 요소를 확인할 수 있으며, [오브젝트 프로퍼티스(Object Properties)] 탭을 기본으로 표시하는 속성 편집기에서는 선택한 요소의 특정 데이터를 볼 수 있습니다.

[Layout] 워크스페이스의 기본 모드는 [오브젝트 모드]입니다. 장면(scene) 전체를 살펴볼 수 있어서 이 워크스페이스에서 많은 시간을 보냅니다.

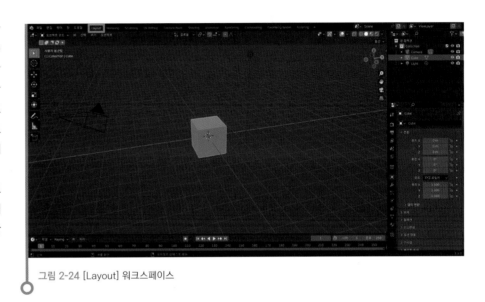

그림 2-24 [Layout] 워크스페이스

2. [Modeling] 워크스페이스

오브젝트 편집, 즉 모델링에 최적화된 워크스페이스(그림 2-25)입니다. [Modeling]을 선택하면 3D 뷰포트의 활성 오브젝트를 대상으로 즉시 [에디트 모드]로 이동하며 툴바에는 사용할 수 있는 도구가 모두 표시됩니다. 속성 편집기에서는 [모디파이어 프로퍼티스(Modifier Properties)] 탭을 기본으로 표시합니다.

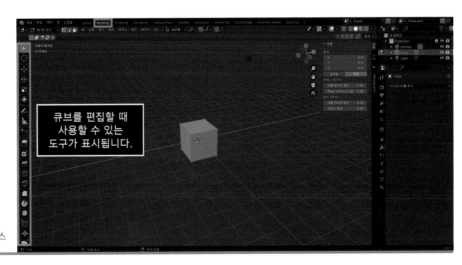

큐브를 편집할 때 사용할 수 있는 도구가 표시됩니다.

그림 2-25 [Modeling] 워크스페이스

3. [Sculpting] 워크스페이스

선택한 오브젝트를 대상으로 3D 뷰포트에서 [스컬프트 모드]로 바뀝니다. [스컬프트 모드]는 브러시를 이용하여 찰흙처럼 직관적으로 모델을 조각하는 데 최적화된 모드입니다. 속성 편집기의 기본 탭은 [활성 도구 및 작업 공간을 설정(Active Tool and Workspace Settings)]입니다(그림 2-26).

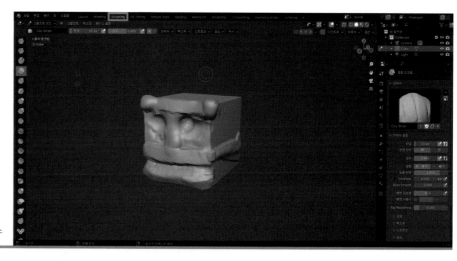

그림 2-26 [Sculpting] 워크스페이스

4. [UV Editing] 워크스페이스

UV 맵을 만들고 편집하는 데 최적화된 워크스페이스(그림 2-27)입니다. [UV 에디터]는 왼쪽 창에, 3D 뷰포트는 오른쪽 창에 표시합니다. UV 맵은 메시 데이터의 일부이므로 오브젝트를 다루려면 에디트 모드 상태여야 합니다. 즉, [UV Editing] 워크스페이스를 선택하면 3D 뷰포트는 선택한 오브젝트를 대상으로 [에디트 모드]로 바뀌어야 하므로 3D 뷰포트 왼쪽에 [UV 에디터]가 새 창으로 열립니다. UV 맵은 3D 뷰포트 안에서 생성되며 [UV 에디터]로 다듬을 수 있습니다. 속성 편집기의 기본 탭은 [오브젝트 데이터 프로퍼티스(Object Data Properties)]입니다.

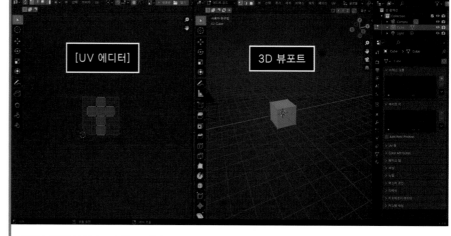

그림 2-27 [UV Editing] 워크스페이스

5. [Texture Paint] 워크스페이스

3D 오브젝트를 직접 칠하거나 [이미지 에디터]의 2D 공간에서 칠할 수 있습니다(그림 2-28). [UV Editing] 워크스페이스와 비슷하게 영역이 둘로 나뉘는데, 왼쪽 창은 포토샵처럼 이미지를 칠하는 [이미지 에디터]이고, 오른쪽 창에서는 [텍스처 페인트 모드]의 3D 뷰포트로 분홍색 기본 큐브를 표시합니다. 마우스 커서는 [그리기] 도구의 브러시 두께를 나타내며 둥근 모양입니다. 속성 편집기의 기본 탭은 [활성 도구 및 작업 공간을 설정(Active Tool and Workspace Settings)]입니다.

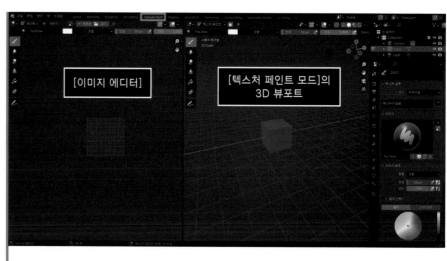

그림 2-28 [Texture Paint] 워크스페이스

6. [Shading] 워크스페이스

오브젝트나 캐릭터의 재질을 만듭니다(그림 2-29). 외부 자원을 많이 사용하는 단계이므로 재질에 적용할 텍스처를 볼 수 있는 [이미지 에디터]와 함께 파일 탐색기가 보입니다. 3D 뷰포트는 [메테리얼 미리 보기(Material Preview)]로 바뀌므로 해당 환경에서 조명을 어떻게 적용했는지 실시간으로 볼 수 있습니다. [셰이더 에디터]를 이용하면 재질 속성을 설정할 수 있고 투명도, 빛 발산 능력, 표면 요철 등 새로운 셰이딩 컴포넌트를 추가할 수 도 있습니다.

그림 2-29 [Shading] 워크스페이스

7. [Rendering] 워크스페이스

현재 렌더링 결과를 나타내는 [이미지 에디터]와 렌더링 품질을 설정하는 [렌더 프로퍼티스(Render Properties)] 탭을 기본으로 하는 속성 편집기를 표시합니다. F12를 누르거나 헤더에서 [렌더(Render) → 이미지를 렌더(Render Image)] 메뉴를 선택하면 렌더링을 시작합니다. 그러면 렌더링한 이미지와 함께 [이미지 에디터] 팝업 창이 나타나는데, 여기서는 기본 큐브 상태입니다(그림 2-30).

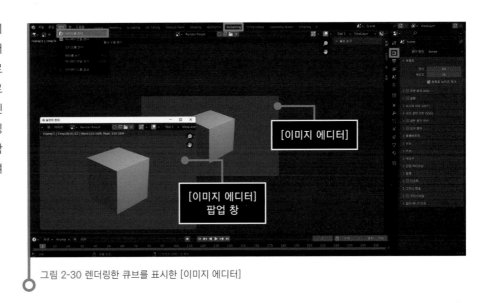

그림 2-30 렌더링한 큐브를 표시한 [이미지 에디터]

8. [Compositing] 워크스페이스

렌더링한 이미지를 확장하거나 다시 작업하는 데 최적화된 워크스페이스(그림 2-31)입니다. 합성기(Compositor), 도프 시트(Dope Sheet), 아웃라이너, 속성 편집기, 타임라인 등으로 구성됩니다.

Tip. **도프 시트**는 애니메이션 데이터를 더 자세히 볼 수 있는 고급 타임라인입니다.

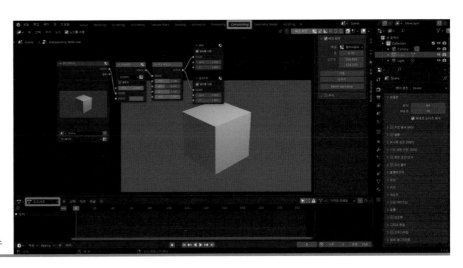

그림 2-31 [Compositing] 워크스페이스

블렌더 핵심 작업

03 · 3D 캐릭터 모델링하기

피에릭 피코

이 장에서 다룰 내용

- ► 오브젝트 추가하기
- ► 오브젝트 변형하기
- ► 오브젝트 편집하기

- ► 오브젝트 여러 개 다루기
- ► 모디파이어
- ► 토폴로지

3D 캐릭터 만들기와 모델링의 첫발을 내딛을 차례입니다. 이 장에서는 오브젝트를 추가하고 다루는 방법 등 모델링의 기초를 배우고 나서 모디파이어와 토폴로지처럼 복잡하지만 유용한 주제를 살펴보겠습니다.
이 장이 끝날 무렵이면 아벨린 스토카르트(Aveline Stokart)의 스케치 원안을 바탕으로 귀여운 캐릭터 모델을 완성할 것입니다.

귀여운 몬스터를 만들면서
3D 모델링 작업 과정을 익히세요!

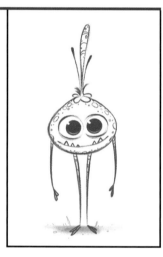 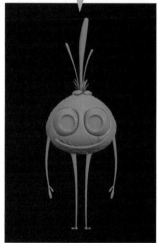

아벨린 스토카르트의
스케치 원안(왼쪽)과
모델링으로 완성한 캐릭터
아트워크(오른쪽)

03-1 · 오브젝트 추가하기

오브젝트를 추가하는 방법

새로운 블렌더 파일을 열고 기본 큐브를 삭제하여 빈 장면을 만듭니다.

❶ [오브젝트 모드(Object Mode)]에서 기본 큐브를 선택하고 Delete 를 눌러 삭제합니다.

❷ 3D 뷰포트에서 오브젝트를 추가하려면 왼쪽 위 헤더에서 **[추가(Add)] 메뉴를 클릭**하거나 단축키 Shift + A 를 누르고 오브젝트 유형을 선택합니다.
앞서 설명한 대로 오브젝트에는 메시, 커브, 카메라 등이 있습니다. 여기에서는 [추가] 메뉴의 [메쉬(Mesh)]에 있는 [원뿔(Cone)]을 선택합니다(그림 3-1a).

❸ 블렌더에서 액션이나 기능을 실행할 때마다 3D 뷰포트 왼쪽 아래에 **컨텍스트 메뉴**가 뜨는데, 이 메뉴를 클릭하면 추가한 오브젝트를 자세하게 설정할 수 있습니다. 메시 오브젝트라면 정점(Vertices) 개수(해상도), 크기, 기본 정렬(Alignment), 위치(Location), 회전(Rotation) 등을 바꿀 수 있습니다. UV 맵을 자동으로 생성(Generate UVs)하도록 설정할 수도 있습니다.

❹ 오브젝트를 추가하면 자동으로 3D 커서 위치에 자리하고, 장면의 축이나 '월드 공간(world space)'에 맞추어 정렬됩니다(그림 3-1b). 아웃라이너에도 새로 추가한 오브젝트가 나타납니다.

Tip. **월드 공간**: 03-2절 65쪽 참고

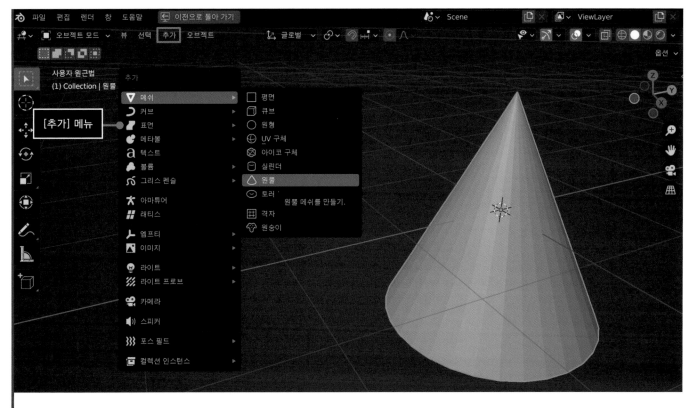

그림 3-1a [Shift] + [A] 를 누르면 나타나는 [추가] 메뉴

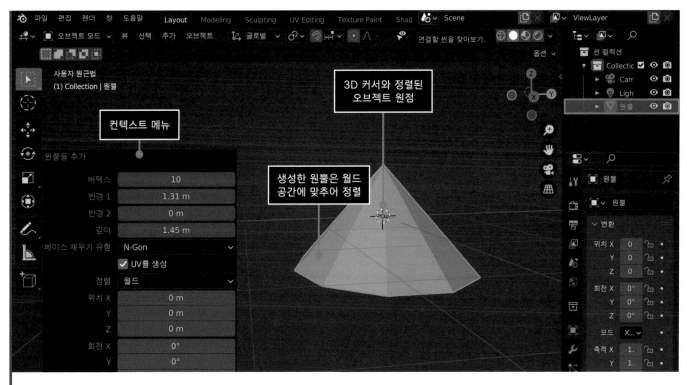

그림 3-1b 원뿔 메시 오브젝트를 설정할 수 있는 컨텍스트 메뉴

오브젝트 원점이란?

장면 원점, 곧 **월드 원점**은 여러분이 작업할 공간의 한가운데를 말합니다. X축, Y축, Z축이 모두 지나는 한 점이므로 좌표는 모두 0입니다.

오브젝트 원점은 기본적으로 오브젝트의 가운데에 있지만 다른 곳으로 옮길 수도 있습니다. 01-2절 18쪽에서 살펴본 것처럼 오브젝트는 비었거나 다양한 데이터로 채워진 상자입니다. 그러므로 월드 원점부터의 거리를 이용하여 장면에서 이 오브젝트의 위치를 정하는 점이 필요합니다. 이 점이 오브젝트의 이동 정보를 측정할 기준입니다.

오브젝트 원점은 [오브젝트 모드(Object Mode)]와 [에디트 모드(Edit Mode)]에서 3D 커서 안에 있는 작은 주황색 동그라미입니다 (그림 3-2a). 앞서 이야기했듯이 새로운 오브젝트를 추가하면 오브젝트 원점은 3D 커서에 정렬됩니다. [Shift] + 마우스 오른쪽 버튼으로 3D 커서를 누른 채 원하는 곳으로 이동하거나 사이드바의 [뷰(View)] 탭에서 월드 원점을 기준으로 [위치(Location)] 좌표를 설정할 수 있습니다(그림 3-2a).

3D 커서의 위치를 월드 원점으로 되돌리려면 [Shift] + [C]를 누르거나 사이드바의 [뷰] 탭을 클릭해 [3D 커서]의 [위치]에서 [X], [Y], [Z]에 각각 [0]을 입력합니다.

오브젝트 이동 취소하기

오브젝트의 이동을 취소하고 되돌리려면 오브젝트를 선택하고 [Alt] + [G]를 누르거나 사이드바의 [항목(Item)] 탭에서 [위치]의 옵션값을 모두 [0]으로 설정하면 됩니다.

월드 원점(장면 원점)	X축, Y축, Z축이 모두 지나는 한 곳(빨간색, 초록색 선이 만나는 곳)
오브젝트 원점(오리진, 피벗)	오브젝트에 있는 주황색 작은 동그라미

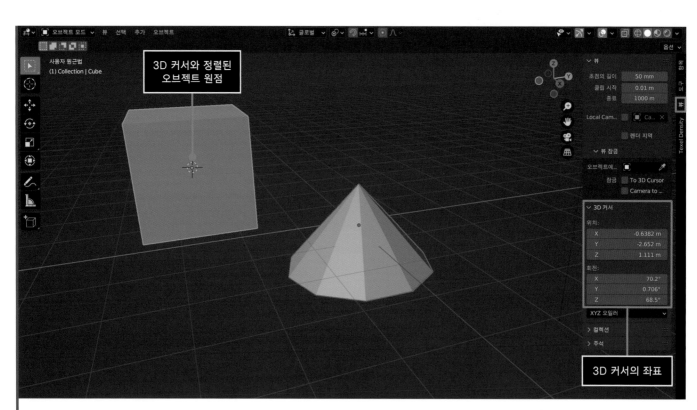

그림 3-2a 큐브 오브젝트와 원점

[오브젝트(Object) → 오리진을 설정(Set Origin)] 메뉴를 이용하여 오브젝트 원점의 위치를 바꿀 수도 있습니다(그림 3-2b). 예를 들어 오브젝트 원점을 3D 커서에 정렬하거나 오브젝트를 감싸는 경계 박스(bounding box)의 가운데로 옮길 수 있습니다. 이 메뉴는 오브젝트를 추가하거나 수정할 때 편리합니다.

속성 편집기의 [오브젝트 프로퍼티스(Objective Properties)] 탭에서도 오브젝트의 [위치(Location)], [회전(Rotation)], [축적(Scale)] 옵션값을 설정할 수 있습니다.

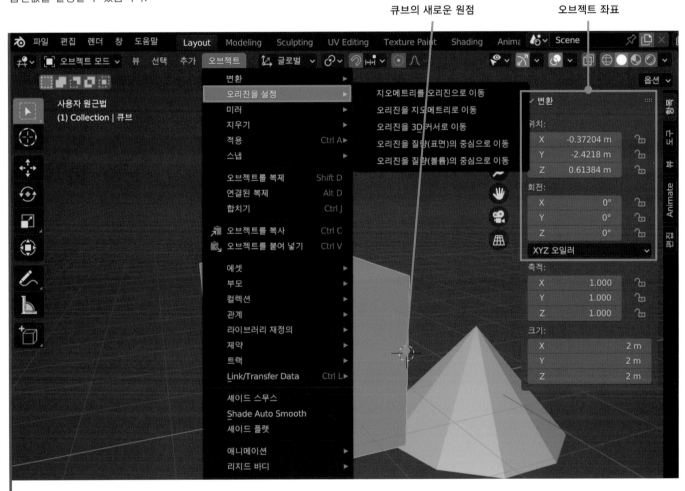

그림 3-2b 큐브의 새로운 원점을 3D 커서에 정렬하기

오브젝트 종류 구경하기

[오브젝트 모드(Object Mode)]에서 [추가
(Add)] 메뉴를 클릭하면 다양한 오브젝트를
추가할 수 있습니다. 가장 일반적인 것은 복
잡한 오브젝트를 만들 때 바탕이 되는 기본
모양인 메시 오브젝트입니다. 예를 들어 집을
모델링하려면 큐브에서 시작하여 창문용 구
멍을 몇 개 만드는데, 여기에는 앞으로 자주
볼 수잔(Suzanne)이라는 원숭이 머리를 비롯
한 다양한 메시를 사용할 수 있습니다.

❶ [커브(Curve)] 오브젝트: 다른 오브젝트를
구부릴 때 기준선이 되므로 무척 유용합
니다. 또한 오브젝트의 패스로 이용하거나
와이어, 털, 스파게티처럼 다양한 선으로
쉽게 모델링할 수 있습니다.

❷ [엠프티(Empty)] 오브젝트: 이름대로 빈
오브젝트입니다. 다른 오브젝트를 회전하
거나 제약할 때 피벗 포인트로 사용할 수
있습니다. 오브젝트를 대칭으로 만드는 상
상의 거울 오브젝트로 사용하는 등 엠프티
좌표를 이용하면 특정 도구의 움직임도 편
집할 수 있습니다.

Tip. **피벗 포인트**: 03-2절 66~67쪽 참고

❸ [라이트(Light)] 오브젝트: 실생활에서의 빛
과 같습니다. [라이트] 오브젝트가 있어야
어떤 것이든 렌더링할 수 있죠. 조명 강도
나 색 등 이름만으로도 알 수 있는 다양한
속성으로 조절합니다. 05-1절 163~167
쪽에서 자세히 살펴봅니다.

❹ [카메라(Camera)] 오브젝트: 이미지나 애
니메이션을 렌더링할 때 꼭 필요합니다.
초점의 길이나 센서 크기와 같은 물리를
바탕으로 한 속성을 이용하여 렌더링 대
상을 장면 프레임 안에 넣을 수 있습니다.

❺ [메타볼(Metaball)] 오브젝트: 변형되는 방
법이 좀 특이하지만, 기본 메시를 빠르게
만들 수 있어 매우 유용합니다. 이 오브젝
트는 서로 가까이하면 물방울처럼 합쳐집
니다. 이런 특성 때문에 모션 디자인에서
도 자주 사용합니다.

❻ [아마튜어(Armature)] 오브젝트: 뼈대로
이루어진 디지털 골조를 이용해 캐릭터 오
브젝트를 다양한 자세로 변형하거나 움직
이는 인형으로 만들 수 있습니다. 기본으
로 제공하는 골조는 캐릭터 자세를 빠르
고 자연스럽게 만들 때 무척 유용합니다.

그림 3-3 3D 뷰포트에 추가할 수 있는 여러 가지 오브젝트

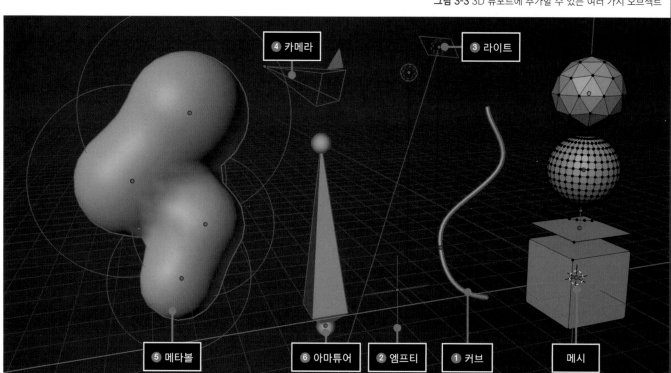

카메라 설정하기

3D 장면을 편집할 때는 카메라가 없어도 자유롭게 탐색할 수 있습니다. 그러나 렌더링하려면 카메라를 추가해야 한다는 경고 메시지가 나타납니다. 카메라는 블렌더 장면의 어느 부분을 보일 것인지 또는 렌더링할 것인지를 정의합니다. 카메라 역시 오브젝트이므로 3D 뷰포트에서 단축키 Shift + A 또는 [추가] 메뉴를 이용하여 추가합니다. 다른 오브젝트처럼 회전하거나 이동해서 원하는 장면을 담도록 프레임 안에 넣습니다.

Tip. **오브젝트의 이동, 축적 변경, 회전**: 03-2절 62~64쪽 참고

현 시점을 카메라에 맞추기

Ctrl + Alt 와 함께 숫자 패드 0 을 누르면 현재 뷰포트 시점을 카메라에 맞출 수 있습니다. 카메라를 선택한 후 속성 편집기의 [오브젝트 데이터 프로퍼티스(Object Data Properties)] 탭에서 [초점의 길이(Focal Length)]나 [피사계 심도(Depth of Field)] 등 카메라 설정을 편집할 수 있습니다.

카메라가 여러 대라면?

장면에 카메라가 여러 대 있다면 속성 편집기의 [씬 프로퍼티스(Scene Properties)] 탭에서 어느 것을 쓸 것인지를 정할 수 있습니다. 블렌더는 출력 해상도를 카메라 형식으로 사용하므로 카메라의 프레임 안에 들어온 이미지 크기는 출력할 파일의 해상도에 따라 달라집니다. 해상도는 속성 편집기의 [출력 프로퍼티스(Output Properties)] 탭에서 수정할 수 있습니다.

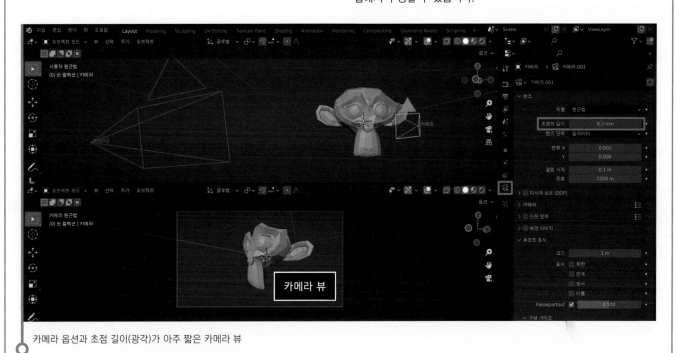

카메라 옵션과 초점 길이(광각)가 아주 짧은 카메라 뷰

오브젝트 다루기 — [오브젝트 프로퍼티스] 탭

오브젝트는 속성 편집기의 [오브젝트 프로퍼티스(Object properties)] 탭이나 3D 뷰포트와 같은 에디터에서 설정할 수 있습니다. 앞서 만든 오브젝트를 선택하고 [오브젝트 프로퍼티스] 탭을 살펴보세요.

❶ [변환(Transform)] 패널: 월드 원점(장면 원점)을 기준으로 오브젝트의 위치(Location), 회전(Rotation), 축적(Scale)을 표시합니다(그림 3-4a). 3D 뷰포트에서 오브젝트를 다룰 때 [변환] 패널에서 값을 수정하여 오브젝트를 이동, 회전하거나 축적을 설정할 수도 있습니다. 하위 패널인 [델타 변환(Delta Transform)] 패널은 애니메이션에서 움직임의 오프셋을 설정할 때 주로 사용합니다.

❷ [관계(Relation)] 패널: 선택한 오브젝트에 부모가 있는지를 확인할 수 있습니다(그림 3-4b). [부모(Parent)] 옵션은 부모 요소의 변환을 따르도록 할 때 2D와 3D 애니메이션 소프트웨어에서 자주 사용합니다.

❸ [컬렉션(Collections)] 패널: 오브젝트를 새로운 컬렉션으로 옮기거나 어떤 컬렉션에 있는지 알 수 있습니다.

❹ [인스턴싱(Instancing)] 패널: 아주 강력한 도구입니다. 이를 이용하면 오브젝트 표면이나 정점을 따라 모델을 복제할 수 있습니다. 쇠사슬 갑옷 위의 금속 링처럼 복잡한 표면에 일정한 오브젝트 패턴을 만들 때 유용합니다. 아웃라이너에서 복제할 오브젝트를 선택한 뒤, [오브젝트 프로퍼티스] 탭에 있는 [관계(Relation)] 패널의 [부모(Parent)] 옵션에서 부모로 만들 오브젝트를 선택합니다. 이와 함께 [인스턴싱] 패널에서 [버텍스(Vertex)]나 [페이스(Face)] 가운데 어디에 복제할 것인지를 설정합니다(그림 3-4c).

❺ [가시성(Visibility)] 패널: 포토샵의 레이어 잠금처럼 3D 뷰포트에서 오브젝트의 선택 가능(Selectable) 여부, 3D 뷰포트(Viewports) 표시 여부, 렌더링(Renders) 여부를 설정할 수 있습니다(그림 3-4d).

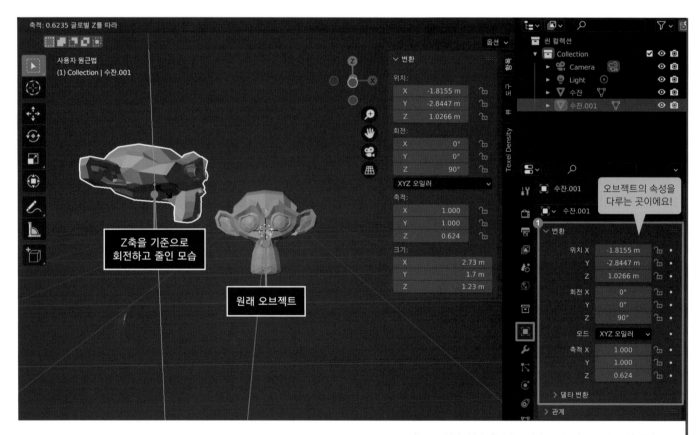

그림 3-4a 위치, 회전, 축적을 표시하는 원숭이 오브젝트의 [변환] 속성

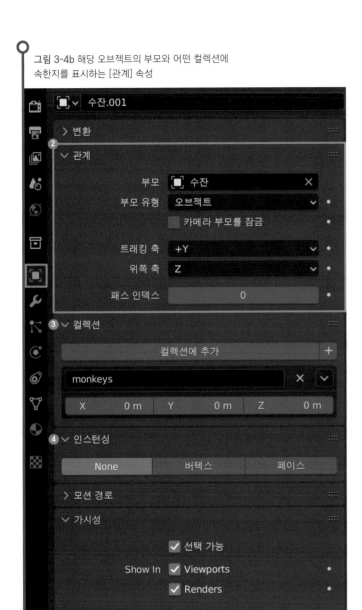

그림 3-4b 해당 오브젝트의 부모와 어떤 컬렉션에
속한지를 표시하는 [관계] 속성

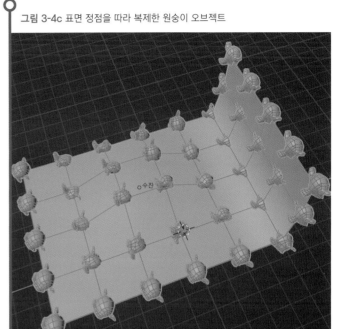

그림 3-4c 표면 정점을 따라 복제한 원숭이 오브젝트

그림 3-4d
[오브젝트 프로퍼티스] 탭의 [가시성] 속성

오브젝트 정보를 표시하는 방법

속성 편집기에서 [오브젝트 프로퍼티스(Object Properties)] 탭의 [뷰포트 표시(Viewport View)] 패널을 이용하면 오브젝트의 다양한 정보를 표시할 수 있습니다. 예를 들어 오브젝트의 이름과 공간에서 오브젝트의 방향을 확인하는 데 도움이 되는 축 등을 3D 뷰포트에 표시할 수 있습니다(그림 3-5a).

❶ [와이어프레임(Wireframe)] 옵션: [오브젝트 모드]에서 선의 흐름과 오브젝트의 복잡도를 확인하는 데 무척 편리합니다.

❷ [텍스처 공간(Texture Space)] 옵션: 오브젝트를 감싸는 경계 박스를 표시하는데, 때에 따라서는 이를 이용하여 텍스처를 투사합니다.

❸ [섀도우(Shadow)] 옵션: 3D 뷰포트에서 오브젝트의 그림자를 표시합니다. 단, 렌더링에는 영향을 주지 않습니다.

❹ [앞에 표시(In Front)] 옵션: 공간에서 차지하는 위치와 상관없이 해당 오브젝트를 맨 앞에 표시합니다(그림 3-5b). 이는 토폴로지나 밀도가 높은 영역 또는 숨어 있는 오브젝트를 작업할 때 무척 편리합니다.

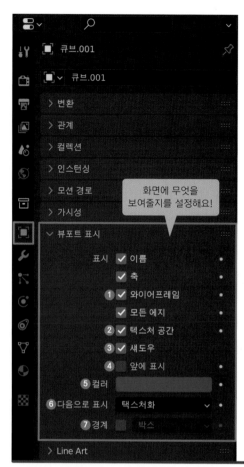

그림 3-5a
[오브젝트 프로퍼티스] 탭의 [뷰포트 표시] 옵션

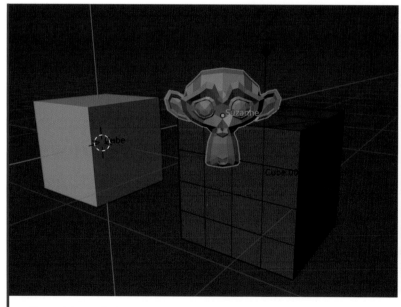

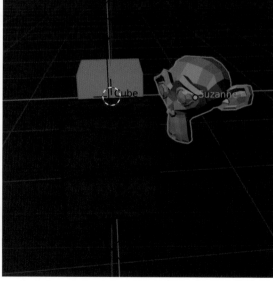

그림 3-5b [앞에 표시] 옵션을 선택해 오브젝트가 큐브 앞으로 이동한 모습(왼쪽)

⑤ **[컬러(Color)] 옵션:** [뷰포트 셰이딩(Viewport Shading)] 메뉴의 오브젝트 [컬러] 옵션을 활성화했을 때의 색을 지정할 수 있습니다 (그림 3-5c). 속성 편집기의 [오브젝트 프로퍼티스] 탭으로 이동하여 [뷰포트 표시] 패널의 [컬러] 옵션에서 색을 선택합니다. 이렇게 하면 오브젝트나 오브젝트 그룹을 서로 다른 색으로 구분해서 표시할 수 있습니다.

⑥ **[다음으로 표시(Display As)] 옵션:** [경계(Bounds)]를 선택하면 오브젝트를 둘러싼 경계 박스만 표시합니다. 이렇게 설정하면 섬세한 오브젝트가 많아서 3D 뷰포트가 느려질 때 3D 뷰포트에 표시할 폴리곤 수를 줄일 수 있어서 도움이 됩니다. 물론 렌더링에는 영향을 주지 않습니다.

⑦ **[경계(Bounds)] 옵션:** [박스(Box)]를 선택하면 오브젝트에 맞는 상자를 표시합니다(그림 3-5d). 이렇게 하면 특정 상황에서 오브젝트 공간이 충분한지 확인할 수 있습니다.

지금까지 설명한 옵션은 02-1절 28쪽에서 살펴본 [셰이딩(Shading)]이나 [오버레이(Overlay)] 옵션과 함께 사용할 수 있습니다.

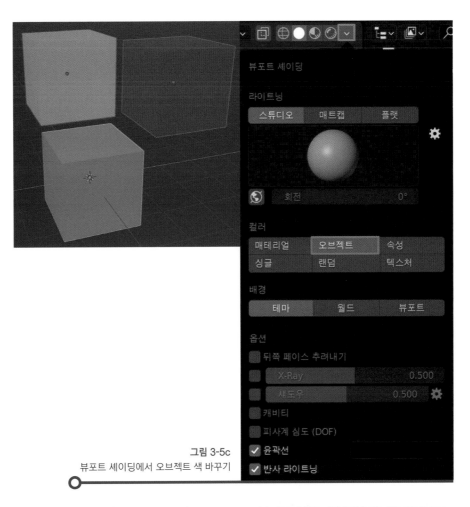

그림 3-5c
뷰포트 셰이딩에서 오브젝트 색 바꾸기

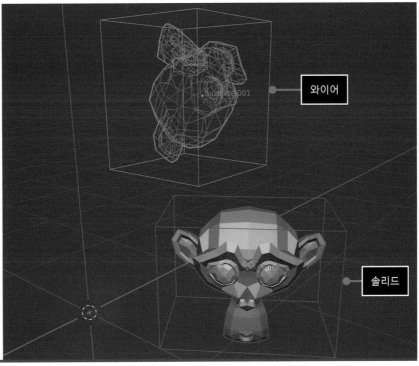

그림 3-5d
[경계] 옵션의 [박스]와 함께
[와이어]와 [솔리드]로 표시한 원숭이 머리

03-2 • 오브젝트 변형하기

이동, 회전, 축적 변경하기

▶ **이동하기**: 오브젝트를 이동하려면 해당 오브젝트를 선택하고 ⒢를 누른 후 마우스를 움직이면 마우스를 따라 오브젝트도 움직입니다. 원하는 위치에서 마우스 왼쪽 버튼을 클릭하면 위치가 확정되고, 마우스 오른쪽 버튼을 클릭하면 이동을 취소합니다.

▶ **하나의 축을 따라 이동하기**: 문자 키보드를 누르면 하나의 축을 따라 오브젝트를 움직이도록 할 수 있습니다. 예를 들어 오브젝트를 클릭한 후 ⒢와 ⓧ를 차례로 누르면 X축 선이 나타나면서 X축을 따라서만 이동합니다(그림 3-6a).
위치가 마음에 들면 마우스 왼쪽 버튼을 클릭해 확정합니다. 이처럼 오브젝트

를 변형할 때는 오브젝트 원점을 지나는 가상의 X축(글로벌 X축)을 기점으로 오브젝트가 따라 움직인다는 것을 알 수 있습니다.

▶ **회전, 축적 변경하기**: 같은 방법으로 오브젝트를 회전할 때는 ⒢ + ⓡ, 축적을 변경할 때는 ⒢ + ⓢ를 누르고 마우스를 움직이면 회전하거나 축적이 변경됩니다.

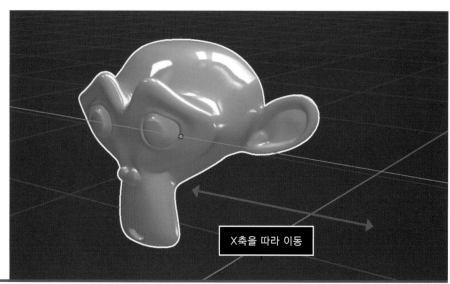

그림 3-6a
글로벌 X축을 따라 오브젝트 이동하기

▶ **하나의 축 고정하고 변형하기**: ⒢를 누르고 나서 Shift + ⓧ를 누르면 글로벌 X축은 고정한 채 글로벌 Z축과 Y축을 따라 오브젝트를 움직일 수 있습니다(그림 3-6b). 이때에도 마우스 왼쪽 버튼을 누르면 확정되고 오른쪽 버튼을 누르면 취소됩니다. 이 단축키는 다른 축에도 적용할 수 있습니다. 예를 들어 Shift + ⓨ를 누르면 오브젝트를 Z축과 X축으로만 움직일 수 있습니다. 이는 축적 변경과 회전에서도 마찬가지입니다.

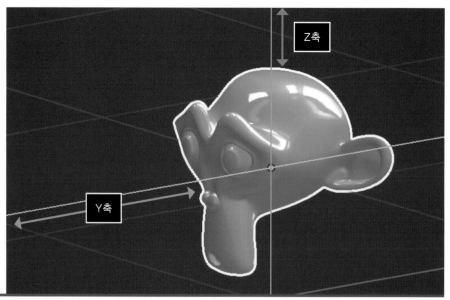

그림 3-6b
글로벌 X축을 잠근 채로 오브젝트 이동하기

변환 기즈모를 이용해 변형하기

오브젝트를 선택하면 나타나는 빨간색, 녹색, 파란색 변환 기즈모(Transformation Gizmos)를 이용해서 3D 공간 안의 오브젝트를 이동할 수도 있습니다. 여기서 설명하는 도구로 변환한 후 마우스 오른쪽 버튼으로 취소하기 전에 왼쪽 버튼을 놓으면 이를 확정합니다.

이동

[오브젝트 모드]에서 오브젝트를 선택하고 툴바에서 [이동(Move)] 도구를 클릭합니다(그림 3-7a). 이동 기즈모가 오브젝트 원점 주위에 나타납니다. 흰색 원을 클릭하고 드래그하면 오브젝트를 마음대로 움직일 수 있습니다. 화살표를 각각 클릭하고 드래그하면 해당하는 축으로만 움직입니다. 색상이 칠해진 평면을 클릭하고 드래그하면 해당 축은 잠근 채로 이동할 수 있습니다. 즉, 잠근 축을 제외하고 나머지 축 방향으로 움직입니다. 예를 들어 빨간색 평면은 X축을, 녹색 평면은 Y축을, 파란색 평면은 Z축을 각각 잠급니다.

빨간색 기즈모는 X축, 녹색은 Y축, 파란색은 Z축을 의미합니다. 왼쪽 아래에 나타나는 컨텍스트 메뉴에서 [X], [Y], [Z] 축에 원하는 값을 직접 입력할 수도 있습니다(그림 3-7a).

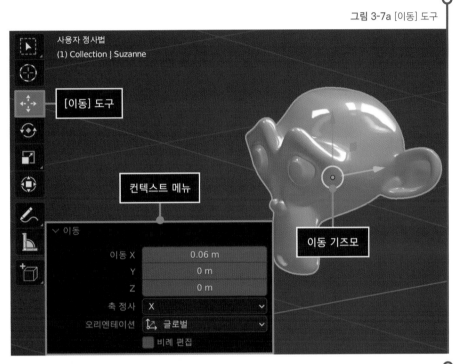

그림 3-7a [이동] 도구

회전

오브젝트를 회전하려면 툴바의 [회전(Rotate)] 도구를 이용합니다(그림 3-7b). 바깥의 흰색 원을 클릭하고 드래그하면 현재 시점과 오브젝트 원점으로 이루어진 축을 따라 오브젝트를 회전합니다. 마치 대상을 손가락으로 가리킬 때 손가락이 회전축 역할을 하는 것과 같습니다. 3가지 색의 반원을 클릭하여 드래그하면 해당 축을 따라 오브젝트가 회전합니다.

기즈모 위에 마우스 커서를 올리면 큰 원 안에 반투명한 원이 나타납니다. 이 반투명한 원을 클릭하고 드래그하면 오브젝트는 마우스 커서가 움직이는 대로 오브젝트 원점 주변을 회전합니다. 익숙해지기 쉽지 않지만 매우 유용한 기능입니다.

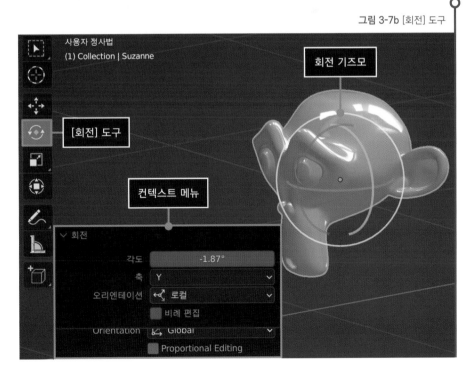

그림 3-7b [회전] 도구

축적

선택한 오브젝트의 축적을 변경하려면 툴바에서 [축적(Scale)] 도구를 선택합니다(**그림 3-7c**). 바깥쪽의 흰색 원을 클릭하고 드래그하면 오브젝트 원점을 기준으로 모든 축 방향으로 동일하게 축적을 변경합니다. 3가지 색의 핸들을 클릭하고 드래그하면 해당 축 방향으로만 축적을 변경합니다. 색으로 표시한 평면을 클릭하고 드래그하면 해당 축은 잠근 채로 축적을 변경합니다.

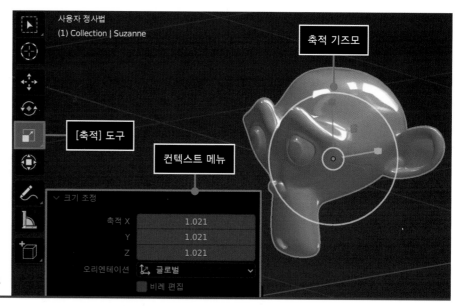

그림 3-7c [축적] 도구

변환

툴바의 [변환(Transform)] 도구를 이용할 수도 있습니다(**그림 3-7d**). 이는 앞서 살펴본 3가지 도구를 모두 합친 것으로, 글로벌 축적 변경 등 몇 가지를 제외하고 모든 기능을 사용할 수 있습니다.

Tip. **'글로벌 축적 변경'**이란 한 번에 모든 축으로 축적 변경하는 것을 뜻합니다.

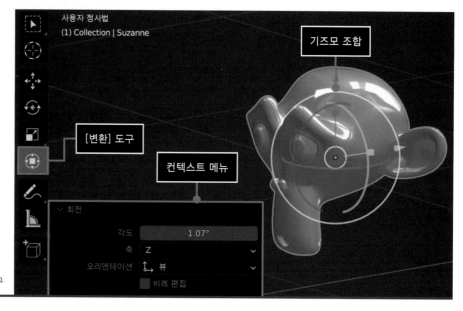

그림 3-7d [변환] 도구

오브젝트를 변환하는 다른 방법

수치 입력해 변환하기
오브젝트를 변환할 때는 값을 직접 입력할 수도 있습니다. 예를 들어 G로 오브젝트를 이동하면서 G를 누르고 X로 X축을 선택한 뒤 키보드로 [3.5]를 입력하고 Enter를 누릅니다. 그러면 오브젝트는 글로벌 X축을 따라 3.5m를 이동합니다. 이는 회전과 축적을 변경할 때에도 마찬가지입니다. 도구에서 사용해 변환할 때도 핸들을 마우스 왼쪽 버튼으로 누른 채로 축과 값을 입력할 수도 있습니다.

미세하게 변환하기
오브젝트를 선택하고 Shift를 누른 채로 드래그하면 아주 조금씩 움직일 수 있습니다. 섬세하게 변환할 때 도움이 됩니다.

변환 취소하기
모든 변환은 취소하거나 0으로 되돌릴 수 있는데, Alt + G는 이동, Alt + R는 회전, Alt + S는 축적 변경을 취소합니다.

월드 공간과 로컬 공간 이해하기

블렌더를 비롯한 3D 작업에서는 로컬 공간과 월드 공간 개념을 정확히 이해하는 것이 중요합니다.

블렌더에 오브젝트를 추가하면 기본적으로 **월드 공간**에 정렬됩니다. 즉, 오브젝트의 X축, Y축, Z축은 장면의 X축, Y축, Z축에 정렬됩니다. 그림 3-8a와 그림 3-8b를 보면 이동 기즈모의 화살표가 장면의 세 축을 가리키는 것을 알 수 있습니다. 큰 화살표는 오브젝트의 축을 구분하고자 표시한 것입니다. 그림 3-8a는 오브젝트가 월드 공간에 정렬된 것을 나타냅니다. 즉, 추가한 설명용 화살표와 장면의 축이 같은 방향을 가리킵니다.

그러나 오브젝트를 회전하는 순간(그림 3-8b) 설명용 화살표(오브젝트 축)는 이제 더 이상 기즈모의 화살표 방향(장면 축)과 일치하지 않습니다. 그렇지만 원숭이 머리의 앞과 옆이 어디인지를 묻는다면 여전히 코와 눈이 있는 쪽이 앞이고 귀가 있는 쪽이 옆이라 답할 것입니다. 이는 월드 공간에서 아무리 몸을 회전하더라도 **로컬 공간**에서 머리는 항상 몸 위에 있기 때문입니다.

장면의 축과 오브젝트의 축이 더 이상 일치하지 않는 오브젝트를 다룰 때는 변환 기즈모의 설정을 오브젝트 축으로 바꾸는 것이 좋습니다. 월드 공간 축이 아닌 로컬 공간 축으로 바꾸려면 화면 상단 가운데 헤더의 [글로벌]을 클릭해 [변환 오리엔테이션(Transformation Orientation)] 메뉴를 이용하면 됩니다(그림 3-8c). 로컬 축으로 바꾸면 회전한 오브젝트 축과 기즈모 축이 일치하게 됩니다.

G 를 누른 다음 X 를 클릭하면 로컬 X축을 기준으로 오브젝트를 이동할 수 있습니다. Shift 를 누른 채 X 를 클릭하면 로컬 X축을 잠근 상태로 오브젝트를 움직일 수 있습니다.

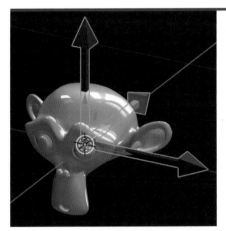

그림 3-8a
월드 공간의 축을 따르는 [이동] 도구 기즈모

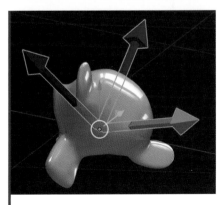

그림 3-8b
월드 공간을 축으로 두고 오브젝트를 회전한 모습

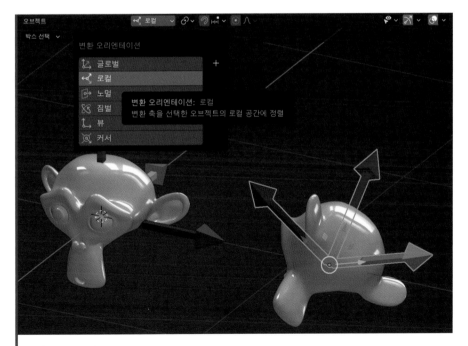

그림 3-8c
오브젝트의 로컬 공간 축에 맞춰 정렬된 [이동] 도구 기즈모

피벗 포인트 활용하기

[오브젝트 모드]에서 일어나는 변환은 기본적으로 오브젝트 원점을 기준으로 합니다. 즉, 이 원점이 오브젝트의 피벗 포인트입니다.

헤더 가운데에 있는 [피벗 포인트를 변환(Transform Pivot Point)] 메뉴를 이용하면 피벗 포인트를 변경할 수 있습니다(그림 3-9a).

경계 박스 중심 (Bounding Box Center)	경계 박스를 피벗 포인트로 이용합니다. 선택한 오브젝트의 가장 끝부분을 기준으로 그 사이의 평균 위치를 찾습니다.
3D 커서 (3D Cursor)	3D 커서를 피벗 포인트로 이용합니다(그림 3-9b). 모든 회전은 3D 커서를 중심으로 이루어집니다. 축적 변경은 3D 커서를 향해 이루어지며 이때 위치 변경도 함께 일어납니다. 즉, 3D 커서에서 멀어지거나 가까워지는데, 이는 3D 커서와 오브젝트 원점 사이의 거리도 함께 축적 변경을 하기 때문입니다.
개별 오리진 (Individual Origins)	오브젝트 여러 개를 한꺼번에 다룰 때 편리하며, 오브젝트마다 원점을 중심으로 변환이 일어납니다. 이런 방식으로 오브젝트 여러 개를 회전하거나 축적 변경을 하면 상대 위치를 서로 유지할 수 있습니다(그림 3-9c).
평균 포인트 (Median Point)	오브젝트가 여러 개일 때 원점의 평균 위치를 피벗 포인트로 이용합니다.
활성 요소 (Active Element)	활성 오브젝트의 원점을 피벗 포인트로 사용합니다. 선택한 오브젝트는 짙은 주황색 테두리로, 활성 오브젝트는 옅은 주황색 테두리로 표시합니다. Tip. **활성 오브젝트 vs. 선택 오브젝트**: 03-4절 100쪽 참고

그림 3-9a 3D 커서를 피벗 포인트로 사용한 [회전] 도구

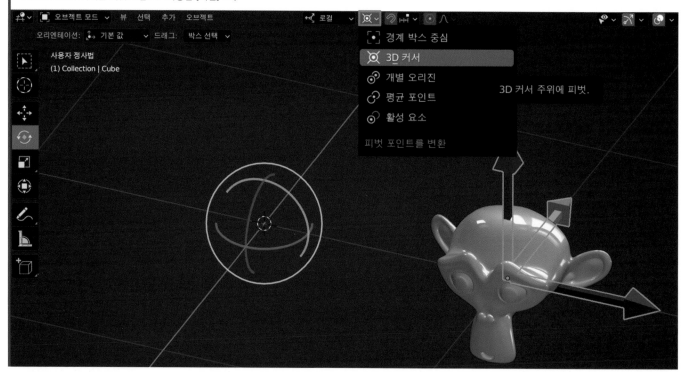

3D 커서 피벗 포인트 응용하기

두 오브젝트를 공간의 한 지점에서 [0]으로 축적을 변경하면 피벗 포인트와의 거리는 [0]이 되므로 두 오브젝트 모두 이 점에 정렬됩니다.

예를 들어 서로 다른 오브젝트 2개를 만들고 적당하게 이동한 다음, 헤더의 메뉴를 이용하여 3D 커서를 피벗 포인트로 설정합니다. 두 오브젝트를 선택하고 Z축 방향으로 값을 [0]으로 축적을 변경하면 두 오브젝트 모두 글로벌 Z축 방향으로 납작해지고 Z축에 정렬됩니다.

단축키를 사용한다면 [S]를 눌러 축적을 선택하고 [Z]를 눌러 Z축으로 제한한 뒤 숫자 패드 [0]을 눌러 축적값을 [0]으로 설정해도 됩니다.

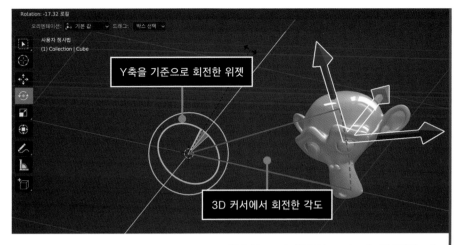

그림 3-9b 3D 커서를 중심으로 오브젝트를 회전한 모습

그림 3-9c 피벗 포인트를 [개별 오리진]으로 설정하고 오브젝트 여러 개를 동시에 회전한 모습

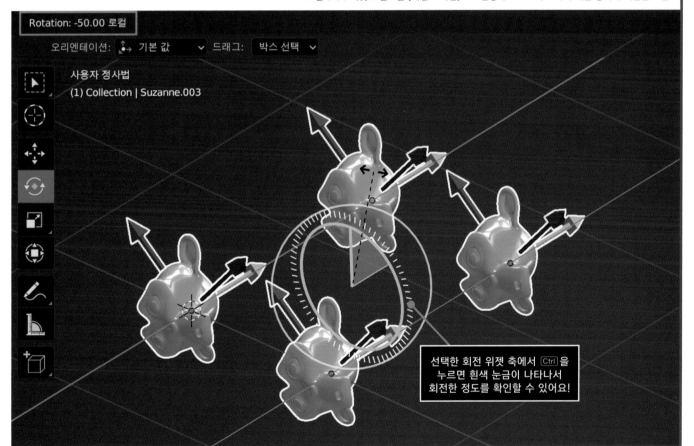

03-3 • 오브젝트 편집하기

편집 기초 익히기

모델링의 첫 단계로 그림 3-10a의 기본 캐릭터를 만들어 보면서 편집의 기초를 알아보겠습니다.

1단계. 기본 UV 구체 만들기

먼저 다음 과정을 통해 24부분(Segments)과 12링(Rings)으로 구성된 반경(Radius) 0.5m인 UV 구체(UV Sphere)부터 만듭니다.

❶ [오브젝트 모드]에서 Shift + S 를 누르고 [커서를 월드 오리진에 스냅(Cursor to World Origin)]을 선택합니다.

❷ 3D 뷰포트에서 [추가(Add)] 메뉴를 선택하거나 Shift + A 를 누릅니다.

❸ [메쉬(Mesh) → UV 구체(UV Sphere)]를 선택합니다.

❹ 3D 뷰포트 왼쪽 아래에 나타나는 [UV 구체를 추가(Add UV Sphere)]를 클릭해 컨텍스트 메뉴에서 [부분]과 [링]의 개수를 설정하고 [반경]의 값을 입력합니다(그림 3-10b).

2단계. 스케치 이미지 옆에 띄우기

캐릭터 스케치 원안을 보며 작업하고 싶다면 [에디터 유형(Editor Type)] 메뉴에서 [이미지 에디터(Image Editor)]를 선택하고 작업할 때 참고할 캐릭터 스케치 이미지를 불러옵니다 (그림 3-10c). 폴더 모양의 [열기(Open)] 버튼을 클릭하고 불러올 이미지를 선택하면 됩니다.

3단계. [에디트 모드]로 변경하기

3D 뷰포트로 돌아와 구체를 선택한 상태에서 Tab 을 누르거나 헤더에서 [에디트 모드(Edit Mode)]로 바꿉니다. 여기서는 이동, 축적 변경, 회전 등을 이용해서 오브젝트의 모양을 다양하게 바꿀 수 있습니다.

Ctrl + Z 를 누르거나 톱바 메뉴에서 [편집 (Edit) → 실행 취소(Undo)]를 선택하면 변경한 내용을 되돌릴 수 있습니다.

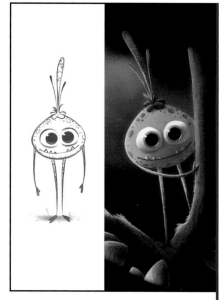

그림 3-10a 캐릭터 스케치 원안과 최종 결과물
(아트워크 ⓒ 아벨린 스토카르트)

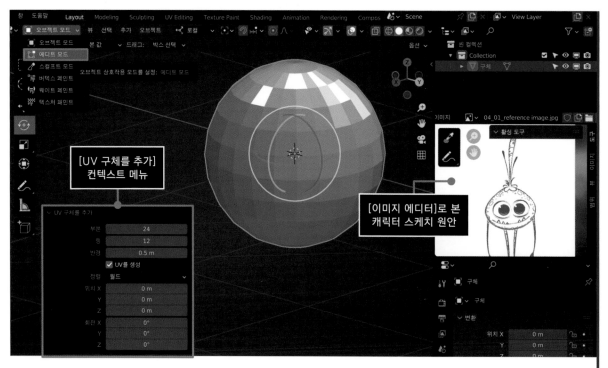

그림 3-10b UV 구체를 추가하고 [에디트 모드]로 전환하기

그림 3-10c 이미지 에디터를 띄우는 모습

4단계. 점, 선, 면 선택하기

[에디트 모드]에서는 오브젝트의 메시를 다룰 수 있으므로 헤더 왼쪽의 아이콘 3개로 버텍스(Vertex, 정점), 에지(Edge, 선), 페이스(Face, 면) 등의 편집 대상을 각각 선택할 수 있습니다(그림 3-10d). 편집 대상을 여러 개 선택하려면 [Shift]를 누른 채로 클릭합니다.

특정 정점, 선, 면을 선택하고자 구체 선택을 해제하려면 오브젝트 바깥쪽을 클릭합니다. 그리고 선택 모드에 따라 정점, 선, 면을 클릭하여 선택합니다. 정점, 선, 면을 한 번에 모두 선택하려면 [Ctrl]을 누른 채 클릭합니다. 선택된 부분은 짙은 주황색 테두리로, 활성 선택 부분은 흰색 테두리로 표시됩니다.

Tip. [오브젝트 모드]에서 활성 오브젝트는 옅은 주황색 테두리로 표시됩니다.

5단계.
점, 선, 면의 이동, 회전, 축적 변경하기

이제 선택한 항목을 이동, 회전, 축적 변경을 해보세요(그림 3-10e). 정점, 선, 면 이동은 오브젝트를 이동할 때와 마찬가지입니다. 월드 공간이나 로컬 공간을 사용할 수 있으며 다양한 피벗 포인트를 지정할 수 있습니다. 앞서 이야기한 대로 [Ctrl] + [Z]를 누르면 변환을 취소하고 원래 구체로 되돌아갑니다.

그림 3-10d 정점, 선, 면 선택하기

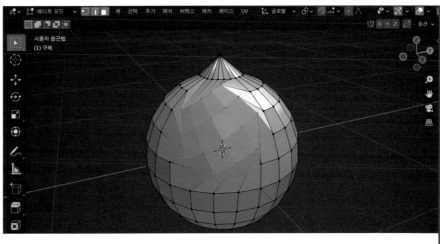

그림 3-10e 구체 메시를 변환해 본 모습

선택 도구 익히기

모든 3D 소프트웨어에서 선택은 가장 기본적이면서도 중요한 동작입니다. 앞서 정점, 선, 면을 선택하는 방법을 살펴보았는데, 원하는 부분을 선택하고 수정하는 방법은 다양합니다.

툴바에서 첫 번째 [박스 선택] 도구를 길게 클릭하면 다른 선택 도구를 고를 수 있습니다.

	트윅 (Tweak)	한 번에 하나씩 선택합니다.
	박스 선택 (Select Box)	3D 뷰포트에서 선택하고 싶은 항목을 클릭한 채 드래그하면 사각형으로 감싸서 선택합니다. 이 도구를 선택하면 헤더에 옵션이 표시되므로 선택을 확장, 축소, 반전, 교차할 수 있습니다(그림 3-11a).
	원형 선택 (Select Circle)	선택하고 싶은 항목 위를 브러시로 칠하듯 클릭한 채 드래그하면 원형으로 감싸서 선택합니다. 헤더의 [반경(Radius)]을 클릭해서 값을 설정할 수 있습니다.
	올가미 선택 (Select Lasso)	선택하고 싶은 항목을 원하는 모양으로 감싸서 선택할 수 있습니다. 여러 항목을 정확하게 선택해야 할 때 편리합니다.

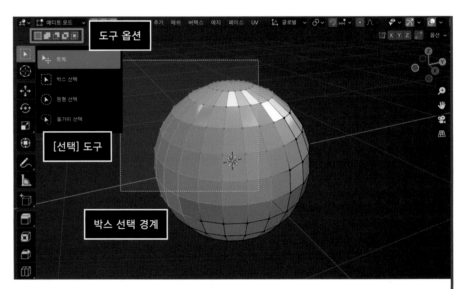

도구의 다양한 옵션은 사이드바 [도구] 탭의 [활성 도구(Active Tool)] 패널에서 확인할 수 있습니다(그림 3-11b). 3D 뷰포트에서 Ⓦ를 누르면 선택 도구를 바꿀 수 있습니다.

그림 3-11a [박스 선택] 도구로 선택한 모습

[박스 선택] 도구의 옵션

그림 3-11b
사이드바에 표시된 다양한 선택 도구의 옵션

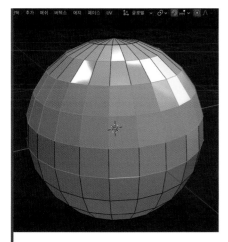

그림 3-11c 에지 루프와 페이스 루프 선택하기

▶ **연결된 항목 함께 선택하기:** 선에서 Alt 를 누른 채로 클릭하면 이 선과 연결된 에지 루프(Edge Loops)를 선택할 수 있습니다. [페이스 선택(Face Select) 모드]에서 페이스 루프를 선택할 때도 마찬가지입니다. Alt + Shift 를 누른 채 클릭하면 선택을 더하거나 뺄 수 있습니다 (그림 3-11c).

▶ **항목 사이 최단 경로 함께 선택하기:** 정점, 선, 면을 선택하고 Ctrl 을 누른 채 클릭하면 두 항목 사이에 있는 최단 경로의 정점, 선, 면을 한꺼번에 선택합니다(그림 3-11d). 왼쪽 아래에 표시되는 [최단 경로를 선택(Pick Shortest Path)] 컨텍스트 메뉴를 이용하면 선택 옵션을 설정할 수 있습니다.

▶ **전체 선택/선택 해제하기:** A 를 누르면 모두 선택합니다. 3D 뷰포트 파이 메뉴 애드온을 활성화했다면 A + 8 또는 A + [Select All Toggle]을 누르면 모두 선택할 수 있습니다. 그리고 Alt + A 를 누르거나 A 를 빠르게 더블클릭하면 모든 선택을 해제합니다. 헤더의 [선택(Select)] 메뉴를 이용해도 선택하거나 해제할 수 있습니다.

Tip. [Select All Toggle]은 [편집 → 환경 설정 → 키맵]에서 선택할 수 있습니다.

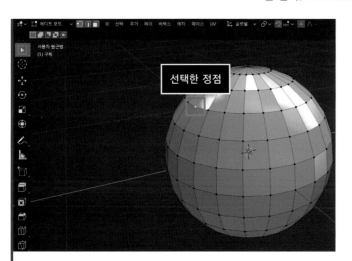

그림 3-11d [최단 경로를 선택] 컨텍스트 메뉴 이용하기

▶ **점, 선, 면 전체 선택하기:** 정점, 선, 면에 마우스를 올리고 L 을 누르면 연결된 모든 정점, 선, 면을 선택합니다. 정점, 선, 면을 하나 이상 선택한 상태에서 Ctrl + L 을 누르면 연결된 모든 정점, 선, 면을 선택합니다. 헤더의 [선택(Select) → 연결된 선택(Select Linked)] 메뉴를 이용해도 됩니다.

▶ **선택한 항목의 주변 선택하기:** 정점, 선, 면을 하나 이상 선택한 상태에서 Ctrl + [+]를 누르면 선택되는 항목이 증가하고 Ctrl + [-]를 누르면 반대로 감소합니다 (그림 3-11e, 그림 3-11f). 헤더의 [선택 (Select) → 선택 증가/감소(Select More/Less)] 메뉴나 애드온을 활성화했다면 3D 뷰포트 파이 메뉴를 이용해도 됩니다.

그림 3-11e 정점 선택

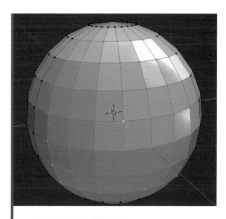

그림 3-11f 정점 선택 증가

주변까지 한번에 선택되는 [비례 편집] 옵션

지금까지 정점, 선, 면을 이동, 회전, 크기 변경하는 방법을 살펴보았습니다. 이는 모델링을 할 때 가장 기초가 되는 기법이지만, 원하는 모양을 만들고자 정점을 하나씩 선택해서 이동하려면 번거롭습니다. 정점, 선, 면을 여러 개 다룰 때는 [비례 편집(Proportional Editing)] 옵션을 선택하는 것이 최적입니다. 이 옵션을 활성화하려면 헤더 가운데에서 [비례 편집] 아이콘을 클릭하거나 알파벳 O를 누르면 됩니다. 이때 O를 한 번 더 누르면 비활성화합니다. Alt + O를 한 번 더 누르면 [연결된 항목만(Connected Only)] 옵션을 선택하거나 끌 수 있습니다. 이 옵션을 활성화하면 정점, 선, 면을 변환(이동, 회전, 축적 변경)할 때 선택한 감소 유형에 따라 주위의 정점도 함께 변환합니다. 이때 영향을 받는 선택한 정점 주변 영역의 크기는 회색 원으로 표시하는데, 변환하는 상태에서 마우스 휠이나 PgUp, PgDn을 이용하면 이 영역을 좁히거나 넓힐 수 있습니다(그림 3-12a).

▶ **감소 유형**: [비례 편집(Proportional Editing)] 옵션에는 여러 가지 감소 유형이 있습니다(그림 3-12b). [비례 편집 감소] 아이콘을 클릭하면 드롭다운 형식으로 표시됩니다.

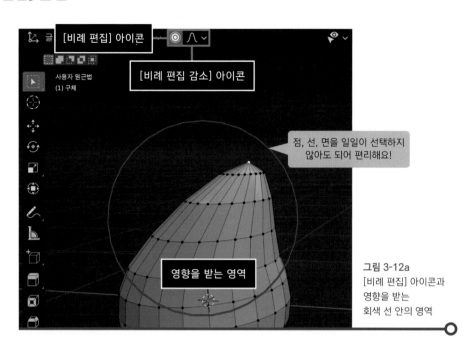

그림 3-12a
[비례 편집] 아이콘과 영향을 받는 회색 선 안의 영역

[비례 편집 감소]의 다양한 유형

선택 영역에서 멀어질수록 변환할 때 받는 영향이 적어집니다. 그러므로 이동, 회전, 크기를 변경할 때 변환되는 정도도 선택 영역에서 멀어질수록 영향을 적게 받습니다. 이때 감소(falloff)한 정도는 스무스(Smooth), 선형(Linear), 랜덤(Random)과 같이 선택한 유형에 따라 달라집니다.

헤더의 [비례 편집 감소(Proportional Editing Falloff)] 아이콘을 클릭하면 선택할 수 있는 유형을 확인할 수 있습니다.

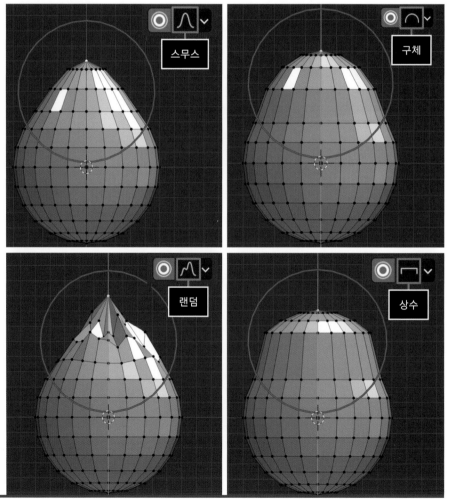

그림 3-12b [비례 편집 감소] 유형에 따른 메시 편집

▶ **[연결된 항목만(Connected Only)] 옵션:**
알파벳 ⓞ를 누른 후 한 번 더 Alt + ⓞ를
눌러 활성화하거나 비활성화하면 연결된
정점만 또는 모든 정점을 변환합니다. 모
든 정점을 변환할 때는 선택한 곳 주변의
원을 따라 모두 변환된다고 생각하세요.
즉, 이 원 안의 모든 것을 변환합니다(그림
3-12c, 그림 3-12d).

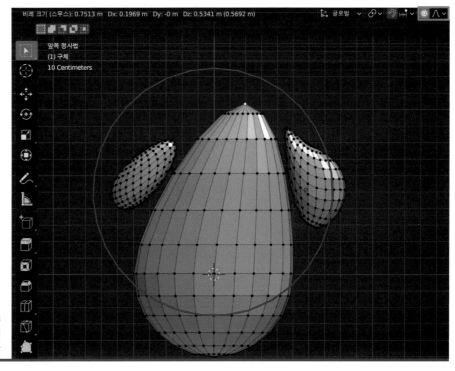

그림 3-12c
[연결된 항목만] 옵션을 끄면
감소 영역 안에 있는 모든 항목이 영향을 받음

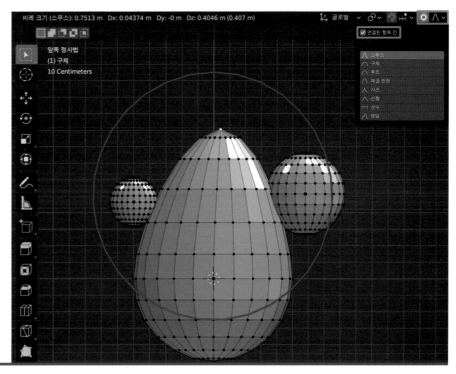

그림 3-12d
[연결된 항목만] 옵션을 켜면
비례 편집은 연결된 메시에만 적용됨

▶ **[보기에서 투사됨(Project from View)] 옵션**: 여러분의 시점을 향해 영향을 투사하며 시점과 오브젝트 사이의 모든 기하 도형에 영향을 줍니다(그림 3-12e).

6단계. 캐릭터 얼굴 형태 만들기

배운 내용을 캐릭터에 적용해 볼까요? 먼저 [비례 편집]에서 [스무스(Smooth)]로 설정합니다. 헤더에서 [에지 선택(Edge Select) 모드] 아이콘을 클릭한 뒤 선 위에서 Alt 를 누른 채 클릭해 에지 루프를 선택합니다.

S + Z 를 눌러 Z축 방향으로 축적을 변경해 UV 구체를 **그림 3-12f**처럼 찌그러진 달걀처럼 만들어 보세요. 이렇게 하면 캐릭터 스케치 원안과 비슷한 모양이 됩니다.

[오브젝트 모드]에서도
[비례 편집]을 할 수 있습니다

[비례 편집]의 옵션은 [오브젝트 모드]에서도 적용할 수 있으며 여러 오브젝트의 위치, 회전과 거리에 따른 축적에 영향을 줍니다.

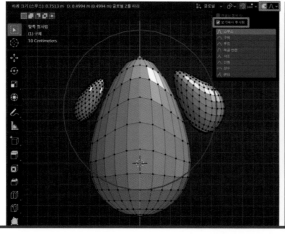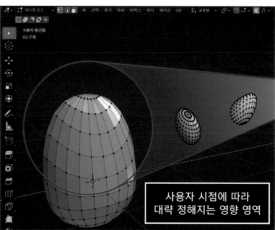

그림 3-12e
[비례 편집]에서
[보기에서 투사됨]
옵션을 켠 상태(왼쪽),
빨간색 부분은
사용자 시점에 따라
대략 정해지는 영향
영역을 표시한 것(오른쪽)

사용자 시점에 따라
대략 정해지는 영향 영역

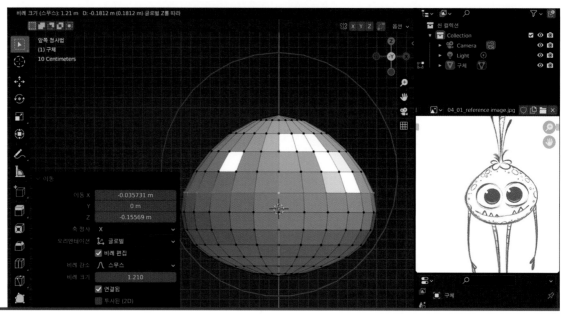

그림 3-12f
[비례 편집]의 옵션으로
캐릭터 모양 만들기

[돌출] 도구

기하 도형을 움직이는 몇 가지 요령을 알았으니, 이제부터 확장하고 다듬는 도구를 살펴보겠습니다. 새로운 기하 도형을 추가하는 [돌출(Extrude)] 도구를 가장 자주 사용합니다.

▶ **방법 1**: [지역 돌출(Extrude Region)] 도구는 [에디트 모드]의 3D 뷰포트 툴바에 있습니다. 이 모드에서만 기하 도형을 돌출할 수 있습니다. [지역 돌출] 도구를 선택하면 선택한 정점, 선, 면 위에 핸들을 표시합니다(그림 3-13a). 여기서 ➕ 아이콘을 클릭한 채 드래그하면 선택한 정점, 선, 면이 법선에 따라 돌출합니다. 마우스 버튼에서 손을 떼면 변환을 중지하지

만 돌출한 부분을 되돌리지는 않습니다. 돌출 작업을 되돌리려면 Ctrl + Z 를 누릅니다.

흰색 실선 원을 클릭한 채 드래그하면 원하는 방향으로 돌출할 수 있습니다. 이때 X, Y, Z 를 각각 누른 채 드래그하면 돌출 방향을 해당 축으로만 제한할 수 있습니다.

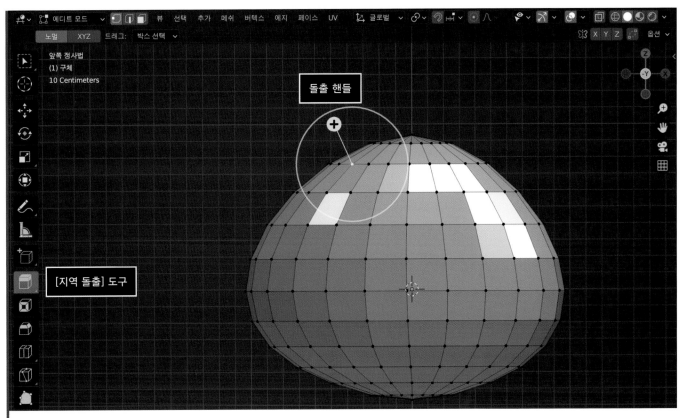

그림 3-13a [지역 돌출] 도구

▶ **방법 2**: 단축키 `E`를 이용해도 돌출할 수 있습니다. 이때 선택한 면은 법선 방향으로 돌출하고 정점이나 선은 원하는 방향으로 돌출할 수 있습니다(그림 3-13b). 면을 선택하고 `Alt` + `E`를 누르면 [개별 페이스를 돌출(Extrude Individual Faces)]과 같은 고급 돌출 도구를 사용할 수 있습니다. 이 옵션은 각 면을 전체가 아니라 개별로 돌출합니다. 연결된 면을 여러 개 선택했을 때 보통 하나의 축을 따라 연결된 조각 모두를 함께 돌출하지만, [개별 페이스를 돌출]을 이용하면 이전 연속된 면에서 분리되어 각 면이 각 법선을 따라 돌출합니다. 이때 각 돌출된 면 사이에는 벽이 생깁니다(그림 3-13c).

Tip. [메쉬(Mesh) → 돌출(Extrude)] 메뉴를 이용해도 됩니다.

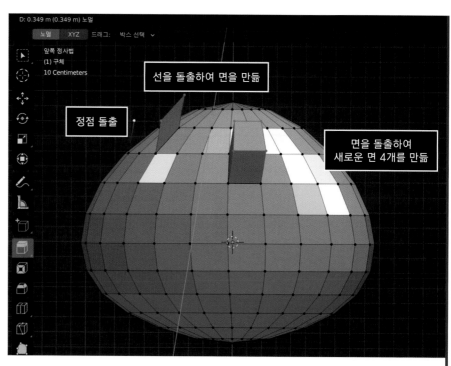

그림 3-13b 다양한 돌출 방법

돌출에서 중요한 피벗 포인트

돌출할 때는 피벗 포인트가 무척 중요합니다. 보통 [경계 박스 중심(Bounding Box Center)] 옵션을 사용하지만, 선택한 각 항목의 법선을 따라 돌출하도록 하는 [개별 오리진(Individual Origins)] 옵션을 사용하는 것이 더 편리합니다.

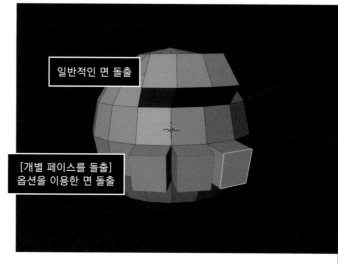

그림 3-13c [개별 페이스를 돌출] 옵션을 이용해 면 돌출하기

7단계. 캐릭터 팔 만들기

이번에는 캐릭터의 팔을 만들 차례입니다. 새로운 기본 도형을 추가합니다.

숫자 패드 ①을 클릭해 앞쪽 뷰에서 **그림 3-13d**처럼 정점을 선택하고 Shift + S 를 눌러 [스냅(Snap)] 메뉴를 엽니다. 여기서 [커서를 선택에 스냅(Cursor to Selected)]을 선택하여 커서를 정점에 둡니다.

Shift + A 를 누르거나 [추가(Add)] 메뉴를 이용하여 새로운 원형(Circle)을 추가하고 컨텍스트 메뉴에서 [버텍스(Vertices)]를 [8]로, [반경(Radius)]을 [0.05m]로 설정합니다(그림 3-13e).

아래쪽으로 몇 번 돌출, 회전, 축적 변경을 하여 기본 팔 모양을 만듭니다(그림 3-13f). 나중에 기하 도형을 미러링할 것이므로 팔은 한쪽만 만들면 됩니다.

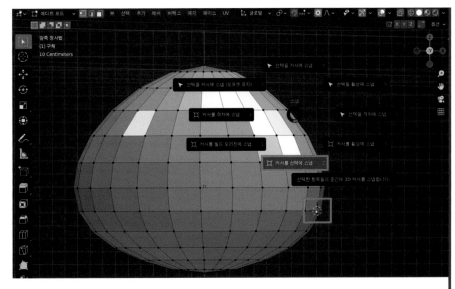

그림 3-13d 선택한 정점으로 커서를 옮긴 모습

그림 3-13e 원형 추가하기

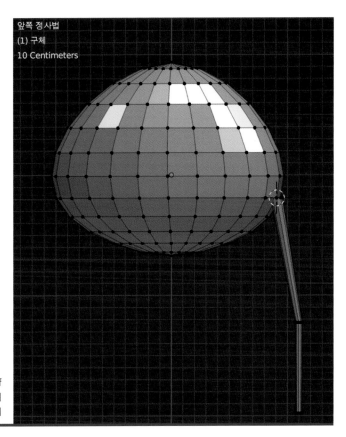

그림 3-13f
돌출, 회전, 축적 변경을 이용하여
캐릭터의 기본 팔 모양 만들기

[루프 잘라내기] 도구

지금은 편집의 기초를 배우는 단계이므로 해상도를 낮추고 폴리곤 개수도 줄여서 캐릭터의 팔과 다리를 만들었습니다. 이제부터는 해상도를 높여서 부드러운 곡선이 되도록 해보겠습니다. [루프 잘라내기(Loop Cut)] 도구를 이용하면 이 작업을 쉽고 빠르게 할 수 있습니다.

모델링을 잠시 멈추고 [에디트 모드(Edit Mode)]의 툴바에서 [루프 잘라내기] 도구를 선택합니다. 이 도구를 선택하고 메시 사각형 위로 마우스 커서를 올리면 사각형이 아닌 면이나 빈 영역을 만날 때까지 페이스 루프를 따라 노란색 선을 표시합니다. 이 노란색 선을 클릭하고 드래그하면 그 선을 따라 새로운 에지 루프를 만듭니다. 에지 루프는 2개의 평행한 에지 루프 사이에서 정할 수 있습니다(그림 3-14a).

삼각형, n각형, 빈 공간을 만나지 않는 한 모든 기하 도형 주위로 끊임없이 경로를 표시하므로 복잡한 기하 도형을 만들지 않으려면 도구를 사용할 때 조심해야 합니다(그림 3-14b, 그림 3-14c).

Tip. **토폴로지**: 03-6절 참고

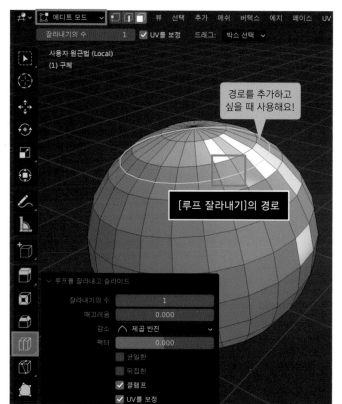

그림 3-14a
기본 UV 구체에서 [루프 잘라내기] 도구를 사용한 모습

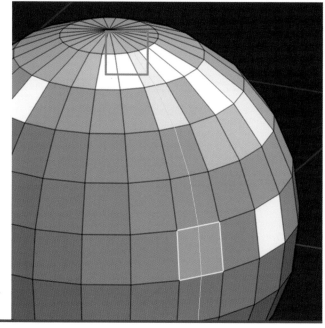

그림 3-14b
삼각형을 만나 중지된 경로

[루프를 잘라내고 슬라이드] 컨텍스트 메뉴 이용하기

[루프 잘라내기] 도구를 사용할 때 [루프를 잘라내고 슬라이드(Loop Cut and Slide)] 컨텍스트 메뉴를 이용하면 자르기 개수와 다른 에지 루프 한쪽으로 슬라이드할 때의 움직임을 제어할 수 있습니다. 이때 [매끄러움(Smoothness)]과 [감소(Falloff)] 옵션을 이용하면 주변 에지 루프 모양과 똑같이 변하도록 하거나 선택한 쪽과 정확하게 평행하도록 할 수도 있습니다. 이와 함께 UV 맵은 자동으로 업데이트하므로 모델을 다시 펼치지 않아도 됩니다.

[루프를 잘라내고 슬라이드] 컨텍스트 메뉴

그림 3-14c 좋은 않은 토폴로지를 만드는 나쁜 루프 잘라내기의 예

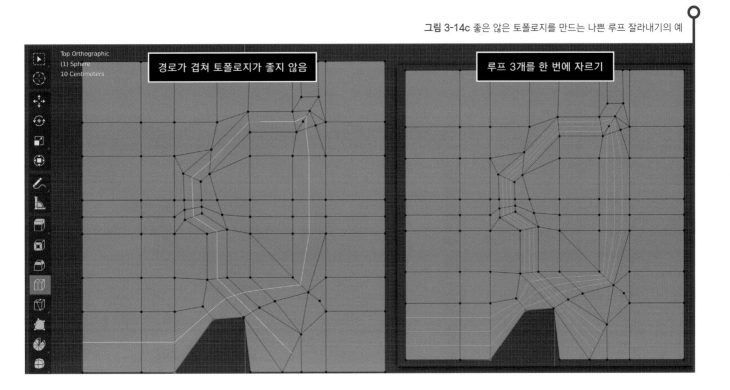

8단계. 팔, 다리에 에지 루프 추가하기

앞으로 원활하게 작업할 수 있도록 캐릭터 스케치 원안 이미지를 배경으로 설정하겠습니다. 3D 뷰포트에서 Shift + C 를 눌러 3D 커서를 가운데로 이동합니다. 그리고 [오브젝트 모드]에서 Shift + A 를 누르고 [이미지(Image) → 배경(Background)]을 클릭한 뒤 블렌더 프로그램을 설치할 때 내려받은 자료에서 03_01_reference image.jpg를 선택합니다.

Tip. Shift + A 대신 [추가] 메뉴에서도 배경 이미지를 선택할 수 있습니다.

그러면 캐릭터 스케치 원안을 포함한 평면 모양의 엠프티(Empty) 오브젝트가 만들어집니다. 속성 편집기의 [오브젝트 데이터 프로퍼티스(Object Data Properties)] 탭을 클릭해 [엠프티]에서 [크기(Size)와 [오프셋 X(Offset X)] 옵션을 이용하여 지금까지 만든 오브젝트

에 맞도록 이미지 크기와 높이를 조절합니다 (그림 3-14d). 그리고 필요하다면 이미지 오브젝트를 이동하여 모델에 맞춥니다.

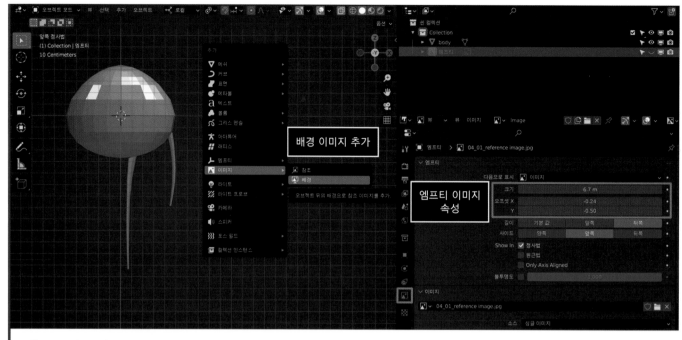

그림 3-14d 배경 이미지 설정하기

모델링으로 다시 돌아와, 팔을 만들 때와 마찬가지로 [추가(Add) → 메쉬(Mesh) → 원형(Circle)] 메뉴를 이용하여 몸 아래쪽에 다리를 추가합니다.

발을 추가했다면 [에디트 모드]로 돌아가 [루프 잘라내기] 도구를 이용하여 팔과 다리의 윗부분과 아랫부분에 에지 루프를 추가합니다. 이때 팔과 다리에는 에지 루프 5개가 있어야 합니다(**그림 3-14e**).

[Alt]를 누른 채 새로 추가한 팔의 에지 루프 하나를 클릭하여 선택한 뒤 캐릭터 스케치와 같은 위치로 이동하도록 조절합니다. 헤더 오른쪽에 있는 [X-Ray를 토글(Toggle X-Ray)] 아이콘을 클릭하여 **그림 3-14e**처럼 메시를 반투명으로 만들면 캐릭터 스케치를 따라 모델링하는 데 도움이 됩니다.

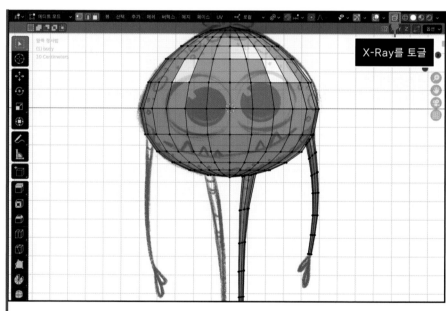

그림 3-14e 팔과 다리를 부드럽게 조절한 캐릭터

[페이스를 인셋] 도구

인셋(Inset)은 오브젝트 편집에서 기본 도구이면서
도 매우 강력한 기능을 합니다. 선택한 면에 새로운
면을 삽입하여 페이스 루프를 추가합니다. 인셋을
이용하면 몇 번 클릭하는 것만으로도 창문을 만들
수 있고 n각형처럼 복잡하거나 간단한 기하 도형에
서도 에지 루프를 추가할 수 있습니다.

면을 하나 이상 선택한 상태에서 툴바의 [페이스를
인셋(Inset Faces)] 도구를 선택하거나 I를 누른
채 드래그해(그림 3-15a) 컨텍스트 메뉴를 이용하여
삽입 면의 [깊이(Depth)]를 조절합니다(그림 3-15b).

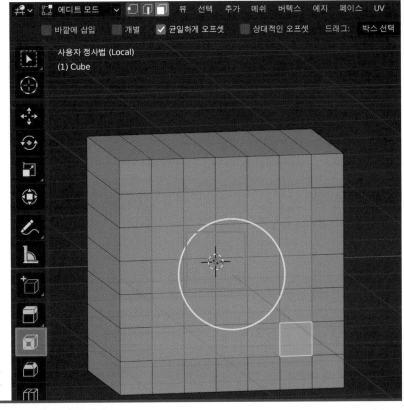

그림 3-15a
[페이스를 인셋] 도구를 다루는 모습

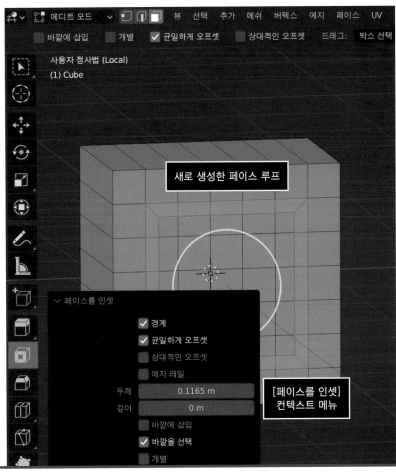

그림 3-15b 새로 생성한 페이스 루프

다른 도구와 마찬가지로 [페이스를 인셋] 도구도 컨텍스트 메뉴에서 추가 옵션을 선택할 수 있습니다. 그 가운데 몇몇 옵션은 헤더 메뉴에서도 선택할 수 있습니다. 다음은 자주 사용하는 옵션입니다.

❶ 경계(Boundary)

기하 도형이 연결되지 않은 열린 선도 대상으로 할 것인지를 설정합니다.

❷ 바깥에 삽입(Outset)

선택한 면 바깥쪽 기하 도형을 밀어냅니다(그림 3-15c).

❸ 개별(Individual)

선택한 각 면을 대상으로 하며, 창문틀 등을 만들 때 편리합니다(그림 3-15d).

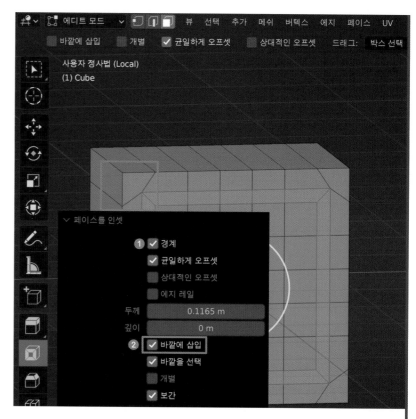

그림 3-15c [바깥에 삽입] 옵션

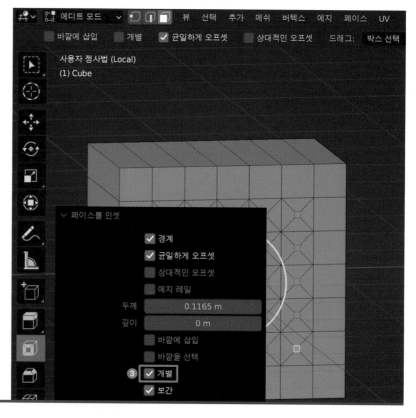

그림 3-15d [개별] 옵션

9단계. 얼굴에 눈 위치 잡기

[페이지를 인셋] 도구를 이용해 눈 모양을 만들겠습니다. 그림 3-15e처럼 12면을 선택하고 인셋을 적용합니다(그림 3-15f). 그리고 반대편 면도 선택하고 Shift + R 를 눌러 똑같은 인셋을 반복 적용합니다. 이때 톱바의 [편집(Edit) → 마지막을 반복(Repeat Last)] 메뉴를 이용해도 됩니다.

다시 안쪽 면을 선택하고 [지역 돌출] 도구를 이용하여 안쪽으로 조금 들어가 보이도록 넣습니다(그림 3-15g). 나중에 이 부분이 캐릭터의 눈이 됩니다.

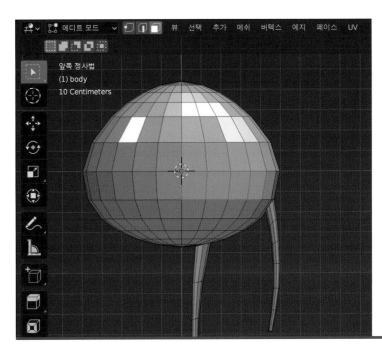

그림 3-15e 왼쪽 눈 부분

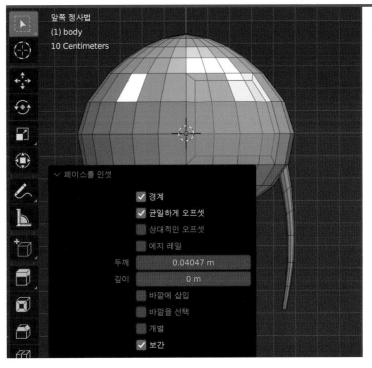

그림 3-15f 인셋 적용하기

> ### 배경 이미지 숨기는 방법
>
> 어떤 단계에서는 배경 이미지가 필요 없을 때도 있으므로 이럴 때는 숨기고 작업합니다. 아웃라이너에서 눈 모양 아이콘을 클릭하여 숨기거나 3D 뷰포트에서 해당 객체를 선택하고 H 를 누르면 됩니다.
>
> Tip. 오브젝트 다시 표시하기: Alt + H

그림 3-15g
반대편도 같은 깊이로 돌출하여 양쪽 모두 같은 모양 만들기

[나이프] 도구

[나이프(Knife)] 도구를 이용하면 면을 자르듯이 새로운 선을 만들 수 있습니다. 이 도구는 사각형이 아닌 기하 도형을 다룰 때 [루프 잘라내기] 도구 대신 사용할 수 있습니다.

예를 들어 우주선 표면에 패널을 빠르게 표현하는 것처럼 단단한 표면을 모델링할 때 유용합니다. 더 부드러운 토폴로지 흐름을 만들고

자 폴리곤을 자르는 등 캐릭터의 기하 도형을 수정할 때도 자주 사용합니다.

Tip. 면이 서로 연결되는 방식과 흐름으로 토폴로지를 더 부드럽게 만들기: 03-6절 140쪽 참고

[나이프] 도구는 [에디트 모드]에서 K를 누르거나 툴바에서 선택할 수 있습니다. 메시의 표면, 선, 정점을 클릭하면 녹색 임시 정점이

표시되며 표면에서 자르기 시작을 나타냅니다. 그리고 마우스로 클릭하며 자를 선의 경로를 그립니다(그림 3-16a). Enter 를 누르면 지금까지 작업한 결과를 확정하고 Esc 를 누르면 취소합니다.

그림 3-16a [나이프] 도구로 만든 새로운 기하 도형

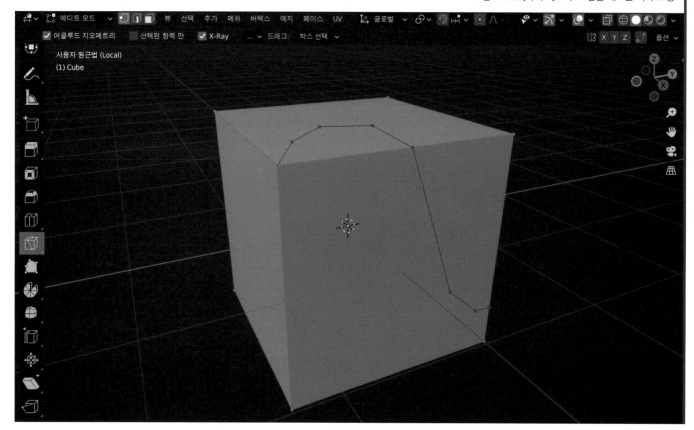

그림 3-16b 캐릭터의 절반 삭제하기

[나이프 도구]를 사용할 때 A를 누르면 정해진 각도를 따라서만 자를 수 있으며, Z를 누르면 Z축을 따라 메시를 가로질러 자를 수 있습니다.

10단계. 캐릭터 절반 삭제하고 팔, 다리 구멍 만들기

캐릭터 아래쪽에 루프를 추가할 때도 [나이프] 도구를 사용할 수 있습니다. 그전에 먼저 캐릭터 절반을 삭제해야 하는데, Alt + Z를 눌러 [X-Ray를 토글]로 변경한 뒤 캐릭터 반을 선택하고 나서 Delete 를 누르고 [페이스(Faces)]를 선택합니다(그림 3-16b).

이때 가운데 정점까지 모두 지우게 되므로 [버텍스(Verices)]를 선택해서는 안 됩니다. 이렇게 절반을 대상으로 작업하고 나중에 이를 미러링합니다.

[X-Ray를 토글(Toggle X-Ray)] 아이콘을 눌러 이전 뷰로 돌아갑니다. 그리고 **그림 3-16c**처럼 캐릭터 아래쪽에 [나이프] 도구를 이용하여 새로운 에지 루프를 그리고 Enter 를 눌러 확정합니다. 이렇게 하면 다리를 연결할 구멍을 몸체 쪽에 원하는 대로 만들 수 있습니다.

모델링으로 돌아와 **그림 3-16d**에서 보듯이 다리 주변의 면 8개를 선택합니다. I 를 눌러 새로운 면을 추가하고 X 를 눌러 추가한 부분의 안쪽 면을 삭제합니다(그림 3-16e). 이렇게 하면 다리를 연결할 구멍을 만들 수 있습니다.

Tip. 새로운 면을 추가하는 것을 **인셋**이라고 합니다.

오른쪽 팔이 시작하는 부분의 면 4개도 같은 방법으로 작업합니다(그림 3-16f).

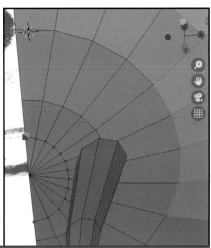

그림 3-16c [나이프] 도구를 이용하여
새로운 삼각형 루프 만들기

그림 3-16d 다리를 연결할 구멍을 만들고자 면 8개 선택하기

그림 3-16e 면 지우기

그림 3-16f 같은 방법으로 팔을 연결할 구멍 만들기

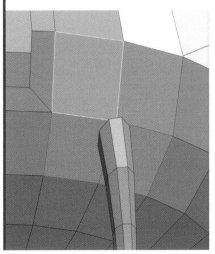
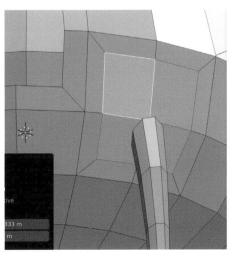
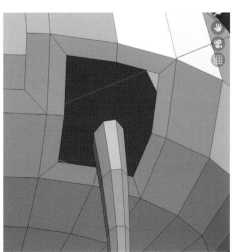

[채우기] 메뉴
11단계. 눈 모양 다듬기

[채우기] 메뉴를 살펴보기 전에 캐릭터의 눈 모양을 좀 더 다듬어 봅시다. [X-Ray를 토글]을 이용하면 메시 뒤에 있는 배경 이미지도 함께 볼 수 있습니다.

나중에 미러링 기능을 적용할 때 중요하므로 캐릭터 가운데에 있는 정점은 움직여서는 안

되므로 이 정점을 선택하고 ⊞를 눌러 숨깁니다(그림 3-17a). [비례 편집]과 변환 도구를 이용하여 캐릭터 스케치 원안과 비슷하게 눈 모양을 좀 더 다듬습니다. 메시를 익숙하게 다루고 싶다면 몇몇 정점은 직접 이동해 봅시다(그림 3-17a).

끝났다면 눈 모양 주변의 다른 에지 루프를 선택하고 마우스 오른쪽 버튼을 클릭하여 [LoopTools] 애드온의 [릴렉스(Relax)]를 선택합니다. 이렇게 하면 정점 위치를 좀 더 부드러운 방식으로 평균화합니다(그림 3-17b).

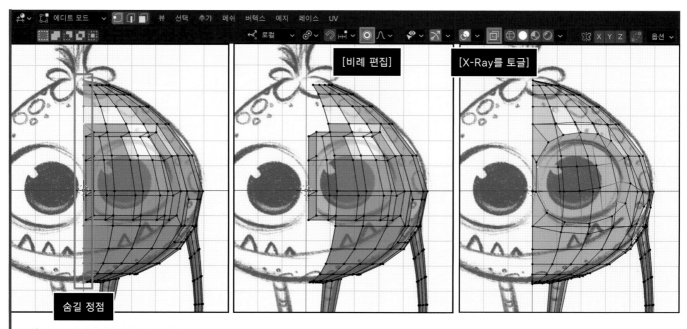

그림 3-17a 캐릭터 가운데의 정점 숨기기

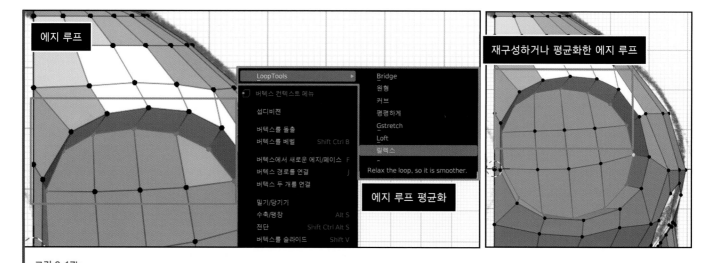

그림 3-17b
[LoopTools] 애드온으로 재구성하고 평균화한 눈 모양 기하 도형

메시에 있는 큰 구멍을 채우거나 여러 개의 면 조각으로 만드는 것은 3D 초보자에게는 복잡한 과정입니다. 다행스럽게도 여기에서 배울 [채우기(Fill)] 메뉴를 비롯해 이어서 배울 [에지 루프를 브릿지(Bridge Edge Loops)] 기능 등 구멍을 채울 수 있는 옵션은 많습니다.

▶ **방법 1**: 채우기 기능을 이해하고자 먼저 눈 안쪽 면을 모두 지웁니다. **그림 3-17c**는 [채우기] 메뉴를 이용하는 방법을 보여 줍니다.

Tip. 눈 안쪽 면의 버텍스까지 지워야 면을 채우기가 편합니다.

A 정점 두 곳을 대상으로 채우려면 먼저 두 정점을 선택하고 F를 누릅니다.

B 이렇게 하면 선택한 정점을 잇는 선을 만듭니다. 이 옵션은 헤더의 [버텍스(Vertex) → 버텍스에서 새로운 에지/페이스(New Edge/Face from Vertices)] 메뉴를 이용해도 됩니다.

C 정점 세 곳을 선택하고 F를 누르면 삼각형을 만듭니다.

D 정점 네 곳이나 서로 떨어진 선 2개를 선택하면 사각형을 만듭니다.

E 정점을 다섯 곳 이상 선택하면 n각형을 만듭니다.

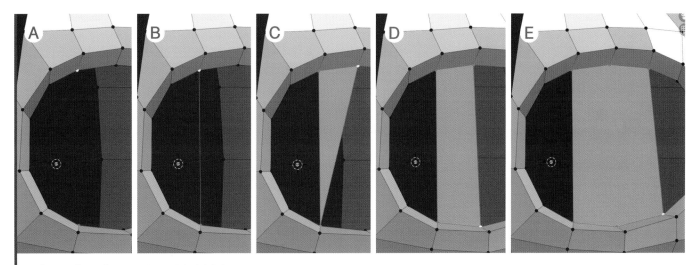

그림 3-17c [채우기] 메뉴를 이용한 정점 연결하기

여러 면을 채워야 해서 정점을 여러 개 선택하다 보면 지루할 수 있습니다. 이때 02-5절 34쪽에서 소개한 [F2] 애드온을 설치했다면 단축키로 편리하게 면을 만들 수 있습니다. 정점 두 곳이나 선 하나를 선택하고 채우고자 하는 곳에 마우스 커서를 둡니다. F를 한 번 누르면 면을 만듭니다. 그리고 F를 누를 때마다 페이스 루프를 따라 면을 차례대로 만듭니다(**그림 3-17d**).

그림 3-17d
[F2] 애드온으로 여러 개의 면을 루프로 연결하기

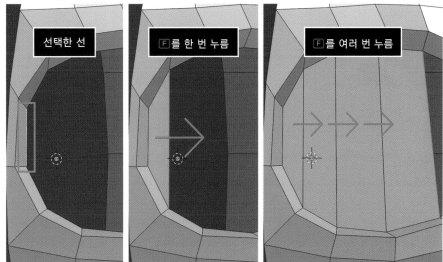

선택한 선 | F를 한 번 누름 | F를 여러 번 누름

▶ **방법 2**: [격자 채우기(Grid Fill)] 메뉴를 이용할 수도 있습니다. Ctrl + Z를 눌러 조금 전에 만든 면을 취소하고 다른 방법으로 구멍을 채워 봅시다. 눈 부분의 에지 루프를 선택하고 Ctrl + F를 눌러 [격자 채우기]를 선택하거나 [에디트 모드]의 헤더에서 [페이스(Face) → 격자 채우기] 메뉴를 선택합니다(그림 3-17e). 그러면 다른 도구와 마찬가지로 왼쪽 아래에 컨텍스트 메뉴가 표시되는데, 이곳에서 격자 열의 개수인 [기간(Span)]을 정하거나 [오프셋(Offset)]의 값을 설정하여 생성한 면 조각 집합을 회전할 수 있습니다.

[심플 블렌딩(Simple Blending)] 옵션에 체크하면 값을 보간하지 않고 단순한 면 격자를 만듭니다. 그림 3-17f에서 보듯이 심플 블렌딩은 주변 루프와 블렌딩되는 부드러운 그리드가 아니라 수직 면으로 정사영 격자를 만듭니다. [격자 채우기] 메뉴를 이용하려면 닫힌 루프의 정점 개수가 짝수여야 한다는 점에 주의하세요.

Tip. '**보간**'이란 두 개 이상의 값을 자연스럽게 전환하거나 중간값을 생성하는 방법을 말합니다.

그림 3-17e [격자 채우기] 기능을 이용한 면 조각 만들기

그림 3-17f
[격자 채우기] 컨텍스트 메뉴에서 [심플 블렌딩] 옵션을 비활성화(왼쪽), 또는 활성화(오른쪽)한 모습

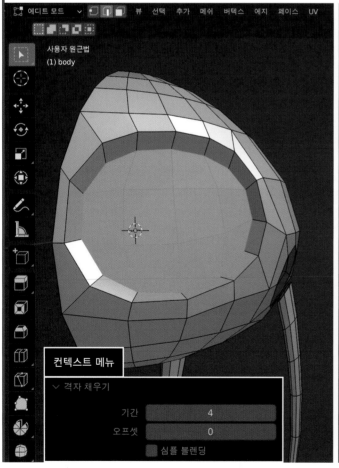

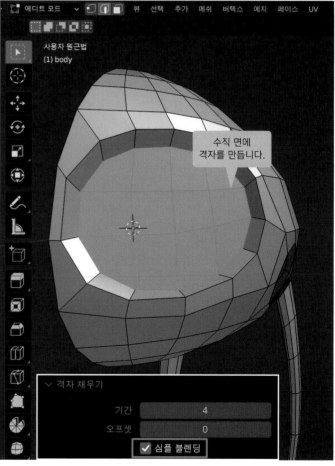

[에지 루프를 브릿지] 메뉴

12단계. 팔, 다리를 구멍과 연결하기

먼저 팔을 연결할 구멍을 좀 더 깔끔한 팔각형으로 만들겠습니다. 구멍의 정점을 모두 선택하고 나서 마우스 오른쪽 버튼을 클릭하고 [LoopTools → 원형(Circle)] 메뉴를 선택합니다(그림 3-18a).

팔을 몸에 연결할 때는 다른 도구를 이용합니다. **그림 3-18b**처럼 몸의 에지 루프와 팔의 에지 루프를 선택합니다. 즉, Alt를 누른 채로 몸의 에지 루프를 클릭하고 다시 Shift + Alt를 누른 채로 팔의 에지 루프를 클릭해서 선택합니다. 그리고 헤더에서 [에지(Edge) → 에지 루프를 브릿지(Bridge Edge Loops)]를 클릭합니다. 그러면 **그림 3-18c**처럼 에지 루프를 연결합니다.

그림 3-18a [LoopTools] 애드온을 이용하여 팔의 에지 루프 다듬기

그림 3-18b 몸과 팔의 에지 루프 선택하기

3D 뷰포트 왼쪽 아래에 나타나는 컨텍스트 메뉴에서 [잘라내기의 수(Number of Cuts)] 옵션값을 늘리면 팔을 연결하는 루프를 추가할 수 있습니다. 이 기법은 애니메이션에서 중요합니다. 이와 함께 [보간(Interpolation)] 옵션에서 [혼합 표면(Blend Surface)]을 선택하고 [매끄러움(Smoothness)] 옵션값을 늘리면 더 부드럽게 블렌딩할 수 있습니다(그림 3-18d).

그림 3-18c
[에지 루프를 브릿지]
메뉴를 적용한 모습

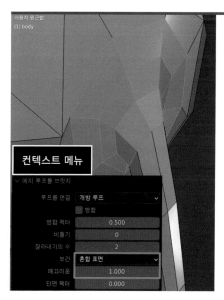

그림 3-18d
[에지 루프를 브릿지]의
컨텍스트 메뉴 설정하기

다리를 대상으로 이 과정을 반복합니다. 다리를 연결할 구멍은 정점이 12개일 것이므로 이를 8개로 줄여 다리의 에지 루프와 맞추어야 합니다. 이때 **그림 3-18e**처럼 [병합] 기능과 [LoopTools] 메뉴를 이용합니다.

A 그림처럼 정점 2개를 선택하고 나서 Ⓜ을 누르고 [마지막에(At Last)]를 클릭해 병합합니다.

B 그림처럼 다른 곳의 정점 2개도 선택하고 나서 Ⓜ을 누르고 [마지막에(At Last)]를 클릭합니다.

C 다리를 연결할 구멍의 넓은 부분에서 아래쪽 정점 3개를 선택하고 나서 Ⓜ을 누르고 [중심에(At Center)]를 클릭하여 병합합니다.

D 구멍의 모든 정점을 선택하고 나서 마우스 오른쪽 버튼을 누르고 [LoopTools → 원형(Circle)] 메뉴를 클릭합니다.

E 그러면 구멍이 그림처럼 원형에 가깝게 변합니다.

F 만든 원을 이동, 축적 변경, 회전하여 다리의 에지 루프 모양에 맞춥니다. 좀 더 부드러운 토폴로지를 만들려면 주위에 있는 정점도 조금 이동해 줍니다.

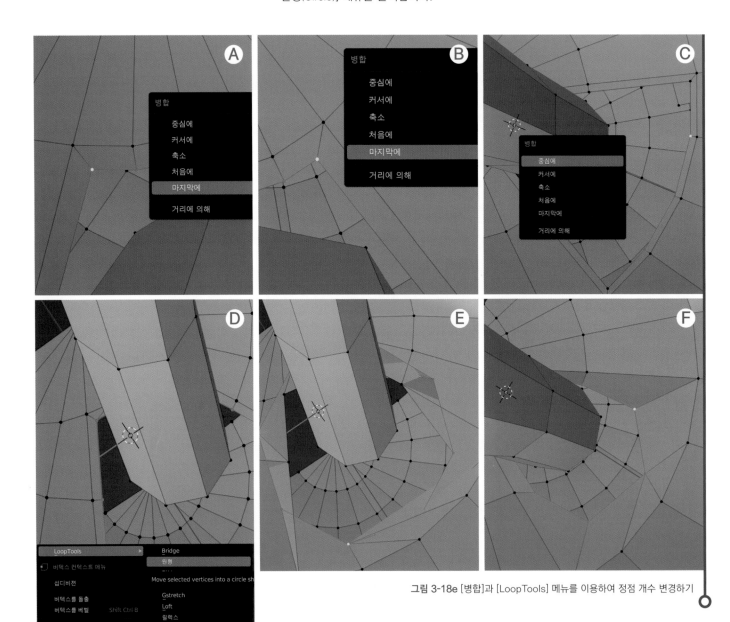

그림 3-18e [병합]과 [LoopTools] 메뉴를 이용하여 정점 개수 변경하기

[에지 슬라이드] 도구

[에지 슬라이드(Edge Slide)] 도구를 이용하면 전체 메시 형태를 바꾸지 않고도 에지 루프의 위치를 조절할 수 있습니다. 이때 툴바에서 [에지 슬라이드] 도구를 선택해도 되고 루프를 선택하고 Ⓖ를 두 번 눌러도 됩니다(그림 3-19a).

그러면 노란색 선이 표시되는데, 마우스가 움직이는 방향으로 에지 루프를 이동합니다(그림 3-19b). 툴바에서 [에지 슬라이드] 도구를 선택했다면 노란색 원을 클릭한 채 드래그하여 루프를 이동합니다. 만약 ⒼG를 두 번 눌렀다면 마우스를 움직이기만 하면 됩니다. 선택한 에지 루프를 감싼 2개의 에지 루프 사이를 이동합니다.

Ⓖ를 두 번 눌러 [에지 슬라이드] 도구를 사용할 때 [Alt]를 이용하면 감싼 에지 루프 밖으로 이동할 수 있습니다(그림 3-19c). 원하는 위치에 왔을 때 클릭하거나 [Enter]를 누르면 변환을 확정하고, 마우스 오른쪽 버튼을 누르면 이를 취소합니다.

이 기법을 활용하면 다리와 몸을 연결한 에지 루프를 조절할 수 있어서 더 자연스러워 보입니다(그림 3-19d).

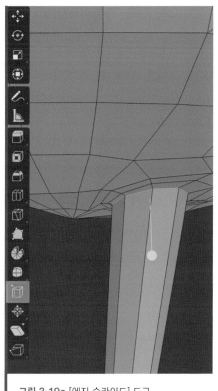

그림 3-19a [에지 슬라이드] 도구

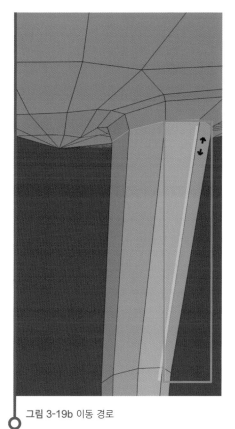

그림 3-19b 이동 경로

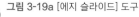

그림 3-19c
[Alt]를 이용하여 이동할 경로 확장하기

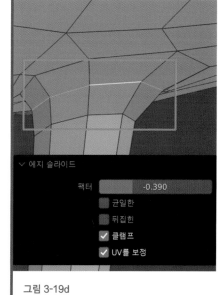

그림 3-19d
몸체와 다리 사이를 자연스럽게 연결하기

[베벨] 도구

[베벨(Bevel)] 도구를 이용하면 선택한 선 주위에 이를 보완하는 경사 선을 만들 수 있습니다. 선 하나를 대상으로 [베벨] 도구를 사용하면 효과가 그다지 크지 않을 수도 있지만 선이 여러 개이거나 에지 루프를 대상으로 하면 매우 유용합니다. 딱딱한 표면을 모델링할 때 전체 모습을 유지하면서도 모서리를 다듬은 깔끔한 경사 부분을 만들 수 있습니다.

[베벨] 도구의 효과를 한눈에 확인할 수 있도록 기본 큐브에 적용해 봅시다. [오브젝트 모드]에서 큐브를 마우스 오른쪽 버튼으로 누르고 [오브젝트 컨텍스트 메뉴]에서 [셰이드 스무스(Shade Smooth)]를 선택합니다(그림 3-20a). 블렌더는 면 사이의 빛과 그림자 효과를 블렌딩하려 하지만, 큐브는 폴리곤 개수가 매우 적고 모서리가 날카로워서 이런 식으로 셰이딩을 표현하므로 아직은 그리 좋아 보이지 않습니다(그림 3-20b).

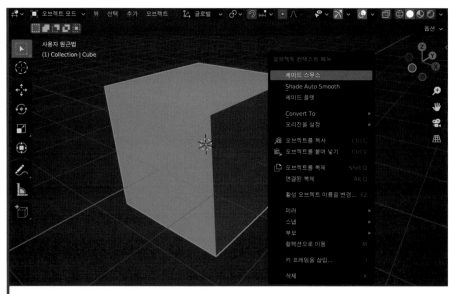

그림 3-20a 기본 평면 셰이딩에서 [셰이드 스무스] 메뉴 선택하기

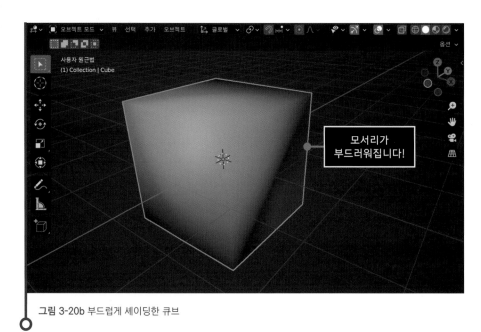

그림 3-20b 부드럽게 셰이딩한 큐브

[에디트 모드]에서 큐브의 모든 선을 선택하고 툴바에서 [베벨] 도구를 고르거나 단축키 Ctrl + B를 누릅니다. 마우스를 움직이면 선이 점점 두 부분으로 나뉩니다(그림 3-20c). 이와 함께 [베벨] 컨텍스트 메뉴를 이용하여 이 도구의 움직임을 설정합니다(그림 3-20d). 자르기 개수인 [부분(Segments)] 옵션값을 늘리면 큐브의 기하 도형 개수가 늘어나고, [세이프(Shape)] 옵션값을 [1]로 설정하면 모서리가 더 날카로워집니다. [0.5]로 설정하면 둥근 모서리나 둥근 경사 형태를 만들고(그림 3-20e), [0]으로 설정하면 모서리를 안으로 밀어 오목한 형태가 됩니다.

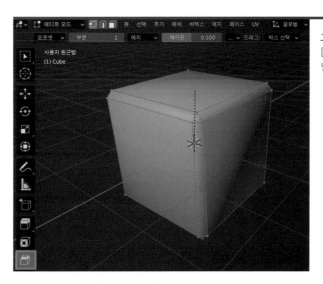

그림 3-20c
[베벨] 기능으로
날카로운 세이딩을 개선한 모습

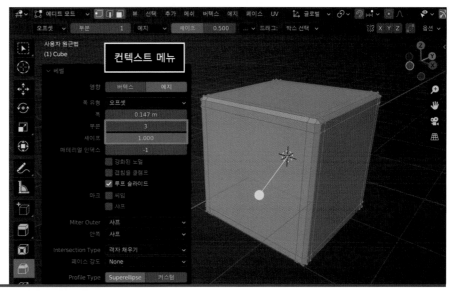

그림 3-20d
[베벨] 컨텍스트 메뉴의 값 설정하기

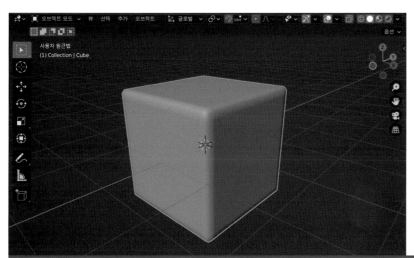

그림 3-20e 세이딩과 모양을 개선한 큐브

13단계. 캐릭터 선을 부드럽게 만들기

[베벨 도구]는 유기적인 모델을 만들 때 무척 유용하므로 캐릭터를 만들 때 이용하면 좋습니다. [오브젝트 모드]에서 캐릭터를 선택하고 나서 마우스 오른쪽 버튼으로 눌러 [셰이드 스무스(Shade Smooth)]로 바꿉니다(그림 3-20f). [에디트 모드]로 되돌아와 **그림 3-20g**처럼 눈 부분의 에지 루프를 선택하고 자르기 개수, 즉 [부분(Segments)]이 1개인 [베벨] 도구를 적용합니다.

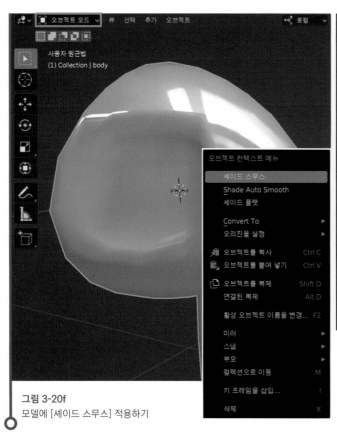

그림 3-20f
모델에 [셰이드 스무스] 적용하기

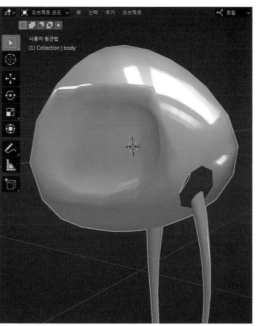

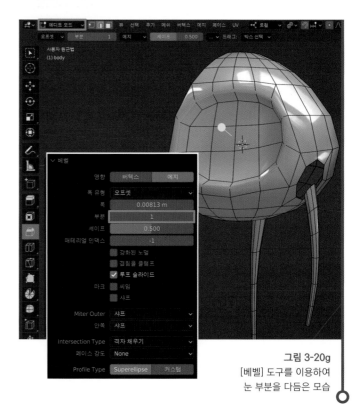

그림 3-20g
[베벨] 도구를 이용하여
눈 부분을 다듬은 모습

14단계. 치아 만들기

이제는 치아를 만들겠습니다. [오브젝트 모드]에서 Shift + S를 눌러 커서를 월드 원점으로 설정하고 Shift + A를 눌러 새로운 평면(Plane)을 추가합니다. **그림 3-20h**처럼 [에디트 모드]에서 연속된 정점 2개를 선택하고 나서 M을 눌러 [중심에(At Center)]로 병합합니다. 헤더의 [메쉬(Mesh) → 병합(Merge)] 메뉴를 이용해도 됩니다.

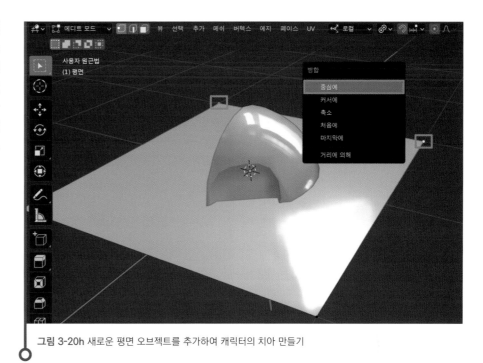

그림 3-20h 새로운 평면 오브젝트를 추가하여 캐릭터의 치아 만들기

그러면 평면에서 선택한 두 모서리가 하나로 합쳐져 삼각형이 됩니다. 작업하기 쉽도록 [이동] 도구를 이용하여 삼각형을 캐릭터 바깥으로 이동합니다.

삼각형의 모든 정점을 선택하고 E를 누르거나 툴바의 [지역 돌출(Extrude Region)] 도구를 이용하여 **그림 3-20i**와 같은 모양으로 만듭니다.

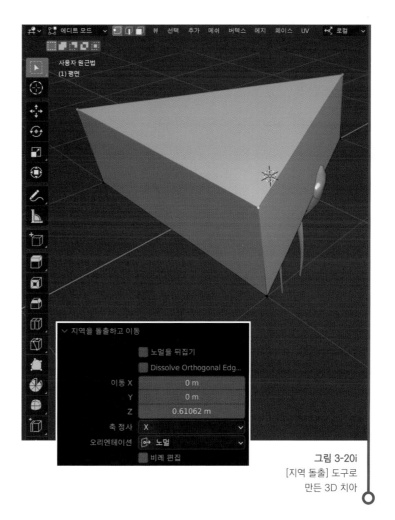

그림 3-20i
[지역 돌출] 도구로
만든 3D 치아

그림 3-20j처럼 모든 정점을 선택하고 [베벨] 기능을 적용합니다. 그리고 캐릭터 스케치 원안의 치아와 비슷하도록 크기를 조절합니다(그림 3-20k). 마지막으로 [오브젝트 모드]의 헤더에서 [오브젝트(Object) → 오리진을 설정(Set Origin) → 오리진을 지오메트리로 이동(Origin to Geometry)]을 선택하여 원점을 둥근 삼각형 가운데로 이동합니다(그림 3-20l). 이렇게 하면 이후 작업을 더 직관적으로 할 수 있습니다. 03-5절 128쪽에서 다시 살펴볼 것이므로 앞에서 만든 치아는 당분간 그대로 둡시다.

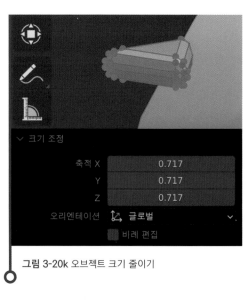

그림 3-20k 오브젝트 크기 줄이기

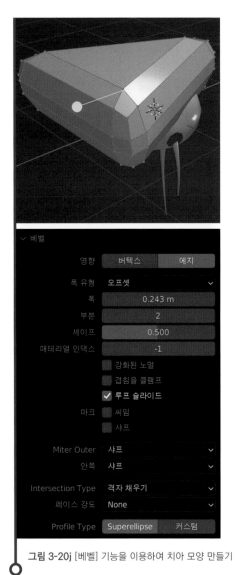

그림 3-20j [베벨] 기능을 이용하여 치아 모양 만들기

그림 3-20l 원점 재설정하기

03-4 · 오브젝트 여러 개 다루기

15단계. 머리털 만들기

다른 오브젝트를 다루기 전에 몇 가지를 더 만들어 봅시다. 앞서 숨겼던 배경 이미지를 다시 표시합니다. 그리고 [오브젝트 모드]에서 Shift + A를 누르고 [버텍스]가 8개인 원형(Circle)을 월드 원점에 추가합니다. [반경(Radius)]은 [0.03m]면 충분합니다.

Tip. 숨긴 오브젝트 다시 나타내기: Alt + H

[이동(Move)] 도구로 원형을 Z축 방향으로 이동하여 캐릭터의 머리 꼭대기에 오도록 합니다. 이때 [비례 편집]은 비활성화해야 합니다. 그리고 [에디트 모드]에서 [돌출(Extrude)], [축적(Scale)], [회전(Rotate)], [이동(Move)] 도구로 캐릭터 스케치 원안에서 안테나처럼

생긴 가장 긴 머리털을 따라 돌출하여 가는 부분, 굵은 부분, 꼭대기 등으로 구분해 새로운 에지 루프 3개를 만듭니다(그림 3-21a).

그림 3-21a 원형으로 안테나 만들기

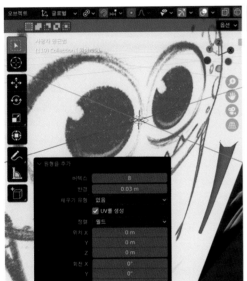
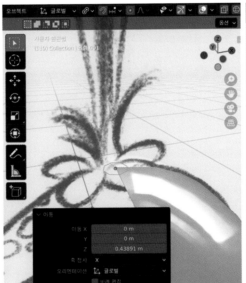
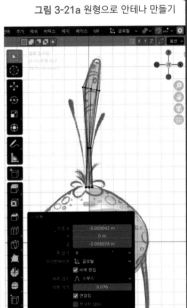

독립된 오브젝트를 추가할 때는 [오브젝트 모드]에서!

새로운 오브젝트를 추가할 때는 어떤 모드인지를 한 번 더 확인합시다. 예를 들어 원형을 추가할 때 [에디트 모드]에서는 현재 편집하던 오브젝트에 원형 메시를 추가합니다. 이와 달리 [오브젝트 모드]에서는 원형 메시로 이루어진 새로운 오브젝트를 만듭니다. 이렇게 모드를 다르게 하면 서로 독립하는 오브젝트를 추가할 수 있습니다.

그리고 안쪽 루프 하나를 선택하고 [베벨] 도구나 단축키 [Ctrl] + [B]를 이용하여 베벨을 적용합니다. [부분(Segments)]은 [4], [셰이프(Shape)]는 [0.5], [폭(Width)]은 [0.2m] 정도로 하면 몇 번 클릭만 해도 모델의 곡선에 맞는 추가 에지 루프를 만들 수 있습니다(그림 3-21b). 적용한 베벨이 이상하거나 원하는 대로가 아니라면 메시의 모든 정점을 선택하고 [Shift] + [N]을 눌러 법선(Normals)을 다시 계산합니다. [Shift] + [R]로 두 번째 안쪽 루프에도 베벨을 반복해서 적용합니다.

머리털 꼭대기 부분은 [Ctrl] + [F]를 누르고 [격자 채우기(Grid Fill)]를 이용하여 [기간(Span)]을 [2]로 설정해서 격자를 채우고 가운데 정점을 이동하여 캐릭터 원안에 맞춥니다(그림 3-21c). 작은 안테나 2곳에도 같은 과정을 반복합니다. 그리고 [셰이드 스무스(Shade Smooth)]를 적용합니다.

Tip. **[셰이드 스무스] 적용 방법**: 03-3절 90, 92, 105 쪽 참고

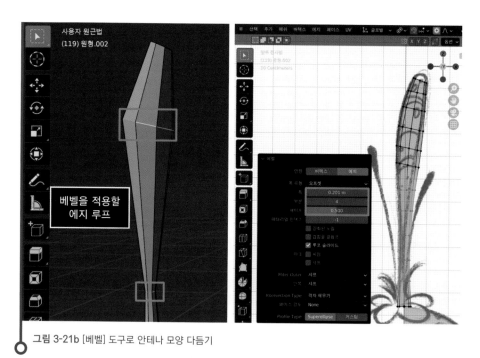

그림 3-21b [베벨] 도구로 안테나 모양 다듬기

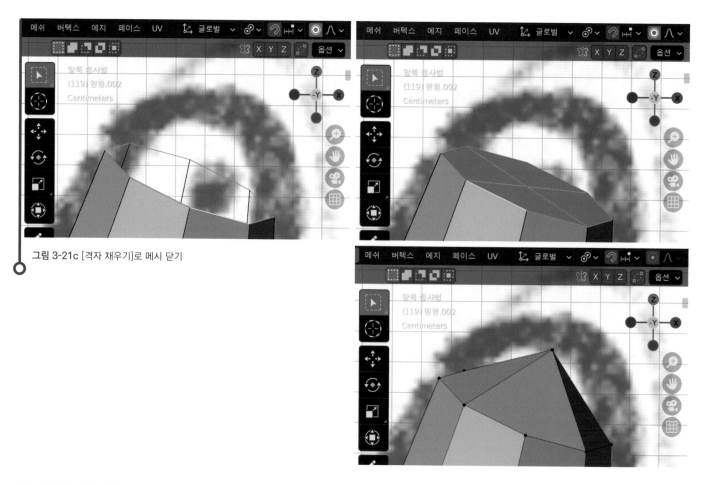

그림 3-21c [격자 채우기]로 메시 닫기

오브젝트 숨기기

16단계. 피부 반점 만들기

숫자 패드 ①을 눌러 앞쪽 보기로 바꾸고 커서를 월드 원점에 설정합니다. 그리고 [오브젝트 모드]에서 [버텍스]가 [8개]이고 [반경]이 [0.05m]인 새로운 원형을 추가합니다. 컨텍스트 메뉴에서 [정렬(Align)] 옵션을 [뷰(View)]로 설정하여 원형이 앞을 바라보도록 합니다(그림 3-21d). 이 원형은 캐릭터 피부에 반점을 표현하는 데 사용합니다.

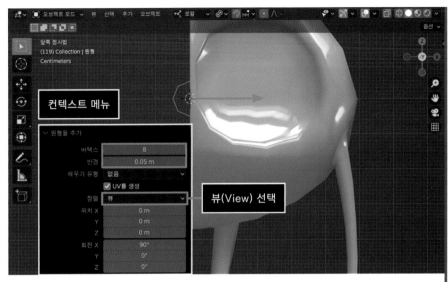

그림 3-21d 피부에 반점을 표현할 새로운 원형 추가하기

오브젝트 숨기기

오브젝트를 숨기거나 나타내는 방법 세 가지를 소개합니다.

- **오브젝트 숨기기**: ⒣를 누르거나 [오브젝트 모드]의 헤더에서 [오브젝트(Object) → 표시/숨기기(Show/Hide) → 선택된 항목을 숨기기(Hide Selected)] 메뉴를 선택합니다.
- **숨긴 오브젝트 표시하기**: Alt + ⒣를 누르면 숨긴 오브젝트를 모두 표시합니다.

- **선택한 오브젝트를 제외한 나머지 모두 숨기기**: Shift + ⒣를 누르면 선택한 오브젝트를 제외하고 나머지를 모두 숨깁니다.

이 밖에 다른 방법으로 아웃라이너에서 눈 모양 아이콘을 클릭하여 오브젝트를 숨기거나 표시할 수도 있습니다. 선택한 오브젝트를 숨겼다면 3D 뷰포트에서는 더 이상 선택할 수 없으므로 다시 표시해야 한다면 아웃라이너의 눈 모양 아이콘을 클릭해서 활성화해야 합니다.

추가한 원형을 선택하고 Shift + ⒣를 눌러 원형 이외는 모두 숨깁니다. [에디트 모드]에서 모든 정점을 선택하고 나서 Ctrl + ⒡를 눌러 [격자 채우기]를 클릭합니다. 면을 모두 선택한 상태에서 ⒤를 눌러 인셋(Inset)을 적용하여 바깥쪽 페이스 루프를 만듭니다(그림 3-21e).

[오브젝트 모드]로 돌아와 Alt + ⒣를 눌러 오브젝트를 모두 표시합니다. 이쯤에서 F2나 아웃라이너를 이용하여 오브젝트 이름을 알기 쉽도록 적절하게 변경합니다.

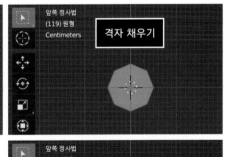

그림 3-21e
[격자 채우기] 메뉴와 페이스 인셋하기

여러 오브젝트 선택하기

오브젝트와 메시를 선택하는 방법은 비슷합
니다.

▶ A를 누르면 모든 오브젝트를 선택합
니다.
▶ A를 두 번 누르거나 Alt + A를 누르
면 선택한 것을 모두 해제합니다.
▶ [박스 선택(Select Box)] 도구를 누른 후
클릭, 드래그하여 영역 안의 오브젝트를
선택합니다.
▶ [박스 선택(Select Box)] 도구로 영역을
선택한 상태에서 다시 클릭, 드래그하면
영역 밖의 요소는 선택이 해제됩니다.
▶ Shift를 누른 채 클릭하면 선택을 추가하
거나 일부를 해제할 수 있습니다.

[박스 선택(Select Box)]이나 [올가미 선택
(Select Lasso)]과 같은 선택 도구는 [에디트
모드]에서도 똑같이 동작합니다(그림 3-21f).

활성 오브젝트 vs. 선택 오브젝트 구분하기

블렌더에서는 속성, 모디파이어, 재질
을 전달하거나 피벗 포인트가 부모가
되는 등 한 오브젝트가 다른 오브젝트
에 영향을 주도록 할 수 있습니다. 따라
서 '활성' 오브젝트와 나머지 선택 오
브젝트를 구분해야 합니다.
오브젝트를 하나만 선택했다면 그것
이 바로 활성 오브젝트입니다. 이와 달
리 오브젝트를 2개 이상 선택했다면 그
중 하나만 활성 오브젝트가 됩니다. 활
성 오브젝트는 옅은 주황색으로 표시합
니다.

Tip. 정점, 선, 면도 오브젝트와 마찬가지로
구분해야 합니다.

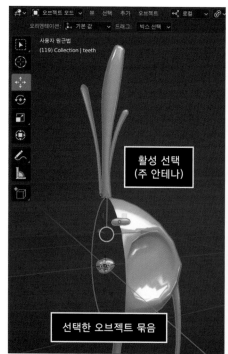

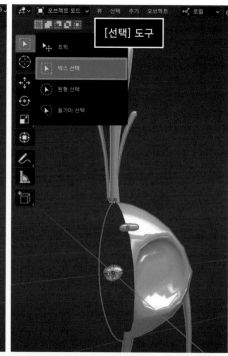

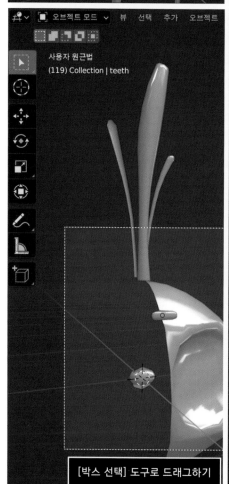

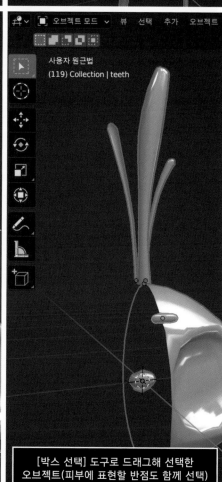

그림 3-21f 3D 뷰포트에서 오브젝트 선택하기

[오브젝트 모드]에서는 아웃라이너를 이용하여 오브젝트를 선택할 수도 있습니다(그림 3-21g). 아웃라이너에서 빈 부분을 사각형을 그리듯이 드래그하거나 B를 누른 채 드래그해서 오브젝트를 여러 개 선택할 수도 있습니다.

그중에 활성 오브젝트가 없다면 선택한 모든 오브젝트를 선택으로만 표시합니다. 이는 특정 오브젝트를 피벗 포인트로 이용하거나 이 오브젝트에서는 데이터를 얻을 수 없다는 것을 뜻합니다. 활성 오브젝트로 만들려면 3D

뷰포트에서 오브젝트 하나를 Shift를 누른 채 클릭해야 합니다.

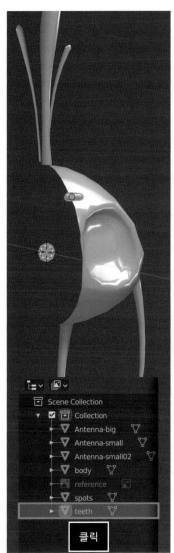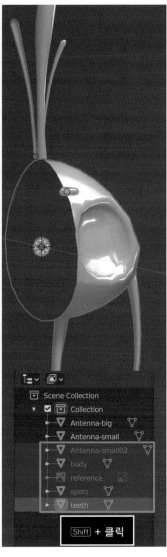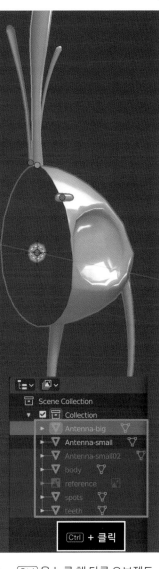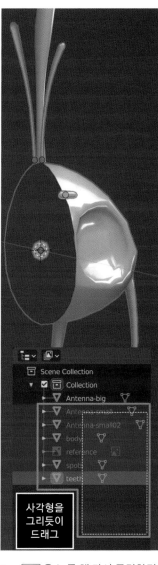

그림 3-21g
아웃라이너에서 오브젝트를 선택하는 방법

▶ 오브젝트를 클릭하여 선택합니다.

▶ Shift를 누른 채 다른 오브젝트를 클릭하면 그 사이에 있는 모든 오브젝트를 선택할 수 있습니다. 이때 처음 선택한 오브젝트가 여전히 활성 오브젝트입니다.

▶ Ctrl을 누른 채 다른 오브젝트를 클릭하면 추가로 선택할 수 있습니다. 이때 마지막에 추가한 오브젝트가 활성 오브젝트입니다.

▶ Ctrl을 누른 채 다시 클릭하면 선택을 해제합니다.

오브젝트 복제하기

오브젝트 복제를 활용하면 작업 시간을 크게 절약할 수 있습니다.

▶ **방법 1**: Ctrl + C와 Ctrl + V로 오브젝트를 복사하고 붙여 넣습니다. 선택한 오브젝트는 모두 이전 오브젝트의 맨 위로 복사됩니다. 이때 복사된 오브젝트 이름에는 자동으로 .001과 같이 숫자가 하나씩 커지도록 번호를 붙여 구분합니다. 소프트웨어에서는 서로 다른 데이터인데 같은 이름으로 다룰 수는 없기 때문입니다(그림 3-22a).

▶ **방법 2**: Shift + D나 헤더에서 [오브젝트(Object) → 오브젝트를 복제(Duplicate Objects)] 메뉴를 이용하여 오브젝트를 복제할 수도 있습니다. 이렇게 하면 추가 작업을 하지 않아도 오브젝트를 바로 이동할 수 있습니다. 즉, 복제한 후 이동 기능을 실행합니다(그림 3-22b). 마우스 왼쪽 버튼을 클릭하여 위치를 확정하거나 오른쪽 버튼을 눌러 원래 자리에 둘 수 있습니다.

그림 3-22a
오브젝트 복사와 붙여넣기

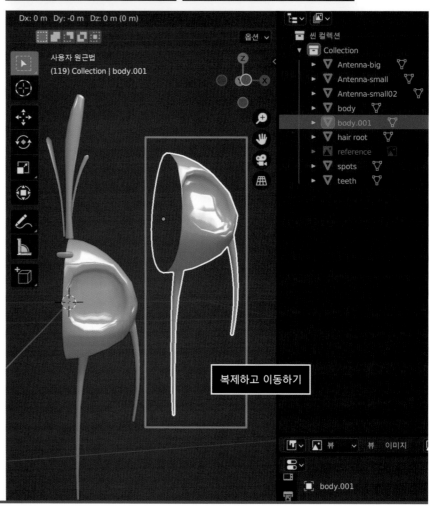

그림 3-22b
Shift + D 를 이용한 오브젝트 복제와 이동

▶ **방법 3**: Alt + D 또는 [오브젝트(Object) → 연결된 복제(Duplicate Linked)] 메뉴를 이용할 수 있습니다. 이 기능은 다른 오브젝트와 연결된 데이터가 있는 새로운 오브젝트를 만듭니다(그림 3-22c). 즉, 같은 메시 데이터를 공유하므로 한쪽 오브젝트를 편집하면 동시에 다른 쪽 오브젝트에도 적용됩니다. 이 기능은 같은 오브젝트로 만든 인스턴스가 여러 개여서 한꺼번에 변경해야 할 때 무척 편리합니다.

다음 단계로 넘어가기 전에 여기에서 설명하느라 사용한 복제 오브젝트는 지웁니다.

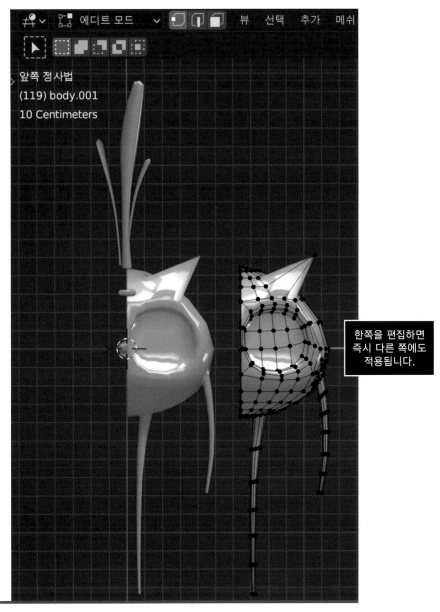

한쪽을 편집하면 즉시 다른 쪽에도 적용됩니다.

그림 3-22c
메시와 연결된 복제 오브젝트(오른쪽)

17단계. 머리털 모근 만들기

다음 설명한 순서대로 캐릭터에 사용할 오브젝트를 추가로 몇 개 만듭니다(그림 3-22d).

A [오브젝트 모드]에서 큐브를 추가합니다.

B [에디트 모드]로 이동하여 모든 정점을 선택하고 [부분(Segments) 2], [폭(Width) 0.75m], [셰이프(Shape) 0.5m]인 베벨 효과를 적용합니다.

C Z축 방향으로 축적을 변경하여 타원 모양으로 만들고 크기를 줄여 스케치 원안의 배경 이미지에 맞추어 머리털 모근 크기로 조절합니다.

D [비례 편집] 도구를 해제하고 뒤쪽 면을 Y축 방향으로 이동합니다.

E 위쪽 면을 Z축 방향으로 이동하여 둥그스름한 모양으로 만듭니다.

이렇게 만든 오브젝트를 복제하여 머리털 모근으로 사용합니다.

그림 3-22d 머리털 모근 모델링

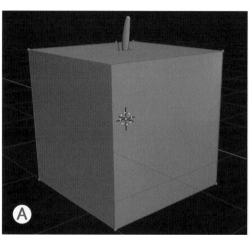

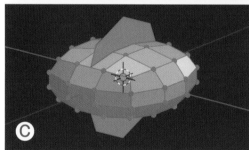

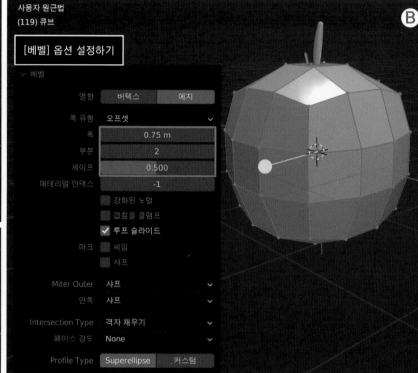

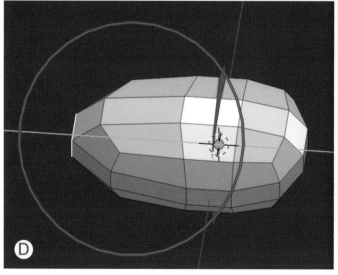

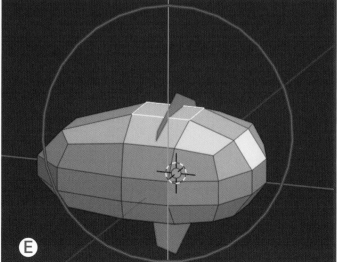

자석처럼 달라붙는 스냅

[스냅] 도구를 이용하면 오브젝트를 쉽게 다룰 수 있습니다. [스냅하기]의 옵션에서 선택한 움직임에 따라 오브젝트 원점 또는 일부를 선택한 오브젝트에 자석처럼 붙입니다. 헤더에서 자석 모양의 [스냅] 아이콘을 클릭하면 이 옵션을 활성화할 수 있습니다. 또한 Ctrl 을 누른 채로 오브젝트를 이동하면 [스냅]이 활성화 상태에서는 비활성화, 비활성화 상태에서는 활성화됩니다.

[스냅] 아이콘 오른쪽에 있는 [스냅하기] 아이콘의 드롭다운 버튼을 눌러 [스냅(Snap)] 메뉴를 열면 다양한 움직임을 볼 수 있습니다. 기본값에서는 이동할 때만 영향을 주지만, 선택한 옵션에 따라 회전이나 축적을 변경할 때도 활성화할 수 있습니다.

▶ **[증가(Increment)] 옵션**: 오브젝트 원점을 크기에 따라 배경 격자에 스냅합니다. 기계 설계 등을 할 때 도움이 됩니다.

[스냅] 도구를 사용하고자 [오브젝트 모드]에서 캐릭터의 몸체 오브젝트를 선택하고 나서 헤더의 [스냅] 아이콘을 클릭하여 [스냅] 도구를 활성화하고 [스냅하기] 드롭다운 메뉴에서 [증가] 옵션을 선택합니다. 이제 G를 누른 채 마우스를 움직이면 배경 격자에 따라 오브젝트가 일정한 간격으로 이동합니다 (그림 3-23a).

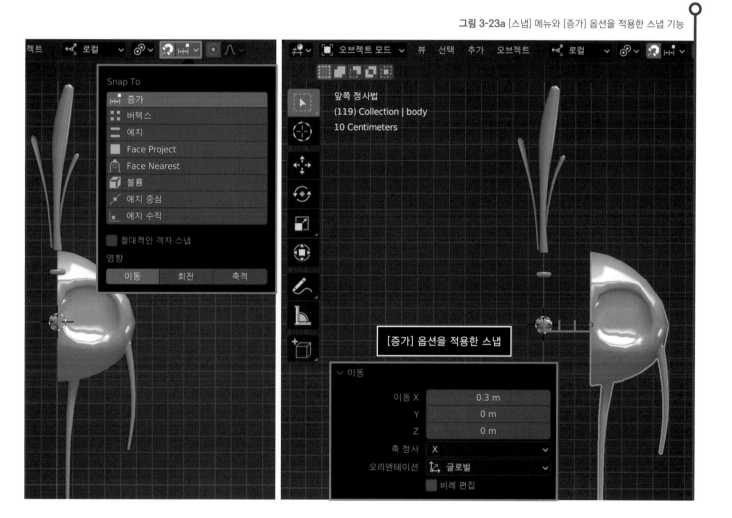

그림 3-23a [스냅] 메뉴와 [증가] 옵션을 적용한 스냅 기능

면, 정점, 선, 볼륨이나 심지어 다른 오브젝트에서 원하는 선 가운데에 스냅할 수도 있습니다. [스냅] 도구를 이용하면 오브젝트를 스냅할 대상 주변에 노란색 원이 나타납니다(그림 3-23b). 이때 어디에 스냅할 것인지를 [가까운(Closest)], [중심(Center)], [평균(Average)], [활성(Active)] 중에서 고를 수 있습니다.

▶ [회전을 대상에 정렬(Align Rotation to Target)] 옵션: 조작한 오브젝트 방향을 대상 표면의 법선에 정렬합니다(그림 3-23c). 캐릭터 피부에 반점을 배치할 때, 둥근 철제 파이프나 비행기 모델에 금속 핀처럼 생긴 리벳 등을 표현할 때 사용하면 편리한 옵션입니다.

Tip. 캐릭터 피부에 반점 배치하기: 03-5절 120~121쪽 참고

Tip. [스냅] 도구 사용법: 03-5절 120쪽 수축 감싸기 참고

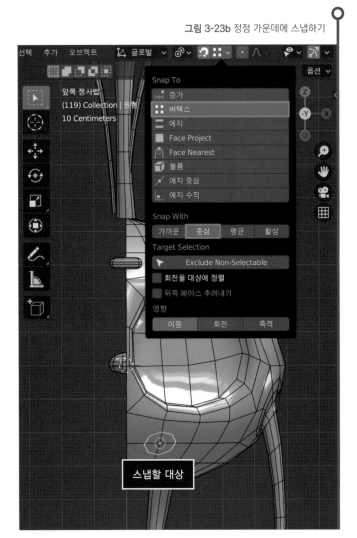

그림 3-23b 정점 가운데에 스냅하기

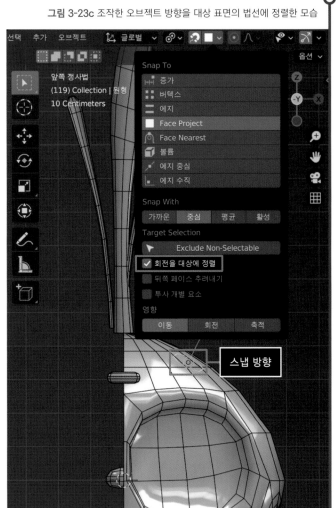

그림 3-23c 조작한 오브젝트 방향을 대상 표면의 법선에 정렬한 모습

18단계. 눈동자 만들기

이제 캐릭터에 눈동자를 추가합시다. 숫자 패드 ①을 클릭해 앞쪽 뷰로 변경하고 [오브젝트 모드]에서 [부분(Segments) 24개], [링 12개], [반경 0.2m]인 UV 구체(UV Sphere)를 추가합니다. 그리고 [정렬(Align)] 옵션을 [뷰(View)]로 설정합니다(그림 3-23d). Shift + H를 눌러 구체만 남겨 두고 모두 숨긴 상태에서 아웃라이너에서 스케치의 배경 그림을 표시합니다. Alt + Z로 [X-Ray를 토글]을 활성화하고 구체의 가운데를 캐릭터의 눈 부분에 맞춥니다(그림 3-23e).

다음 설명한 순서대로 그림 3-23f처럼 눈동자 모양을 만듭니다.

A Tab을 눌러 [에디트 모드]로 이동하여 가운데 정점을 선택하고 Y축 방향으로 뒤로 이동합니다.

  Tip. [스냅]을 비활성화하고 움직이세요.

B Ctrl + 숫자 패드 +를 눌러 다음 정점 링을 선택하고 다시 Y축 방향으로 뒤로 이동합니다.

C 루프 2개를 선택 해제하고 다음 에지 루프를 선택하여 [베벨] 도구를 적용합니다.

  Tip. [베벨] 도구 단축키: Ctrl + B

[오브젝트 모드]로 이동해 선택한 눈동자를 마우스 오른쪽 버튼으로 누른 뒤 [셰이드 스무스(Shade Smooth)]를 클릭합니다. 그리고 안구 안에 눈동자를 옮겨 놓습니다. 눈동자의 정확한 위치는 잠시 후 다시 조절합니다.

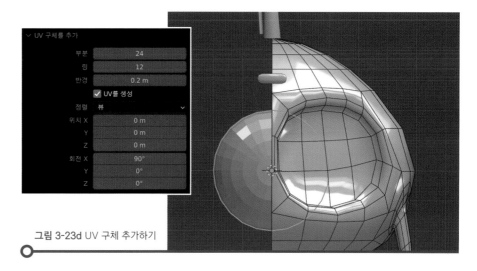

그림 3-23d UV 구체 추가하기

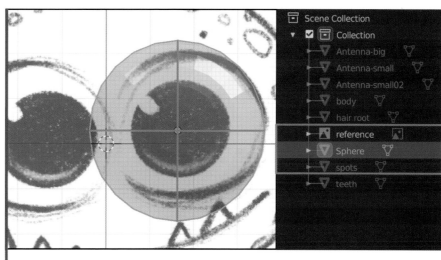

그림 3-23e 눈동자 위치 조절하기

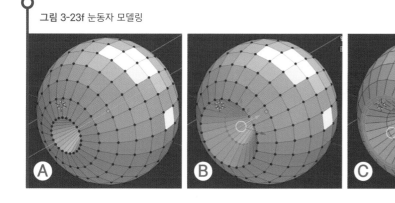

그림 3-23f 눈동자 모델링

오브젝트 합치기

19단계. 손가락 만들기

모델의 각 부분을 모델링하고 합치는 과정은 간단합니다. 여기서는 캐릭터의 손을 몇 부분으로 나누어 만들고 나서 몸체(body)와 합쳐 보겠습니다.

먼저 다음 설명한 순서대로 **그림 3-24a**처럼 캐릭터의 손가락(finger) 몇 개를 재빠르게 모델링해 봅시다.

A 버텍스가 8개인 원형을 적당한 크기로 만들어 월드 원점에 추가합니다.

B 숫자 패드 ①을 클릭해 앞쪽 뷰로 변경하고 캐릭터 팔 아래쪽으로 이동합니다.

C 오브젝트를 캐릭터 스케치 원안의 배경에 정렬합니다.

D 머리털(안테나)을 만들 때처럼 캐릭터의 긴 손가락을 따라 원형을 세 번 돌출하여 모양을 대략 만듭니다.

E [베벨] 도구를 이용하여 모양을 부드럽게 만들고 Ctrl + F를 눌러 [격자 채우기(Grid Fill)]로 손가락 끝을 닫습니다. [에지 슬라이드] 도구를 이용하여 에지 루프의 간격을 조절합니다.

Tip. [에지 슬라이드] 도구 대신 G를 더블클릭해도 됩니다.

F 앞의 과정을 반복하여 엄지손가락도 만듭니다.

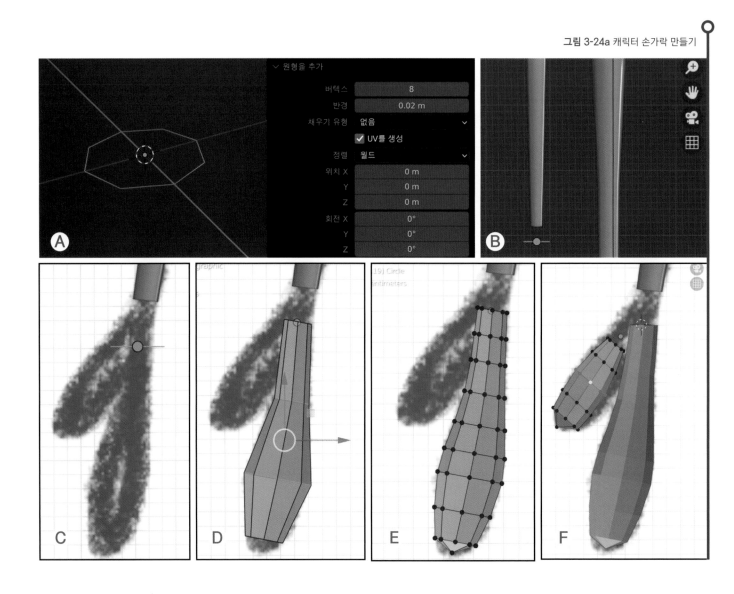

그림 3-24a 캐릭터 손가락 만들기

20단계. 손가락, 발가락을 몸체와 합치기

하나 이상으로 이루어진 오브젝트를 다른 오브젝트와 합치는 방법을 알아봅시다.

먼저 [오브젝트 모드]의 3D 뷰포트에서 합칠 오브젝트를 선택합니다. 여기서는 손가락과 몸체를 합칩니다. 이때 합칠 곳의 오브젝트(몸체)가 활성 상태여야 합니다. [body] 오브젝트를 가장 마지막에 선택하거나 Shift 를 누른 채로 클릭하여 활성 상태로 만듭니다. 활성 오브젝트는 짙은 주황색이 아니라 옅은 주황색 테두리입니다(그림 3-24b). Ctrl + J 를 누르거나 헤더의 [오브젝트(Object) → 합치기(Join)] 메뉴를 이용하여 오브젝트를 하나로 합칩니다.

아웃라이너에서 오브젝트를 선택하여 합칠 수도 있습니다. Ctrl 을 누른 채 이웃하지 않는 오브젝트를 여러 개 선택하고 [오브젝트 → 합치기] 메뉴를 클릭하면 됩니다.

이제 손가락 오브젝트가 몸체 메시 오브젝트와 합쳐졌으므로 [finger]와 [finger02] 오브젝트는 아웃라이너에서 사라집니다(그림 3-24c). 몸체를 대상으로 [에디트 모드]로 이동하면 이제 손가락이 몸체의 일부가 되었다는 것을 확인할 수 있습니다(그림 3-24d).

이번에는 발가락을 만들어 몸체와 합치겠습니다. 앞의 **A**처럼 버텍스가 8개인 원형을 추가하고 같은 관점을 반복하며 다리를 만듭니다(그림 3-24e). 안쪽 발가락은 좀 더 크게, 바깥쪽 발가락은 좀 더 작게 만듭니다. 바닥에 닿는 아래쪽 면은 평평해야 합니다.

Tip. 03-6절 141쪽 '토폴로지 수정하기'를 참고하면 캐릭터의 움직임을 더 자연스럽게 변형할 수 있습니다.

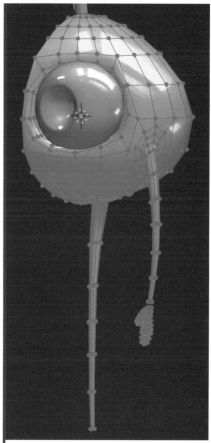

그림 3-24b 손가락과 합칠 몸체 선택하기

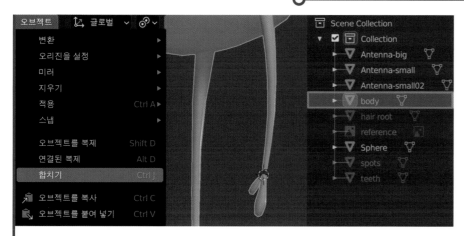

그림 3-24c 손가락 오브젝트 2개가 사라져서 몸체 오브젝트만 보이는 아웃라이너

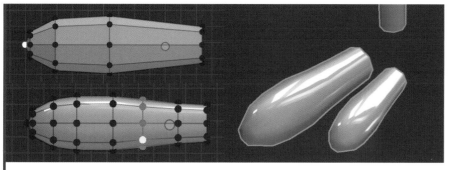

그림 3-24e 발가락도 손가락처럼 만들어서 몸체와 합치기

그림 3-24d 몸체와 손가락을 하나의 오브젝트로 표시하는 [에디트 모드]

오브젝트 정리하기

3D 제작에서는 어떤 종류이든 오브젝트를 정리하는 작업이 중요합니다. 3차원 프로젝트는 무척 복잡하므로 오브젝트마다 적절한 이름을 붙이고 잘 정리해 놓아야 합니다. 물론 애니메이션이라면 시간은 4번째 차원이 됩니다.

02-2절에서는 컬렉션을 만들고 이 컬렉션에 오브젝트를 넣는 방법을 살펴보았습니다. 복잡한 장면이나 캐릭터를 작업할 때는 옷이나 소품 등 컬렉션을 여러 개로 구분하는 것이 좋습니다. 마찬가지로 머리 해부 모델을 작업할 때도 뼈, 치아, 피부 요소 등 컬렉션을 여러 개로 나누어야 편리합니다.

캐릭터 관점에서 보면 하위 부분을 각각 컬렉션으로 만들면 숨기고 선택하고 분리하기가 쉽습니다(그림 3-25).

대규모 장면을 작업한다면 전경, 배경과 같은 깊이나 캐릭터, 조명, 물건 등 오브젝트 유형에 따라 정리하는 것이 좋습니다.

그림 3-25
여기서 만들 캐릭터에 적용한
다양한 컬렉션 예

부모 ─ 자식 오브젝트 설정하기

부모-자식 관계는 컴퓨터 그래픽이나 소프트웨어를 개발할 때 흔하게 사용합니다. 기본적으로 자식 오브젝트는 부모 오브젝트의 변형을 그대로 따릅니다. 예를 들어 운전사가 있는 자동차를 움직일 때 자동차를 운전사의 부모로 지정하면 운전사는 자동차가 움직이는 대로 따라갑니다.

오브젝트에서 부모는 하나이지만 자식은 여러 개일 수 있습니다. 부모를 다시 자식으로 바꾸는 등 부모 계층을 만들 수도 있습니다. 캐릭터에서 몸체의 일부나 액세서리 등의 장비를 몸체의 자식 오브젝트로 만들면 편리합니다. 이렇게 하면 몸체를 변형할 때 자식 항목들도 따라 움직입니다.

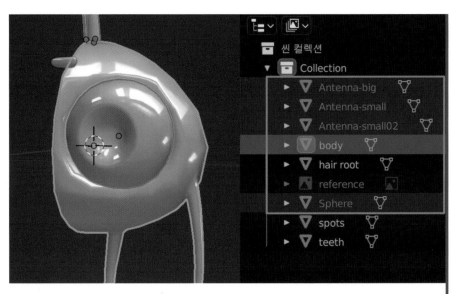

그림 3-26a 머리털(안테나), 눈 그리고 활성 오브젝트인 몸체를 선택한 모습

21단계. 몸체를 부모 오브젝트로 설정하기

오브젝트를 다른 오브젝트의 자식으로 만들려면 먼저 자식으로 만들 오브젝트를 선택하고 부모로 만들 오브젝트를 활성화해야 합니다. 여기서는 머리털(안테나), 눈을 선택하고 몸체를 활성 오브젝트로 만듭니다(그림 3-26a).
[오브젝트 모드]의 헤더에서 [오브젝트(Object) → 부모(Parent) → 오브젝트(Object)] 메뉴를 클릭하거나 Ctrl + P 를 누르고 [오브젝트(Object)]나 [오브젝트(변환을 유지, Keep Transform)]를 클릭하여 선택 오브젝트를 활성 오브젝트의 자식으로 만듭니다(그림 3-26b).

Tip. Ctrl 을 누른 채 오브젝트를 선택하면 활성 오브젝트로 선택됩니다.

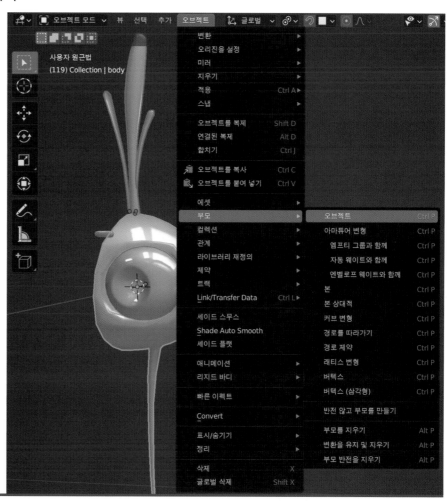

그림 3-26b
몸체를 선택 오브젝트의 부모로 만들기

아웃라이너를 보면 머리털(안테나) 오브젝트가 몸체 오브젝트 하위에 위치한다는 것을 확인할 수 있습니다.
3D 뷰포트에서는 머리털의 원점을 몸체의 원점과 점선으로 연결하여 둘의 관계를 나타냅니다(그림 3-26c). 이제는 몸체를 회전, 이동, 축적 변경을 하면 머리털도 마찬가지로 그대로 따릅니다.

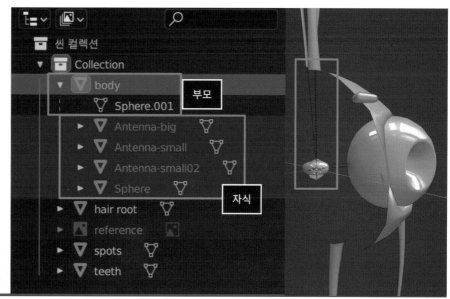

그림 3-26c
아웃라이너에서 본 부모-자식 관계(왼쪽)와
3D 뷰포트에 표시한 점선(오른쪽)

03-5 · 클릭 한 번으로 변형하는 '모디파이어'

모디파이어란?

모디파이어(Modifiers)는 다른 3D 소프트웨어에서 잘 볼 수 없는 블렌더만의 특징입니다. 모디파이어를 이용하면 오브젝트 변형, 더 많은 기하 도형 만들기, 복제하기, 비틀기, 미러링, 부드럽게 하기 등 오브젝트 데이터를 수정하지 않고도 다양한 기능을 적용할 수 있는데, 물론 메시를 변경하지 않아도 됩니다(**그림 3-27a**). 이를 **비파괴 워크플로**(non-destructive workflow)라고 합니다. 즉, [오브젝트 모드]에서 3D 결과가 바뀌더라도 [에디트 모드]로 이동하면 변하지 않은 원래 오브젝트의 메시를 볼 수 있습니다. 이는 마치 헤어스타일을 바꾸더라도 원래 머리털의 길이나 자라난 위치는 바뀌지 않는 것과 같은 원리입니다.

모디파이어는 속성 편집기의 [모디파이어 프로퍼티스(Properties Editor)] 탭에 있습니다. 오브젝트에 모디파이어를 추가하려면 먼저 오브젝트를 선택하고 [모디파이어 프로퍼티스] 탭의 [모디파이어를 추가(Add Modifier)] 드롭다운 버튼을 클릭합니다. 그러면 추가할 수 있는 다양한 모디파이어를 볼 수 있습니다(**그림 3-27b**). 오브젝트 하나에 모디파이어를 여러 개 추가할 수 있으므로 모델링 도구를 이용하지 않아도 여러 기능을 조합하여 복잡한 모델을 만들 수 있습니다.

모디파이어는 다음 4개 그룹으로 나뉩니다.

▶ **수정(Modify):** 여러 개의 정점이나 UV와 같은 메시 데이터를 수정합니다.
▶ **생성(Generate):** 주어진 오브젝트로 더 많은 기하 도형(정점, 선, 면)을 생성합니다.
▶ **변형(Deform):** 기존의 기하 도형을 구부리고 비틀고 대체합니다.
▶ **피직스(Physics):** 메시를 마치 천 조각, 연기, 액체처럼, 심지어 폭발하듯이 움직입니다.

그림 3-27a 선 하나를 대상으로 모디파이어를 여러 개 조합하여 만든 추상 모델

그림 3-27b 4개 그룹으로 분류되어 있는 다양한 모디파이어

추가한 모디파이어 이름 오른쪽에 있는 3가지 표시 옵션 아이콘을 클릭하면 3D 뷰포트에 모디파이어를 적용한 모습을 표시할 것인지, 렌더링할 때 모디파이어를 사용해서 영향을 줄 것인지, 모디파이어를 [에디트 모드]에 표시할 것인지 등을 선택할 수 있습니다(그림 3-27c).

모디파이어를 적용하면 직접 모델링한 것처럼 메시 기하 도형을 절차적으로 변환할 수 있습니다.

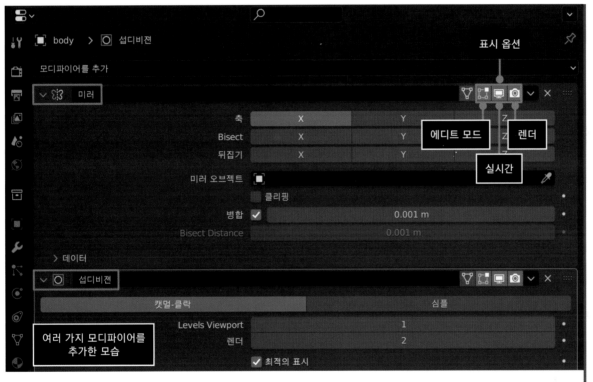

그림 3-27c [모디파이어 프로퍼티스] 탭에서 본 추가 모디파이어

일정하지 않은 축적 변경과 회전을 조심하세요!

모디파이어는 대부분 오브젝트 원점을 이용하므로 오브젝트의 변환(회전과 축적 변경)에 영향을 받는다는 점에 주의해야 합니다. 기대하지 않았던 모디파이어 효과는 일반적으로 일정하지 않은 축적 변경이나 회전 때문에 일어납니다.

[오브젝트 모드]에서 오브젝트를 조작하여 위치나 크기를 조절하는데, 예를 들어 손가락을 회전하거나 짧게 만들고자 Y축 방향으로 크기를 줄 일 때는 [X축 0.5], [Y축 0.2], [Z축 0.5]와 같이 값을 설정할 겁니다.

이렇게 하면 세 축의 축적값이 서로 다르므로 일정하지 않은 축적으로 변경됩니다.

3D 오브젝트의 축적을 변경하고 이를 기본 축적으로 설정하려면 [오브젝트(Object) → 적용(Apply)] 메뉴를 이용합니다. 또는 [오브젝트 모드]에서 Ctrl + A를 누르고 [위치(Location)], [회전(Rotation)], [축적(Scale)] 중에서 기본으로 설정할 항목을 선택합니다.

[미러] 모디파이어
22단계. 몸체 미러링하기

[미러(Mirror)] 모디파이어를 이용하면 특정 축의 원점(기본값)을 기준으로 대칭 모양을 만듭니다. 캐릭터의 몸체 메시를 선택하고 [모디파이어를 추가(Add Mofifier)] 메뉴의 [생성 (Generate)] 항목에서 [미러] 모디파이어를 클릭해 추가합니다. 이렇게 하면 X축에 있는 원점을 따라 캐릭터의 나머지 반을 미러링합니다(그림 3-28a).

> ### 미러링 정렬이 잘 되지 않아요!
>
> 미러링한 대칭이 올바르게 정렬되지 않는다면 앞서 설명한 내용처럼 변환을 적용하지 않았기 때문일 겁니다. 이럴 때는 Ctrl + A 를 누르고 [Apply All] 을 선택합니다.

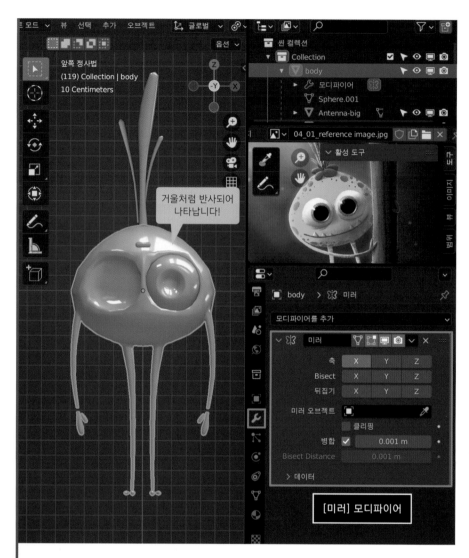

그림 3-28a [미러] 모디파이어와 미러링한 메시

[축(Axis)] 옵션의 오브젝트를 Z축이나 Y축으로 미러링할 수도 있으며 한 번에 여러 축을 대상으로 할 수도 있습니다. 이때는 [X], [Y], [Z] 버튼을 이용합니다(그림 3-28b). 캐릭터를 편집하면 다른 쪽의 메시도 실시간으로 수정되는 것을 볼 수 있습니다(그림 3-28c).

모디파이어의 [클리핑(Clipping)] 옵션을 활성화하면 원점에 정렬된 정점이 원점에 따라 정렬된 가상의 평면에 붙습니다(그림 3-28d). 원래 메시와 미러링한 부분 사이에 벽이 생긴다고 생각하면 됩니다. 즉, 이 미러링 경계 너머로 정점을 넘기려 해도 가로막힙니다. 선택을 해제하더라도 이 정점은 가상의 벽에서 움

직이지 않으므로 계속 붙은 상태가 됩니다. 이런 기능은 정점을 이 선 너머로 옮기려 할 때 가운데에서 합쳐지지 않아 열린 메시를 만들므로 유용합니다.

[병합(Merge)] 옵션값은 미러링 축에 정점을 스냅하는 데 사용하는 한계 거리입니다.

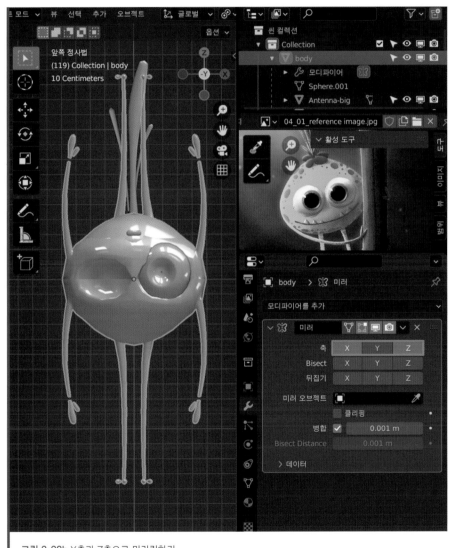

그림 3-28b X축과 Z축으로 미러링하기

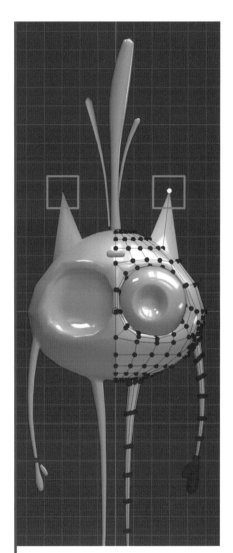

그림 3-28c
메시를 편집한 뒤 미러링한 기하 도형

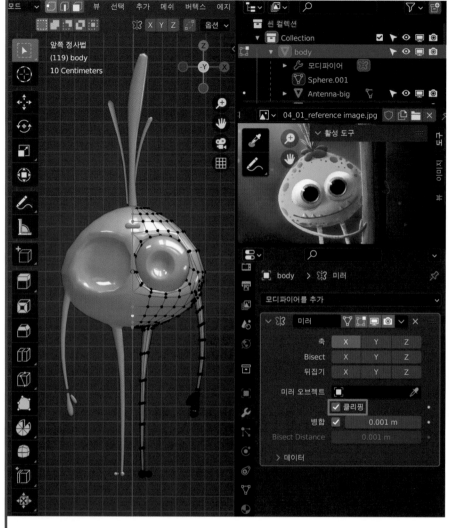

그림 3-28d [클리핑] 옵션 활성화하기

23단계. 눈 미러링하기

캐릭터의 눈을 선택하고 마찬가지로 [미러] 모디파이어를 적용합니다. 처음에는 아무런 변화도 없는데, 이는 구체 가운데(구체의 원점)를 기준으로 구체를 미러링하므로 생성된 기하 도형이 원래 기하 도형 위에 있기 때문입니다. 그러므로 눈의 원점을 캐릭터 가운데로 이동하고 나서 미러링해야 합니다.

그러나 이렇게 하면 궤도에 따라 눈을 회전할 수 없습니다. 오브젝트는 자신의 원점을 기준으로 회전하기 때문입니다. 그 대신 몸체 오브젝트를 미러 오브젝트(Mirror Object)로 지정해야 합니다. [미러 오브젝트] 옵션을 클릭하고 목록에서 몸체(body)를 선택하거나 스포이트 도구로 3D 뷰포트에 있는 몸체 오브젝트를 선택합니다(그림 3-28e).

그림 3-28e 몸체를 미러 오브젝트로 지정하고 눈을 미러링한 모습

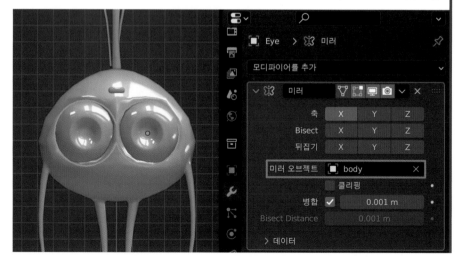

[Bisect] 옵션은 특히 원래 오브젝트와 미러링 오브젝트를 섞어 새로운 메시 오브젝트를 만들 때 기하 도형 클리핑(교차)을 피하고자 미러링 축을 따라 원래 기하 도형을 지웁니다. 기본값에서는 교차한 메시 부분을 지웁니다. [뒤집기(Flip)] 옵션을 이용하면 지울 부분을 서로 바꿉니다. 지운다기보다 교차하는 메시 부분을 합칩니다. 이 기능은 기본 도형으로 새로운 기하 도형을 만들 때 무척 편리합니다.

[오브젝트 모드]에서 UV 구체를 추가하고 [미러] 모디파이어를 적용하여 이를 테스트해 봅시다. [에디트 모드]로 이동하여 구체를 조금씩 움직여 미러링 오브젝트와 겹칩니다(그림 3-28f). [Bisect]와 [뒤집기] 옵션을 확인하고자 [뷰포트 셰이딩] 옵션에서 [와이어프레임] 모드를 선택합니다. [미러] 모디파이어의 [Bisect] 옵션에서 [X]축을 선택하면 겹친 부분이 지워진 것을 볼 수 있습니다. [뒤집기] 옵션에서 [X]축을 선택하면 겹친 부분만 남고 나머지는 지워진 것을 볼 수 있습니다.

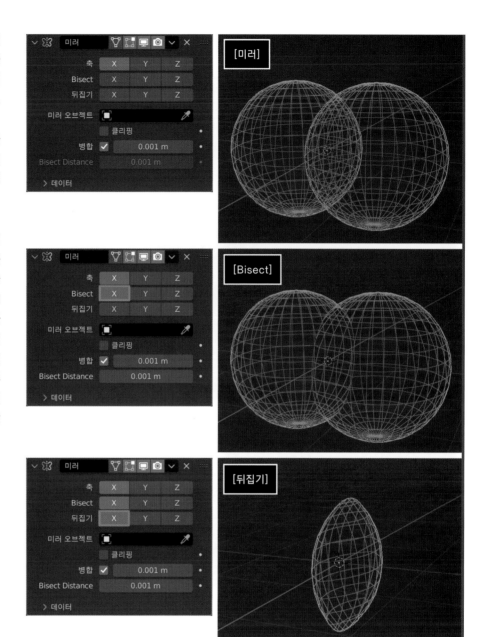

그림 3-28f UV 구체를 이용해 [Bisect] 옵션과 [뒤집기] 옵션 테스트하기

[섭디비젼 표면] 모디파이어

블렌더에서 가장 자주 사용하는 모디파이어는 아마 [섭디비젼 표면(Subdivision Surface)]일 겁니다. 이 모디파이어를 이용하면 면을 4개로 나누어 폴리곤 수를 늘려서 메시의 해상도를 점차 높일 수 있습니다. 예를 들어 좀 더 쉽게 애니메이션할 수 있도록 낮은 해상도로 작업한 후 렌더링하여 고해상도를 얻을 수 있으므로 영화 등에서 주로 활용합니다. 하드웨어의 컴퓨팅 성능이 높아지면서 게임 산업에서도 이 기법을 점점 많이 활용하는 추세입니다.

모디파이어 설정에서 [심플(Simple)] 옵션은 기대한 대로 메시를 나누기만 하고, [캣멀-클락(Catmull-Clark)] 옵션은 면을 분할하고 분할한 기하 도형을 보간하여 좀 더 부드러운 변환을 만듭니다(그림 3-29a). 자동차나 캐릭터 모델링에서 이상적인 부드러운 표면을 얻을 수 있으므로 가장 자주 사용하는 방법입니다.

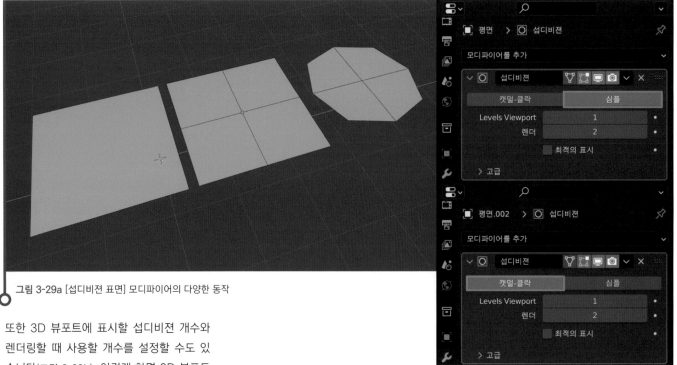

그림 3-29a [섭디비젼 표면] 모디파이어의 다양한 동작

또한 3D 뷰포트에 표시할 섭디비젼 개수와 렌더링할 때 사용할 개수를 설정할 수도 있습니다(그림 3-29b). 이렇게 하면 3D 뷰포트에서는 더 적은 섭디비젼을 이용해 표시하고, 렌더링할 때는 [렌더(Render)] 옵션의 값을 이용하여 아주 많은 폴리곤으로 이루어진 결과물을 얻을 수 있습니다.

그림 3-29b 3D 뷰포트에 표시할 섭디비젼 개수와 렌더링할 때 사용할 개수를 따로 지정하기

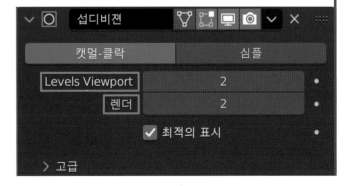

섭디비젼이란?

섭디비젼(subdivison)은 메시를 분리하지 않고 나누는 기능입니다. 정점은 그대로 유지되지만, 선을 분할하면 3개의 정점으로 이루어진 선이 되며, 면을 분할하면 4개의 면으로 나뉩니다. 이렇게 하면 메시의 해상도를 높일 수 있습니다.

[고급(Advanced)] 옵션을 이용하면 UV에서
의 세세한 동작을 설정할 수 있으나 여기서는
기본값을 사용했습니다.

그림 3-29c [섭디비젼 표면] 모디파이어를 적용하기 전과 후의 캐릭터

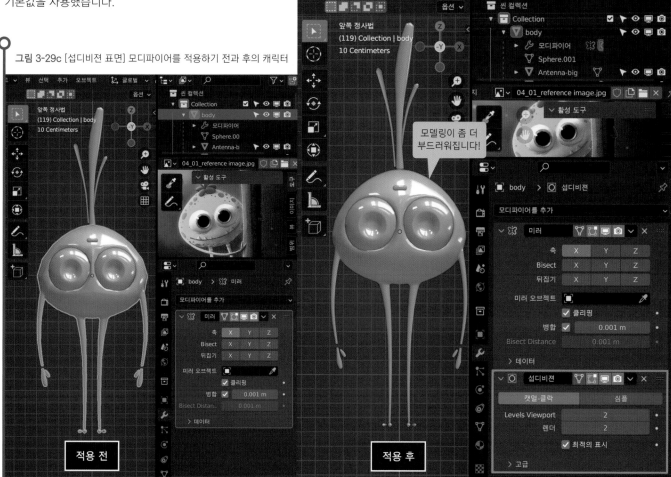

24단계. 캐릭터에 섭디비젼 적용하기

[캣멀-클락]을 선택하고 [Levels Viewport]
와 [렌더(Render)] 옵션 모두 [2]로 설정한 [
섭디비젼 표면] 모디파이어를 캐릭터 몸체에
추가합니다. 눈, 머리털(안테나), 피부 반점에
도 마찬가지로 적용합니다(그림 3-29c).
눈 주변이 눈을 더 잘 감싸도록 조절합니다(
그림 3-29d). 이때 전체 모양을 일관되게 조절
해야 하므로 그림 3-29d처럼 정점 3개를 그
룹으로 묶어 함께 움직여야 합니다.

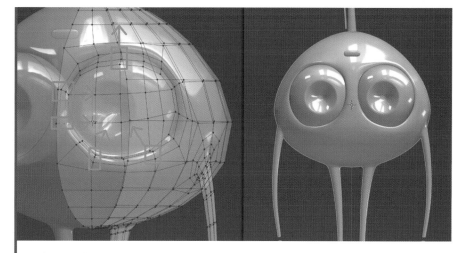

그림 3-29d 캐릭터의 눈 주변 조절하기

[수축 감싸기] 모디파이어

[수축 감싸기(Shrinkwrap)] 모디파이어는 사용하기가 그리 쉽지 않지만, 아주 강력한 기능을 합니다. 이 모디파이어를 이용하면 특정 오브젝트의 기하 도형을 다른 오브젝트에 투사할 수 있습니다. 04-3절, 07-3절에서 살펴볼 내용처럼 캐릭터의 토폴로지를 다시 조절할 때 편리합니다.

Tip. 토폴로지를 다시 조절하는 것을 **리토폴로지(retopology)** 라고 합니다.

슈퍼히어로의 옷을 만들어 캐릭터의 몸에 딱 맞도록 할 때를 떠올려 보세요. [수축 감싸기] 모디파이어를 이용하면 옷의 기하 도형을 몸체에 직접 맞추는 것보다 쉽습니다.

25단계. 이마에 반점 입히기

[오브젝트 모드]에서 반점 오브젝트를 선택하고 [스냅] 도구를 이용하여 캐릭터의 이마에 붙이겠습니다. [스냅] 도구는 헤더에서 자석 모양의 아이콘을 클릭하면 활성화할 수 있습니다. [스냅(Snap)] 옵션에서는 [Face Project]를 선택하고 [회전을 대상에 정렬 (Align Rotation to Target)]에 체크합니다. 그러고 나서 G를 누르고 반점을 원하는 자리로 이동합니다(그림 3-30a).

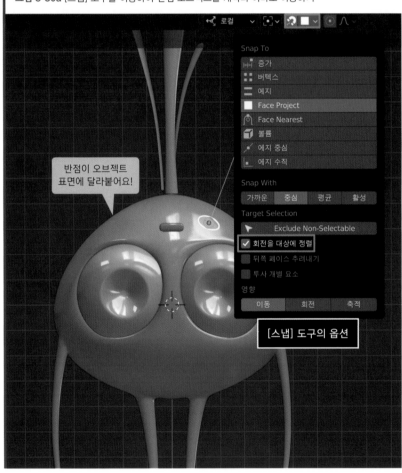

그림 3-30a [스냅] 도구를 이용하여 반점 오브젝트를 캐릭터 이마로 이동하기

반점이 오브젝트 표면에 달라붙어요!

[스냅] 도구의 옵션

오브젝트를 구분하기 어렵다면 랜덤 컬러를 활용해 보세요

[뷰포트 셰이딩]의 [컬러(Color)] 옵션을 [랜덤(Random)]으로 설정하면 오브젝트를 쉽게 구분할 수 있습니다.

그리고 [수축 감싸기] 모디파이어를 추가합니다. 투사할 [대상(Target)]을 선택하기 전까지는 모디파이어 아이콘을 빨간색으로 표시할 뿐 아무 변화가 없습니다. 여기서는 몸체를 대상으로 선택합니다(그림 3-30b).

대상을 정하면 변형된 메시의 정점을 대상의 표면으로 투사합니다. 평평하고 둥근 반점 모양을 투사하면 캐릭터 표면에 딱 맞게 오목한 모양이 됩니다. 마치 스티커처럼 원래는 평평했지만 이마에 붙이면 이마의 굴곡에 따라 모양이 변합니다.

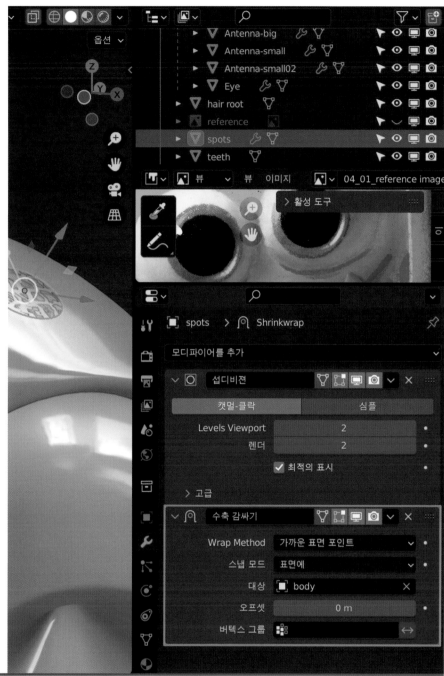

그림 3-30b
[수축 감싸기] 모디파이어로
반점 오브젝트를 캐릭터 머리에 투사한 모습

[수축 감싸기] 모디파이어의 옵션을 이용하면 투사나 감싸기 방법을 선택할 수 있습니다. **[Wrap Method] 옵션**의 [가까운 표면 포인트(Nearest Surface Point)]는 투사할 오브젝트의 정점이 대상 표면에서 가장 가까운 점을 찾도록 합니다. 대부분의 상황에서는 문제가 없지만 복잡한 표면에서는 이상하게 보일 수 있습니다.

[가까운 버텍스(Nearest Vertex)] 역시 [가까운 표면 포인트]처럼 동작하지만 대상에서 가장 가까운 정점에 붙습니다. 이렇게 하면 오브젝트의 모양이 크게 변합니다.

[투사(Project)]는 가장 자주 사용하는 방법으로, 변환할 오브젝트의 로컬 축을 이용하여 대상 오브젝트에 똑바로 투사하므로 움직임이 더 명확합니다. [투사]에서 [음수(Negative)]와 [양수(Positive)] 옵션은 선택한 축을 향하거나 뒤로 오브젝트를 투사합니다. 둘 다 선택할 수 있습니다. 여기서는 **그림 3-30c**처럼 설정합니다.

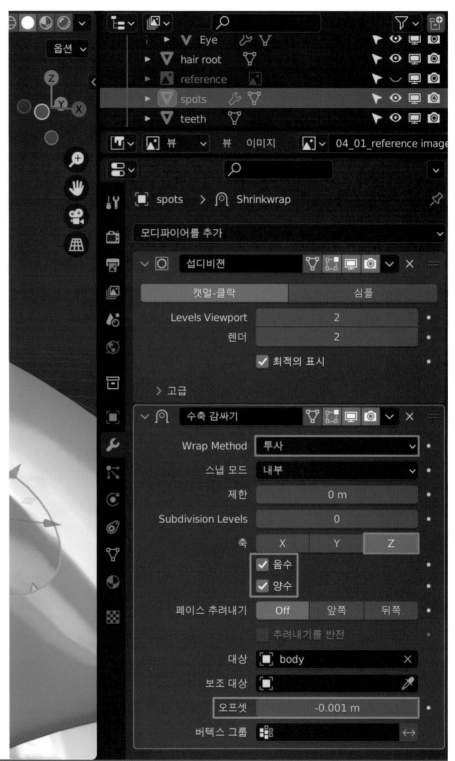

그림 3-30c
[수축 감싸기] 모디파이어 설정하기

[Wrap Method] 옵션의 [대상 노멀 투사(Target Normal Project)]는 또 하나의 감싸기 방법으로, [투사]와 비슷하나 대상에서 가장 가까운 법선을 기준으로 한다는 차이점이 있습니다. [대상 노멀 투사]는 큰 오브젝트를 투사할 때 좋습니다.

[스냅 모드(Snap Mode)] 옵션에서는 표면에(On Surface), 내부(Inside), 외부(Outside), 외부 표면(Outside Surface), 표면 위(Above Surface) 중 어디서 투사할 것인가를 고를 수 있습니다. 이때 기준은 표면 방향입니다.

[오프셋(Offset)] 옵션을 이용하면 투사한 후 투사한 메시를 대상에서 이동할 수 있습니다. 작은 값을 지정하면 겹친 듯한 느낌이 아니라 반점 오브젝트가 몸에서 살짝 뜬 것처럼 만들 수 있습니다.

마지막으로 [수축 감싸기] 모디파이어를 [섭디비전 표면] 모디파이어 앞으로 끌어다 놓습니다. 이렇게 하면 메시를 분할하고 보간하여 표면을 부드럽게 만들기 전에 수축 감싸기를 적용합니다(그림 3-30d).

그림 3-30d
[수축 감싸기] 모디파이어를
[섭디비전 표면] 모디파이어 위로 옮기기

[솔리디파이] 모디파이

[솔리디파이(Solidify)] 모디파이어를 이용하면 면을 돌출한 것처럼 표면에 깊이감을 표현할 수 있습니다. 예를 들어 자동차 모델링에서 차체에 깊이감을 줄 때 자주 사용합니다.

26단계. 반점에 입체감 주기

반점 오브젝트를 선택하고 [Shift] + [H]를 눌러 나머지는 모두 숨깁니다. [솔리디파이] 모디파이어를 추가하고 [수축 감싸기] 모디파이어 아래에 둡니다. 그러면 반점이 조금 두꺼워집니다.

[두께(Thickness)] 옵션값을 이용하여 표면의 두꺼운 정도를 조절합니다. [오프셋(Offset)] 옵션은 안쪽, 바깥쪽 또는 양쪽으로 표면을 더 두껍게 만듭니다.

[가장자리(Rim)]의 [채우기(Fill)] 옵션에 체크하면 생성된 표면의 선을 따라 닫힌 메시 표면을 만듭니다(그림 3-31a).

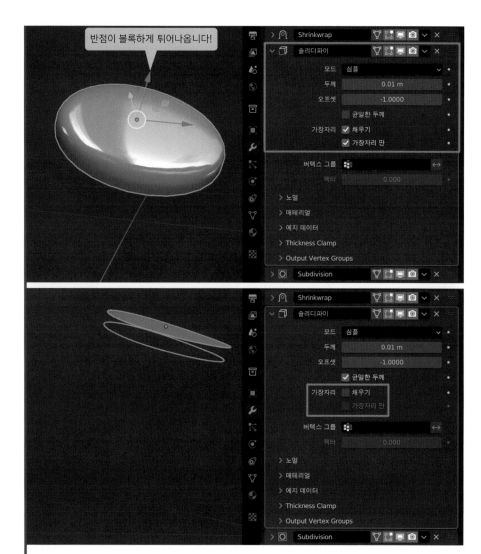

그림 3-31a [가장자리(Rim)]의 [채우기] 옵션을 적용한 모습(위)과 적용하지 않은 모습(아래)

[균일한 두께(Even Thickness)] 옵션(그림 3-31b)에 체크하면 얇은 기하 도형도 이 모디파이어를 적용한 모든 표면의 두께가 같아지도록 합니다. 이렇게 하면 전반적으로 보기가 좋지만, 밀집된 영역에서는 이상해 보일 수도 있습니다.

그 밖에 오브젝트 가장자리를 생성하는 데 사용하는 재질을 바꾸거나 모디파이어의 동작을 자세하게 조절하는 옵션도 있습니다. [버텍스 그룹]을 이용하여 [솔리디파이] 모디파이어의 영향을 조절할 수도 있습니다. [두께]가 [1.0m]일 때 [버텍스 그룹]의 [팩터(Factor)]를 [0.5]로 설정했다면 [두께]는 [0.5m]가 됩니다. 이렇게 하면 모델링 전체 정점의 두께를 제어할 수 있습니다.

그림 3-31b [균일한 두께] 옵션을 활성화했을 때와 그렇지 않았을 때

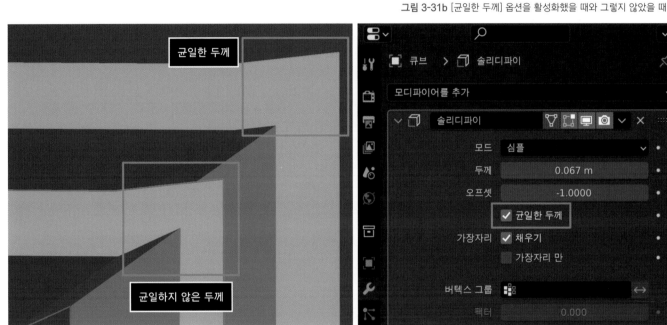

여기서는 반점의 [솔리디파이] 모디파이어 옵션 가운데 [오프셋(Offset)]의 값을 [0]으로 설정합니다(그림 3-31c). 반점 오브젝트를 여러 개 복제하고 [스냅] 도구를 이용하여 캐릭터의 머리에 배치합니다. 오브젝트 크기를 각각 다르게 하려면 축적 문제가 생기지 않도록 [에디트 모드]를 이용합니다. [에디트 모드]에서는 '상자' 안의 오브젝트 데이터를 대상으로 작업하기 때문입니다.

Tip. Alt + D 를 누르면 복제할 수 있습니다.

축적은 안에 든 데이터가 아닌 오브젝트(상자)를 대상으로 하는데, 이는 오브젝트만 크기 변경의 대상이 된다는 뜻입니다. 메시 데이터는 정점이나 점으로 위치 좌표를 출력하는데, 이때 점은 회전할 수 없습니다. 이 모든 점을 연결하면 회전하는 도형을 만들 수 있는데, 결국 메시 데이터는 이들 정점을 연결한

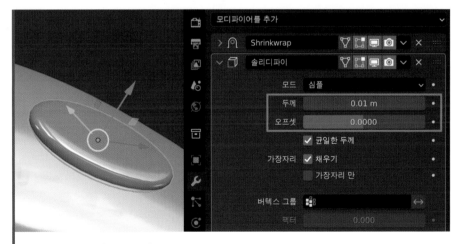

그림 3-31c 반점에 [솔리디파이] 모디파이어 적용하기

것일 뿐입니다. 이 모든 데이터는 회전, 축적 변경, 이동할 수 있는 오브젝트에 속합니다.

모든 반점 오브젝트를 선택하고 나서 이후 쉽
게 선택할 수 있도록 [M]을 눌러 새로운 컬
렉션을 만들고 이곳으로 모두 옮깁니다(그림
3-31d).

버텍스 그룹을 잘 활용하는 방법

[버텍스 그룹(Vertex Group)]을 이용
하면 값 정보를 정점에 하나 이상 지정
할 수 있습니다. 일반적으로 이 기능은
다른 움직임에 영향을 줄 때 사용합니
다. 예를 들어 [버텍스 그룹]을 이용하
여 표면에서 자란 털의 개수나 길이에
영향을 줄 수 있습니다. [모디파이어를
추가]에서 [변형(Deform)] 그룹의 모
디파이어를 이용할 때 얼마나 구부려야
하는지를 [버텍스 그룹]을 통해 표면에
전달할 수 있습니다.

고저가 있는 지형을 만들 때 [변위(Dis-
place)] 모디파이어로 얼마나 높이 옮
길지를 표면에 전달해야 하는데, 이때 [
버텍스 그룹]을 이용하면 됩니다. 이렇
게 하려면 표면에 무작위로 값을 설정
하여 가장 큰 값은 산이 되고 가장 작은
값은 계곡이 되도록 합니다.

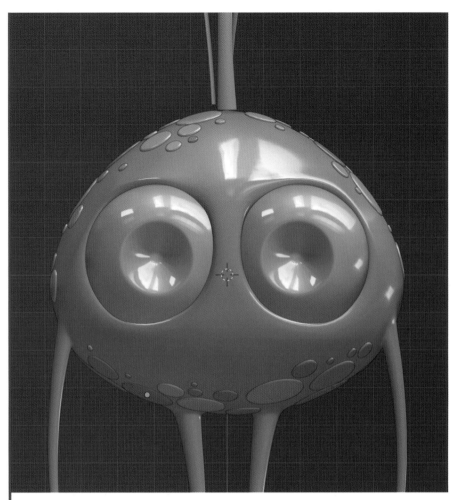

그림 3-31d 변환 오브젝트를 여러 개 이용해서 만든 반점을 캐릭터에 적용한 모습

[베벨] 모디파이어

앞서 캐릭터를 모델링하면서 [베벨] 도구를
몇 번 사용해 보았습니다. 여기서는 [베벨
(Bevel)] 모디파이어를 알아봅니다. [베벨] 모
디파이어를 이용하면 [베벨] 도구로 직접 만
드는 것과 똑같은 방식으로 몇 가지 추가 옵
션과 함께 순차로 경사를 만들 수 있습니다.
옵션에서는 만들 [부분(Segments)]의 개수와
넓이, 경사면의 모양을 지정할 수 있습니다.
[베벨] 도구로 직접 만들 때와 마찬가지로 선
또는 정점을 대상으로 할 수 있습니다. 정점

이라면 주로 기하 도형의 뾰족한 모서리가 대
상입니다. [폭 유형(Width Type)]으로 모디파
이어 동작이 달라지지는 않으나 다양한 기준
점을 사용할 수 있도록 합니다.
기본값에서는 그림 3-32a의 두 번째 큐브처
럼 [베벨(Bevel)] 모디파이어가 모델의 모든
선을 대상으로 하지만, 다양한 [제한 메서드
(Limit Method)] 옵션을 이용하면 특정 선을
대상으로 할 수도 있습니다. 자주 사용하는
옵션은 [각도(Angle)]로, 특정 값 이상의 각

도로 정의한 선에만 영향을 줍니다. 큐브에
서 90° 미만인 값을 설정하면 그림 3-32a
의 세 번째 큐브처럼 바깥쪽 선에만 베벨을
적용합니다.
[단면(Profile)] 옵션을 이용하면 볼록한 모서
리 외에 [셰이프(Shape)]의 값에 따라 베벨을
다양하게 적용한 모서리를 만들 수 있습니다.
이와 함께 [커스텀(Custom)] 옵션에서는 곡
선을 이용한 사용자 정의 프로필을 만들 수
있습니다(그림 3-32b).

그림 3-32a 분할한 큐브에 [베벨] 모디파이어를 적용한 모습

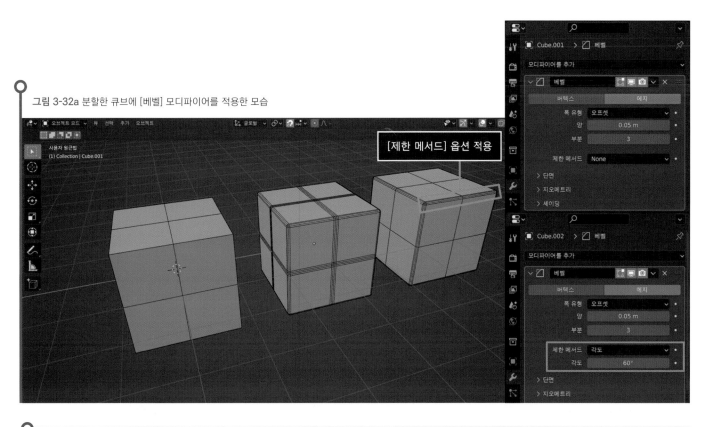

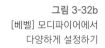
그림 3-32b
[베벨] 모디파이어에서
다양하게 설정하기

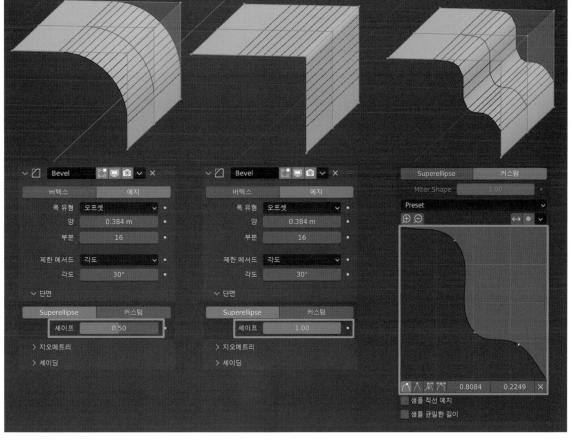

[지오메트리(Geometry)] 옵션을 이용하면 더 복잡한 기하 도형을 대상으로 모디파이어의 동작을 변경할 수 있습니다. [셰이딩(Shading)] 옵션은 표면 법선의 움직임이나 베벨에 사용할 재질에 영향을 줄 수 있습니다. [셰이딩]은 고급 옵션입니다.

27단계. 독특한 모양의 치아 만들기

앞에서는 캐릭터의 치아를 만드는 데 [베벨] 도구를 이용했습니다. 이번에는 [베벨] 모디파이어를 이용하여 다른 치아를 만들어 보면서 이 방식에 익숙해지도록 합시다(그림 3-32c).

A, B 새로운 평면을 추가하고 [에디트 모드]에서 치아 크기에 맞게 줄입니다.

C 03-3절 95쪽처럼 연속한 정점 2개를 선택하고 M을 눌러 [중심에(Merge At Center)]를 선택합니다.

D 삼각형에서 선 하나를 고르고 마우스 오른쪽 버튼으로 눌러 [섭디비젼(Subdivide)] 메뉴를 선택합니다. 이렇게 하면 이 선 가운데에 새로운 정점을 만듭니다.

E, F 이 정점과 반대편 삼각형 정점을 추가로 함께 선택하고 J를 눌러 가운데에 새로운 선을 만듭니다.

G 왼쪽과 오른쪽 선을 고르고 다시 [섭디비젼] 메뉴로 더 작게 나눕니다. 새로 만든 정점 2개를 선택하고 J를 눌러 삼각형을 가로지르는 선을 또 하나 만듭니다.

H 이로써 모양을 만들기 편하도록 삼각형을 작게 나누었습니다.

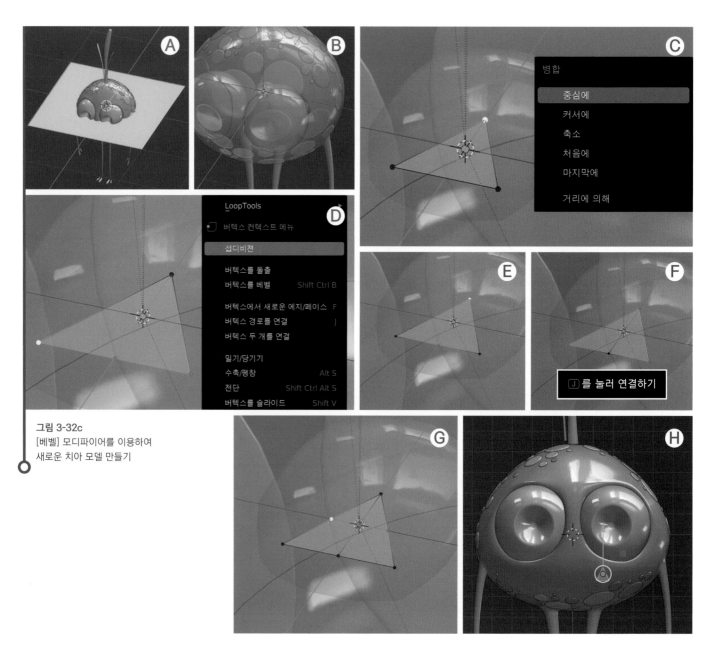

그림 3-32c
[베벨] 모디파이어를 이용하여
새로운 치아 모델 만들기

[솔리디파이] 모디파이어를 추가하고 캐릭터 스케치 원안에 맞추어 [두께(Thickness)]의 값을 0.02m 정도로 조절합니다(그림 3-32d). 그리고 [베벨] 모디파이어를 추가하고 나서 [부분(Segments)]은 [3], [양(Amount)]은 [0.004m]로 조절합니다. 이 값은 장면에 따라 다를 수 있습니다. [제한 메서드(Limit Method)]로는 [각도(Angle)]를 선택하고 값을 [30°]로 설정하여 안쪽 선을 제외한 바깥쪽 선에만 베벨이 적용되도록 합니다(그림 3-32e).

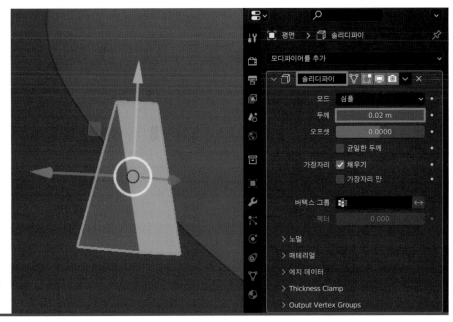

그림 3-32d
[솔리디파이] 모디파이어 추가하기

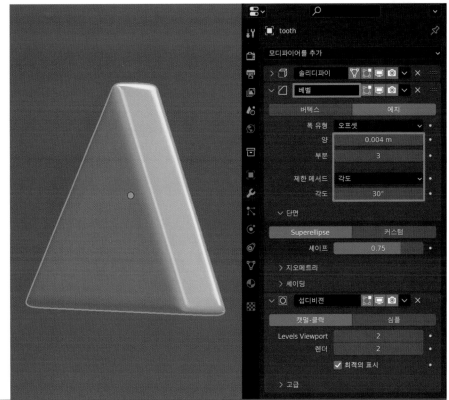

그림 3-32e
[베벨] 모디파이어 추가하기

[섭디비전 표면] 모디파이어를 추가합니다. [에디트 모드]로 이동하여 **그림 3-32f**처럼 치아를 조금 구부리고 모서리를 더 둥글게 합니다. [오브젝트 모드]에서 치아 모델을 복제하고 스케치 원안처럼 캐릭터의 얼굴에 배치합니다. 이때 반점과 마찬가지로 [스냅] 도구를 이용합니다(그림 3-32g). [Mouth]라는 이름으로 새 컬렉션을 만들고 이곳에 모든 치아를 넣습니다.

섭디비젼 단축키

[오브젝트 모드]에서 오브젝트를 선택하고 Ctrl + 1을 누르면 레벨 1인 [섭디비젼 표면] 모디파이어를 추가합니다. Ctrl + 2를 누르면 레벨 2, Ctrl + 3을 누르면 레벨 3인 모디파이어를 추가합니다.

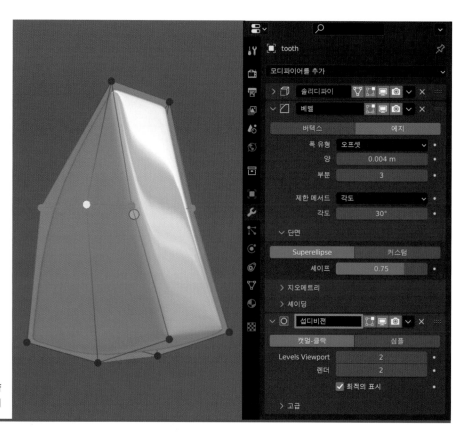

그림 3-32f
[섭디비젼 표면] 모디파이어를 추가하고 치아 구부리기

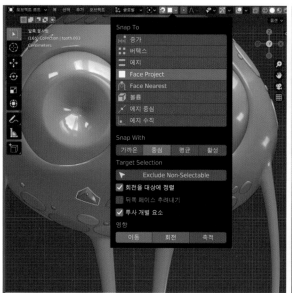
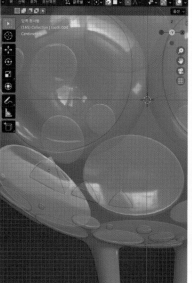
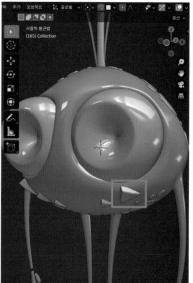

그림 3-32g 치아를 복제하고 얼굴에 배치하기

28단계. 입 모양 만들기

크기가 0.05m인 새로운 평면을 추가하고 캐릭터 얼굴에 스냅합니다. [미러(Mirror)] 모디파이어를 추가하여 [몸체]를 [미러 오브젝트(Mirror Object)]로 지정하고 [클리핑(Clipping)] 옵션을 활성화합니다.

[수축 감싸기(Shrinkwrap)] 모디파이어를 추가하여 [몸체]를 대상으로 지정합니다. [0.02m]와 같은 작은 [오프셋(Offset)]의 값을 이용하여 오브젝트가 몸체 앞에 오도록 합니다. [스냅 모드(Snap Mode)] 옵션은 [외부(Outside)]를 선택합니다(그림 3-32h).

[에디트 모드]에서 서로 합쳐질 때까지 왼쪽 정점을 캐릭터 가운데로 이동합니다. 그리고 오른쪽 선을 여러 번 돌출하여 입 모양을 만듭니다(그림 3-32i).

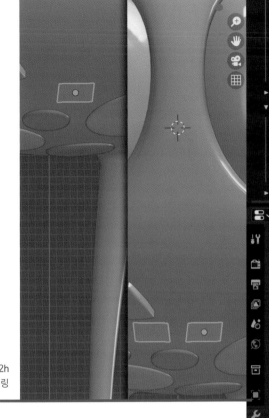

그림 3-32h
평면을 이용한 입 모델링

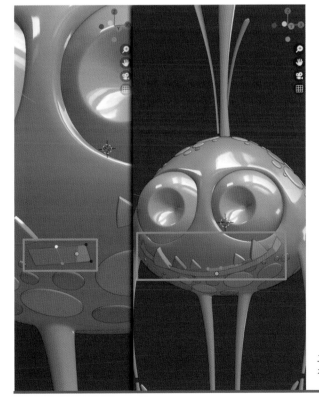

그림 3-32i
정점을 이동하고 오른쪽 선을 여러 번 돌출해 입 모양 만들기

그림 3-32j와 같이 [미러] 모디파이어 오른
쪽의 드롭다운 버튼을 누르고 [적용(Apply)]
메뉴를 선택해 [미러] 모디파이어를 적용합
니다. [솔리디파이] 모디파이어를 추가하고 [
두께(Thickness)]는 [0.05], [오프셋(Offset)]
은 [0]으로 설정합니다. 필요하다면 [수축 감
싸기] 모디파이어의 [오프셋(Offset)] 값도 조
절합니다.

[미러] 모디파이어를 적용했으므로 이제 스
케치 원안처럼 캐릭터의 입 양쪽을 비대칭으
로 따로따로 편집할 수 있습니다. 필요하다면
치아 위치도 조절합니다(그림 3-32k).

그림 3-32j [미러] 모디파이어 적용하기

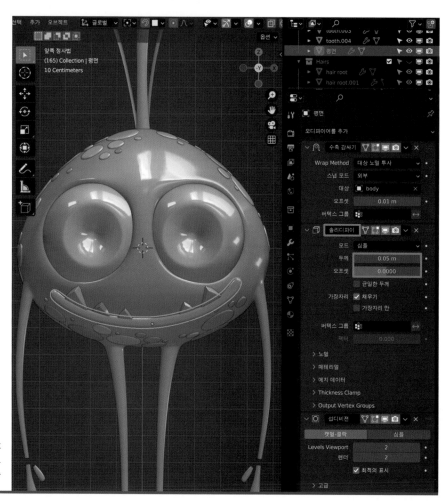

그림 3-32k
[솔리디파이] 모디파이어를 추가하고
입과 치아를 조절한 모습

29단계. 머리카락 만들기

그림 3-32l을 참고해 다음 순서대로 머리카락 몇 가닥을 만듭니다. 앞에서 치아를 만들 때와 같은 방법으로 하면 됩니다.

A 작은 평면을 만들고 작게 나눕니다.

B X축 방향으로 크기를 조절하여 직사각형으로 만들고 정점을 이동하여 나뭇잎 모양으로 변경합니다.

C [루프 잘라내기]를 추가하고 Y축 방향으로 크기를 조절하여 더 길쭉하게 만듭니다.

D 에지 루프와 정점을 이동하여 약간 휘어지고 가운데가 오목한 모양으로 만듭니다.

E [솔리디파이]와 [섭디비젼] 모디파이어를 추가합니다.

F 만든 오브젝트를 여러 개 복제하고 이동하여 캐릭터 스케치 원안처럼 머리카락을 만듭니다. 03-4절 104쪽에서 만든 머리털 모근 오브젝트도 이곳에 둡니다.

[Hairs]라는 이름으로 새로운 컬렉션을 만들고 이곳으로 모두 이동합니다.

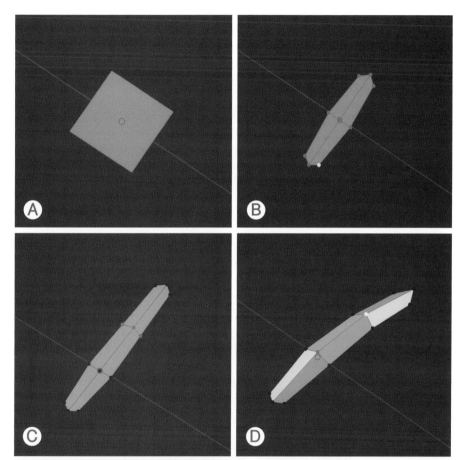

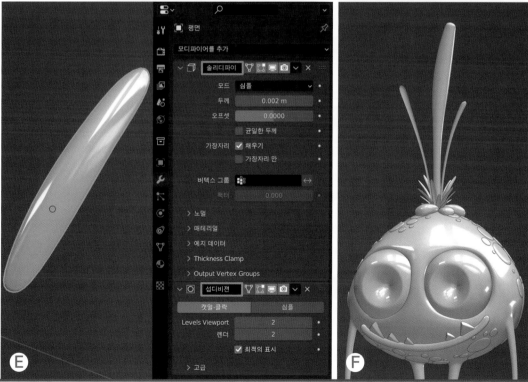

그림 3-32l 머리털 만들기

[배열] 모디파이어

[배열(Array)] 모디파이어를 이용하면 메시를 축이나 패턴에 따라 복제할 수 있습니다(그림 3-33a). [맞추기 유형(Fit Type)] 옵션은 원하는 만큼 복제를 반복하는 **[고정된 개수(Fixed Count)]**가 기본값입니다. 기본 큐브를 이용하여 [배열] 모디파이어를 적용하고 [개수]를 늘려 오브젝트가 늘어나는지 확인해 봅시다.

[길이를 맞추기(Fit Length)] 옵션을 선택하면 복제할 원래 오브젝트와 복제한 오브젝트의 전체 경계 박스(bounding box)가 지정한 축 방향으로 설정한 [길이]만큼 복제를 반복합니다.

이 옵션을 선택하면 [배열] 모디파이어는 축적이 아닌 미터(m)로 표시한 오브젝트 크기를 사용합니다. 즉, 큐브 크기의 2배를 넘지 않는다면 새로운 큐브 인스턴스를 생성하지 않습니다. 예를 들어 큐브가 2m라면 [길이를 맞추기] 옵션을 [4m] 이상으로 설정해야 두 번째 큐브를 생성하고, [6m]이면 세 번째 큐브를 생성하는 방식입니다.

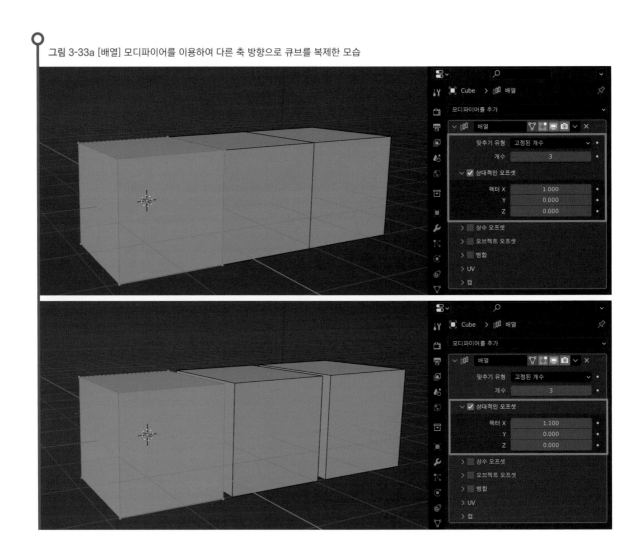

그림 3-33a [배열] 모디파이어를 이용하여 다른 축 방향으로 큐브를 복제한 모습

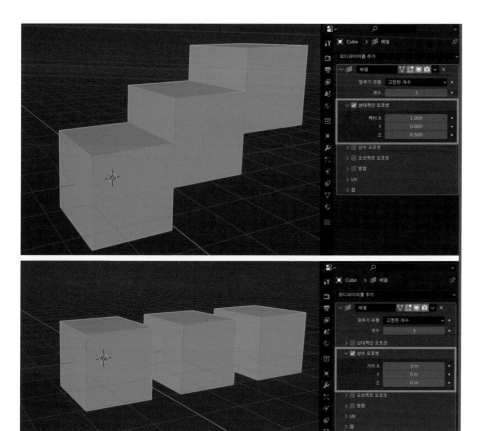

그림 3-33a에서 이어짐

[커브를 맞추기(Fit Curve)] 옵션은 [커브(Curve)] 모디파이어와 함께 사용합니다. [커브] 모디파이어를 이용하면 커브를 따라 메시를 구부리거나 비틀 수 있습니다.

예를 들어 쇠사슬을 떠올려 보세요. 고리 하나를 모델링하고 [배열] 모디파이어와 [커브] 모디파이어를 적용하면 쇠사슬을 구부리고 고리를 원하는 만큼 만들 수 있습니다.

기본 큐브와 함께 베지어 커브(Bezier Curve) 오브젝트를 추가하고 커브를 큐브보다 더 길게 늘이면 [커브를 맞추기] 옵션을 지정한 [배열] 모디파이어의 효과를 확인할 수 있습니다.

이제 [커브] 모디파이어를 추가하고 [커브(Curve)] 옵션에는 [베지어 커브 오브젝트]를 지정합니다. 그러면 커브를 따라 메시가 복제된 것을 볼 수 있습니다. [에디트 모드]에서 커브를 수정하면 큐브 메시 역시 그 커브를 따릅니다.

이때 오브젝트의 경계 박스를 기준으로 하는 **[상대적인 오프셋(Relative Offset)]** 옵션을 사용할 수도 있습니다. 값이 1이면 오브젝트의 크기와 상관없이 다음 복제 오브젝트의 경계가 이전 오브젝트의 경계와 맞닿습니다. 다양한 오프셋을 다양한 축에 동시에 지정할 수도 있습니다(그림 3-33a). 메시 크기를 조절하면 배열에도 영향을 줍니다.

[상수 오프셋(Constant Offset)] 옵션에는 변형할 오브젝트의 크기와 상관없이 서로의 거리를 지정합니다. 이렇게 하면 메시를 수정하더라도 항상 일정한 거리를 유지할 수 있습니다.

[오브젝트 오프셋(Object Offset)]은 대상 오브젝트인 **그림 3-33b**의 엠프티(Empty) 오브젝트를 이용하여 변형할 오브젝트의 반복을 조절할 수 있는 매우 강력한 옵션입니다. 예를 들어 대상 오브젝트를 45° 회전하고 X축과 Z축으로 0.5단위, Y축으로 0.2단위 이동했다고 합시다. 그러면 반복 오브젝트는 이 값을 이용하여 나선 모양을 만듭니다.

[병합(Merge)] 옵션은 [거리(Distance)]에 지정한 한계 범위에서 다음에 반복하는 오브젝트의 정점을 병합합니다. 이 옵션은 작은 조각을 모델링하고 나서 [배열(Array)] 모디파이어로 복제하고 연결하는 것과 같이 전선을 만들 때 편리합니다(그림 3-33c). [First to Last Copies] 옵션에 체크하면 경계 안의 범위에 있을 때 원래 오브젝트를 마지막 반복까지 연결합니다. 이 옵션은 목걸이나 반지 등 닫힌 모양을 만들 때 편리합니다.

[UV] 옵션을 이용하면 반복하는 UV 아일랜드의 위치를 각각 조절할 수 있습니다. 이렇게 하면 텍스처 반복을 피할 수 있습니다.

Tip. **UV 아일랜드**란 3D 모델의 각 부분에 대응하는 2D 텍스처 영역을 의미합니다.

[캡(Caps)] 옵션에서는 원하는 오브젝트를 반복을 시작하기 전과 마지막으로 반복한 이후에 추가할 수 있습니다(그림 3-33d). 이 옵션은 케이블 등에 어울립니다. 예를 들어 배열을 이용하여 전선을 만들고 연결 잭을 모델링하여 앞뒤에 두면 3D 기타와 연결할 수 있는 케이블이 완성됩니다.

배열을 만드는 데 사용한 엠프티 오브젝트

그림 3-33b [오브젝트 오프셋] 옵션을 이용하여 만든 복잡하고 재미있는 패턴

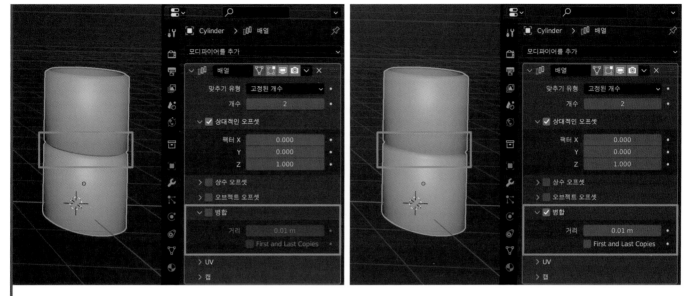

그림 3-33c [배열] 모디파이어에서 [병합] 옵션을 사용한 모습

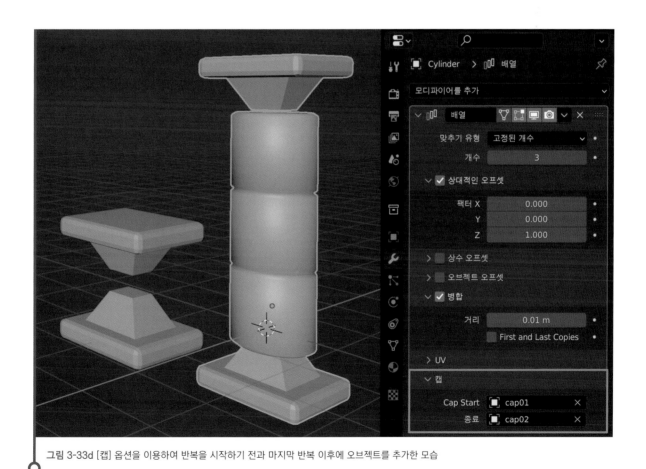

그림 3-33d [캡] 옵션을 이용하여 반복을 시작하기 전과 마지막 반복 이후에 오브젝트를 추가한 모습

[불리언] 모디파이어

[불리언(Boolean)] 모디파이어를 이용하면 오브젝트를 여러 개 섞거나 다른 오브젝트를 이용하여 자를 수 있습니다. 특별한 모델링 기술이 없어도 복잡한 기하 도형을 만들 수 있으므로 콘셉트 모형을 제작하거나 무언가를 실험할 때 좋습니다. 그리고 스컬프팅에 사용할 기본 메시를 만들거나 새로운 아이디어를 시도할 때도 편리합니다. 그러나 단점도 있습니다.

불리언 기능을 적용하려면 모디파이어와 묶을 오브젝트와 변형한 오브젝트에 영향을 줄 대상 오브젝트 등 적어도 서로 다른 오브젝트가 2개 있어야 합니다.

예를 들어 **그림 3-34a~34d**에서 큐브는 변형할 오브젝트이고 구체는 대상 오브젝트입니다. [불리언] 모디파이어를 큐브에 추가하고 [오브젝트(Object)] 옵션에서 [구체(Sphere)]를 선택합니다. [불리언] 모디파이

어 오른쪽에 있는 화살표 모양의 드롭다운 버튼을 클릭하고 [적용(Apply)] 메뉴를 선택해서 불리언 기능을 적용합니다. 대상 오브젝트를 움직이면 변형할 오브젝트에 어떤 영향을 주는지 확인할 수 있습니다. 대상으로 지정한 오브젝트는 선택하고 [H]를 눌러 숨깁니다.

[불리언] 모디파이어에는 다음 3가지 옵션이 있습니다.

교차(Intersect)	양쪽 오브젝트 메시에 포함되지 않는 기하 도형은 삭제합니다(그림 3-34a).
결합(Union)	양쪽 메시를 섞습니다. 즉, 두 메시를 합치고 표면을 연결하고 나서 교차하는 기하 도형은 삭제합니다(그림 3-34b).
차이(Difference)	변형할 메시에서 대상 메시와 교차하는 부분을 뺍니다(그림 3-34c).

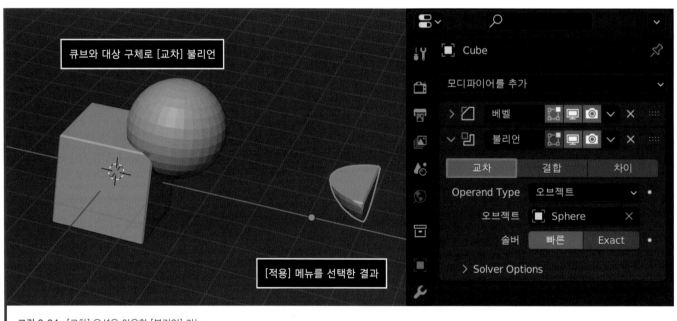

그림 3-34a [교차] 옵션을 이용한 [불리언] 기능

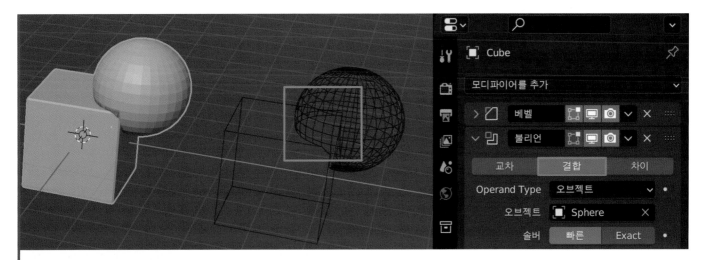

그림 3-34b [결합] 옵션을 이용한 [불리언] 기능

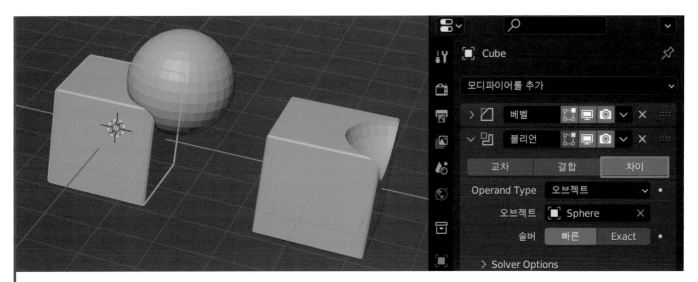

그림 3-34c [차이] 옵션을 이용하여 큐브에서 구체 부분을 뺀 모습

[솔버(Solver)] 옵션에서 [빠른(Fast)]을 선택하면 나타나는 [겹침 임계 값(Overlap Threshold)]은 불리언 기능을 적용하기 전 두 오브젝트의 거리를 평가할 때 사용합니다. 기본값 그대로 사용하면 됩니다.

불리언 기능의 문제는 정점이 5개 이상인 n각형을 너무 많이 만들므로 면 분포가 나빠진다는 점입니다. 이렇게 되면 예상하지 못한 세이딩 동작이 생기고 메시를 다루기가 어렵습니다(그림 3-34d). 이것이 다음 03-6절에서 살펴볼 토폴로지의 나쁜 예입니다.

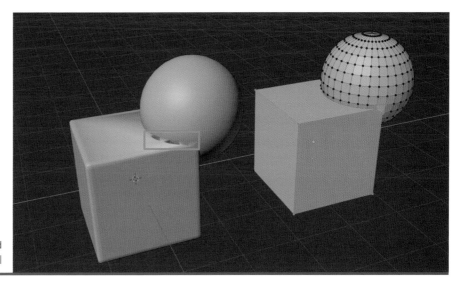

그림 3-34d
나쁜 토폴로지 때문에 합친 메시에 결함이 생긴 예

03-6 · 움직임을 자연스럽게! 토폴로지

좋은 토폴로지란?

3D 모델링을 시작했다면 지금부터 토폴로지라는 말을 자주 접할 것입니다. 토폴로지(Topology)는 기본적으로 정점이 어떻게 연결되는지 또는 면은 어떻게 연결되어 흐르는지를 나타냅니다. 03-3절 79~91쪽에서 [루프 잘라내기(Loop Cut)] 도구와 [에지 슬라이드(Edge Slide)] 도구를 사용하면서 토폴로지를 잠깐 살펴보았습니다. [페이스 루프(face loops)]와 [에지 루프(edge loops)]는 토폴로지에서 가장 중요한 내용으로, 오브젝트의 토폴로지 흐름을 만들고 방향을 정합니다.

좋은 토폴로지라면 모디파이어의 성능이 좋아지고 UV 만들기가 쉬워지며 만든 캐릭터를 쉽게 움직여서 선의 흐름과 움직임을 더 쉽게 예측할 수 있는 더 나은 3D 모델을 만들게 합니다. 즉, 캐릭터의 관절 움직임이나 자동차 지붕의 빛 반사를 더 자연스럽게 표현할 수 있습니다. 일반적으로 캐릭터 모델링에서는 캐릭터의 근육 흐름에 따른 토폴로지를 사용합니다. 이렇게 하면 애니메이션을 적용할 때 움직임을 더 자연스럽게 만듭니다.

토폴로지 자체도 중요한 주제이므로 캐릭터의 얼굴이나 손 모델링처럼 특수한 작업을 할 때는 항상 토폴로지 관련 자료를 찾아서 살펴보아야 합니다. 여기에서는 **그림 3-35**를 참고하세요.

Tip. 03-4절 108쪽 '오브젝트 합치기'에서 만든 손가락, 발가락 오브젝트를 가져와서 사용합니다.

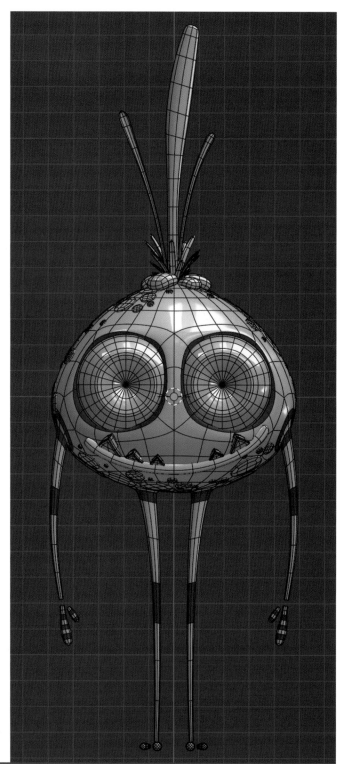

그림 3-35
캐릭터 토폴로지에서 중요한 페이스 루프

토폴로지 수정하기

토폴로지의 중요성을 알아보고자 마치 팔꿈치가 있는 것처럼 캐릭터의 팔을 굽혀 봅시다. 팔꿈치 부분의 루프를 선택하고 [Shift] + [S]를 눌러 [커서를 선택에 스냅(Cursor to Selected)]을 선택하여 3D 커서를 팔꿈치 부분에 스냅합니다. 그리고 팔뚝의 모든 정점을 선택하고 헤더 가운데에 있는 [피벗 포인트를 변환(Transform Pivot Point)] 메뉴의 [경계 박스 중심(Bounding Box Center)]을 [3D 커서(3D Cursor)]로 바꾸어 이를 피벗 중심으로 합니다. 그러나 팔을 회전해 보면 기하 도형의 결함 때문에 제대로 구부러지지 않는다는 것을 알 수 있습니다(그림 3-36a).

이런 토폴로지 문제를 해결하려면 보조 에지 루프를 추가해야 합니다. 팔꿈치 에지 루프 앞뒤로 에지 루프를 추가하고 이를 이용하여 균등하게 구부립니다. [베벨] 도구를 선택하고 [부분(Segments)]을 [2개]로 설정하면 간단하게 추가할 수 있습니다. 이제 [비례 편집]을 적용하고 에지 루프를 조절하여 팔을 구부리면 훨씬 더 자연스럽게 변형되는 것을 알 수 있습니다(그림 3-36b). 이러한 보조 에지 루프는 무릎, 손목, 어깨 등 캐릭터의 모든 관절 부분에 추가합니다.

> ### 프로덕션 작업 과정에서 중요한 토폴로지
>
> **프로덕션 작업**이란 3D 작업의 한 종류입니다. 예를 들어 캐릭터 아티스트나 모델러로 애니메이션을 제작한다면 리거(rigger), 애니메이터 등 3D 프로덕션에 참여한 사람과 많은 대화를 나누어야 합니다. 여러분의 선택이 프로덕션의 다른 단계에 영향을 미칠 수 있기 때문입니다.
>
> Tip. **rigger**란 선박을 조종하는 작업자, 기체 조립공·장비공을 뜻하지만, 애니메이션 제작에서는 컴퓨터 그래픽스의 캐릭터 셋업 담당자를 말합니다.

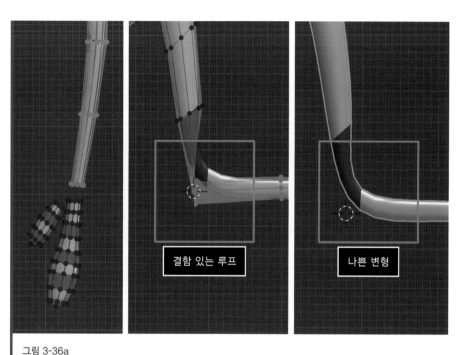

그림 3-36a
팔을 회전했을 때 기하 도형의 결함 때문에 구부리는 동안 팔꿈치의 두께가 얇아져서 자연스럽지 않은 모습

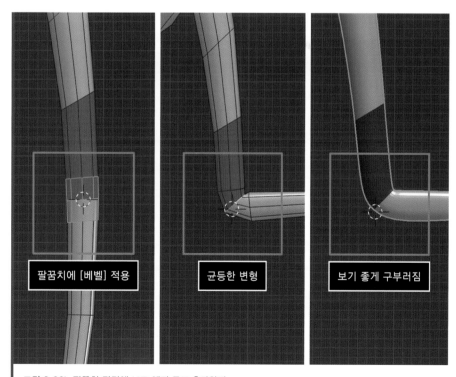

그림 3-36b 팔꿈치 관절에 보조 에지 루프 추가하기

30단계. 손가락, 발가락 연결하기

지금부터 캐릭터의 손가락과 발가락을 팔과 다리에 각각 연결해 보겠습니다. **그림 3-36c** 를 참고해 다음 순서대로 손가락을 팔에 연결 하는 작업부터 합니다.

A [에디트 모드]에서 긴 손가락의 안쪽 정점 과 엄지손가락의 바깥쪽 정점을 선택하고 F 를 눌러 연결합니다.

B 이웃한 정점 2개를 추가로 선택하고 F 를 한 번 더 눌러 다음 정점과 이전 정 점 사이에 면을 만듭니다. 연속한 면을 추 가합니다.

C 면을 2개 더 추가합니다.

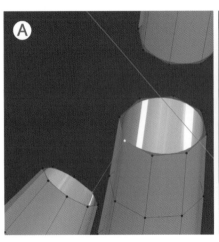 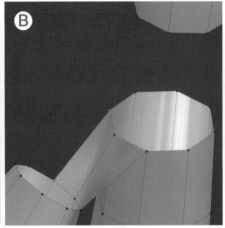 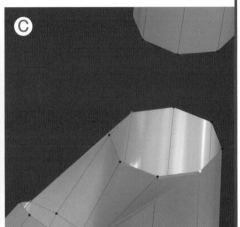

그림 3-36c 긴 손가락과 엄지손가락 연결하기

그림 3-36d를 참고해 다음 순서대로 계속 연 결합니다.

A [루프 잘라내기] 도구로 에지 루프를 추 가합니다.

B 엄지손가락과 긴 손가락 사이가 자연스럽 게 연결되도록 에지 루프를 생성해 위쪽 으로 조금 이동합니다.

C 면을 2개 만들어 손목과 엄지손가락을 연 결합니다.

D 면을 4개 만들어 긴 손가락과 손목을 연 결합니다.

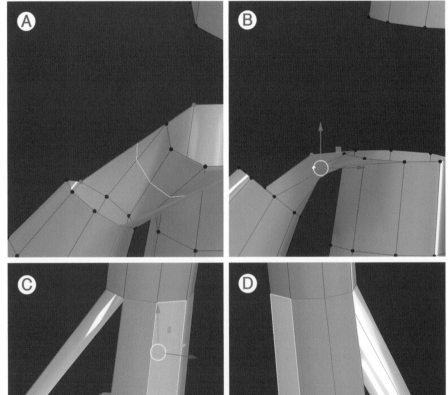

그림 3-36d
긴 손가락과 엄지손가락을
손목에 연결하기

그림 3-36e를 참고해 다음 순서대로 연결을 마무리하고 다듬습니다.

A 엄지손가락과 손목 사이, 긴 손가락과 손목 사이에 [루프 잘라내기] 도구로 에지 루프를 2개 만듭니다.

B F를 이용하여 팔과 손 양쪽의 두 면을 채웁니다.

C, D [에지 슬라이드] 도구로 손가락 안쪽 부분의 루프 2개를 아래로 옮깁니다. 이렇게 하면 긴 손가락과 엄지손가락 사이가 부드럽게 연결됩니다.

E 두 손가락 사이에 새로운 에지 루프를 추가합니다.

F 남은 두 구멍을 몇 개의 면으로 채웁니다. 그리고 정점을 조절하여 긴 손가락과 엄지손가락 사이의 흐름을 부드럽게 만듭니다.

[루프 잘라내기] 도구로 에지 루프를 추가하더라도 긴 손가락과 엄지손가락 사이의 연결은 여전히 평면이므로(E), 정점의 위치를 조절하여(F) 엄지손가락과 긴 손가락의 방향이 어울리도록 U자 모양으로 만듭니다.

G 마지막으로 손목에 보조 루프를 몇 개 추가합니다.

그림 3-36e 손 모양으로 다듬기, 손과 손목 연결하기

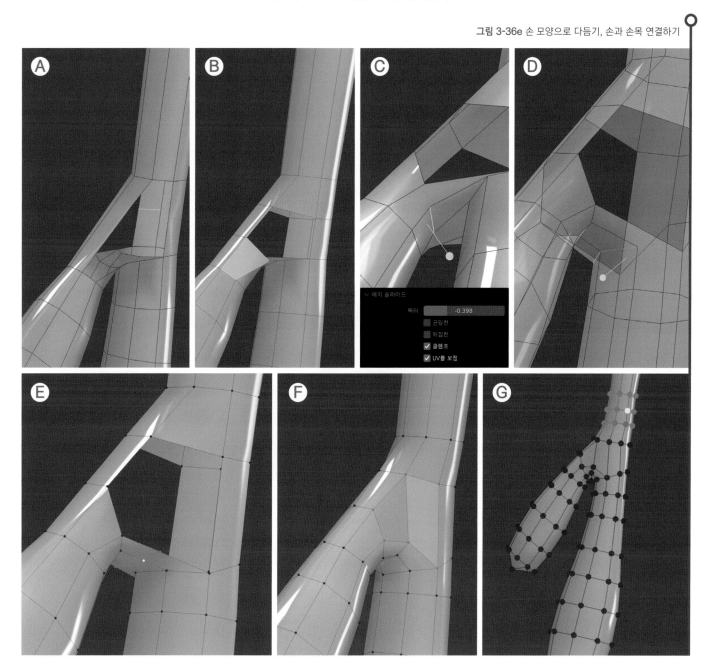

이번에는 **그림 3-36f**를 참고해 다음 순서대로 눈과 시선을 다듬습니다.

A 토폴로지가 좋지 않아 눈 부분의 셰이딩에 문제가 있습니다. 즉, 가운데에 삼각형이 너무 많아서 자연스러워 보이지 않습니다.

B 가운데 정점을 선택하고 이를 삭제합니다.

C 그러면 눈 가운데에 구멍이 생기는데, 이 부분을 확대하여 토폴로지가 좋아지도록 수정합니다.

D 안쪽 루프를 선택하고 ⑤를 눌러 더 크게 만듭니다. 이 부분이 눈동자가 됩니다. 마우스 왼쪽 버튼을 눌러 확정합니다.

E Ctrl + F 를 누르거나 헤더의 [페이스(Face)] 메뉴에서 [격자 채우기(Grid Fill)]를 선택합니다.

F [루프 잘라내기] 도구로 앞에서 만든 격자와 눈동자의 바깥쪽 선 사이에 루프를 몇 개 추가합니다.

G 이제 캐릭터 스케치 원안의 눈 모양과 비슷해졌습니다.

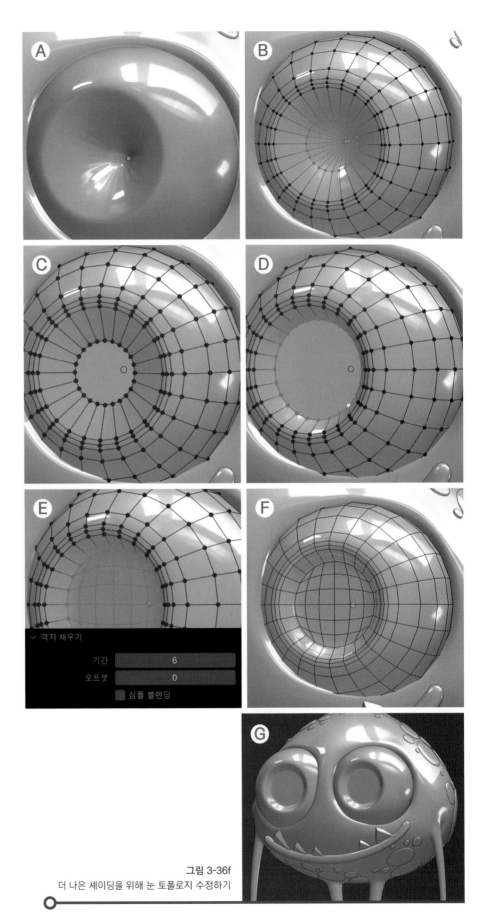

그림 3-36f
더 나은 셰이딩을 위해 눈 토폴로지 수정하기

이제 다리를 마무리합시다. **그림 3-36g**를 참고해 다음 순서대로 발을 다리에 연결합니다. 이 과정은 손을 팔에 연결할 때와 비슷합니다.

A 먼저 두 발가락을 연결합니다.

B 만들어진 루프의 정점을 선택합니다.

C 루프를 Y축 방향으로 돌출(Extrude)시킵니다.

D 생성한 루프의 크기를 조금 줄여 좀 더 그럴듯한 모양을 만듭니다.

E 생성한 페이스 루프에 [루프 잘라내기]를 추가합니다.

F 이제 열린 루프의 정점 16개를 손목에 연결하기 쉽도록 8개로 줄입니다. 가장 바깥쪽 정점 3개를 선택하고 나서 Ⓜ을 누르고 [중심에(At Center)]를 클릭하여 병합(Merge)합니다.

G 정점을 병합한 결과입니다.

H, I 마찬가지로 아래쪽 정점도 병합합니다.

J 나머지 정점도 2개씩 병합합니다.

K 나머지 정점을 병합한 결과입니다.

L 발에 생성한 루프와 발목의 열린 루프를 선택합니다.

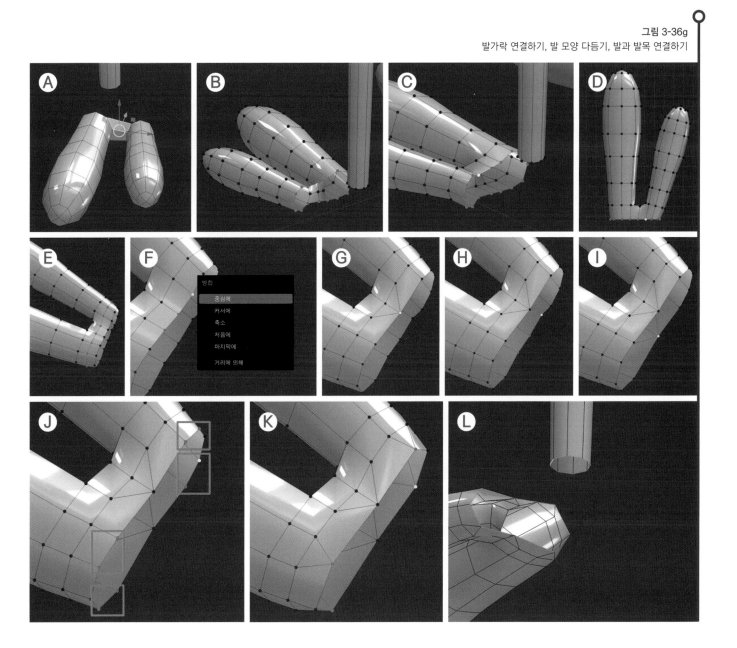

그림 3-36g
발가락 연결하기, 발 모양 다듬기, 발과 발목 연결하기

M [Ctrl] + [E]를 누르고 [에지 루프를 브릿지 (Bridge Edge Loops)] 메뉴를 선택합니다. [에지 루프를 브리지] 컨텍스트 메뉴에서 [잘라내기의 수(Number of Cuts)]를 [2]로 설정하고, [보간(Interpolation)] 옵션은 [혼합 표면(Blend Surface)]으로 선택합니다.

N [에지 슬라이드] 도구를 이용하여 발가락 모양을 조절합니다.

O 발 위쪽에서 삼각형 2개에 연결된 정점을 선택하고 발가락 안쪽으로 이동합니다.

P 두 삼각형 사이에 있는 가운데 선을 선택하고 나서 [X]를 누르고 [디졸브 에지 (Dissolve Edges)]를 선택하여 선을 없앱니다.

Q 발 아래쪽도 같은 작업을 반복합니다.

R 마지막으로, 발목에 보조 에지 루프를 몇 개 추가합니다.

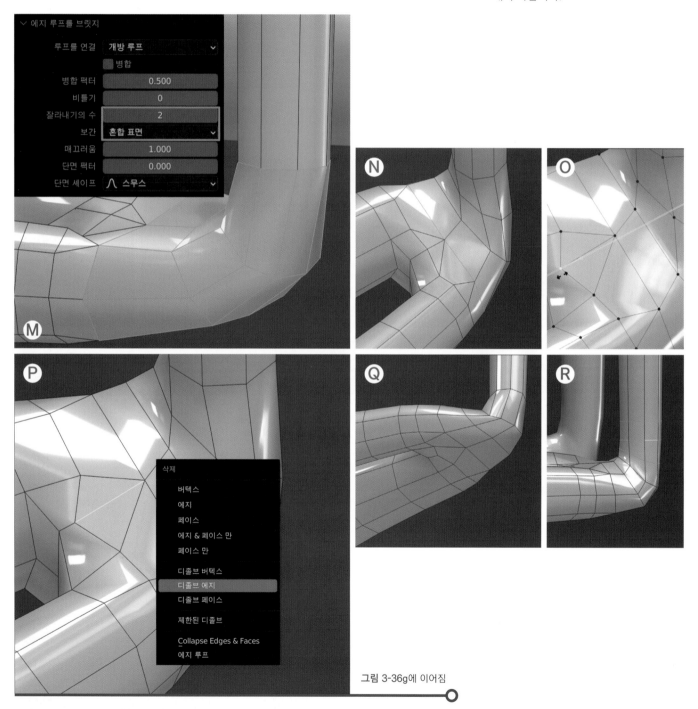

그림 3-36g에 이어짐

이로써 기본 캐릭터 모델링은 끝났습니다.
다음으로 스컬프팅, 렌더링, 텍스처링 등을
알아봅니다.

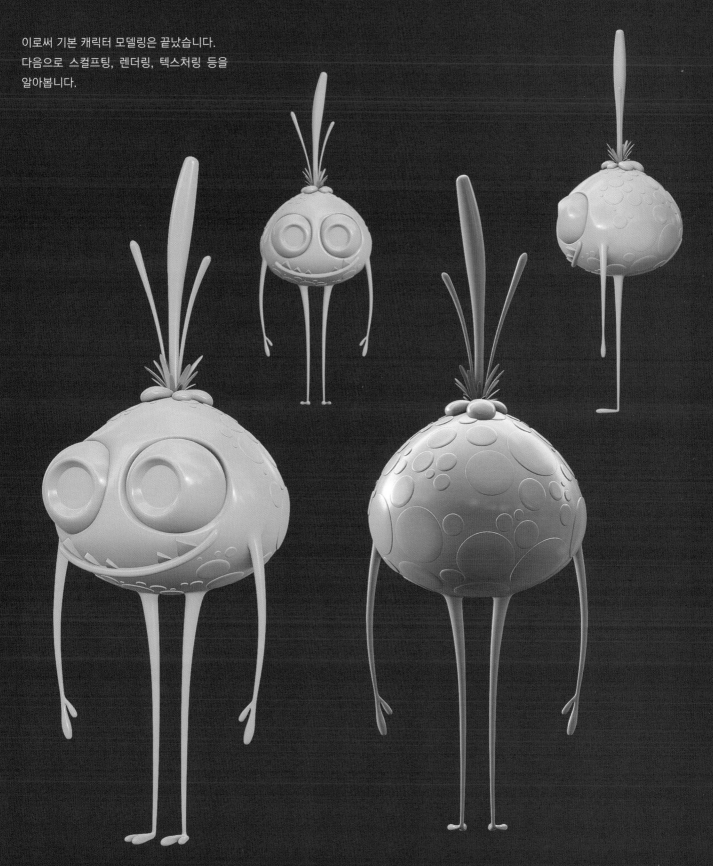

04 · 찰흙을 빚듯 스컬프팅하기

알레한드로 트레비뇨

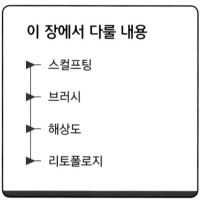

이 장에서 다룰 내용

▶ 스컬프팅

▶ 브러시

▶ 해상도

▶ 리토폴로지

캐릭터에 사용할 기본 메시를 모델링했으므로 여기서는 유기적인 모양과 세부를 다듬는 데 더 편리한 방법인 스컬프팅(sculpting, 조각)을 알아봅니다. 스컬프팅을 이용하면 마치 찰흙을 다루듯이 더 직관적이고 미적인 방법으로 모양을 다듬는 데 집중할 수 있습니다. UV를 만들고 메시에 텍스처를 적용하려면 토폴로지가 좋아야 합니다. 그러므로 스컬프팅을 마친 후에는 이어서 표면의 흐름을 부드럽게 정리하는 리토폴로지(retopology)를 해야 합니다.

여기에는 2가지 작업 흐름이 있습니다. 하나는 **[멀티리솔루션(Multiresolution)] 모디파이어**를 이용하는 것이고, 또 하나는 **[Dyntopo (dynamic topology)] 옵션**을 사용하는 것입니다. 이 두 작업 흐름은 04-2절 156~157쪽에서 자세히 살펴봅니다. [멀티리솔루션] 모디파이어와 [Dyntopo] 옵션 모두 나름대로 장점이 있으므로 어느 방법이 작업하는 모델링에 최선인가를 결정해야 합니다.

[멀티리솔루션] 모디파이어를 이용하면 현재 메시의 해상도를 높일 수 있으며, 수준별 해상도에서 세부를 대상으로 폴리곤 개수나 순서를 유지한 채 원래 토폴로지를 변경하지 않고도 스컬프팅 작업을 할 수 있습니다.

이와 달리 [Dyntopo] 옵션은 스컬프팅 중 메시에 폴리곤을 추가하거나 삭제하는 등 실시간으로 새로운 토폴로지를 생성합니다.

[멀티리솔루션] 모디파이어를 사용하여 스컬프팅 브러시로 세부를 추가하면 리토폴로지를 하지 않아도 됩니다. 이와 달리 [Dyntopo] 옵션을 이용하여 브러시로 스컬프팅하면 토폴로지가 깔끔하지 않으므로 리토폴로지가 필요합니다. [멀티리솔루션] 모디파이어나 [Dyntopo] 옵션을 사용하지 않아도 스컬프팅은 할 수 있으나 해상도가 떨어집니다. 또한 [멀티리솔루션] 모디파이어와 [Dyntopo] 옵션을 함께 사용할 수는 없습니다.

블렌더에서 스컬프팅 작업은 [스컬프트 모드(Sculpt Mode)]에서만 할 수 있습니다. 3D 뷰포트가 [스컬프트 모드]라면 왼쪽 툴바에 다양한 브러시를 표시합니다. [이동(Move)], [스무스(Smooth)], [채우기(Fill)], [긁어내기(Scrape)], [핀치(Pinch)], [포즈(Pose)], [모델 부드럽게 하기(Slide Relax)] 등 다양한 도구를 이용할 수 있습니다(그림 4-1). 브러시마다 다양하게 설정할 수 있으므로 여러 가지 효과를 적용할 수 있습니다. 이 장에서는 이들 도구는 물론, 다른 스컬프팅 브러시 도구와 리토폴로지 도구도 함께 살펴봅니다.

그림 4-1 블렌더 스컬프팅 브러시의 다양한 효과

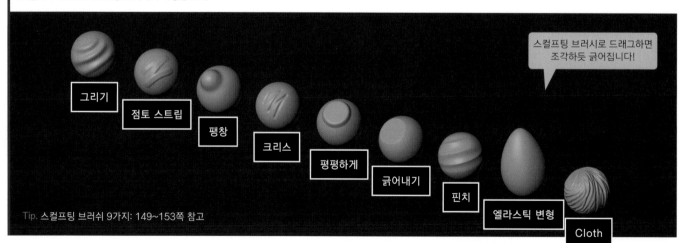

스컬프팅 브러시로 드래그하면 조각하듯 긁어집니다!

그리기

점토 스트립

팽창

크리스

평평하게

긁어내기

핀치

엘라스틱 변형

Cloth

Tip: 스컬프팅 브러쉬 9가지: 149~153쪽 참고

04-1 · 스컬프팅에 사용하는 브러시

스컬프팅 브러시의 종류

스컬프팅 브러시는 [스컬프트 모드]에서만 선택할 수 있습니다. 즉, [스컬프트 모드]를 선택하면 왼쪽 툴바에 모든 브러시가 들어 있습니다. 만약 툴바가 나타나지 않는다면 3D 뷰포트 안에서 단축키 T를 눌러 표시합니다. 툴바는 3가지 방식으로 표시할 수 있습니다. 기본 설정에서는 브러시를 한 줄로 표시합니다(그림 4-2a). 이 상태에서는 모든 브러시를 한눈에 볼 수 없으므로 나머지 브러시를 보려면 아래로 스크롤해야 합니다.

툴바의 오른쪽 모서리를 클릭한 채 오른쪽으로 조금 드래그하면 브러시를 두 줄로 표시하므로 창 크기에 따라 모든 브러시를 한눈에 볼 수도 있습니다(그림 4-2b). 이 상태에서 오른쪽으로 더 드래그하면 브러시 이름이 오른쪽에 나타납니다(그림 4-2c). 그러나 브러시가 한 줄로 나타날 때와 마찬가지로 모든 브러시를 한눈에 볼 수 없으므로 스크롤해야 합니다. 세 번째(그림 4-2c) 방식은 브러시 이름과 아이콘을 익히는 데는 편리하지만, 어떤 브러시인지 알고 나면 두 줄(그림 4-2b)로 표시하는 것이 가장 효율적입니다.

> ### 사용하기 편하게 툴바를 설정하세요!
>
> 툴바는 자신이 사용하기 가장 편한 상태가 좋습니다. 어떤 모드가 편할지 살펴보고 취향에 따라 선택하세요.

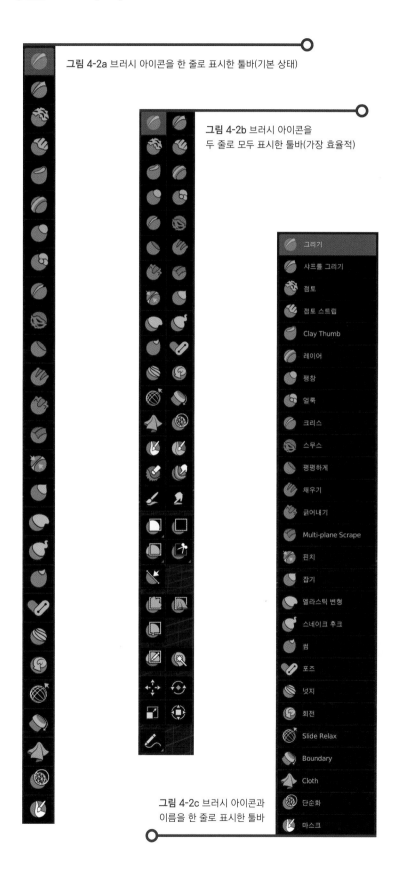

그림 4-2a 브러시 아이콘을 한 줄로 표시한 툴바(기본 상태)

그림 4-2b 브러시 아이콘을 두 줄로 모두 표시한 툴바(가장 효율적)

그림 4-2c 브러시 아이콘과 이름을 한 줄로 표시한 툴바

유용한 스컬프팅 브러시 설정

브러시 설정은 세 군데에서 할 수 있습니다. 브러시를 선택하면 헤더에서 브러시를 간단히 설정할 수 있습니다. 보다 자세한 설정을 원한다면 사이드바의 [도구(Tool)] 탭이나 속성 편집기의 [활성 도구 및 작업 공간을 설정(Active Tool & Workspace)] 탭을 클릭하세요. 중간쯤에 [브러시 설정(Brush Settings)]이 보이는데 여기에서 [반경], [강도] 등을 다양하게 설정할 수 있습니다(그림 4-3). 화면 상단의 헤더에도 주요 설정을 표시합니다.

그림 4-3 블렌더 인터페이스에서 볼 수 있는 브러시 설정

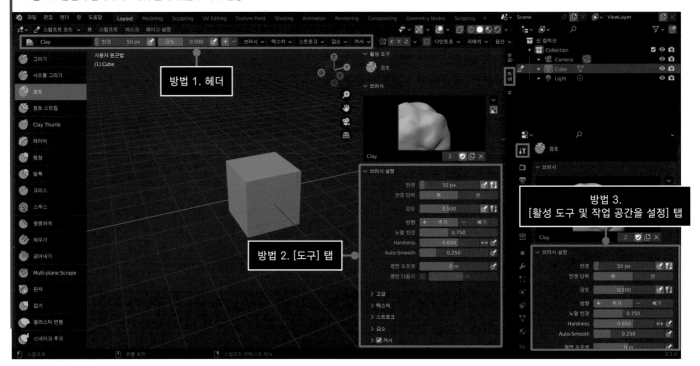

모든 브러시에는 6가지 기본 설정이 있습니다.

▶ **반경(Radius)**: 브러시의 두께를 나타냅니다.

▶ **반경 단위(Radius Unit)**: 브러시 반경을 뷰와 씬 중에 어떤 방법으로 측정할 것인지를 정의합니다.

▶ **강도(Strength)**: 브러시의 강도를 나타냅니다.

▶ **노멀 반경(Normal Radius)**: 메시의 법선을 기준으로 브러시를 얼마나 기울일 것인가를 나타냅니다.

▶ **Hardness**: 브러시 끝으로 갈수록 줄어드는 정도를 나타냅니다.

▶ **Auto-smooth**: 스트로크에 적용할 부드러움의 정도를 나타냅니다.

몇몇 브러시에는 공통으로 들어가는 설정도 있습니다. 예를 들어 [점토(Clay)], [점토 스트립(Clay Strip)], [Clay Thumb], [평평하게(Flatten)], [채우기(Fill)], [긁어내기(Scrape)] 브러시에는 [평면 오프셋(Plane Offset)]과 [평면 다듬기(Plane Trim)] 옵션이 있습니다. [그리기(Draw)], [점토], [점토 스트립], [레이어(Layer)], [팽창(Inflate)], [얼룩(Blob)], [크리스(Crease)], [평평하게], [채우기], [긁어내기], [핀치] 브러시에는 [방향(Direction)] 옵션이 있습니다. 이와 함께 [레이어(Layer)] 브러시의 [높이(Height)], [얼룩] 브러시의 [Magnify], [크리스] 브러시의 [핀치(Pinch)]처럼 특정 브러시에만 고유하게 설정하는 옵션도 있습니다. [방향] 옵션의 [추가(Add)] 또는 [빼기(Subtract)]를 이용하여 모델에 브러시 효과를 추가하거나 뺄 수도 있습니다. 예를 들어 기본 브러시를 사용할 때 [추가]는 표면을 볼록 튀어나오게 하고 [빼기]는 표면에 흠집이나 구멍을 만듭니다. 이 옵션은 헤더에서 더하기 [+]와 빼기 [-] 아이콘으로 표시하며 Ctrl 을 누른 채 칠하면 서로 반대로 바뀝니다.

아래로 내려가면 [스트로크(Stroke)] 옵션이 있는데, 여기에서 [간격(Spacing)]을 이용하면 브러시 스트로크에서 효과 간격에 영향을 줄 수 있습니다. 예를 들어 [간격] 옵션의 백분율을 작게 설정하면 브러시로 부드러운 모양을 만들 수 있습니다. 위로 올라가면 [대칭(Symmetry)] 옵션이 있는데 이 옵션 역시 편리합니다. [대칭] 옵션을 이용하면 브러시 효과를 한 개 이상의 축을 기준으로 미러링할 수 있습니다.

이 장을 통해 여러 가지 스컬프팅 브러시와 옵션을 사용해 보면서 브러시가 만들어 내는 다양한 효과에 익숙해지기 바랍니다.

스컬프팅 브러시 9가지 체험해 보기

먼저 **그림 4-4a**처럼 점토 공을 만들어 9가
지 스컬프팅 브러시 효과를 테스트해 봅시다.

A `Shift` + `A`를 누르고 [메쉬(Mesh) → 큐
 브(Cube)]를 선택해 큐브를 추가합니다.

B `Ctrl` + `4`를 눌러 레벨 4인 [섭디비젼 표
 면(Subdivision Surface)] 모디파이어를
 추가합니다. 그리고 [모디파이어 프로퍼
 티스] 탭의 모디파이어 이름 오른쪽에 있
 는 드롭다운 버튼을 클릭해 메뉴에서 [적
 용(Apply)]을 선택합니다.

C [에디트 모드]로 이동하여 모든 면을 선택
 하고 헤더에서 [페이스(Face) → 셰이드
 스무스(Shade Smooth)]를 선택합니다.

D 마지막으로 [오브젝트 모드]의 [모디파이
 어 프로퍼티스] 탭에서 [모디파이어를 추
 가(Add Modifier)] 드롭다운 메뉴를 누르
 고 생성 그룹의 [멀티리솔루션] 모디파이
 어를 추가합니다. 그리고 [섭디비젼] 버튼
 을 두 번 눌러 두 번 세분합니다.

Tip. **[멀티리솔루션] 모디파이어:** 04-2절 156쪽 참고

E 이렇게 하면 04-1절에서 설명할 다양한 브
 러시를 [스컬프트 모드]로 테스트할 수 있
 습니다. [스컬프트 모드]에서는 대칭 옵션
 해제를 기본으로 하지만 3D 뷰포트 위의
 나비 모양 대칭 아이콘 옆에 있는 X, Y, Z
 세 축을 클릭하여 설정할 수도 있습니다.

❶ **[그리기(Draw)] 브러시:** 기초 모양을 만드
 는 데 사용합니다(그림 4-4b). 이 브러시는
 더하는 것이 기본이지만 `Ctrl`을 누른 채 그
 리면 해당 부분을 지웁니다. 또한 `Shift`를
 누르면 정점 위치를 부드럽게 하여 불규칙
 한 곳을 없애는 [스무스(Smooth)] 브러시
 로 바뀝니다.

❷ **[점토 스트립(Clay Strip)] 브러시:** [그리
 기] 브러시와 아주 비슷한데, 사각형을 그
 린다는 점에서 원형이 기본인 [그리기] 브
 러시와 차이가 있습니다(그림 4-4c). 속성
 편집기의 맨 위에 있는 [활성 도구 및 작
 업 공간을 설정] 탭을 클릭해 [브러시 설
 정]에서 [Tip Roundness] 옵션을 이용
 하면 모서리를 부드럽게 할 수 있습니다
 (그림 4-4d).

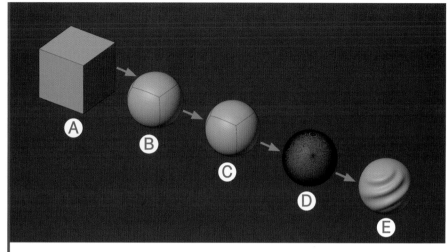

그림 4-4a 점토 공 준비하기

그림 4-4b [그리기] 브러시의 효과

그림 4-4c [점토 스트립] 브러시의 효과

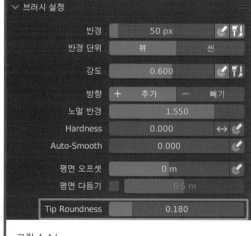

그림 4-4d
모서리를 부드럽게 하는 [Tip Roundness] 옵션

❸ **[팽창(Inflate)] 브러시**: 법선 방향으로 메시를 부풀릴 수 있습니다(그림 4-4e).

그림 4-4e [팽창] 브러시의 효과

❹ **[크리스(Crease)] 브러시**: 메시를 당기거나 밀어 표면에 자국을 만듭니다(그림 4-4f).

그림 4-4f [크리스] 브러시의 효과

❺ **[평평하게(Flatten)] 브러시**: 원하는 영역의 메시를 평평하게 할 수 있습니다(그림 4-4g). Ctrl 을 누른 채 [평평하게] 브러시를 이용하면 반대인 [Contrast] 브러시로 변하여 평면에서 정점을 밀어 냅니다.

그림 4-4g [평평하게] 브러시의 효과

❻ **[긁어내기(Scrape)] 브러시**: [평평하게] 브러시와 비슷하지만 평면을 아래쪽으로 밀어 낸다는 점에서 차이가 있습니다(그림 4-4h). [긁어내기] 브러시를 사용하는 동안 Ctrl 을 누르면 브러시 평면 아래의 정점을 위로 올리는 [채우기] 브러시 효과가 나타납니다.

그림 4-4h [긁어내기] 브러시의 효과

❼ **[핀치(Pinch)] 브러시**: 손가락으로 점토를 꼬집듯이 브러시 가운데를 향해 정점을 수축합니다(그림 4-4i). 이때 Ctrl 을 누른 채 [핀치] 브러시를 사용하면 [Magnify] 브러시가 되어 반대 효과가 나타납니다. 즉, 브러시의 가운데에서 먼 곳으로 정점을 펼칩니다.

그림 4-4i
[핀치] 브러시의 효과

❽ **[엘라스틱 변형(Elastic Deform)] 브러시:** 점토 전체 영역을 펼치거나 당기면서 유기적인 형태처럼 현실적인 변형을 만들 수 있습니다(그림 4-4j). Ctrl 과 함께 [엘라스틱 변형] 브러시를 사용하면 법선 방향으로 변형할 수 있습니다. 속성 편집기의 [브러시 설정] 안에 있는 [변형(Deformation)] 옵션에서 [Bi-scale Grab], [축적(Scale)], [비틀기(Twist)]와 같은 변형을 선택할 수도 있습니다(그림 4-4k).

그림 4-4j [엘라스틱 변형] 브러시의 효과

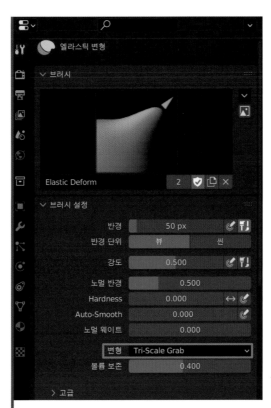

그림 4-4k [엘라스틱 변형] 브러시의 변형 옵션

Tip. 스컬프팅을 실제로 적용한 모습은 07-2절 232~239쪽을 참고하세요.

❾ **[옷감(Cloth)] 브러시:** 천과 같은 물리 현상을 시뮬레이션합니다(그림 4-4l). 속성 편집기의 [브러시 설정]에 있는 [변형] 옵션에서 [드래그(Drag)], [밀기(Push)], [Pinch Point], [Pinch Perpendicular], [팽창(Inflate)], [잡기(Grab)], [확장(Expand)] 등의 변형 옵션을 선택할 수 있습니다.

사이드바의 [도구] 탭 안에 있는 [Cloth Mass] 옵션에서는 시뮬레이션할 파티클에서 사용할 옷감의 질량을 정할 수 있습니다. 바로 아래 [Cloth Damping] 옵션에서는 적용할 힘의 양이나 효과의 전파 정도를 설정합니다.

Tip. **파티클(particle):** 05-6절 참고

그림 4-4l
[옷감] 브러시의 효과

스컬프팅 브러시 단축키

브러시 단축키를 알아 두면 빠르고 편리하게 작업할 수 있습니다. [스컬프트 모드]의 브러시 단축키는 툴바에서 아이콘을 클릭하면 보입니다.

그리기(Draw)	X
점토(Clay)	C
레이어(Layer)	L
팽창(Inflate)	I
크리스(Crease)	Shift + C
스무스(Smooth)	Shift + S
평평하게(Flatten)	Shift + T
핀치(Pinch)	P
잡기(Grab)	G
스네이크 후크(Snake Hook)	K
마스크(Mask)	M 또는
	Shift + Spacebar + 7

마스크 적용하기

[마스크(Mask)] 브러시는 [스컬프트 모드]의 툴바에서 고를 수 있습니다(그림 4-5a). 이 브러시를 이용하면 다른 브러시로 칠할 수 없는 메시 영역을 표시할 수 있습니다. 메시의 어떤 영역을 스컬프팅 대상으로 할지 선택할 수 있습니다.

마스킹을 하려면 툴바에서 [마스크] 브러시를 고르거나 단축키 M을 누른 후 마우스로 클릭, 드래그해서 메시 영역을 칠합니다. 이렇게 칠한 곳은 다른 브러시의 영향을 받지 않으며 검은색으로 표시합니다(그림 4-5b). 마스킹이 끝났다면 브러시를 골라 마스크 영역 바깥쪽을 스컬프팅합니다.

그림 4-5a [마스크] 브러시

헤더에서 [마스크] 메뉴(그림 4-5c)를 클릭하면 마스크를 수정할 때 사용하는 다양한 도구를 볼 수 있습니다. 예를 들어 [마스크를 반전(Invert Mask)] 메뉴를 선택하면 마스크 영역을 반전할 수 있으며(그림 4-5d), [마스크를 지우기(Clear Mask)] 메뉴를 선택하면 마스킹을 지울 수 있습니다(그림 4-5e). 그리고 [박스 마스크(Box Mask)]로 사각형 영역을 선택하거나(그림 4-5f) [올가미 마스크(Lasso Mask)]로 선택할 영역을 자유롭게 지정할 수 있습니다(그림 4-5g).

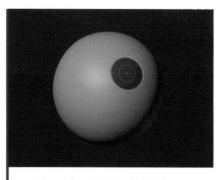

그림 4-5b [마스크] 적용(검은색 부분)

그림 4-5c 헤더의 [마스크] 메뉴를 펼친 모습

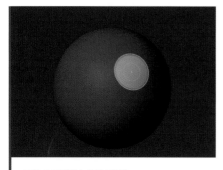

그림 4-5d [마스크를 반전]

그림 4-5e [마스크를 지우기]

그림 4-5f [박스 마스크] 적용

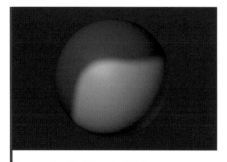

그림 4-5g [올가미 마스크] 적용

마스킹할 때 사용하는 단축키

마스크를 반전(Invert Mask)	Ctrl + I
마스크를 지우기(Clear Mask)	Alt + M
박스 마스크(Box Mask)	B
올가미 마스크(Lasso Mask)	Shift + Ctrl + 클릭
마스크 편집 파이 메뉴(Mask Edit Pie Menu)	A

02-5절에서 소개한 3D Viewport Pie Menus 애드온을 활성화했다면 A를 눌러 다양한 마스킹 관련 필터를 표시할 수 있습니다(그림 4-5h). 헤더의 [마스크] 메뉴에서도 같은 필터를 선택할 수 있습니다.

▶ [스무스 마스크(Smooth Mask)]와 [샤픈 마스크(Sharpen Mask)]는 마스킹을 부드럽게 또는 날카롭게 만듭니다.

▶ [성장 마스크(Grow Mask)]와 [수축 마스크(Shirink)]는 마스크 영역을 늘리거나 줄입니다.

▶ [대비를 증가(Increase Contrast)]와 [대비를 감소(Decrease Contrast)]는 마스크의 대비 정도를 변경합니다.

[마스크 추출(Mask Extract)]을 이용하면 마스크를 메시로 만들 수도 있습니다. [멀티리솔루션] 모디파이어와 함께 사용할 수는 없으나 모디파이어를 없애거나 적용하면 됩니다. 마스크를 만들고 헤더의 [마스크 → 마스크 추출] 메뉴(그림 4-5i)를 클릭하면 컨텍스트 메뉴가 나타납니다. 옵션을 변경하거나 그대로 〈OK〉 버튼을 클릭합니다(그림 4-5j). 그러면 마스크 모양의 새로운 메시를 만듭니다(그림 4-5k).

[마스크 슬라이스(Mask Slice)] 메뉴로 메시를 잘라 마스크 영역을 삭제할 수도 있습니다.

그림 4-5h 마스크 편집 파이 메뉴

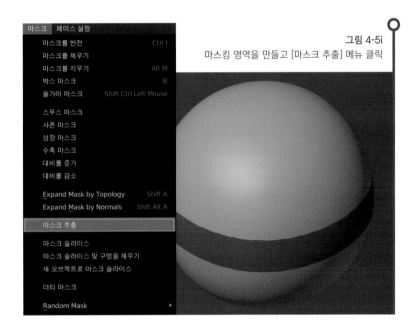

그림 4-5i
마스킹 영역을 만들고 [마스크 추출] 메뉴 클릭

그림 4-5j
옵션을 모두 설정한 뒤 〈OK〉 버튼 클릭

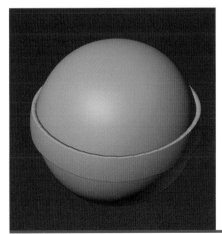

그림 4-5k
마스크 모양의 새로운 메시

04-2 · 해상도를 조절하는 2가지 방법

1. [멀티리솔루션] 모디파이어

세세하게 조각하려면 메시에 서브디비전이
많아야 합니다. [멀티리솔루션] 모디파이어
를 이용하면 메시의 면을 더 작게 쪼갤 수 있
어서 [섭디비전 표면] 모디파이어를 사용할
때처럼 부드러운 모양이 됩니다.

[멀티리솔루션] 모디파이어를 이용하면 [섭디
비전 표면] 모디파이어와 달리 [스컬프트 모
드]에서도 세세하게 작업할 수 있습니다. [멀
티리솔루션] 모디파이어를 이용하려면 메시
를 클릭하고 속성 편집기의 [모디파이어 프로
퍼티스(Modifier Properties)] 탭에서 [멀티리
솔루션]을 선택합니다(그림 4-6).

[섭디비전(Subdivide)] 버튼을 이용하여 서브
디비전을 더 많이 추가합니다. 이때 위쪽에
있는 [Level Viewport], [스컬프트(Sculpt)],
[렌더(Render)] 옵션을 이용하면 서브디비전
개수를 다양하게 설정할 수 있습니다. 마지
막으로 [최적의 표시(Optimal Display)] 옵
션에 체크하면 원래 기하 도형의 선을 볼 수
있습니다. [오브젝트 모드(Object Mode)]로
바꾸고 [멀티리솔루션] 모디파이어의 [적용
(Apply)]을 클릭하여 오브젝트에 적용합니다.

Tip. **서브디비전**이란 3D 모델링에서 사용되는 기술로,
단순한 다각형 메시에 부드러운 곡면과 디테일을
추가하는 것을 말합니다. [섭디비전] 기능을 사용
하면 모델에 더 많은 폴리곤과 디테일이 추가되
어 보다 현실적이고 부드러운 외형으로 바뀝니다.

Tip. [적용(Apply)] 버튼이 보이지 않는다면 02-5절
38쪽을 참고해 modifier tool 애드온을 활성화
하세요.

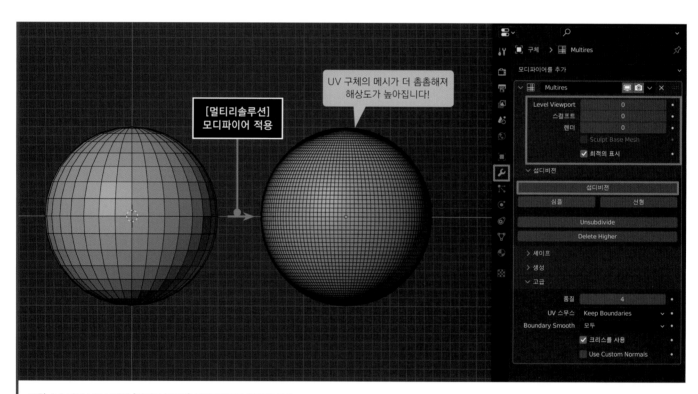

그림 4-6 기본 UV 구체에 [멀티리솔루션] 모디파이어를 적용한 모습

2. 다인토포 적용하기

다인토포를 이용하면 토폴로지 제한 없이 [스컬프트 모드]를 사용할 수 있습니다.* 다인토포(Dyntopo)란 dynamic topology의 줄임말로, 이 기능을 사용하면 세부를 실시간으로 더하거나 없애므로 작업하는 동안에는 토폴로지에 신경 쓰지 않고 미적인 면에만 집중할 수 있습니다. 다인포토를 이용하면 간단한 모양으로 시작하더라도 복잡한 오브젝트를 조각할 수 있는데, 작업하는 동안 토폴로지가 변하기 때문입니다. 즉, 현재 브러시로 작업하는 곳에만 폴리곤 개수를 늘리므로 전체 메시의 폴리곤 개수를 늘리지 않고도 세부를 조각할 수 있습니다.

먼저 오브젝트를 선택하고 [스컬프트 모드]로 이동합니다(그림 4-7a). 그리고 3D 뷰포트 오른쪽 위에서 [다인토포(Dyntopo)] 옵션에 체크하거나 Ctrl + D를 누르고 〈OK〉 버튼을 클릭합니다. 오른쪽에 있는 화살표 버튼을 클릭하면 옵션이 나타나는데, [디테일링(Detailing)] 옵션은 [상수 디테일(Constant Detail)]로 선택합니다(그림 4-7b). 이 옵션을 이용하면 조각하거나 생성할 세부 수준을 설정할 수 있습니다. [해상도(Resolution)] 옵션의 스포이트 아이콘으로 실제 메시를 선택하고 다시 [다인토포] 옵션을 확인하면 현재 메시 해상도로 설정된 것을 볼 수 있습니다. 그리고 [디테일 플러드 채우기(Detail Flood Fill)] 버튼을 클릭합니다. 이렇게 모두 설정하면 제한받지 않고 조각할 수 있습니다(그림 4-7c).

Tip. 다인토포를 사용하기 전에 [섭디비전 표면]과 [멀티리솔루션] 모디파이어를 미리 적용해야 합니다. 이렇게 하지 않으면 [다인포토] 옵션에 체크했을 때 경고 팝업 창이 뜹니다.

그림 4-7a [스컬프트 모드]로 이동

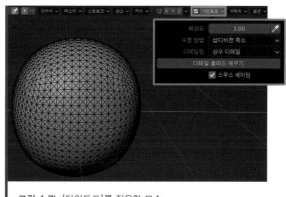

그림 4-7b [다인토포]를 적용한 모습

[디테일링] 옵션의 의미

[상대적인 디테일(Relative Detail)]은 조각하는 대상 표면과의 거리가 상대적이라는 뜻입니다. 이는 화면 공간을 기준으로 합니다. 멀리서 조각한다면 해상도가 낮은 기하 도형을 만듭니다. 이와 달리 모델을 확대하면 세부를 높은 해상도로 조각할 수 있습니다. 한편 [상수 디테일(Constant Detail)]은 거리에 따라 달라지지 않아 예측하고 이해하기 쉽습니다.

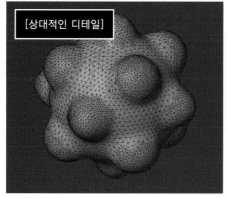

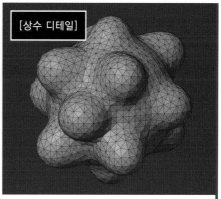

그림 4-7c [다인토포]를 적용하여 조각한 구체의 예

* 토폴로지를 제한하는 예를 들어 보겠습니다. 메시의 토폴로지가 고르지 않고 낮은 해상도에서 자세하게 조각한다면 원하는 수준의 기하 도형이 될 때까지 세부를 여러 번 세분(subdivide)해야 합니다. 그러나 이렇게 되면 밀도가 너무 높아 다루기가 어렵습니다. 또한 토폴로지는 메시 변형을 결정하므로 나쁜 토폴로지로는 조각 작업이 어려워집니다.

04-3 • 단순화된 폴리곤을 만드는 '리토폴로지'

토폴로지와 리토폴로지

03-6절 140~141쪽에서 살펴본 것처럼 모델링할 때에는 토폴로지를 깔끔하게 유지하는 습관을 갖는 것이 좋습니다. 이렇게 하면 선의 흐름이 부드러워져서 면이 고르게 분포될 수 있습니다. 조각할 때는 미적인 면에 집중하는데, 그 결과 다루기 어려운 빽빽한 메시와 고르지 못한 토폴로지가 만들어지곤 합니다.

리토폴로지(Retopology)는 고해상도 모델을 기반으로 하여 더 간단한 토폴로지를 만드는 과정입니다. 즉, 원래 모델 위에 새로운 토폴로지를 만듭니다. **그림 4-8**에서 보듯이 복잡한 메시로 이루어진 원래 모델 위에 평면을 만들어 새롭고 더 간단한 메시를 생성합니다. 토폴로지가 간단해지면 파일 크기는 물론 UV를 만드는 과정도 쉬워집니다. 그리고 산업 면에서 볼 때도 프로젝트에서는 폴리곤 개수를 제한할 때가 흔합니다. 리토폴로지 과정에는 모델링 도구로 주요 에지 루프부터 시작하여 원래 메시를 덮는 평면을 돌출하거나 만드는 작업이 있습니다.

이 도구를 사용하여 원래 조각을 단순하게 해서 복사본을 만들었다면 그 아래에 있는 원래 메시는 삭제해도 됩니다. 물론 같이 저장해도 되지만 이렇게 하면 파일 크기가 너무 커져서 성능 저하가 일어날 수 있습니다. 이처럼 토폴로지를 직접 다시 만들려면 시간과 기술이 필요하지만 결과는 좋습니다.

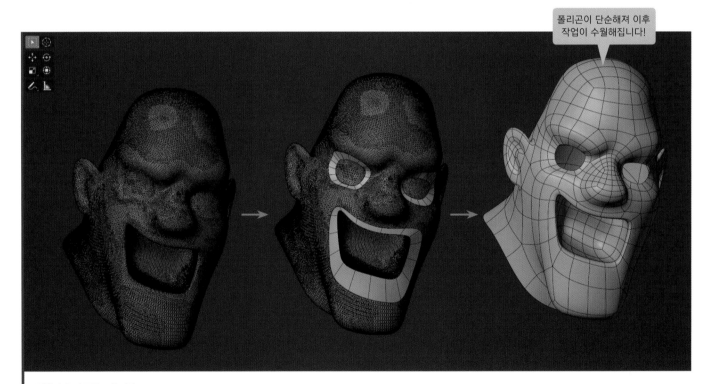

> 폴리곤이 단순해져 이후 작업이 수월해집니다!

그림 4-8 리토폴로지 과정

Tip. 캐릭터를 리토폴로지하는 과정은 07-3절 240~261쪽 피시맨 몬스터 만들기 프로젝트에서 자세히 살펴봅니다.

[폴리 빌드] 도구 활용하기

[폴리 빌드(Poly Build)] 도구를 이용하면 면, 선, 정점을 추가·삭제·이동할 수 있어서 리토폴로지할 때 편리합니다. 이 과정의 주된 목적은 가능한 한 사각형으로 이루어진, 폴리곤 개수가 적은 메시를 만드는 것입니다. 즉, 결함이나 잘못된 메시 움직임을 방지하려면 모든 면은 사각형이어야 하고 삼각형이나 n각형 폴리곤은 무슨 일이 있어도 피해야 한다는 뜻입니다.

[폴리 빌드] 도구는 [에디트 모드]의 툴바에 있습니다(그림 4-9a).

Tip. **[폴리 빌드] 도구의 사용 방법:** 8장 전사 게임 캐릭터 만들기 프로젝트 315쪽 참고

그림 4-9a [폴리 빌드] 도구

| 선으로 면 돌출하기 | 선 2개로 면 돌출하기 | 면 삭제하기 |

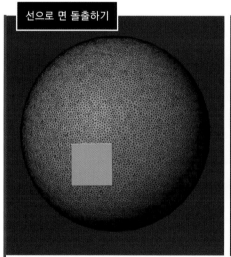 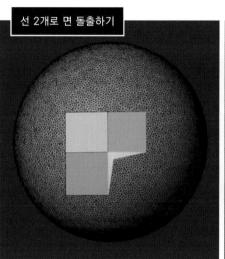 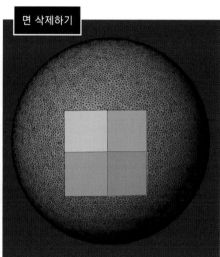

그림 4-9b [폴리 빌드] 도구를 이용해서 면, 선, 정점을 추가·삭제·이동하기

리토폴로지하는 다른 방법

하나의 정점에서 시작하여 직접 리토폴로지할 때 [이동(Move)]이나 [돌출(Extrude)]과 같은 변형 도구나 편집 도구를 사용할 수도 있습니다. 이와 함께 [폴리 빌드] 도구, [스냅(Snap)] 설정, [수축 감싸기(Shrinkwrap)]나 [미러(Mirror)]와 같은 모디파이어도 무척 유용합니다. 사용 방법은 07-3절 240~241쪽을 참고하세요.

원칙은 한 가지입니다. 사각형이어야 하고 모델의 선(edge) 흐름이 좋아야 합니다. 몸, 머리와 같이 선과 루프가 연결되는 곳을 고려해 리토폴로지 계획을 세워 보세요.

리메시 ─ 재구성해 폴리곤 개수 줄이기

리메시(remeshing)는 일정한 토폴로지의 기하 도형을 재구성할 때 사용하는 기법입니다. 전체 모양은 유지하면서도 폴리곤 개수를 줄이는 것이 [리메쉬] 도구를 사용하는 주요 목적입니다. 리메시를 거치면 메시에는 사각형만 남아야 합니다. 리메시를 이용하더라도 직접 리토폴로지 작업을 한 것만큼 좋은 토폴로지를 얻을 수는 없습니다. 그러나 메시를 여러 개 합쳐서 하나로 생성할 때는 [리메시]를 사용하는 것이 도움이 됩니다. 리메시하는 두 가지 방법을 알아 봅시다.

▶ **방법 1**: 리메시를 이용하려면 [스컬프트 모드]로 이동하고 나서 Shift + R 을 눌러 격자를 나타낸 후 3D 뷰포트에서 복셀 크기(Voxel Size)를 조절합니다. 단축

키 Shift + R 을 사용하면 실시간으로 격자를 표시하므로 마우스를 움직이는 것만으로 보다 효율적으로 작업할 수 있습니다(그림 4-10a). 크기를 조절하는 동안 Shift 를 누르면 조절 폭을 줄이므로 더 정확하게 변경할 수 있습니다. 원하는 격자 크기라면 마우스 왼쪽 버튼을 클릭합니다.

Tip. **복셀(voxel)**은 volume pixel의 줄임말로, 3차원 공간의 격자 단위를 가리킵니다.

이제 Ctrl + R 을 이용하여 복셀 리메시(Voxel Remesh)를 적용합니다(그림 4-10b). 헤더 오른쪽에 있는 [리메쉬] 메뉴에는 [폴을 고치기(Fix Poles)]와 [Preserve]의 [볼륨(Volume)] 등의 옵션이 있습니다.

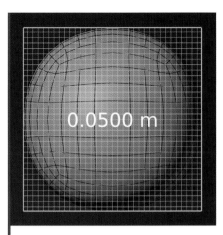

그림 4-10a
Shift + R 로 복셀 크기 선택하기

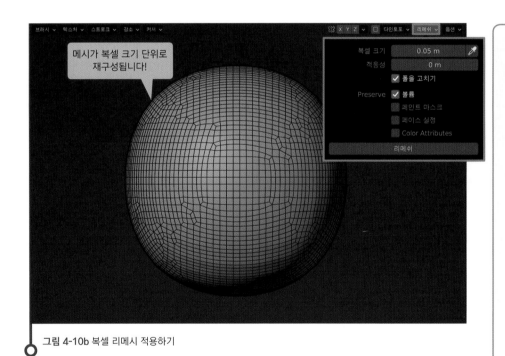

그림 4-10b 복셀 리메시 적용하기

[폴을 고치기]와 [Preserve]의 [볼륨] 옵션

- **[폴을 고치기] 옵션**: 이 옵션을 적용하면 흐름을 무겁고 복잡하게 만드는 폴을 가능한 한 적게 유지할 수 있습니다.

- **[Preserve]의 [볼륨] 옵션**: 3D 작업을 할 때는 오브젝트의 볼륨을 유지하는 것이 중요한데, 이는 겉모양을 덜 수정하는 것을 뜻합니다. 변형이 심한 메시의 폴리곤 개수를 줄이면 전체 볼륨의 추가나 손실이 일어납니다. 예를 들어 팔을 약간 굽힌 캐릭터를 만들고 나서 해상도를 줄여 팔꿈치 관절을 사라지게 해서 관절이 없는 쭉 펴진 팔이 되었다고 합시다. 팔 전체의 볼륨 역시 그에 따라 변했을 것입니다. [Preserve]의 [볼륨] 옵션에 체크하면 리메시 알고리즘이 가능한 한 원래 모양을 유지합니다.

Tip. [오브젝트 데이터 프로퍼티스] 탭에서도 리메시를 이용할 수 있습니다. 사용 방법은 7장 피시맨 몬스터 만들기 프로젝트의 233쪽을 참고하세요.

▶ **방법 2**: 리메시를 사용하는 방법을 하나
더 알아봅시다. 쿼드리플로(Quadriflow)
라는 알고리즘을 사용하여 표면을 사각
형 폴리곤으로 정리하는 것입니다. [스컬
프트 모드]에서 [Ctrl] + [Alt] + [R]를 눌러
나타나는 팝업 창에서 여러 가지 옵션을
확인할 수 있습니다(그림 4-10c). 새로운
메시를 만들려면 [페이스의 번호(Num-
ber of Faces)] 옵션에 값을 입력하고
〈OK〉 버튼을 클릭합니다(그림 4-10d).

Tip. [페이스의 번호]는 면의 개수를 뜻합니다.

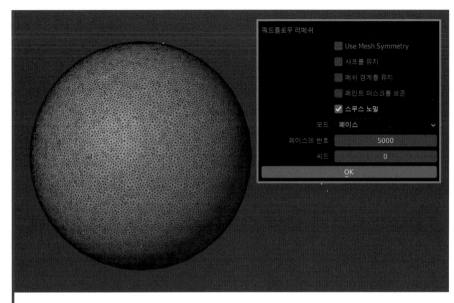

그림 4-10c [쿼드플로우 리메쉬] 옵션

결과는 프로젝트마다 다르므로 복셀 리메시
와 쿼드리플로 리메시 모두 시도해 보고 현재
모델에 가장 좋은 방법을 선택합니다.
단, 두 가지 리메시 기능에는 몇 가지 제한이
있습니다. 모디파이어로 만든 기하 도형을 무
시하므로 원래의 기하 도형에만 써야 합니다.
그러므로 [멀티리솔루션] 모디파이어는 사용
하지 않아야 합니다. 만약 이 모디파이어를
사용하면 리메시 기능이 작동하지 않습니다.
이 책에서는 가능한 한 리토폴로지를 직접 해
보고자 하므로 부드러운 토폴로지를 많이 만
들어 볼 것입니다.

리메시할 때
사용하는 단축키

복셀 크기(Voxel Size)
[Shift] + [R]

복셀 리메시(Voxel Remesh)
[Ctrl] + [R]

쿼드리플로 리메시(Quadriflow Remesh)
[Ctrl] + [Alt] + [R]

그림 4-10d 쿼드리플로 결과

05 · 실사처럼 리얼하게 렌더링하는 방법

알레한드로 트레비뇨

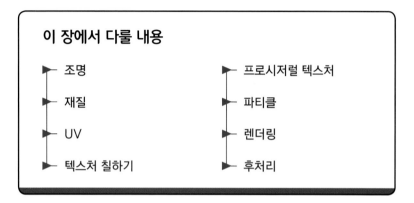

이 장에서 다룰 내용

▶ 조명

▶ 재질

▶ UV

▶ 텍스처 칠하기

▶ 프로시저럴 텍스처

▶ 파티클

▶ 렌더링

▶ 후처리

렌더링이란 3D 장면을 2D 이미지로 바꾸는 과정으로 다음 4가지를 준비해야 합니다.

▶ 카메라 1대 이상
▶ 조명 4가지
▶ 모델링한 폴리곤
▶ 재질(머티리얼)

3D에서 **재질(material)**은 오브젝트 표면이 반사, 투시와 같이 조명에 어떻게 반응하는지를 정의합니다. 조명을 잘 이해할수록 재질을 더 좋게 만들 수 있습니다. 블렌더에서는 셰이더 에디터(Shader Editor)를 이용하여 재질을 만듭니다.

Tip. **셰이더 에디터**: 05-2절 168쪽 참고

텍스처(Textures)를 이용하면 오브젝트 재질 속성을 더 세세하게 적용할 수 있습니다. 즉, 나뭇결이나 피부 잡티와 같은 오브젝트 표면에 미묘한 차이를 만들 수 있습니다. 이와 함께 표면의 서로 다른 영역에 색상을 다양하게 적용할 수도 있습니다.

텍스처를 만들려면 UV 맵(UV map)이 있어야 합니다. 만드는 방법은 05-3절 176쪽에서 알아봅니다. 그리기 도구를 이용해서 텍스처로 사용할 2D 이미지를 만들 수도 있습니다. 블렌더에는 프로시저럴 텍스처(procedural textures)도 있는데, 이를 이용하면 UV 맵이 없어도 텍스처를 추가할 수 있습니다.

이 장에서는 머리털이나 모피를 만드는 데 이용하는 파티클 시스템(particle systems) 사용법과 함께 지금까지 설명한 방법을 모두 살펴봅니다. 렌더링을 마치고 나서는 다양한 후처리(post-production)를 통해 2D 이미지를 확장합니다.

05-1 · 조명 세팅하기

3점 조명 개념 이해하기

조명(lighting)은 장면의 분위기를 만드는 기초 부분으로, 다양하게 설정할 수 있지만 가장 자주 사용하는 방법은 **3점 조명**(three-point lighting)입니다. 3점 조명은 영화, 사진, 그래픽 디자인 등에서 사용하는 표준 조명 기법입니다. 주요 대상에 비출 조명을 부드럽고 현실적으로 만들기 위해 3가지 조명을 사용합니다.

주광

주광(key light)은 그림자로 물체의 입체감을 느끼도록 하는 등 오브젝트를 비추는 주된 광원으로, 조명 중에 가장 중요한 역할을 합니다. 이 조명은 보통 선명한 그림자를 만듭니다. **그림 5-1a**는 오브젝트에 주광을 사용한 예입니다.

보조광

보조광(fill light)은 그림자에 빛을 추가하거나 대비를 줄입니다. 이 조명은 장면 전체에 빛을 비추고 흐릿한 그림자를 만듭니다. 그림 5-1b는 오브젝트에 보조광을 사용한 예입니다.

후광

후광(rim light)은 오브젝트 뒤에서 빛을 비추어 윤곽선 실루엣이 선명하게 나타나도록 합니다. **그림 5-1c**는 오브젝트에 후광을 사용한 예입니다.

그림 5-1d는 오브젝트에 3가지 조명을 모두 사용해 3점 조명을 만든 예입니다.

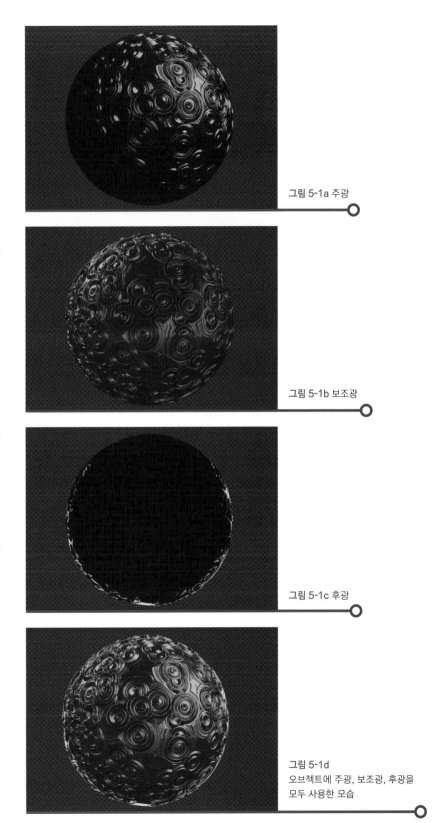

그림 5-1a 주광

그림 5-1b 보조광

그림 5-1c 후광

그림 5-1d
오브젝트에 주광, 보조광, 후광을
모두 사용한 모습

스튜디오 배경 벽 만들기

작업한 장면에 조명을 설정할 때는 배경이 있어야 합니다. 사진 스튜디오처럼 모서리를 숨기고 벽과 바닥이 이어진 것처럼 보이는 배경 벽을 만드는 간단한 방법을 알아보겠습니다. 이렇게 하면 뒷면이 사라진 것처럼 보이므로 오브젝트에만 집중시킬 수 있습니다.

그림 5-2를 참고하고 다음 설명한 순서대로 배경 벽을 만들어 봅시다.

A [오브젝트 모드]에서 평면을 추가하고 [에디트 모드]로 이동하여 선 하나를 Z축 방향으로 돌출해 L자 모양 오브젝트를 만듭니다.

B [루프 잘라내기(Loop Cut)] 도구를 선택하고 Ctrl + R 를 눌러 접은 선 앞뒤에 에지 루프를 추가합니다.

C 변형되지 않도록 그림과 같이 에지 루프를 추가합니다.

D 마지막으로, [오브젝트 모드]에서 오브젝트를 선택하고 Ctrl + 3 을 눌러 레벨 (Level) 3인 [섭디비전 표면(Subdivision Surface)] 모디파이어를 추가합니다.

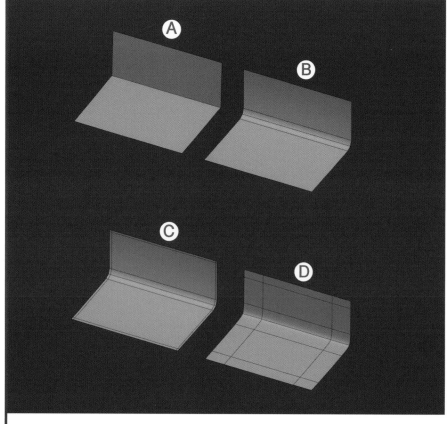

그림 5-2 스튜디오 배경 벽 만들기

계속해서 [오브젝트 모드]에서 오브젝트를 선택하고 나서 마우스 오른쪽 버튼을 눌러 [셰이드 스무스(Shade Smooth)] 메뉴를 적용합니다. 이것으로 조명을 테스트할 스튜디오 배경 벽을 완성했습니다.

다양한 조명 오브젝트

블렌더에는 4가지 조명 오브젝트가 있습니다 (그림 5-3a).

▶ **포인트(Point) 조명**: 공간의 한 점에서 모든 방향으로 비춥니다. 이 점에서 멀어질수록 강도가 약해집니다.

▶ **태양(Sun) 조명**: 어느 위치이든 상관없이 모든 장면을 골고루 비춥니다.

▶ **스폿(Spot) 조명**: 고깔 모양으로 빛을 비춥니다. 이 점에서 멀어질수록 강도가 약해집니다.

▶ **영역(Area) 조명**: 표면이 빛나는 듯한 조명을 시뮬레이션하며, 이 점에서 멀어질수록 강도가 약해집니다. 빛의 모양은 사각형, 원형, 타원형 중에서 선택할 수 있습니다.

조명을 추가하려면 [오브젝트 모드]에서 Shift + A 를 누르거나 헤더의 [추가(Add)] 메뉴를 선택하고 [라이트(Light)]에서 고르면 됩니다.

조명을 수정하려면 오브젝트를 선택하고 속성 편집기의 [오브젝트 데이터 프로퍼티스 (Object Data Properties)] 탭으로 이동하여 색, 강도, 모양, 크기 등을 설정합니다(그림 5-3b).

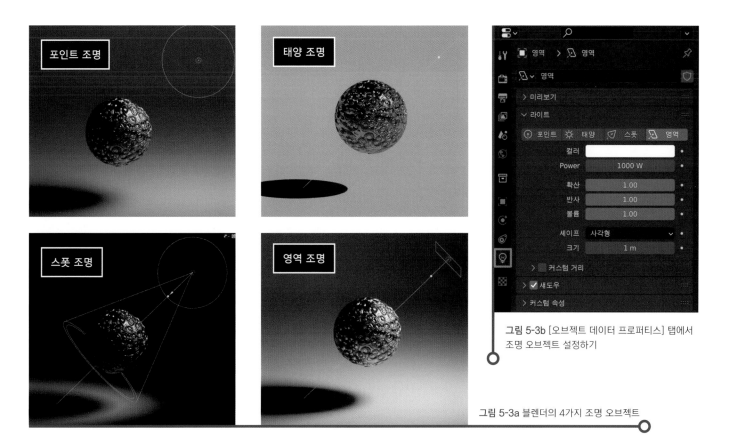

그림 5-3b [오브젝트 데이터 프로퍼티스] 탭에서
조명 오브젝트 설정하기

그림 5-3a 블렌더의 4가지 조명 오브젝트

조명 크기와 그림자

선명한 그림자와 흐릿한 그림자를 만드는 방
법은 반드시 이해해야 합니다. 그러려면 크기
가 다양한 조명을 다뤄 봐야 합니다. 조명의
광원 크기가 클수록 그림자는 더 흐려지고 반
대로 작을수록 더 선명해집니다.

그림 5-4에서 주광과 후광의 광원 크기는 작
으므로 선명한 그림자를 만들고, 보조광과 반
사광은 중간 크기이거나 크므로 흐린 그림자
를 만듭니다.

그림 5-4
그림자의 선명함에 영향을 주는 광원 크기

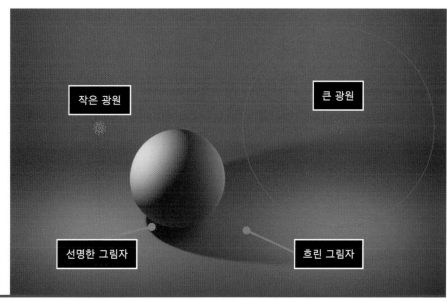

빛 온도

여기에서 빛이란 온도를 말합니다. 절대 온도인 켈빈(Kelvin) 온도로 나타낸 색 온도 차트를 이용하면 빛의 온도를 정할 수 있습니다. 켈빈 온도의 단위는 K를 사용하며 수치가 낮으면 따뜻한 색을, 높으면 차가운 색을 뜻합니다.

그림
[뷰포트 셰이딩]을 [렌더리드]로 설정

블렌더에서 색 온도를 시험하려면 [오브젝트 모드]에서 UV 구체를 추가하고 [뷰포트 셰이딩]을 [렌더리드(Rendered)]로 설정합니다. [오브젝트 모드]에서 파일을 생성할 때부터 만들어진 라이트 오브젝트를 선택합니다. 속성 편집기의 [렌더 프로퍼티스(Render Properties)] 탭에서 [렌더 엔진]을 [Cycles]로 선택하고, [오브젝트 데이터 프로퍼티스(Object Data Properties)] 탭의 [노드(Nodes)] 패널에서 [노드를 사용(Use Nodes)] 버튼을 클릭합니다. [컬러(Color)] 옵션 앞에 있는 둥근 버튼을 누르면 여러 가지 옵션이 나타나는데, 그중에 [컨버터(Convertor)] 목록에서 [블랙보디(Blackbody)]를 선택합니다 (그림 5-5a). 그리고 [온도(Temperature)] 옵션의 수치를 늘리거나 줄입니다. 그러면 **그림 5-5b~5e**처럼 다양한 빛 온도를 확인할 수 있습니다.

그림 5-5a
[노드] 패널의 [컬러] 옵션에서 [블랙보디] 선택

그림 5-5b 블랙보디 컬러 2000K

그림 5-5c 블랙보디 컬러 4000K

그림 5-5d 블랙보디 컬러 5000K

그림 5-5e 블랙보디 컬러 7000K

HDRI 활용하기

HDRI(high-dynamic-range image)는 주위 환경의 조명을 에뮬레이트하는 360° 이미지 맵 파일입니다. HDRI를 사용하면 조명이 훨씬 더 실감나면서도 반사를 섬세하게 표현할 수 있습니다. 이 기능은 큰 노력을 들이지 않고도 장면에 조명을 적용해서 초보자도 뛰어난 결과를 얻을 수 있는 간편한 방법입니다.

HDRI를 사용하려면 먼저 속성 편집기의 [월드 프로퍼티스(World Properties)] 탭으로 이동하여 [표면(Surface)] 패널의 [컬러(Color)] 옵션에서 왼쪽에 있는 작은 원을 클릭합니다. 다양한 옵션 중에서 [환경 텍스처(Environment Texture)]를 선택하고 [열기(Open)] 버튼을 이용하여 HDRI를 선택합니다(그림 5-6a).

Tip. **HDRI 무료로 내려받기:** polyhaven.com

실시간으로 HDRI를 확인하려면 헤더 오른쪽에서 [뷰포트 셰이딩] 옵션을 [매테리얼 미리보기(Material Preview)]로 변경하고 [뷰포트 셰이딩] 드롭다운 메뉴에서 [씬 월드(Scene World)]를 선택합니다(그림 5-6b). 이를 회전하려면 [Shading] 워크스페이스로 이동합니다. 그리고 [셰이더 에디터(Shader Editor)]의 헤더에 있는 드롭다운 메뉴에서 [월드(World)]를 선택합니다(그림 5-6b).

Tip. **셰이더 에디터:** 05-2절 참고

HDRI의 파일 이름으로 표시한 갈색 [환경 텍스처(Environment Texture)] 노드를 선택하고 Node Wrangler 애드온을 활성화했다면 Ctrl + T를 누릅니다. 그러면 [텍스처 좌표(Texture Coordinate)] 노드와 [맵핑(Mapping)] 노드를 자동으로 추가합니다.
[맵핑] 노드에는 X, Y, Z의 값이 있습니다. 그러므로 HDRI를 수평으로 회전하고 싶다면 Z 값을 조절합니다.

그림 5-6a [월드 프로퍼티스] 탭에서 HDRI 추가

그림 5-6b HDRI 렌더와 셰이더 에디터

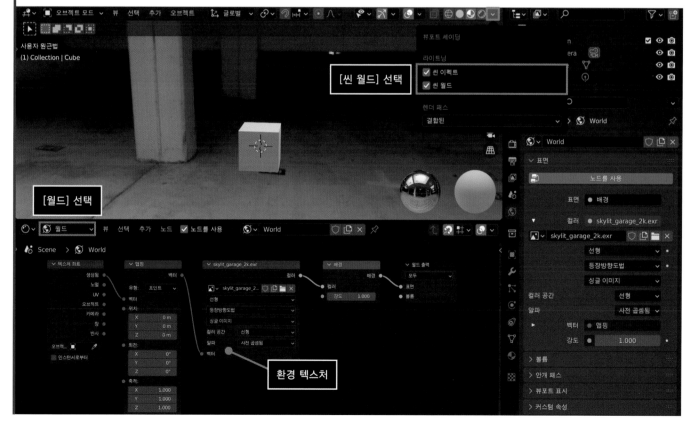

05-2 · 재질 입히기

재질에 최적화된 '셰이딩 워크스페이스'

[Shading] 워크스페이스(그림 5-7)는 재질 속성을 정의하는 도구를 제공합니다. 02-8 절 49쪽에서 살펴보았듯이 이 워크스페이스는 재질을 편집하는 아래쪽 **셰이더 에디터** (Shader Editor)와 이곳에서 작업한 결과를 확인하는 위쪽 **3D 뷰포트**(3D Viewport)의 두 부분으로 크게 나뉩니다.

셰이더 에디터 안에서 화면을 이동하려면 마우스 가운데 버튼(휠)을 누른 채 드래그하고, 화면을 확대하려면 마우스 휠을 스크롤합니다.

그림 5-7 [Shading] 워크스페이스

셰이더 에디터에서 노드 연결하기

셰이더 에디터는 텍스처 적용을 시각화하는 노드 시스템(node system)으로 설정합니다. 각 노드, 즉 다양한 속성을 담은 모서리가 둥근 상자에는 소켓(socket)이라는 입력과 출력이 있습니다. 소켓의 색은 4가지입니다.

▶ **회색**: 숫자의 값을 지정합니다.
▶ **보라색**: 벡터나 좌표를 나타냅니다.
▶ **노란색**: 색 정보를 나타냅니다.
▶ **녹색**: 셰이더를 나타냅니다(169쪽 참고).

두 노드를 연결하려면 한쪽 노드의 소켓을 클릭한 채 연결할 소켓의 노드로 드래그합니다.

노드 작동하기

노드가 어떻게 작동하는지 테스트해 봅시다. 먼저 작업할 기본 메시를 만듭니다. [3D 뷰포트]의 [오브젝트 모드]에서 Shift + A 를 누르고 32개의 버텍스로 이루어진 실린더(Cylinder)를 추가합니다. 3D 뷰포트에서 실린더를 선택하고 톱바의 [Shading] 탭을 눌러 [Shading] 워크스페이스로 이동합니다. 그러면 실린더를 표시한 3D 뷰포트가 위에,

빈 셰이더 에디터가 아래쪽에 나타납니다. 재질을 추가하려면 실린더 오브젝트를 선택하고 속성 편집기의 [매트리얼 프로퍼티스(Material Properties)] 탭으로 이동하여 <+ 새로운 (New)> 버튼을 클릭합니다(그림 5-8a). 그러면 아래쪽 셰이더 에디터에 [프린시플드 BSD-F(Principled BSDF)] 노드와 [매테리얼 출력 (Material Output)] 노드가 나타납니다.

그림 5-8a
<+ 새로운> 버튼을 클릭하여 새로운 재질 추가

셰이더 에디터를 제대로 사용하려면 블렌더에 이미 설치된 Node Wrangler 애드온을 활성화해야 합니다(02-5절 38쪽 참고). 이 애드온은 노드를 추가하는 과정을 빠르게 하는 단축키를 제공합니다. 예를 들어 이미지 텍스처(Image Texture)를 추가하려면 [프린시플드 BSDF 셰이더] 노드를 선택하고 Ctrl + T 를 누릅니다. 그러면 [텍스처 좌표(Tex-

ture Coordinate)], [맵핑(Mapping)], [이미지 텍스처(Image Texture)]라는 노드 3개를 자동으로 추가합니다(그림 5-8b).

이 노드에는 이미지를 제어하는 다양한 속성이 있습니다. 지금부터 이 중에서 몇 가지 속성을 설정하여 실린더에 어떤 영향을 주는지 살펴보겠습니다. 노드를 옮길 때에는 클릭한 채 드래그하면 됩니다.

[셰이더 에디터]에서 사용하는 단축키

링크 자르기   Ctrl + 마우스 오른쪽 버튼으로 선 위를 드래그

노드 연결하기   F

연결 복제하기   Ctrl + Shift + D

노드 비활성화하기   M

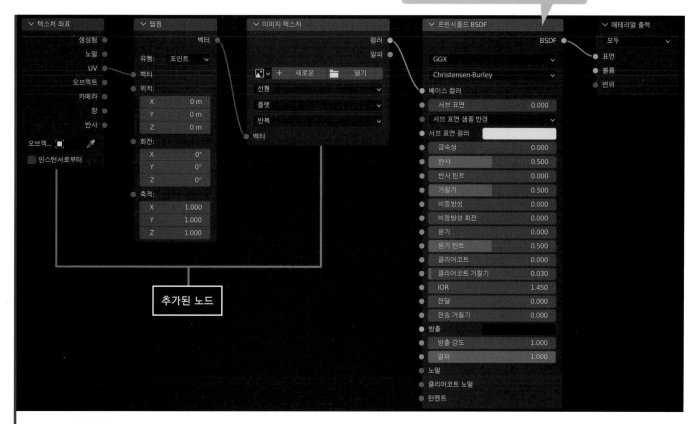

노드를 소켓으로 연결해 재질을 만드는 방식!

추가된 노드

그림 5-8b [Ctrl] + [T]로 연결된 노드 추가

[프린시플드 BSDF] 노드

몇 가지 노드를 좀 더 자세하게 살펴봅시다. 가장 중요한 노드는 프린시플드 BSDF입니다(그림 5-9). [프린시플드 BSDF] 노드는 물리적으로 올바른 재질의 텍스처를 입히는 데 사용하는 셰이더(shader)입니다. 금속/거칠기 워크플로(Metal/Roughness workflow)를 사용하며 기본 재질의 색, 금속성, 거칠기 등을 설정합니다. 이 노드는 디즈니가 만든 셰이더를 바탕으로 합니다.

셰이더 에디터에서 보듯이 블렌더에서 재질을 적용한 오브젝트는 프린시플드 BSDF 셰이더가 기본으로, 여기에는 재질을 쉽게 만들 수 있는 레이어가 여러 개 있습니다. 이 셰이더를 이용하면 나만의 재질을 만들 수 있습니다.

그림 5-9 [프린시플드 BSDF] 노드

재질이 보이지 않아요!

오브젝트의 재질에 영향을 주려면 [매테리얼 출력(Material Output)] 노드가 반드시 있어야 합니다.

셰이더란?

셰이더는 노드에 포함된 수학 함수로, 재질이 빛과 어떻게 상호 작용하는지를 정의합니다. 셰이더는 각각 서로 다른 수학 모델을 사용합니다.

[프린시플드 BSDF] 셰이더에서 흔히 사용하는 입력을 오른쪽 표로 정리했습니다. 각각 0부터 1까지의 값이나 색과 같은 값 집합(빨간색, 녹색, 파란색)이 있습니다. 셰이더의 값을 다양하게 변경해 보면 어떤 영향을 미치는지 알 수 있습니다. [Shading] 워크스페이스에서는 3D 뷰포트를 통해 실린더 재질에 어떤 영향을 미치는지 미리 볼 수 있습니다.

입력으로는 흔히 텍스처나 '맵'을 사용합니다. 입력한 텍스처(그림)의 값을 읽고 이를 재질 정보로 변환합니다. 이 기법은 172쪽 '맵으로 텍스처 만들기'에서 자세히 살펴봅니다.

베이스 컬러 (Base Color)	재질의 기본색을 정의합니다. 반사한 색의 분산(알베도)과 금속성 반사율의 값으로 구성됩니다.
서브 표면 (Subsurface)	흰색은 반투명, 검은색은 불투명한 곳입니다. 빛은 불규칙한 방향으로 재질의 표면 아래까지 다다르고 벗어나기 전에 흩어집니다. 피부나 나뭇잎, 광택제와 같은 반투명한 오브젝트 셰이딩에 효과적입니다.
금속성 (Metallic)	재질이 금속성인지를 0부터 1까지의 값으로 나타냅니다. 흑백 마스크를 입력으로 할 수도 있는데, 이때 검은색은 0, 흰색은 1입니다.
거칠기 (Roughness)	미세 표면을 나타내는데, 0은 거울과 같이 매끈하며 1에 가까울수록 거칠어집니다.
전달 (Transmission)	유리처럼 투명하거나 불투명한 재질로 만들 수 있습니다.

맵/텍스처

셰이더 출력(녹색)을 제외한 블렌더의 모든 출력은 다시 입력으로 사용할 수 있습니다. 모든 것은 값 정보입니다. 예를 들어 이미지라면 이는 범위가 0부터 1 사이인 빨간색, 녹색, 파란색의 조합입니다(이 범위를 넘을 수도 있음). 즉, 색을 이용하여 숫잣값을 나타낼 수도 있습니다. 이것이 흑백 맵이나 컬러 맵을 [금속성(Metallic)], [반사(Specular)], [거칠기(Roughness)] 등에 숫자를 입력하여 사용하는 이유입니다. 이 방식은 3D 소프트웨어와 파이프라인에서 이용합니다.

알아 두면 유용한 노드

셰이더 에디터에서 단축키 Shift + A를 누르면 텍스처, 색, 효과를 중심으로 하는 특정 노드를 추가할 수 있습니다. 꼭 알아 둬야 할 중요한 노드를 정리해 보겠습니다.

▶ **[입력 → 텍스처 좌표(Texture Coordinate)]**: 위치, 회전, 축적을 적용하여 입력을 변환하는 [맵핑(Mapping)] 노드와 결합하여 어떤 유형의 좌표를 사용할 것인지를 정하는 데 사용합니다.

▶ **[셰이더 → 프린시플드 볼륨(Principled Volume)]**: 연기와 불을 만드는 데 사용합니다.

▶ **[텍스처 → 이미지 텍스처(Image Texture)]**: 이미지를 텍스처로 사용할 수 있습니다.

▶ **[텍스처 → 환경 텍스처(Environment Texture)]**: 장면의 조명으로 HDRI를 사용할 수 있습니다.

▶ **[컨버터 → 컬러 램프(Color Ramp)]**: 그레이디언트를 만들 수 있습니다. 0부터 1까지의 값을 원하는 색으로 변환하는 레벨 필터로 사용할 수도 있습니다.

▶ **[출력 → 매테리얼 출력(Material Output)]**: 표면 재질 정보를 표면 오브젝트로 출력합니다. 이 작업은 반드시 필요합니다. 이 노드가 없거나 이 노드를 연결하지 않으면 빛과 상호 작용하지 않아서 오브젝트를 검은색으로 렌더링합니다.

지금까지 살펴본 노드를 이용하면 재질을 만들 수 있습니다. 단, 다른 노드 역시 다양하게 시험해 보는 것이 좋습니다.

Node Wrangler 애드온에서 사용하는 단축키

이미지 텍스처 설정	Ctrl + T
링크 바꾸기	Alt + S
노드 유형 교체	Shift + S
노드 섞기	Ctrl + 0
노드 추가하기	Ctrl + +
노드 빼기	Ctrl + −
노드 곱하기	Ctrl + *

렌더링 보는 방법

[Shading] 워크스페이스가 아니더라도 3D 뷰포트에서 언제든 재질을 볼 수 있습니다. 텍스처를 실시간으로 볼 수 있다면 재질을 빠르게 만들 수 있겠죠? 3D 뷰포트 오른쪽 위 [뷰포트 셰이딩(Viewport Shading)] 옵션에서 **[매테리얼 미리 보기(Material Preview)]**를 선택하면 조명을 설정하지 않아도 기본 HDRI를 이용하여 재질을 볼 수 있습니다. [뷰포트 셰이딩] 옵션을 이용하면 8가지 HDRI 중에서 하나를 고를 수 있습니다.

[렌더리드(Rendered)] 옵션을 선택하면 텍스처와 조명을 동시에 확인할 수 있고 최종 렌더링 결과물을 볼 수 있습니다. 이 옵션은 [Eevee]와 [Cycles] 렌더링 엔진에서 모두 작동하지만 컴퓨터에 부담을 줄 수 있으므로 주의해서 사용해야 합니다.

Tip. **[Eevee]**와 **[Cycles]**: 05-7절 188쪽 참고

Tip. **셰이더 에디터를 이용한 재질 만들기와 텍스처를 사용하는 실제 모습**: 08-8절 327~344쪽 참고

맵으로 텍스처 만들기

맵(Map)은 PNG나 JPG와 같은 이미지 텍스처를 말하며, 이 맵을 여러 개 이용하면 [베이스 컬러], [금속성], [거칠기] 등의 재질을 만들 수 있습니다. 텍스처로 사용할 이미지는 제공하는 사이트에서 내려받거나 블렌더로 만들거나 서브스턴스 페인터 등의 프로그램을 이용해서 만들어 블렌더로 가져옵니다. 모든 맵은 하나의 [이미지 텍스처(Image Texture)] 노드를 이루는데, 제대로 작동하려면 각각 이용할 [컬러 공간(Color Space)]을 지정해야 합니다.

❶ **베이스 컬러 맵**: 재질 색상을 정합니다. sRGB를 컬러 공간(Color Space)으로 사용하는 유일한 맵입니다.

❷ **금속성 맵**: 재질이 금속성인지 아닌지를 0과 1 사이의 값으로 나타냅니다. 흑백 마스크를 이용할 수도 있으며 다른 값처럼 검은색은 0(비금속성), 흰색은 1(금속성)입니다. 이 맵은 Non-Color를 컬러 공간으로 사용합니다.

❸ **거칠기 맵**: 금속성 맵과 같은 값을 사용합니다. 0은 매끄러움(검은색)을, 1은 거침(흰색)을 나타냅니다. 이 맵 역시 Non-Color를 컬러 공간으로 사용합니다.

❹ **노멀 맵**: 텍스처 일부이므로 조각할 수 없는 요철처럼 오브젝트 표면에 가상의 양각 효과를 낼 수 있습니다. XYZ 축을 나타내는 RGB값을 사용하지만 컬러 공간은 Non-Color를 사용합니다. 프린시플드 BSDF에 연결하기 전에 법선 맵을 연결해야 합니다.

예를 들어 베이스 컬러를 변경하려면 먼저 연결할 노드를 선택한 상태에서 Ctrl + T로 [이미지 텍스처] 노드를 추가하고 수정합니다. 이 노드에서 <+ 새로운> 버튼을 클릭해 [컬러] 옵션에서 색상환을 이용하여 색을 변경하고 <OK> 버튼을 클릭합니다. 그러면 [매테리얼 미리 보기]에서 선택한 색으로 표시합니다. 다른 소프트웨어에서 만든 텍스처를 이용하려면 [이미지 텍스처] 노드에서 [열기(Open)] 버튼을 클릭하고 이미지 파일을 선택합니다. 그리고 이미지 텍스처의 소켓을 프린시플드 BSDF의 해당 소켓에 각각 연결합니다. 예를 들어 이미지 텍스처가 [금속성] 맵이라면 프린시플드 BSDF의 [금속성] 소켓에 연결합니다. 모든 텍스처는 [맵핑]과 [텍스처 좌표] 노드에 연결되어야 합니다(**그림 5-10** 참고).

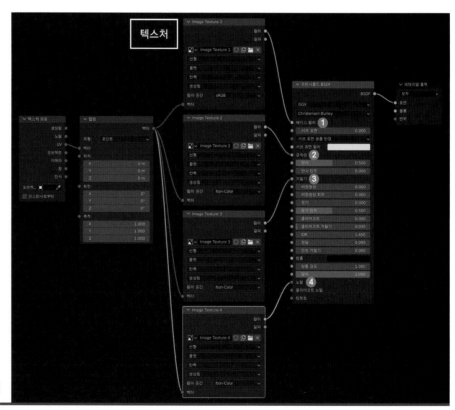

그림 5-10 [프린시플드 BSDF] 맵

투명한 부분 — 알파 맵

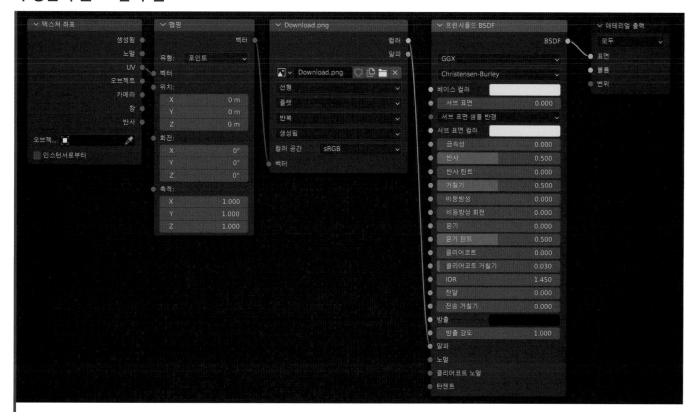

그림 5-11a [알파] 레이어에 연결한 [이미지 텍스처] 노드

[알파(Alpha)] 맵을 이용하면 오브젝트에서 투명하게 할 부분을 설정할 수 있습니다. 흑백을 이용하여 투명한 정도를 지정할 수도 있습니다. 맵은 흑백이며 검은색으로 칠한 부분은 투명하고 흰색으로 칠한 부분은 불투명합니다. 이 맵은 조명에 영향을 주므로 알파 맵이 그림자에 어떤 영향을 주는지 알 수 있습니다.

[알파] 맵을 이용하는 가장 간단한 방법은 [프린시플드 BSDF] 셰이더를 사용하거나 기존의 [이미지 텍스처] 노드를 추가하고 나서 [알파] 레이어와 연결하는 것입니다(그림 5-11a).

Tip. [이미지 텍스처] 노드 추가하기: Shift + A 를 누르면 나타나는 노드 목록에서 [텍스처 → 이미지 텍스처] 선택

또는 블렌더 [이미지 에디터]에서 불투명으로 하고자 배경을 흰색으로 한 알파 맵을 만들고 [텍스처 페인트 모드(Texture Paint Mode)]에서 투명하게 할 부분을 검은색으로 칠합니다(그림 5-11b).

Tip. 텍스처 칠하기: 05-4절 180~183쪽 참고

[이미지 텍스처]와 [프린시플드 BSDF] 노드의 알파 소켓 사이에 헤더 메뉴의 [추가(Add) → 컨버터(Converter) → 컬러 램프(Color Ramp)]를 추가하여 맵의 모서리를 뚜렷하게 할 수도 있습니다.

그림 5-11b [Cycles] 엔진 렌더링 미리 보기로 확인한 알파 맵 효과

노드 그룹화로 정리하기

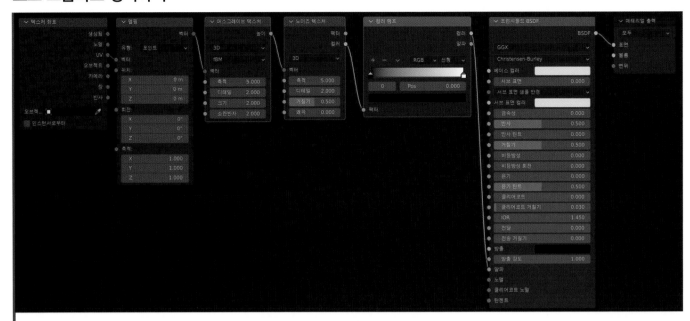

그림 5-12a 노드 그룹을 만들기 전

그림 5-12a처럼 노드가 많다면 보기 좋게 정리하는 것이 좋습니다. 노드 일부를 그룹화하는 방법을 소개하겠습니다.

노드 그룹을 이용하려면 그룹화할 노드를 Shift를 누른 채 모두 선택하고 Ctrl + G를 누릅니다. 이렇게 하면 셰이더 에디터가 해당 노드 그룹으로 바뀌며 왼쪽에는 [그룹 입력 (Group Input)], 오른쪽에는 [그룹 출력(Group Output)]이라는 노드를 추가합니다(**그림 5-12b**). 그룹 안에서 원하는 소켓을 [그룹 입력] 노드로 드래그하면 그룹 밖에서도 이 소켓을 확인할 수 있습니다.

그리고 N을 눌러 사이드바를 표시하면 [노드 (Node)] 패널의 [이름(Name)] 옵션으로 각 소켓의 이름을 바꿀 수 있습니다. 노드 그룹을 선택하고 Tab을 누르면 해당 그룹으로 들어가거나 빠져나올 수 있습니다(**그림 5-12c**).

그룹에서 나오더라도 그룹 노드를 선택한 상태라면 다시 N을 눌러 노드 [레이블(Label)]과 [컬러(Color)]를 변경할 수 있습니다.

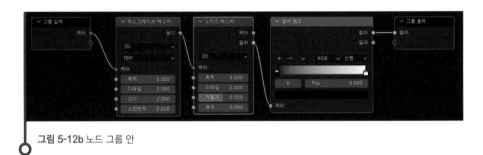

그림 5-12b 노드 그룹 안

그림 5-12c 새로운 노드 그룹

05-3 • UV로 펼치기

UV 맵핑이란?

UV 맵핑(UV mapping)이란 2D 이미지를 3D 모델의 표면에 투사하는 과정입니다. 제대로 만들지 않으면 애써 만든 모델을 망칠 수 있으므로 UV는 3D 프로젝트에서 중요합니다. UV 맵을 만드는 과정을 펼치기(unwrapping)라고 하는데, 기본적으로 모델의 바깥 표면을 펼치기 때문입니다. **그림 5-13**은 실린더와 해당 UV 맵의 예입니다.

그림 5-13 UV 에디터에서 본 UV 맵(왼쪽)과 3D 뷰포트에서 본 메시(오른쪽)

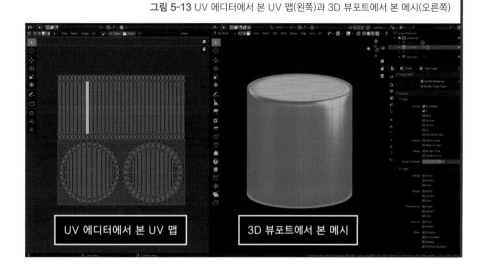

UV 에디터에 적응하기

UV 펼치기 과정에서는 UV 에디터(UV Editor)를 사용하여 메시의 면, 선, 정점을 평면 이미지로 나타냅니다. 모델을 완성했다면 같은 과정을 여러 번 반복하지 않도록 UV 에디터를 사용하는 것이 좋습니다.

먼저 [UV Editing] 워크스페이스로 이동하면 3D 뷰포트와 UV 에디터를 동시에 볼 수 있습니다(그림 5-14). 처음에는 UV 에디터에 아무것도 나타나지 않으므로 먼저 메시를 펼쳐야 합니다. UV 맵을 표시한 [UV 에디터] 툴바에는 UV를 변형할 수 있는 [잡기(Grab)], [릴렉스(Relax)], [핀치(Pinch)] 등의 도구가 나타납니다. 이 도구를 이용하면 마치 천을 반듯하게 펴고 접는 것처럼 오브젝트에 맞도록 UV 맵을 조절할 수 있습니다.

Tip. **메시를 펼치는 방법**: 176쪽 참고

UV 에디터에는 헤더 왼쪽 위에 4가지 선택 모드 아이콘이 있습니다. 이를 클릭하면 왼쪽부터 [버텍스(Vertex)], [에지(Edge)], [페이스(Face)], [아일랜드(Island)] 단위로 고를 수 있습니다. 단축키 N을 누르면 사이드바를 표시합니다.

그림 5-14 [UV Editing] 워크스페이스

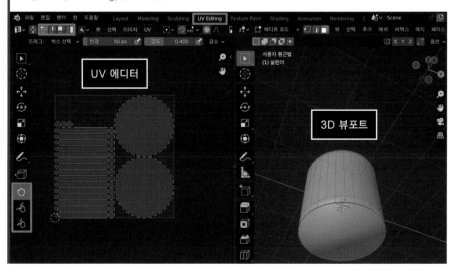

UV 에디터에서 사용하는 단축키

정점 선택	1
선 선택	2
면 선택	3
아일랜드 선택	4
이동	G
회전	R
봉합(Stitch)	Alt + V
봉합 해제(Unstitch)	V
모두 선택	A
UV 아일랜드 선택	L
확대	마우스 휠
뷰포트 이동	마우스 가운데 버튼

메시를 펼치려면?

메시를 펼치려면 몇 단계를 거쳐야 합니다. 05-2절 168쪽에서 만든 실린더를 이용하여 [에디트 모드]에서 Ctrl + R를 눌러 **그림 5-15a**처럼 실린더 위와 아래에 에지 루프를 추가합니다. 그리고 헤더 메뉴의 [선택(Select) → 모두(All)]로 모든 면을 선택하고 [셰이드 스무스(Shade Smooth)]를 적용합니다.

Tip. **셰이드 스무드 적용하기:** [페이스 → 셰이드 스무드]

이제 메시에 접합선(seam, 심)을 표시하여 모델을 어떻게 펼칠 것인지를 블렌더에 알립니다. 천으로 오브젝트를 감싼다고 생각해 보세요. 천을 어떻게 잘라야 올바른 모양으로 바느질할 수 있을까요? 실린더라면 윗면을 원통에 붙이는 데 필요한 접합선 하나, 아랫면을 원통에 붙이는 데 필요한 접합선 하나, 원통을 자르는 접합선 하나가 필요할 겁니다.

[에디트 모드]에서 실린더 위쪽 면의 에지 루프를 선택하고 접합선으로 표시하겠습니다. Alt를 누른 채 선을 클릭하여 에지 루프를 선택하고 U를 눌러 [씨임을 마크(Mark Seam)]를 클릭합니다. 잘못 선택했을 때는 U를 누르고 [씨임을 지우기(Clear Seam)]를 클릭합니다. 아랫면과 원통도 마찬가지 방법으로 접합선을 표시합니다(**그림 5-15a**). 그리고 메시의 모든 면을 선택하고 나서 U를 누르고 펼치기(Unwrap)를 클릭하여(**그림 5-15b**) 메시를 펼칩니다(**그림 5-15c**).

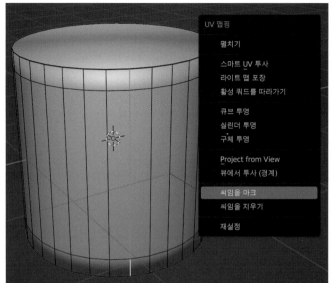

그림 5-15a
U → [씨임을 마크]로 접합선 표시

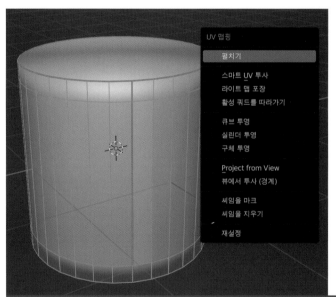

그림 5-15b
오브젝트를 모두 선택하고 U → [펼치기]

펼치기(Unwrap)에는 각도 베이스(Angle Based), 컨포멀(Conformal)의 2가지 방법이 있습니다. 둘 중 어느 방법이 최선의 결과를 만드는지는 항상 확인해야 합니다.

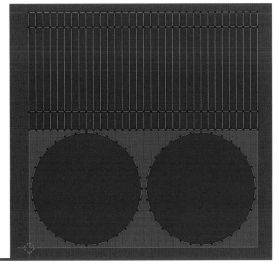

그림 5-15c
UV 에디터에서 실린더를 펼친 UV

좋은 UV를 얻는 팁 6가지

좋은 UV는 뒤틀림이 없으며 오브젝트의 구조를 일관되고 효율적으로 따라야 합니다. 좋은 UV를 얻고 싶다면 다음 사항을 명심하세요.

1. [모든 변환]을 적용하세요

UV 작업 전에는 항상 모든 변환(All Transforms)을 적용하세요. [오브젝트 모드]에서 Ctrl + A를 누르고 [모든 변환]을 선택하거나, 3D 뷰포트의 헤더 메뉴에서 [오브젝트(Object) → 적용(Apply) → 모든 변환(All Transforms)]을 선택합니다(그림 5-16a). 이렇게 하면 축적이 잘못될 위험을 줄일 수 있습니다.

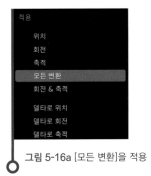

그림 5-16a [모든 변환]을 적용

2. 접합선은 잘 보이지 않는 곳으로 선정!

접합선 부분에서는 이어진 텍스처가 어긋나거나 자연스럽지 못할 수 있습니다. 그러므로 잘 보이지 않는 부분을 선택하여 가능한 한 **접합선을 숨겨야** 합니다. 예를 들어 캐릭터의 턱과 목 사이에 접합선을 추가할 때는 귀 뒤쪽이나 머리털 아래 등 잘 보이지 않는 곳을 고릅니다.

3. UV 스트레칭 최소화

UV 스트레칭을 없애거나 적어도 **최소화해야** 합니다. 그렇지 않으면 캐릭터나 오브젝트에 적용한 텍스처가 뒤틀리거나 고르지 못해서 부자연스러워 보입니다(다른 색으로 표시, 그림 5-16b). 늘어진 UV를 수정하려면 접합선을 재배치하고 다시 펼칩니다.

4. 텍셀 밀도 동일하게 하기

모든 텍스처의 해상도가 똑같으려면 오브젝트의 텍셀 밀도(Texel Density)가 같아지게 해야 합니다. 자세한 내용은 08-7절 323쪽과 326쪽을 참고하세요.

그림 5-16b 늘어진 UV 맵(녹색)

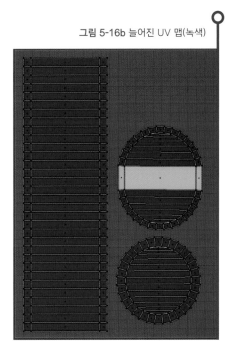

5. UV 사이에 공간을 조금 두기

UV 아일랜드가 너무 붙지 않도록 사이에 공간을 조금 둡시다(그림 5-16d와 그림 5-16e). UV가 겹친다면 모델의 다른 부분도 칠하게 되므로 이렇게 하는 것이 좋습니다. 텍스처가 한 아일랜드에서 다른 아일랜드로 흘러들면 어색한 느낌이 들 수 있습니다. 아일랜드를 이동하려면 [UV 에디터] 헤더 왼쪽의 [UV 선택 모드(UV Selection Mode)]에서 [아일랜드(Island)]를 선택하고 나서 이동할 아일랜드를 선택하고 ⒢를 누릅니다.

그림 5-16c [아일랜드] 선택 모드

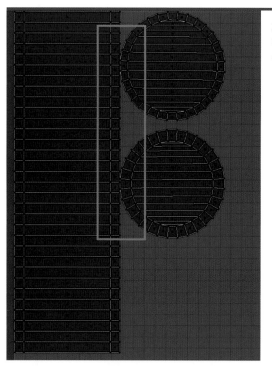

그림 5-16d
UV 아일랜드가
서로 너무 가까움

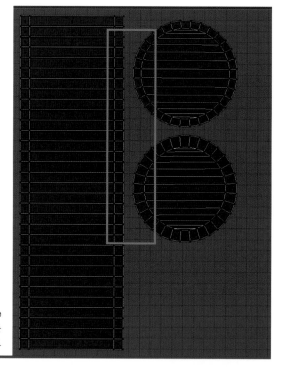

그림 5-16e
사이에 공간을 둔
UV 아일랜드

6. 아일랜드 구조화하기

타일 세트를 쉽게 알아볼 수 있도록 레이아웃을 구조화합니다. UV 아일랜드를 구조화하는 정해진 방법은 없으나 아일랜드가 3D 모델의 어느 부분과 관련되는지를 쉽게 아는 것이 목적입니다.

UV 격자로 UV의 상태 확인하기

UV 격자 맵은 UV의 질을 확인하는 중요한 역할을 합니다. 블렌더에서는 격자 맵을 2가지 유형으로 만들 수 있습니다. 하나는 흑백의 체크 패턴이고 또 하나는 UV의 방향을 나타내는 문자가 표시된 컬러 패턴입니다.

UV 격자 맵 만들기

격자 맵을 만들려면 [UV 에디터]로 이동하여 헤더 가운데의 〈+ 새로운〉 버튼을 클릭합니다. 그러면 [새로운 이미지(New Image)] 대화상자가 열립니다(그림 5-17a). 이름과 크기를 설정하고 이미지의 [생성된 유형(Generated Type)] 옵션을 [빈(Blank)], [UV 격자(UV Grid)], [컬러 격자(Color Grid)] 중에서 선택합니다. 여기서는 [UV 격자]를 선택하고 〈OK〉 버튼을 클릭합니다(그림 5-17b).

UV 격자 맵 적용하기

모델에서 맵을 보려면 메시를 선택하고 [셰이더 에디터]로 이동합니다. 헤더에 있는 〈+ 새로운〉 버튼을 눌러 [프린시플드 BSDF] 노드와 [매테리얼 출력(Material Output)] 노드를 추가합니다. Node Wrangler 애드온을 활성화했다면 [프린시플드 BSDF] 노드를 선택한 상태에서 Ctrl + T 를 눌러 노드를 추가합니다(그림 5-17c). [이미지 텍스처(Image Texture)] 노드에서 이미지 아이콘을 클릭하여 앞서 생성한 UV 격자 맵 이름을 선택합니다. 3D 뷰포트의 헤더 오른쪽 [뷰포트 셰이딩(Viewport Shading)] 옵션에서 [매테리얼 미리 보기(Material Preview)]를 선택합니다. 그러면 3D 뷰포트에서 오브젝트 위에 격자 맵이 표시된 것을 볼 수 있습니다(그림 5-17d).

뒤틀어진 부분이 있다면 [에디트 모드]에서 U 를 누르고 [씨임을 지우기(Clear Seam)]를 선택한 후 새로운 접합선을 만들어 다시 펼치기(unwrapping)를 하여 접합선 위치를 수정합니다.

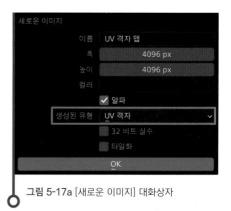

그림 5-17a [새로운 이미지] 대화상자

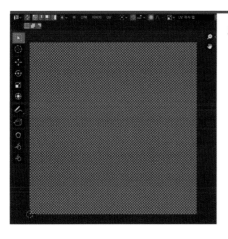

그림 5-17b UV 격자 맵

그림 5-17d 실린더의 격자 맵

그림 5-17c UV 격자 맵을 베이스 컬러로 지정

05-4 · 붓질하듯 텍스처 칠하기

이미지 편집하기

UV를 만들었다면 이제 모델에 텍스처를 칠할 차례입니다. [이미지 에디터]를 이용하면 UV 맵에 사용할 2D 이미지를 편집할 수 있습니다. [이미지 에디터]의 모드(Mode) 옵션에서 [페인트(Paint)]를 선택하면 왼쪽 툴바에 [텍스처 페인트(Texture Paint)] 모드에서 사용하는 도구가 나타납니다.

Tip. 툴바가 나타나지 않는다면 화면 왼쪽의 작은 화살표를 클릭하세요.

[이미지 에디터]가 비었다면 헤더에는 버튼 2개가 나타납니다.

▶ 〈+ 새로운〉 버튼을 이용하면 크기와 배경색을 설정해 UV 격자를 만듭니다.
▶ [열기(Open)] 버튼을 이용하면 기존의 이미지를 사용할 수 있습니다. 이미지를 이미지 에디터에 직접 끌어다 놓아도 됩니다.

앞서 만든 실린더 오브젝트로 이미지 에디터의 기능을 시험해 보겠습니다. 먼저 [Texture Paint] 워크스페이스로 이동하고 3D 뷰포트의 [뷰포트 셰이딩(Viewport Shading)]에서 [매테리얼 미리 보기(Material Preview)] 모드를 선택합니다.
[이미지 에디터]에서 앞서 추가한 UV 그리드를 삭제합니다. 그리고 〈+ 새로운〉 버튼을

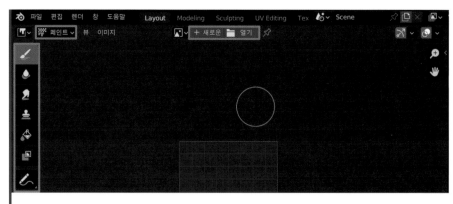

그림 [이미지 에디터]에서 [페인트]를 선택하면 나타나는 툴바

눌러 [컬러(Color)] 항목에서 색을 선택하고 [생성된 유형(Generated Type)]을 [빈(Blank)]으로 설정하고 나서 이미지 이름을 입력하고 〈OK〉 버튼을 클릭합니다. 다시 [셰이더 에디터]로 이동하여 방금 만든 이미지를 [이미지 텍스처(Image Texture)] 노드의 이미지로 지정합니다.

그림 〈+ 새로운〉 버튼을 누르고 설정하기

> ### 사각형 이미지를 사용하세요!
>
> UV 맵은 사각형 공간을 사용하므로 텍스처로는 사각형 이미지를 사용하는 것이 좋습니다. 반드시 이렇게 해야 하는 것은 아니지만 대부분 이런 방식을 사용합니다.

[이미지 에디터]로 돌아와 헤더 왼쪽에서 [뷰(View)] 모드를 [페인트(Paint)]로 바꿉니다. 이렇게 하면 UV 영역을 칠할 수 있으며 3D 뷰포트를 통해 변경 내용을 바로 확인할 수 있습니다.
[열기] 버튼을 이용하여 텍스처 이미지를 선택할 수도 있습니다. [이미지 에디터]의 이미지 탐색기에서 원하는 이미지를 선택하고 앞에서 설명한 대로 [셰이더 에디터]의 [이미지 텍스처] 노드에서 해당 이미지를 선택합니다.

그림 5-18a [이미지 에디터]에서 추가한 이미지 텍스처

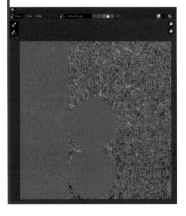

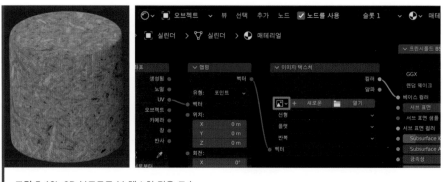

그림 5-18b 3D 뷰포트로 본 텍스처 적용 모습

[텍스처 페인트] 모드

앞서 설명한 대로 오브젝트에 텍스처를 추가했다면 이제 3D 뷰포트의 [텍스처 페인트 (Texture Paint)] 모드를 이용하여 3D 표면에 직접 칠할 수 있습니다. [텍스처 페인터] 모드에서는 사이드바의 [도구(Tool)] 탭에 [브러시 설정(Brush Settings)] 패널이 있습니다

(그림 5-19a). 여기서는 [반경(Radius)]과 [강도(Strength)] 옵션을 이용하여 브러시의 크기와 강도를 설정합니다. 이 두 옵션에는 태블릿과 스타일러스를 사용할 때 펜의 압력으로 반경과 강도를 정할 수 있는 추가 옵션이 있습니다.

Tip. [브러시 설정] 패널은 속성 편집기의 [활성 도구 및 작업 공간 설정] 탭에도 있습니다.

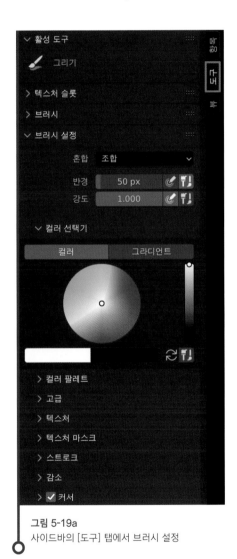

그림 5-19a
사이드바의 [도구] 탭에서 브러시 설정

왜 진분홍색 오브젝트로 보이나요?

재질을 추가하지 않고 바로 [텍스처 페인트] 모드로 이동하면 '텍스처가 없다'는 뜻으로 오브젝트를 진분홍색으로 표시합니다. 이를 수정하려면 사이드바의 [도구] 탭에서 [텍스처 슬롯(Texture Slots)] 패널의 [+] 버튼을 클릭합니다. [베이스 컬러(Base Color)] 등 7가지 드롭다운 메뉴가 나타나면 원하는 텍스처를 선택합니다. 재질이 없고 [셰이더 에디터]에서 올바른 재질 소켓으로 텍스처를 연결하지 않았다면 블렌더는 자동으로 새로운 재질을 만듭니다.

[텍스처 슬롯] 패널을 이용하여 간편하게 재질 만들기

[텍스처 페인트] 모드에서 사용하는 단축키

반경(Radius)	F
강도(Strength)	Shift + F
색 복사	S

[컬러 선택기(Color Picker)] 옵션을 이용하여 색을 고를 수도 있고 [스트로크(Stroke)] 옵션에서 브러시의 동작을 설정할 수도 있습니다. [스트로크] 옵션의 [스트로크 메서드(Stroke Method)] 오른쪽에 있는 팝업 버튼을 누르면 오른쪽 메뉴가 나타납니다.

공간 (Space)	선은 점의 연속입니다. [간격(Spacing)] 옵션으로 점 사이의 거리를 정할 수 있습니다. [스트로크를 안정화(Stabilize Stroke)] 옵션에 체크하면 선을 그을 때 조금 지연되도록 하는데, 이렇게 하면 다루기가 더 쉽습니다.
도트 (Dots)	선 긋기는 [간격] 옵션이 없는 [공간] 설정과 아주 비슷합니다. [지터(Jitter)] 옵션을 이용하면 일정하지 않은 선 모양으로 연속한 점을 만듭니다.
드래그 도트 (Drag Dot)	원하는 곳으로 드래그할 수 있는 점을 만듭니다.
에어브러시 (Airbrush)	마우스로 클릭하는 동안 주변으로 퍼지는 점을 추가합니다. [비율(Rate)] 옵션은 점을 얼마나 빠르게 추가할지를 정합니다. [지터(Jitter)] 옵션은 위치를 바꾸어 새로운 점을 추가할 때마다 사용합니다.
정착 (Anchored)	점을 추가하고 드래그하면 점점 커지거나 작아집니다.
라인 (Line)	[간격] 옵션과 [지터(Jitter)] 옵션을 이용하여 선을 긋습니다.

헤더에서도 다양한 옵션을 설정할 수 있습니다.

마지막으로, 툴바에는 다양한 그리기 도구가 있습니다(그림 5-19b).

▶ **[그리기(Draw)] 도구**: 칠할 때 사용하는 가장 중요한 도구입니다.
▶ **[스무스(Soften)] 도구**: 블러 효과를 만듭니다.
▶ **[문지르기(Smear)] 도구**: 커서 아래의 색을 블렌딩합니다.
▶ **[클론(Clone)] 도구**: 커서가 있는 곳을 복제합니다. Ctrl 을 누른 채 클릭하여 복사할 부분을 정하고 마우스 왼쪽 버튼으로 클릭, 드래그해 이를 복제합니다.
▶ **[채우기(Fill)] 도구**: 오브젝트를 단색으로 채웁니다.

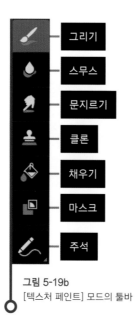

그림 5-19b
[텍스처 페인트] 모드의 툴바

이들 도구를 이용하면 3D 뷰포트에서 모델을 직접 칠할 수 있습니다. 수정하고 있는 맵만 보려면 [뷰포트 셰이딩] 모드를 [솔리드(Solid)]로 설정합니다.

칠하기를 끝내고 [뷰포트 셰이딩] 모드를 [매테리얼 미리 보기(Material Preview)]로 하면 적용한 모든 맵을 동시에 볼 수 있습니다.

> **[텍스처 슬롯] 옵션으로 텍스처를 고를 수 있습니다!**
>
> [텍스처 페인트] 모드에서 [텍스처 슬롯(Texture Slots)] 옵션을 이용하면 어떤 텍스처 위를 칠할지 고를 수 있습니다.
> 또한 [셰이더 에디터]로 이동하여 해당하는 텍스처 노드를 선택하지 않아도 속성 편집기에서 맵을 직접 교환할 수 있습니다. 자세한 내용은 06-2절 204쪽에서 살펴봅니다.

텍스처 이미지를 저장해 두세요!

[텍스처 페인트] 모드에서 만든 이미지는 직접 저장해야 합니다. 그렇지 않으면 프로그램을 닫을 때 텍스처로 사용한 수정 이미지를 저장할 것인지를 묻습니다. 이때 저장하지 않으면 장면을 다시 열 때 텍스처는 사라집니다. 이를 명심하여 텍스처를 만드는 데 들인 시간과 작업물을 잃지 않도록 합시다.

[텍스처 페인트] 모드에서 이미지를 저장하려면 [이미지 에디터] 창으로 이동하여 앞에서 만든 텍스처를 이미지 탐색기에서 선택합니다. 그리고 헤더에서 [이미지(Image) → 다른 이름으로 저장(Save As)] 메뉴를 클릭해서 이미지를 저장합니다.

[버텍스 페인트] 모드

[버텍스 페인트(Vertex Paint)] 모드에서는 정점을 이용하여 오브젝트를 직접 칠합니다. 해상도는 오브젝트에 있는 정점 개수에 따라 달라지므로 정점이 많을수록 더 자세하게 칠할 수 있습니다. 색은 정점과 정점 사이에서 자동으로 블렌딩됩니다. 보통 오브젝트를 칠하려면 UV 맵이 있어야 하지만 여기에서는 필요 없습니다. 툴바에는 4가지 주요 도구가 있습니다(그림 5-20a).

그림 5-20a
[버텍스 페인트] 모드의 툴바

▶ **[그리기(Draw)] 도구**: 원하는 색으로 해당 영역을 칠하는 가장 중요한 도구입니다.

▶ **[블러(Blur)] 도구**: 다른 색을 블렌딩합니다.

▶ **[평균(Average)] 도구**: 평균 색으로 블렌딩합니다.

▶ **[문지르기(Smear)] 도구**: 영역 사이를 문질러 얼룩을 만듭니다.

그림 5-20b처럼 오브젝트의 정점을 따라 칠합니다. 헤더나 속성 편집기의 [활성 도구 및 작업 공간을 설정(Active Tool and Work-space)] 탭에서 브러시를 설정할 수 있습니다. 설정 내용에는 [반경(Radius)], [컬러 선택기(Color Picker)], [스트로크(Stroke)] 옵션 등이 있습니다(그림 5-20c).

헤더의 [페인트(Paint) → 버텍스 컬러를 설정 (Set Vertex Colors)] 메뉴를 선택하거나 단축키 Shift + K 를 누르면 전체 오브젝트에 색을 적용할 수 있습니다. 오브젝트의 색을 반전하려면 [페인트 (Paint) → 반전(Invert)] 메뉴를 이용합니다.

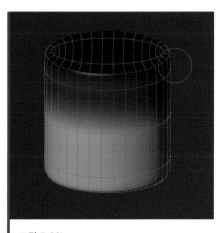

그림 5-20b
[버텍스 페인트] 모드에서 도구로 칠한 오브젝트

그림 5-20c [브러시 설정] 옵션

05-5 • 패턴으로 만드는 텍스처 — 프로시저럴 텍스처

프로시저럴 텍스처란?

프로시저럴 텍스처(Procedural textures)란 손으로 직접 칠하는 게 아니라 수학 공식을 이용하여 정의한 텍스처입니다. 이렇게 절차적으로 생성한 텍스처는 간단한 것부터 복잡한 것까지 다양합니다. 이런 유형의 텍스처에는 적은 메모리를 사용하고, 해상도가 무한하며, 접합 부분이 없고, UV 매핑이 올바르게 작동하지 않아도 되는 등 몇 가지 장점이 있습니다. 다만 프로시저널 텍스처에 익숙하지 않으면 원하는 결과를 얻기 어렵다는 단점이 있습니다. 그러므로 프로시저널 텍스처는 많은 시간을 투자해서 연습해야 합니다.

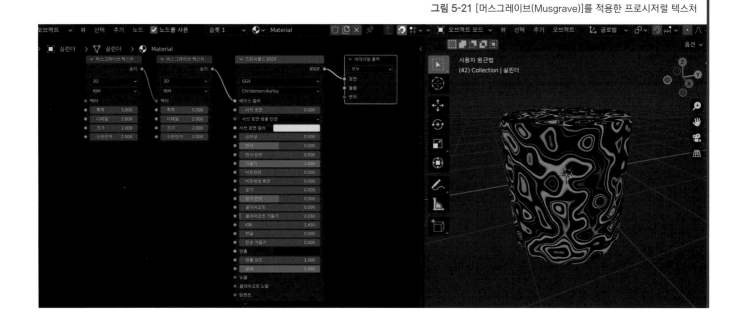

그림 5-21 [머스그레이브(Musgrave)]를 적용한 프로시저널 텍스처

연습해 보기

블렌더에는 몇 가지 프로시저럴 텍스처가 있습니다. 전체 목록을 보려면 [셰이더 에디터]로 이동하여 Shift + A 를 누르고 [텍스처(Texture)]를 선택하면 됩니다. 프로시저럴 텍스처는 어떤 소켓에도 연결할 수 있으며, 연결한 소켓은 생성할 효과에 영향을 끼칩니다. 텍스처마다 서로 다른 수학 패턴을 이용하여 특수한 효과를 만듭니다. 그러나 모든 옵션이 프로시저럴 텍스처는 아닙니다.

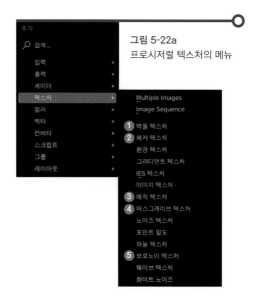

그림 5-22a
프로시저럴 텍스처의 메뉴

다음은 주요 프로시저럴 텍스처의 종류와 해당 텍스처를 적용한 결과를 보여 줍니다.

Node Wrangler 애드온을 활성화했다면 Ctrl + Shift 를 누른 채 특정 노드를 클릭하여 해당 텍스처 노드를 3D 뷰포트에서 확인할 수 있습니다.

❶ 벽돌 텍스처

벽돌 패턴을 만듭니다. 나무 바닥 등을 만드는 바탕으로 사용할 수도 있습니다(그림 5-22b).

그림 5-22b 벽돌 프로시저럴 텍스처

❷ 체커 텍스처

흑백 체크무늬 패턴을 만듭니다(그림 5-22c).

그림 5-22c 체커 프로시저럴 텍스처

❸ 매직 텍스처

빙빙 도는 듯한 느낌이 나는 텍스처를 만듭니다(그림 5-22d).

그림 5-22d 매직 프로시저럴 텍스처

❹ 머스그레이브 텍스처

프랙털 펄린(Perlin) 패턴을 사용한 노이즈를 생성합니다(그림 5-22e).

그림 5-22e 머스그레이브 프로시저럴 텍스처

❺ 보로노이 텍스처

월리(Worley) 패턴을 이용한 노이즈를 생성합니다(그림 5-22f).

그림 5-22f 보로노이 프로시저럴 텍스처

> ### 수학에서 나온 노이즈 알고리즘
>
> 펄린(Perlin) 노이즈란 켄 펄린(Ken Perlin)이 1983년에 발명한 노이즈 생성 수학 알고리즘입니다. 또 다른 수학 알고리즘인 월리(Worley) 노이즈는 1996년 스티븐 월리(Steven Worley)가 만든 것입니다. 둘 다 컴퓨터 그래픽에서 프로시저럴 텍스처를 만들 때 사용합니다.

05-6 · 불꽃처럼 퍼지는 '파티클'

사방으로 퍼지는 파티클 시스템

파티클 시스템은 털, 잔디, 불꽃, 연기 등과 같은 요소를 표현할 때 사용합니다. 이 시스템은 메시에서 수많은 오브젝트를 발산하며(그림 5-23) 움직임, 중력, 대기, 다른 오브젝트와의 충돌 등 많은 변수로부터 영향을 받습니다. 메시에는 파티클 시스템이 여러 개 있을 수 있으며 최대 개수는 컴퓨터의 메모리 크기에 따라 달라집니다.

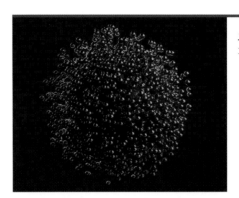

그림 5-23
파티클 시스템의 예

파티클 시스템 만들기

파티클 시스템을 만들려면 먼저 이미터(Emitter, 방사체)가 될 메시를 선택해야 합니다. 여기에서는 [오브젝트 모드]에서 Shift + A를 누르고 [메쉬(Mesh)] 메뉴의 아이코 구체(Ico Sphere)를 추가합니다(그림 5-24a). 그리고 속성 편집기의 [파티클 프로퍼티스 (Particle Properties)] 탭으로 이동하여 [파티클 시스템을 추가 +] 버튼을 클릭합니다(그림 5-24b, 그림 5-24c).

파티클은 특정 시각에 나오므로 이를 확인하려면 타임라인에서 프레임을 이동해야 합니다. 즉, 화면 아래 타임라인에 있는 네모난 파란색 프레임 마커를 옮기면 됩니다.

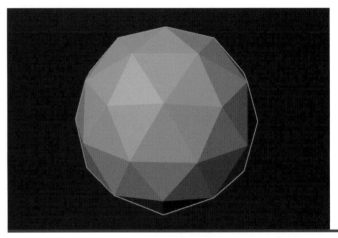

그림 5-24a
이미터가 될
기본 아이코 구체

그림 5-24b
파티클 시스템 설정

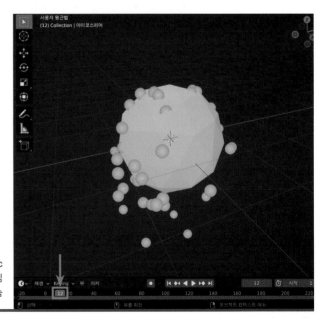

그림 5-24c
타임라인의 파란색 프레임
마커를 움직인 모습

파티클 시스템의 종류

블렌더에는 파티클 시스템이 2가지 있습니다.

▶ **이미터(Emitter)**: 시간에 따라 움직이는 파티클을 생성합니다.

▶ **헤어(Hair)**: 털, 모피, 잔디 등의 요소를 만들 때 사용하는 정적 파티클을 생성합니다.

시스템에 따라 설정 방법이 각각 다릅니다. 다음은 이미터를 선택할 때 설정할 내용입니다.

❶ **번호(Number)**: 파티클의 최대 개수를 지정합니다.

❷ **프레임 시작(Frame Start)**: 발산을 시작할 프레임을 지정합니다.

❸ **종료(End)**: 발산을 멈출 지점입니다.

❹ **수명(Lifetime)**: 얼마나 지속할 것인지를 나타냅니다.

다른 오브젝트와 충돌하기

앞서 설명한 대로 파티클은 다른 오브젝트와 충돌할 수 있습니다. 이렇게 하려면 [피직스 (Physics)] 패널의 [편향(Deflection)] 옵션으로 이동하여 [크기 편향(Size Deflection)] 옵션에 체크해야 합니다.

또한 오브젝트가 충돌하려면 그 아래 [충돌 (Collision)] 옵션이 활성화된 오브젝트여야 합니다. 오브젝트를 파티클로 이용하려면 [파티클 프로퍼티스] 탭의 [렌더(Render)] 패널 아래 [다음 같은 렌더링(Render As)]에서 [오브젝트(Object)]를 선택한 뒤, [오브젝트] 패널의 [인스턴스 오브젝트(Instance Object)]에서 파티클로 사용할 오브젝트를 선택합니다(그림 5-24d).

[헤어(Hair)]를 선택하면 [번호(Number)]와 같은 공통 옵션과 함께 [헤어 길이(Hair Length)] 옵션도 볼 수 있습니다. 이 파티클을 편집하려면 3D 뷰포트에서 [파티클 편집(Particle Edit)]으로 이동하여 툴바에 있는 다양한 도구를 이용합니다.

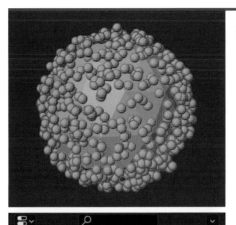

그림 5-24d
[렌더] 패널에서 오브젝트를
파티클로 설정

Tip. **파티클 적용 예:**
06-3절 210~218쪽, 08-9절 344~348쪽 참고

05-7 · 렌더링하기

렌더링 엔진의 3가지 종류

3D 장면을 렌더링하려면 F12 를 누릅니다. 그러면 이미지를 기본값인 새 창에 생성하는데, 이때 3D 뷰포트의 [렌더리드(Rendered)] 모드를 선택하면 미리 볼 수 있습니다. 이미지를 렌더링할 때는 다양한 요소를 고려해야 하므로 이 절에서는 필요한 내용만 살펴보겠습니다.

블렌더에는 Eevee, Cycles, Workbench라는 3가지 렌더링 엔진이 있습니다.

▶ **Eevee**: 실시간 렌더링 엔진입니다.
▶ **Cycles**: 광선 · 경로 추적기로, 더 현실적인 전체 조명을 대상으로 하므로 장면의 모든 빛 경로를 이용하는 렌더링 엔진입니다.
▶ **Workbench**: 레이아웃과 미리 보기에 사용합니다.

엔진마다 공통된 특징과 함께 서로 다른 특징도 있습니다. Cycles와 Eevee 렌더링 엔진은 **물리 기반 렌더링**(physically based rendering, PBR)을 이용하는데, 이렇게 하면 사진과 같이 현실적인 이미지를 더 간단히 만들 수 있으며 메모리 사용량도 더 적습니다. 만든 셰이더는 모든 엔진에서 작동하므로 실시간으로 미리 보기를 할 때는 Eevee를, 최종 렌더링 결과물을 만들 때는 Cycles를 사용합니다.

Tip. Eevee는 이비라고 읽습니다.

Eevee

Eevee는 실시간 물리 교정 렌더링 엔진으로, **래스터화**(rasterization) 기법을 이용하여 전자 데이터를 이미지로 변환합니다. Cycles와 같은 광선 추적을 통한 현실적인 이미지를 만들지는 못하지만 무척 유용합니다. 이 렌더링 엔진의 가장 큰 장점은 렌더링 속도입니다. 그러나 현실적인 조명을 모방하려면 여러 방법을 사용해야 한다는 단점도 있습니다.

그림 5-25 Eevee 렌더링 예

Cycles

Cycles는 **물리 교정** 또는 **비편향**(unbiased) 제작 렌더링 엔진으로, CPU나 GPU 또는 둘 다 동시에 이용하여 렌더링합니다. 장면의 모든 빛 반사를 계산하여 더 현실적인 전역 조명을 적용하고자 **광선 또는 경로 추적** 방법을 사용합니다. 빛이 많을수록 더 나은 렌더링을 만드는데, 이는 샘플(Samples)로 정할 수 있습니다. 이 렌더링 엔진은 사용 방법이 간단하므로 초보자에게 아주 유용합니다. 비편향이므로 편향 렌더링 엔진과 달리 간단한 설정으로 더 나은 결과를 얻을 수 있습니다.

그림 5-26 Cycles 렌더링 예

렌더링 설정하기

이제 렌더링을 설정하는 방법을 알아봅시다. 속성 편집기의 [렌더 프로퍼티스(Render Properties)] 탭에서 렌더링 엔진의 속성을 설정할 수 있습니다. 3D 뷰포트의 [렌더리드(Rendered)] 모드 역시 [렌더 프로퍼티스] 탭에서 설정한 내용을 따릅니다. Cycles 설정이 더 간단하므로 초보자에게도 어렵지 않지만, Eevee가 더 빠르므로 3D 뷰포트에서는 이 엔진을 사용하는 것이 좋습니다.

[Cycles] 렌더링 엔진은 다음처럼 설정합니다(그림 5-27).

▶ **[장치(Device)] 옵션**: CPU나 GPU 중 어느 것을 사용할지를 선택합니다.

▶ **[샘플링(Sampling)] 패널**: [뷰포트]와 [렌더]에 적용할 렌더링의 질을 설정합니다.
▶ **[성능(Performance)] 패널**: [스레드] 옵션의 [스레드 모드(Thread Mode)]를 [Auto-Detect]나 [고정됨(Fixed)]으로 선택하여 렌더링 과정에서 CPU의 스레드를 얼마나 사용할 것인지를 설정합니다.

[성능] 패널의 [메모리] 옵션에서는 타일 크기(Tile Size)를 늘이거나 줄일 수 있습니다. 기본값은 2048입니다.

▶ **[컬러 매니지먼트(Color Management)] 패널**: [보기(Look)] 옵션에서 다양한 대비를 선택하고 바로 아래에서 [노출(Exposure)]을 설정할 수 있습니다. 원하는 렌더링 결과를 얻을 수 있도록 다양하게 테스트해 보기 바랍니다.

[Eevee] 렌더링 엔진을 선택했다면 마찬가지로 [샘플링(Sampling)] 패널에서 [렌더]와 [뷰포트]에 적용할 렌더링의 질을 설정할 수 있습니다. 그 밖에도 다음 설정이 있습니다.

▶ **[주변 폐색(Ambient Occlusion)] 패널**: 앞에 체크해서 활성화하고 [거리(Distance)]를 변경하여 원하는 결과를 얻습니다. 프로젝트마다 거리가 얼마만큼일 때 최선인지 테스트합니다.

▶ **[블룸(Bloom)] 패널**: 가장 밝은 픽셀에 블러 효과를 만듭니다.

▶ **[화면 공간 반사(Screen Space Reflections)] 패널**: 앞에 체크해서 활성화하여 오브젝트 사이에 실시간 반사를 적용하면 장면에 현실성이 더해집니다.

▶ **[섀도우(Shadows)] 패널**: 그림자의 정확도를 설정합니다. 값이 클수록 그림자는 더 정확해집니다.

▶ **[간접 라이트닝(Indirect Lighting)] 패널**: [간접 라이트닝을 베이크(Bake Indirect Lighting)] 버튼을 클릭하면 간접 조명을 적용할 수 있습니다.

▶ **[컬러 매니지먼트(Color Management)] 패널**: [보기(Look)] 옵션을 선택할 수 있습니다.

그림 5-27
[렌더 프로퍼티스] 탭의 [Cycles] 렌더 엔진 설정

GPU 또는 CPU?

렌더링할 때에는 중앙 처리 장치(CPU)나 그래픽 처리 장치(GPU, 컴퓨터 그래픽 카드) 가운데 하나만 이용하거나 동시에 둘 다 이용하는 방법이 있습니다. 렌더링에서 GPU만 사용하면 훨씬 빠르지만 GPU의 메모리 용량을 초과해서 사용하면 이미지를 더 이상 렌더링할 수 없습니다. CPU만 사용하면 느리기는 하지만 사용할 수 있는 메모리에 여유가 있으므로 더 큰 장면을 렌더링할 수 있습니다.

[렌더 프로퍼티스(Render Properties)] 탭에서 사용하려면 [편집(Edit) → 환경 설정(Preferences) → 시스템(System)]에서 CPU/GPU를 활성화해야 합니다.

렌더링 이미지 저장하기

[렌더 프로퍼티스] 탭에서 설정을 모두 마쳤다면 [출력 프로퍼티스(Output Properties)] 탭에서 이미지의 해상도와 크기를 설정합니다. 동영상이라면 [프레임 범위] 옵션에서 렌더링할 프레임의 [프레임 시작(Frame Start)]과 [종료(End)]를 설정합니다.

이미지를 저장하려면 톱바에서 [렌더(Render) → 이미지를 렌더(Render Image)]를 선택하거나, [이미지 에디터]로 이동하여 화면 중앙 위 이미지 탐색기에서 [Render Result]를 클릭합니다(그림 5-28a). 그리고 헤더에서 [이미지(Image) → 다른 이름으로 저장(Save As)]을 선택하고(그림 5-28b), 마지막으로 파일 형식과 폴더를 지정해서 저장합니다(그림 5-28c).

Tip. [이미지를 렌더] 단축키: [F12]

Tip. [다른 이름으로 저장] 단축키: [Shift] + [Ctrl] + [S]

렌더링한 이미지 창의 헤더에는 렌더링한 프레임 번호, 렌더링 시간, 렌더링에 사용한 메모리를 표시합니다(그림 5-28d). 이 정보는 애니메이션이나 고품질 이미지를 렌더링할 때 필요한 시간을 알 수 있으므로 무척 유용합니다. 메모리 사용량이 하드웨어 한계에 도달하고 렌더링할 오브젝트가 더 있을 때 특히 중요합니다. 이럴 때는 장면을 간단하게 수정하거나 하드웨어를 업그레이드해야 합니다.

그림 5-28a 이미지 탐색기에서 [Render Result] 클릭

그림 5-28b
[이미지 →
다른 이름으로 저장]
클릭

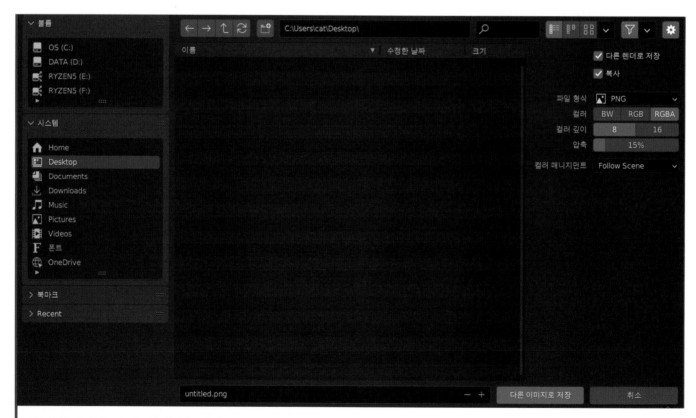

그림 5-28c 이미지를 저장할 파일 형식과 폴더 지정

그림 5-28d [이미지 에디터]의 헤더에 표시한 렌더링의 중요 정보

회전 애니메이션

회전 애니메이션을 만들려면 블렌더에 이미
설치된 Animation: Turnaround Camera
애드온을 활성화합니다(그림 5-29a). 이렇게
하면 3D 뷰포트 사이드바에 [Animate] 탭
이 생깁니다. 프레임과 카메라의 회전 중심으
로 사용할 오브젝트를 선택합니다. 마지막으
로 [Turnaround] 버튼을 클릭하면 애니메이
션 렌더링 준비가 끝납니다(그림 5-29b).

그림 5-29a
[편집 → 환경 설정]에서
Animation: Turnaround
Camera 애드온 활성화

동영상을 렌더링하려면 [출력 프로퍼티스
(Output Properties)] 탭의 [출력(Output)]
패널에서 동영상을 저장할 폴더를 선택하고
[파일 형식(File Format)]에서 무비(Movie) 옵
션 중 하나를 선택합니다. 그리고 톱바에서
[렌더(Render) → 애니메이션을 렌더(Render
Animation)]를 선택해서(그림 5-29c) 회전 애
니메이션을 저장합니다(그림 5-29d).

Tip. [애니메이션을 렌더] 단축키: Ctrl + F12

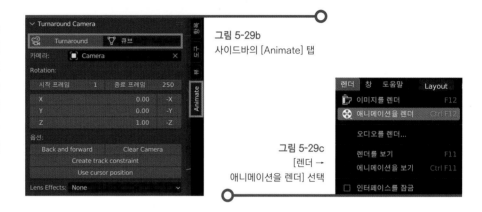

그림 5-29b
사이드바의 [Animate] 탭

그림 5-29c
[렌더 →
애니메이션을 렌더] 선택

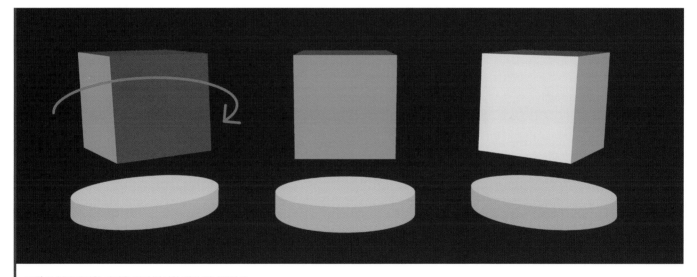

그림 5-29d 간단한 과정을 거쳐 완성한 회전 애니메이션

05-8 • 렌더링 후처리, 후보정

합성기에서 노드로 효과 넣기

렌더링이 끝났다면 후처리 과정에서 다양한 효과를 적용할 수 있습니다. 분위기를 바꾸거나 컬러 매니지먼트, 비네트 효과, 색 수차, 밝기, 대비, 블러 등의 효과를 이용하여 이미지의 중심 부분을 강조할 수도 있습니다. 모두 **합성기**(Compositor)에서 이루어집니다.

Tip. **색 수차**란 렌즈가 물체의 상을 만들 때 색에 따른 굴절률 때문에 상이 생기는 위치와 배율이 달라지는 현상을 말합니다.

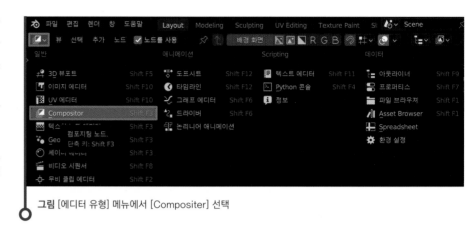

그림 [에디터 유형] 메뉴에서 [Compositer] 선택

합성기에서는 노드를 이용하여 이미지를 확장할 수 있습니다. 사이드바를 이용하여 도구 속성에 접근할 수 있으며 에디터 백그라운드에서 합성한 이미지를 표시하는 배경에도 접근할 수 있습니다.

합성기는 [셰이더 에디터]처럼 노드를 이용하는 에디터이므로 기본적으로 빈 상태입니다. 이를 이용하려면 뷰포트 헤더 왼쪽 위에 있는 [에디터 유형(Editor Type)] 메뉴에서 [Compositor]를 선택하고 [노드를 사용(Use Nodes)] 앞에 체크합니다. 그러면 노드 2개가 나타납니다(그림 5-30a).

▶ **[렌더 레이어(Render Layers)] 노드**: 렌더링한 이미지를 나타냅니다.

▶ **[컴포지트(Composite)] 노드**: 저장할 출력 설정을 지정합니다.

그림 5-30a [합성기]에서 노드 사용

이로써 두 노드 사이에 효과를 추가할 수 있습니다.

[렌더 레이어] 노드에는 기본으로 몇 가지 레이어의 소켓만 있지만, [뷰 레이어 프로퍼티스(View Layer Properties)] 탭의 [패스(Passes)] 패널에서 추가할 수 있습니다. Cycles와 Eevee에서는 패스 옵션이 서로 다릅니다. 이 패스를 바탕으로 Cycles에서 이미지를 후처리합니다.

[패스] 패널의 다양한 옵션을 정리해 봅시다.

안개(Mist)	오브젝트를 멀리 페이드아웃합니다(그림 5-30b).
노이즈 제거 데이터 (Denoising Data)	노이즈가 없는 원래 이미지 버전을 추가합니다(그림 5-30c).
확산(Diffuse)	직접, 간접, 순수 색 조명 등 다양한 채널이 있습니다.
광택(Glossy)	직접, 간접, 순수 색 반사를 제공합니다.
주변 폐색 (Ambient Occlusion, AO)	전역 조명을 적용한 버전을 생성합니다(그림 5-30d).

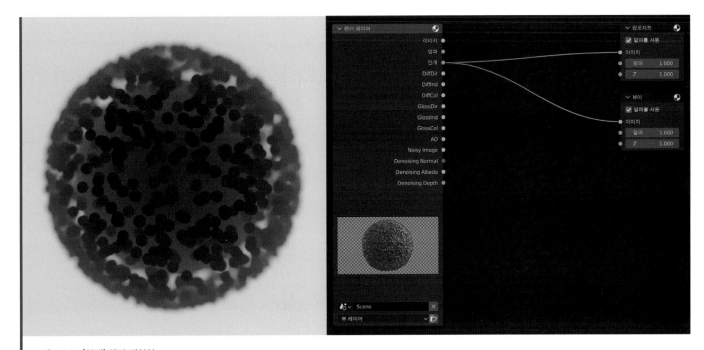

그림 5-30b [안개] 렌더 레이어

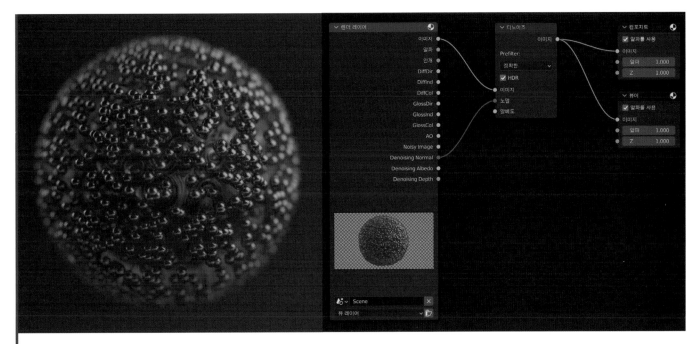

그림 5-30c [노이즈 제거 데이터] 노드(Denoising Normal)를 입력으로 하여 이미지와 연결

그림 5-30d [주변 폐색(AO)] 렌더 레이어

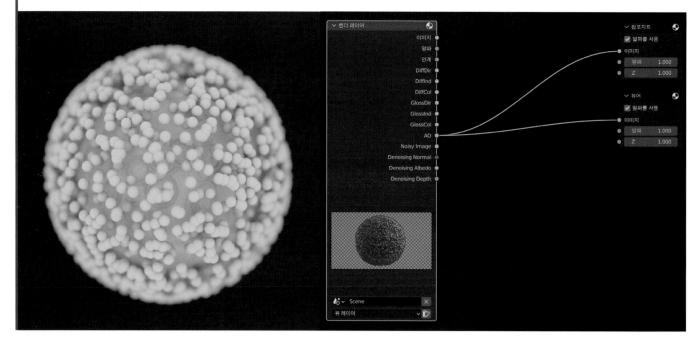

컬러 보정 노드 추가하기

합성기에 노드를 추가하려면 단축키 [Shift] +
[A]를 누르고 추가할 노드를 선택합니다. 주
로 사용하는 노드는 [컬러(Color) → 밝기/대
비(Bright/Contrast)]와 [컬러 → 색조 채도 값

(Hue Saturation Value)]입니다. [왜곡(Dis-
tort) → 렌즈 왜곡(Lens Distortion)] 노드를
이용하면 색 수차(chromatic aberration)를 추
가할 수 있습니다(그림 5-30e).

그림 5-30e [렌즈 왜곡] 노드로 색 수차 적용

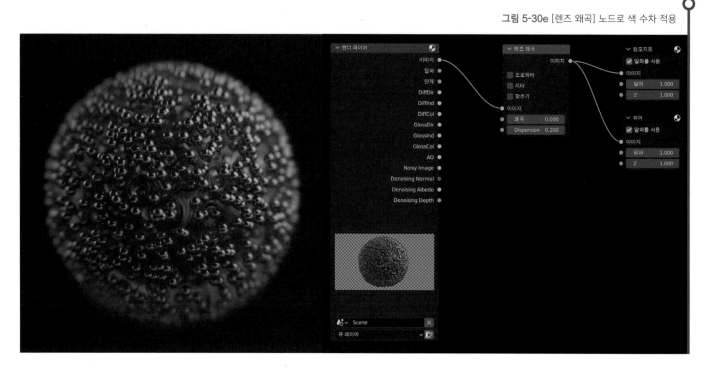

두 노드의 조합을 만들려면 다양한 유형의 블
렌딩 모드가 있는 [컬러(Color) → 조합(Mix)]
노드를 이용합니다. 여러 블렌딩 모드 중에 [추
가(Add)]와 [곱하기(Multiply)]를 가장 자주 사
용합니다. 이 노드를 이용하면 원래 [이미지]
소켓과 [주변 폐색] 소켓을 연결한 곱하기 모
드로 전역 조명 그림자를 강조할 수 있습니다
(그림 5-30f).

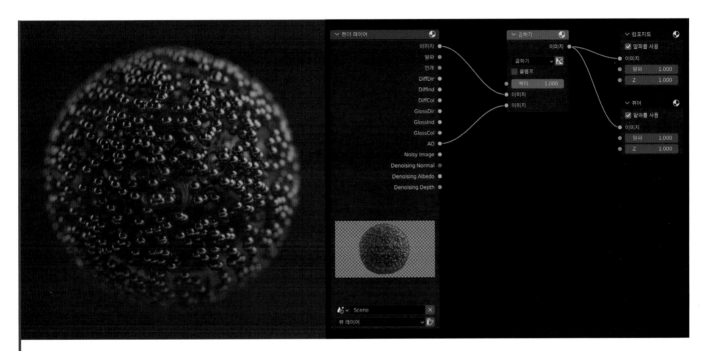

그림 5-30f [곱하기] 블렌딩 모드를 선택한 혼합 노드

블렌딩 모드란?

블렌딩 모드를 사용하면 섞을 이미지에 따라 결과가 달라집니다.
이미지가 하나라면 블렌딩 모드는 효과가 없습니다. 그러므로 이
미지는 적어도 2개 이상 사용해야 합니다. **[곱하기(Multiply)]**는 이
미지 2개의 어두운 부분을 합해 이미지를 만듭니다. **[추가(Add)]**
는 이미지의 큰 값과 작은 값을 더하여 더 밝은 이미지로 만듭니다.

셋째마당

실전 프로젝트 만들기

06 · 털뭉치 몬스터 만들기

마이크 레드

앞에서 설명한 재질과 텍스처를 좀 더 자세히 알아보고자 이 장에서는 자료실에서 내려받은 기본 모델링 파일을 사용합니다. 이 파일을 이용하여 UV 펼치기를 연습하고 기본 모델에 재질, 텍스처, 털을 추가하는 과정을 알아봅니다.

앞으로 살펴볼 과정에서 셰이더 에디터는 사용하지 않습니다. 왜냐하면 재질을 작업할 때 표면 출력에 연결한 마지막 노드는 속성 편집기의 [매트리얼 프로퍼티스(Material Properties)] 탭에서도 설정할 수 있기 때문입니다.

Tip. 준비 파일은 이지스퍼블리싱 홈페이지(www. easyspub.co.kr)의 [자료실]에서 내려받을 수 있습니다.

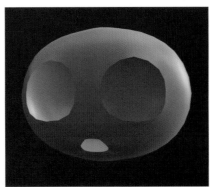

06-1 · 모델링에 입힐 UV 맵 만들기

01

05-3절 175~179쪽에서 배운 것처럼 UV 매핑은 캐릭터를 펼쳐 3D로 투사할 평면에 텍스처를 칠하는 과정을 포함합니다. 이 프로젝트에서는 UV 맵을 3개 만듭니다.

하나는 캐릭터의 몸이고 또 하나는 옷과 소품 등입니다. 그리고 마지막은 눈입니다. 준비 파일을 열고 헤더의 가장 왼쪽 [에디터 유형(Editor Type)] 메뉴에서 [UV 에디터]를 선택하면 블렌더로 이미지를 가져오거나 새로운 이미지를 만들 수 있습니다. 이곳에서 펼친 메시를 만들어 보겠습니다. **그림 6-1**은 매핑한 캐릭터입니다.

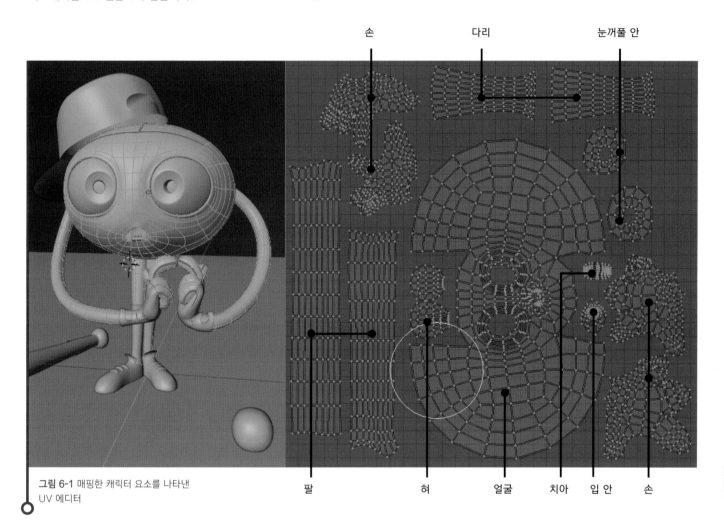

그림 6-1 매핑한 캐릭터 요소를 나타낸 UV 에디터

02

UV를 만들 때는 이 텍스처가 모델에서 어떻게 보일지를 테스트하는 것이 좋습니다. 이때 격자 이미지를 추가하여 캐릭터와 소품의 텍스처 흐름을 확인합니다. [UV 에디터]의 헤더에서 〈+ 새로운(New)〉 버튼을 클릭한 뒤 [생성된 유형(Generated Type)]에서 [UV 격자(UV Grid)]를 선택하고 〈OK〉 버튼을 클릭합니다(그림 6-2a). 그러면 UV 맵 위에 격자가 나타납니다.

텍스처를 오브젝트에 추가하려면 각각 [매트리얼 프로퍼티스(Material Properties)] 탭으로 이동하여 〈+ 새로운〉 버튼을 클릭합니다. 그리고 오른쪽 아래 [베이스 컬러(Base Color)] 옵션에 있는 작은 원 아이콘을 클릭합니다(그림 6-2b). 목록에서 [이미지 텍스처(Image Texture)]를 선택하고 〈+ 새로운〉 버튼의 아래쪽 이미지 탐색기에서 [Grid Texture]를 선택합니다(그림 6-2c). [매테리얼 미

리 보기(Material Preview)] 모드라면 모델에 격자 텍스처를 적용한 모습을 볼 수 있습니다(그림 6-2d). 오브젝트마다 이 과정을 각각 반복해서 적용합니다.

과도하게 늘어나지 않은 균일한 사각형 흐름이 바람직합니다. **그림 6-2d**는 좋은 UV 예, **그림 6-2e**는 나쁜 UV 예입니다.

그림 6-2a 새로운 격자 텍스처 만들기

그림 6-2b 격자 텍스처를 재질에 추가하기

그림 6-2c 이미지 탐색기에서
[Grid Texture] 선택하기

그림 6-2d
캐릭터와 소품의 텍스처 흐름이 좋은 예

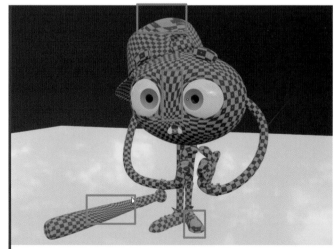

그림 6-2e 늘어지고 뒤틀린 격자 텍스처의 흐름
(주황색 사각형으로 표시한 부분)

03

이제 UV를 만들 차례입니다. [에디트 모드]의 [에지(Edge)] 선택 모드에서 접합선이 될 선을 선택하고 Ctrl + E 를 누릅니다. 그리고 [씨임을 마크(Mark Seam)]를 선택하여 자릅니다. 자르기가 모두 끝났다면 필칠 전체 오브젝트를 선택하고 나서 U 를 누르고 [펼치기(Unwrap)]를 클릭합니다. 그러면 UV 에디터에서 UV 맵을 볼 수 있습니다.

이미지를 보며 오브젝트의 접합선이 어떻게 되는지 각각 확인합니다. 이때 몸의 모든 부분은 연결되어야 합니다.
마찬가지로 눈 주위, 손, 팔, 다리, 머리에도 접합선을 만듭니다. 참고로, 닫히지 않은 메시의 선에는 접합선을 만들 필요가 없습니다. 팔 끝의 열린 부분을 예로 들 수 있습니다. 치아와 목젖의 접합선도 잊지 맙시다.

접합선이 제대로 연결되어 있지 않으면 펼칠 때 문제가 생길 수 있습니다(그림 6-3a).
접합선을 모두 표시했다면 [에디트 모드]의 헤더에서 [선택(Select) → 모두(All)] 또는 A 를 눌러 [Select All Toggle]을 선택하고 나서 U 를 누르고 [펼치기]를 클릭합니다.

눈은 따로 매핑하므로 두 곳만 잘라 펼치면 됩니다. 하나는 눈동자가 끝나는 곳이고, 또 하나는 안구 가운데입니다(그림 6-3b).

Tip. **접합선**: 05-3절 176, 177, 179쪽 참고

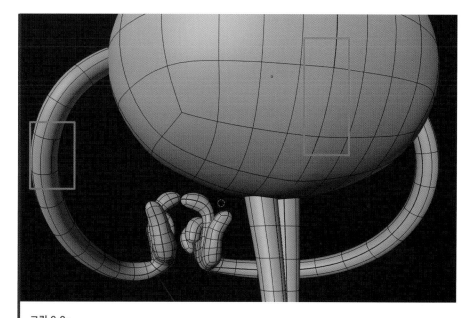

그림 6-3a
펼칠 때 문제가 생기므로 끊긴 곳은 없는지 꼭 확인하기

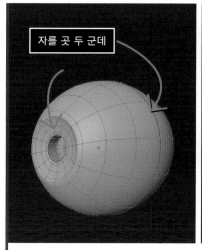

자를 곳 두 군데

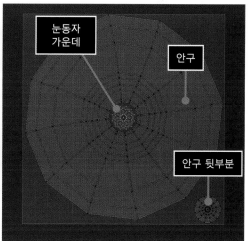

눈동자 가운데

안구

안구 뒷부분

그림 6-3b 눈의 접합선과 UV

04

캐릭터와 마찬가지 과정으로 옷과 소품의 UV 맵을 만듭니다. 이때 옷과 소품이 어떻게 늘어나는지를 상상하여 최선의 접합선을 정합니다(그림 6-4a). 시간을 들여 천천히 작업하세요. 매핑 결과가 좋다면 텍스처도 좋아집니다.

UV 에디터 도구도 함께 이용합니다. 툴바 아랫부분에는 메시를 잡아당기고 부드럽게 하고 한곳으로 모으는 [잡기(Grab)], [릴렉스 (Relax)], [핀치(Pinch)] 도구가 있습니다. 이 도구는 메시를 수정할 때 편리합니다. 예를 들어 메시를 부드럽게 하거나 토폴로지 방향을 바꾸어 텍스처가 더 균일하도록 할 수 있습니다. UV 맵에서 수정한 내용은 캐릭터의 토폴로지에는 영향을 끼치지 않지만, 텍스처가 어떻게 보일지에는 영향을 끼칩니다(그림 6-4b).

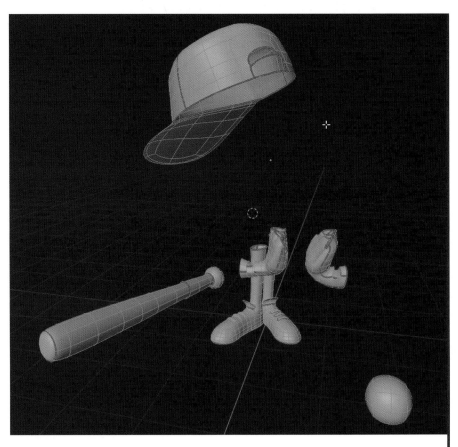

그림 6-4a 옷과 소품 펼치기

그림 6-4b
UV 매핑 도구를 이용하여 메시 수정하기

06-2 · 재질과 텍스처 입히기

05

재질을 추가하는 방법은 간단합니다. 속성 편집기의 [매트리얼 프로퍼티스(Material Properties)] 탭에서 〈+ 새로운〉 버튼을 클릭하고 재질 슬롯을 추가합니다(그림 6-5a). 그러면 하나의 노드에 모든 속성이 있는 [프린시플드 BSDF(Principled BSDF)]라는 재질을 자동으로 만듭니다. [표면(Surface)] 패널에서는 표면에 특화한 재질 유형으로 바꿀 수 있습니다. 예를 들어 재질의 색, 거칠기, 금속성, 반사, 투명도 등 다양한 옵션을 설정할 수 있습니다. 그림 6-5b에서 보듯이 재질의 이름을 바꿀 수도 있습니다.

그림 6-5a 새로운 재질 추가하기

그림 6-5b
[매트리얼 프로퍼티스] 탭의 [프린시플드 BSDF]

피부, 옷, 소품에 적용할 새로운 재질을 만듭니다. 재질 이름은 다음 단계에서 사용하기 쉽도록 바꿉니다. 예를 들어 'Body', 'cap', 'skin' 등입니다(그림 6-5c). 그리고 재질마다 다른 [베이스 컬러(Base Color)]를 설정하여 그림 6-5d처럼 만듭니다.

3D 뷰포트를 [매테리얼 미리 보기(Material Preview)] 모드로 선택하면 재질의 효과를 확인할 수 있습니다(그림 6-5d).

캐릭터의 몸과 소품을 분리하여 재질을 따로 따로 추가하거나, 전체 오브젝트를 선택하고 원하는 재질을 지정하여 연결된 오브젝트에 추가할 수도 있습니다.

그림 6-5c
각 요소에 재질
추가하기

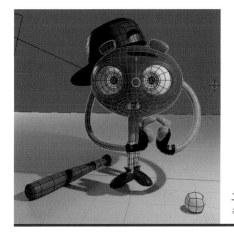

그림 6-5d [베이스 컬러]를 지정한 재질을
추가한 모델

06

이제 [Texture Paint] 워크스페이스로 이동합니다. 이 워크스페이스에는 왼쪽에 [이미지 에디터]가, 오른쪽에 [텍스처 페인트(Texture Paint)] 모드의 3D 뷰포트가 나타납니다. 몸을 선택하고 헤더에서 〈+ 새로운〉 버튼을 클릭하여 새로운 이미지를 추가한 뒤 이름을 [Skin]으로 변경합니다(**그림 6-6a**). 더 나은 해상도를 얻고자 비율은 대략 4K×4K 픽셀로 하고, [생성된 유형(Generated Type)]은 [빈(Blank)]으로 선택한 뒤 〈OK〉를 클릭합니다(**그림 6-6a**).

[매트리얼 프로퍼티스] 탭에서 [Skin] 재질을 선택합니다. 즉, [베이스 컬러] 이미지 탐색기에서 격자 텍스처(시각화에만 사용)를 방금 만든 새로운 이미지 텍스처로 바꿉니다(**그림 6-6b**). 그러면 3D 뷰포트에서 변경된 모습을 확인할 수 있습니다.

다음 단계에서는 새로운 텍스처를 칠합니다. 참고로, [이미지 에디터]의 2D 뷰 또는 3D 뷰포트의 [텍스처 페인트] 모드 어디에서든 칠할 수 있습니다.

그림 6-6a
[이미지 에디터]로 피부에
사용할 새로운 텍스처 만들기

그림 6-6b
[매트리얼 프로퍼티스] 탭에서
[Grid Texture]를 [Skin]으로 변경하기

07

[이미지 에디터]에서 UV를 확인할 수 있도록 3D 뷰포트의 [에디트 모드]에서 텍스처를 적용할 오브젝트를 선택합니다. 칠할 때 이미지 에디터는 [페인트(Paint)] 모드, 3D 뷰포트는 [텍스처 페인트(Texture Paint)] 모드로 설정합니다. [페인트] 도구의 속성을 설정할 수 있도록 양쪽 에디터의 사이드바는 모두 엽니다. N을 눌러 사이드바를 열면 사용할 브러시와 색을 설정할 수 있습니다. 캐릭터에 사용할 색만 모아 팔레트를 만들 수도 있고 마스킹을 사용할 수도 있습니다.

사이드바에서 색을 선택하고 툴바의 [채우기(Fill)] 도구로 [이미지 에디터]의 이미지를 클릭하여 모든 텍스처를 빨간색으로 칠합니다(**그림 6-7a**).

그리고 **그림 6-7b**를 참고하여 [그리기(Draw)] 도구로 그 위를 다른 색으로 칠합니다. 2D 이미지 위든 3D 모델 위든 상관없습니다. 도구 설정에서 굵기와 효과를 조절하여 서로 다르게 적용합니다. 캐릭터의 몸은 대부분 털로 뒤덮일 것이므로 그림처럼 빨간색을 다양하게 칠합니다. 다양한 밝기로 작은 점을 찍는 방법으로 마치 털처럼 보이도록 입체감 나게 칠합니다.

Tip. **브러시 설정(Brush Settings):** 05-4절 182쪽 참고

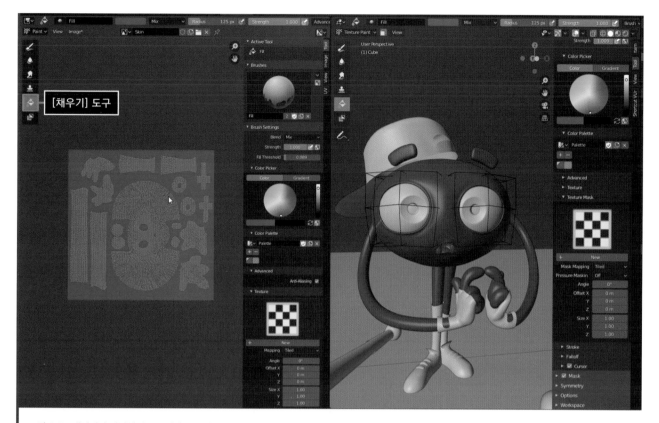

그림 6-7a 캐릭터가 빨간색이므로 캔버스를 빨간색으로 채우고 그 위를 다른 색으로 칠하기

그림 6-7b [그리기] 도구로 색을 바꾸며 캐릭터의 나머지 부분 칠하기

08

오브젝트에 텍스처를 적용하려면 몸을 칠하는 것과 똑같은 과정을 따릅니다. 04단계에서 이미 UV 매핑을 만들었으므로 3D 뷰포트에서 작업할 오브젝트를 선택하면 됩니다. 같은 방법으로 요소마다 적용할 텍스처 이미지를 만들고 베이스 컬러로 지정합니다(**그림 6-8a**).

3D 뷰포트에서 칠하면 방망이의 나뭇결 무늬처럼 오브젝트의 세세한 부분을 직접 칠할 수 있습니다(**그림 6-8b**).

텍스처 이미지는 각각 저장해야 합니다. 이미지를 만들고 헤더의 [이미지(Image) → 다른 이름으로 저장(Save as)] 메뉴로 원하는 곳에 저장하거나 Shift + Alt + S 를 이용합니다.

컬러 팔레트를 활용해 보세요

사이드바의 [도구(Tool)] 탭을 클릭하면 [브러시 설정(Brush Settings)] 패널에 [컬러 팔레트(Color Palette)] 옵션이 있습니다. 팔레트를 만들려면 〈+ New〉 버튼을 클릭합니다.

[컬러 선택기(Color Picker)]의 색상환에서 원하는 색을 선택하고 [+] 아이콘을 클릭하여 팔레트에 추가합니다. [-] 아이콘은 반대로 팔레트에서 색을 삭제합니다. 색상환 왼쪽 아래 상자를 클릭하고 스포이트를 이용하면 3D 뷰포트에서 원하는 색을 고를 수 있습니다. [컬러 팔레트]를 이용하면 텍스처에 사용할 색을 편하게 선택할 수 있습니다.

[브러시 설정] 패널의
[컬러 팔레트] 옵션

그림 6-8a
몸을 칠할 때와 같은
과정으로 소품과 옷 칠하기

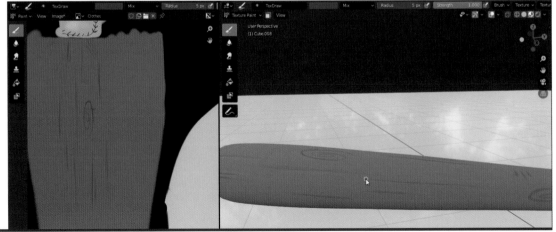

그림 6-8b
3D 표면에 직접 칠하여
세세한 부분 표현하기

09

실습 자료로 제공된 텍스처 이미지를 이용하면 눈에 텍스처를 쉽게 적용할 수 있습니다(그림 6-9a). 3D 뷰포트의 [에디트 모드]에서 눈을 선택하고 [매트리얼 프로퍼티스] 탭으로 이동하여 눈동자 텍스처 파일을 [베이스 컬러] 텍스처로 지정합니다. [UV 에디터]에서 눈동자 부분을 선택하고 메시를 이동하여 조절합니다(그림 6-9b). 3D 뷰포트는 [매테리얼 미리 보기] 모드로 설정해야 눈 위로 텍스처를 이동하는 모습을 확인할 수 있습니다.

눈 뒤는 렌더링하지 않아도 되므로 크기를 조절하여 오른쪽 아래 모퉁이에 둡니다(그림

6-9b 왼쪽 그림). 단순히 이 부분을 선택하고 축소해서 적당한 곳에 두면 됩니다.

각막 부분으로 이동하여 [매트리얼 프로퍼티스(Material Properties)] 탭에서 새로운 재질을 추가하고 이름을 [Glass]로 입력합니다. [IOR]를 [1.050]로, [거칠기(Roughness)]를 [0]으로 설정하고 나머지 설정은 그대로 둡니다. 텍스처 없는 재질을 추가했다면 UV 맵을 만들 필요는 없습니다. 이렇게 하면 각막의 재질 덕분에 빛 반사가 일어납니다(그림 6-9c).

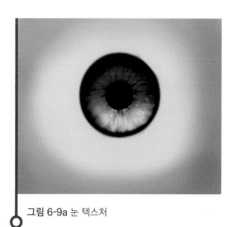

그림 6-9a 눈 텍스처

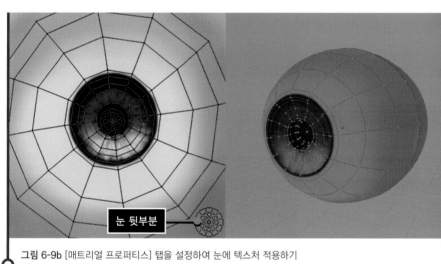

눈 뒷부분

그림 6-9b [매트리얼 프로퍼티스] 탭을 설정하여 눈에 텍스처 적용하기

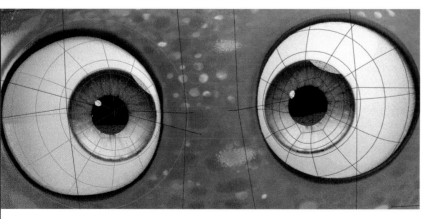

그림 6-9c 유리 재질을 이용해서 빛 반사가 생긴 모습

10

텍스처가 끝났다면 이제는 오브젝트가 만들어진 재질 유형에 따라 요소의 재질 속성을 각각 설정합니다. 오브젝트마다 실제처럼 그에 맞는 속성이 있습니다. 예를 들어 유리는 투명하며 빛나지만 종이는 무광이며 빛을 반사하지 않습니다. 재질 속성을 실제처럼 만들려면 각 구성 요소의 재질 유형에 따라 캐릭터를 다시 분리해야 합니다(그림 6-10a). 예를 들어 눈, 장갑, 방망이는 빛을 반사하는 재질이므로 각각 구분하여 재질을 복제합니다. 이때 이름을 꼭 바꾸어 다른 재질에 영향을 끼치지 않도록 해야 합니다.

[매트리얼 프로퍼티스(Material Properties)] 탭에서 오브젝트에 맞게 옵션 범위를 수정할 수 있습니다. 장갑을 예로 들면 [반사(Specular)]와 [거칠기(Roughness)]를 조절하여 가죽처럼 보이게 합니다(그림 6-10b).

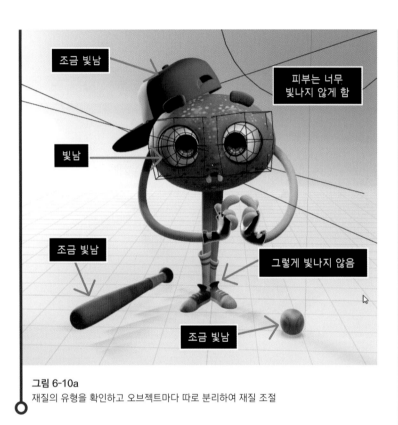

그림 6-10a
재질의 유형을 확인하고 오브젝트마다 따로 분리하여 재질 조절

재질 복제하기

재질을 복제하려면 [매트리얼 프로퍼티스] 탭에서 종이 두 장을 겹친 모양의 아이콘을 클릭하면 재질을 같은 값으로 복사합니다. 이렇게 하면 앞에서 적용한 텍스처를 그대로 유지하면서 밝기나 반사를 늘리는 등 새로운 재질값으로 조절할 수 있습니다. 재질 라이브러리에서 쉽게 구분할 수 있도록 이름을 바꿀 수 있는데, 재질 이름을 클릭하고 새로운 이름을 입력하면 됩니다.

재질 복제하기 아이콘

그림 6-10b
장갑에 조금 빛나는 텍스처 재질 속성 적용

[텍스처 슬롯] 활용하기

법선(Normal) 맵, 범프(Bump), 변위(Displacement), 거칠기(Roughness) 등 텍스처를 더 현실적이고 상세하게 보이도록 하는 몇 가지 요소가 있습니다. 예를 들어 방망이의 갈라진 틈, 모자나 공의 도드라진 부분을 표현할 수 있습니다. 그러려면 [텍스트 페인트(Texture Paint)] 모드의 사이드바에서 [도구] 탭을 누르고 [텍스처 슬롯(Texture Slots)] 패널을 찾습니다. 그리고 [+] 아이콘을 클릭하면 오브젝트에 다른 맵을 추가할 수 있습니다.

[범프] 맵을 선택합니다. 블렌더는 [범프] 맵을 재질의 [노멀(Normal)] 맵에 자동으로 연결하므로 편리합니다. 세부를 칠하는 동안 갈라진 틈이나 텍스처가 어떻게 만들어지는지 확인할 수 있습니다. 프로그램에서는 흰색은 도드라진 부분으로, 검은색은 깊이나 갈라진 틈으로 인식하기 때문입니다. 이런 작업은 그래픽 태블릿에서 하면 편리하지만 마우스를 이용해도 됩니다.

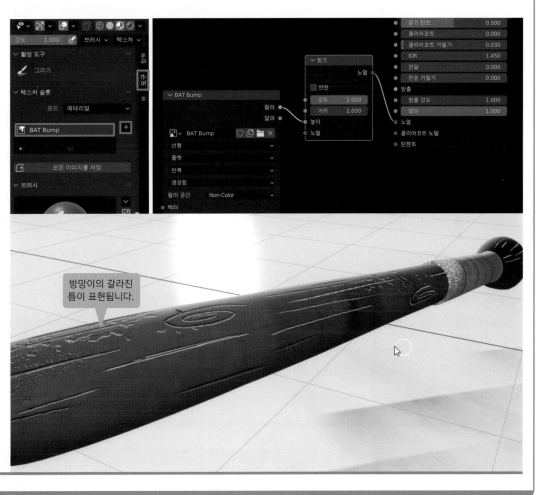

방망이의 갈라진 틈이 표현됩니다.

[범프] 맵을 이용하여 오브젝트의 세부를 표현한 모습

06-3 · 털 표현하기

11

몬스터 캐릭터에 털을 추가하려면 먼저 털이 나야 할 영역을 정해야 합니다. 그렇지 않으면 눈 주위나 입 안 등 원하지 않는 곳에서도 털이 마구잡이로 자랍니다(그림 6-11a).

털이 자랄 영역을 설정하려면 버텍스 그룹 (vertex group)을 만들어야 합니다. 이 그룹은 선택한 폴리곤에서만 털이 나야 한다는 것을 블렌더에 알립니다. 속성 편집기의 [오브젝트 데이터 프로퍼티스(Object Data Properties)] 탭으로 이동하여 [버텍스 그룹(Vertex Groups)] 패널에서 오른쪽 [+] 아이콘을 2번 클릭하여 그룹을 2개 만듭니다. 하나는 머리 영역, 또 하나는 얼굴 영역입니다. 그룹 이름을 더블클릭하고 **그림 6-11b**와 같이 각각 [Head], [Face]로 바꿉니다.

그룹 하나를 선택한 상태에서 [에디트 모드]로 이동한 뒤 [페이스 선택(Face Select)] 모드를 이용하여 머리에서 털이 날 영역을 선택합니다. 영역 선택을 마쳤으면 [오브젝트 데이터 프로퍼티스] 탭의 [버텍스 그룹] 아래에 있는 [할당(Assign)] 버튼을 클릭합니다. 같은 방법으로 얼굴 영역도 선택하고 할당합니다.

Tip. ⓒ를 눌러 원형 영역을 고를 수도 있습니다. Esc 를 누르면 이 도구에서 빠져나갈 수 있습니다.

그림 6-11a
입 안과 눈
주변에서도 자란 털

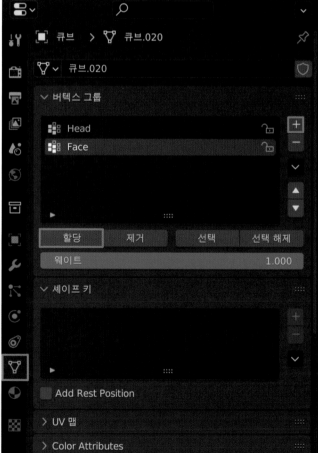

그림 6-11b
머리와 얼굴에 적용할 버텍스 그룹 2개 만들기

머리의 버텍스
그룹

얼굴의 버텍스
그룹

12

몬스터 캐릭터의 개성을 강하게 표현해야 하므로 머리털 레이어를 모두 4개 만들겠습니다(그림 6-12a 참고). 이 단계에서는 첫 번째 털 레이어를 만듭니다. 속성 편집기의 [파티클 프로퍼티스(Particle Properties)] 탭으로 이동합니다. 오른쪽의 [+] 아이콘을 누르면 [파티클 설정(Particle Setting)]이 생깁니다. 이름을 적당히 바꾸고 [헤어(Hair)] 버튼을 누릅니다. [방출(Emission)] 패널에서는 [번호(Number)], [헤어 길이(Length)], [부분(Segments)] 등을 설정할 수 있습니다.

Tip. [번호]는 머리털 가닥 수를 뜻합니다.

털은 머리 영역에만 나야 하므로 앞서 만든 그룹을 [파티클 프로퍼티스] 탭 아래 [버텍스 그룹(Vertex Groups)] 옵션에서 선택합니다. 머리용 하나를 선택하고 [헤어 길이(Hair Length)]를 [0.6m]로 설정합니다(그림 6-12b). 그리고 [오브젝트 모드]에서 털을 확인해 봅니다(그림 6-12c).

다음 단계에서는 털을 다듬으면서 그 밖의 [파티클] 옵션을 자세히 살펴봅니다.

그림 6-12b 캐릭터에 첫 번째 털 레이어 추가하기

그림 6-12a
털을 추가하려고 [파티클 프로퍼티스] 탭에서 털 레이어 4개를 만듦

그림 6-12c 완성한 첫 번째 털 레이어

13

그럼 [파티클 프로퍼티스] 탭의 도구를 이용하여 털을 다듬어 봅시다. 첫 번째는 [자식(Children)] 패널에서 [보간(Interpolated)]을 클릭합니다. 이렇게 하면 [표시 양(Display Amount)]과 [렌더 양(Render Amoun)]의 숫자만큼 가닥을 늘립니다(그림 6-13a). 예를 들어 숫자가 50이라면 파티클 또는 가닥을 각각 50배로 늘립니다. 털 레이어에는 1,000가닥이 있으므로 50,000가닥이 됩니다.

Tip. 1,000가닥은 [방출(Emission)] 패널의 [번호(Number)] 옵션값입니다.

[응집(lumping)] 옵션의 값을 **그림 6-13a**처럼 늘리면 털끝을 한곳으로 모을 수 있습니다(그림 6-13b).
[뷰포트 표시(Viewport Display)] 패널에서 [가닥 단계(Strand Steps)]의 값을 [5]로 늘립니다(그림 6-13c). 그러면 가닥이 좀 더 부드러워집니다.
[렌더(Render)] 패널의 [경로(Path)] 옵션에서 [B-스플라인(B-Spline)] 옵션에 체크하고 [단계]는 [5]로 설정합니다. 즉, 더 부드럽게 렌더링합니다.
마지막으로 [자식(Children)] 패널의 [꼬임(Kink)] 옵션에서 [꼬임 유형(Kink Type)]을 [말기(Curl)]로 선택하고 [진폭(Amplitude)을 [0.5m]로 설정합니다. 이렇게 하면 털에 웨이브가 생깁니다(그림 6-13d, 그림 6-13e).

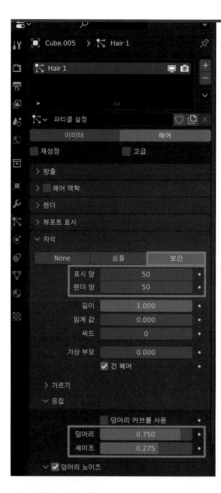

그림 6-13a 털 옵션 설정

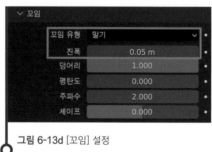

그림 6-13b 첫 번째 설정의 효과

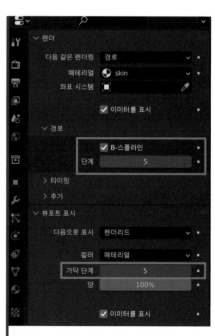

그림 6-13d [꼬임] 설정

그림 6-13c 털 옵션 추가 설정

그림 6-13e 털에 웨이브가 생긴 모습

14

그 밖에 중요 옵션으로 가닥의 재질, 두께, 3D 뷰포트와 렌더링에 사용할 가닥 수 등이 있습니다.

▶ 파티클은 색을 사용하고자 맵을 복사하므로 **[렌더(Render)] 패널**에서 올바른 재질을 선택했는지 확인합니다. 이 재질은 오브젝트에 사용하려고 앞에서 만든 것입니다.

▶ **[헤어 셰이프(Hair Shape)] 패널**에서 가닥의 굵기와 지름을 조절합니다(그림 6-14a).

▶ **그림 6-14a**에서 보듯이 **[자식(Children)] 패널**에서 3D 뷰포트와 렌더링에 표시할 양을 조절합니다. **그림 6-14a**에서 [표시 양(Display Amount)]은 [1]인데, 이는 시뮬레이션한 대로 표시한다는 뜻입니다. 이 값이 지나치게 커지지 않도록 주의하세요. 너무 크면 렌더링할 때 컴퓨터가 느려집니다.

그림 6-14b는 캐릭터에 털을 설정한 결과입니다.

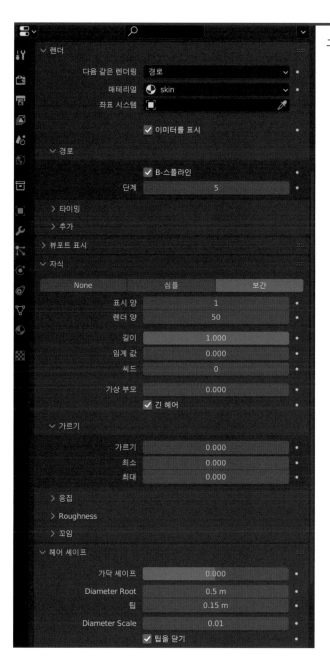

그림 6-14a 그 밖에 중요한 털 생성 설정

그림 6-14b 설정을 적용한 모습

15

몬스터 캐릭터의 얼굴 털을 만들 때도 같은 과정을 반복합니다. 그러나 이번에는 선택한 영역이 작으므로 [방출] 패널의 [번호]를 [300]으로 줄입니다(그림 6-15a). 이와 함께 [자식(Children)] 패널의 [표시 양(Display Amount)]도 [50]에서 [10]으로 줄여서 너무 무거워 보이지 않도록 합니다.

이렇게 하면 프로그램도 느려지지 않으면서 최종 렌더링 결과가 더 보기 좋습니다. 물론 이번에는 얼굴을 대상으로 한 [Face]를 버텍스 그룹으로 선택해야 합니다. 나머지 설정은 앞의 14단계와 같습니다.

설정이 끝나면 사방에서 털이 나는데 양도 무척 많습니다(그림 6-15b).

다음 16단계에서는 얼굴 털을 빗어 봅시다.

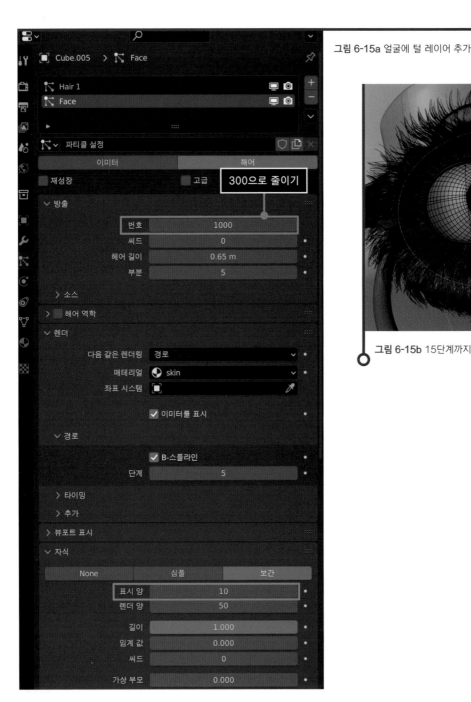

그림 6-15a 얼굴에 털 레이어 추가

그림 6-15b 15단계까지 작업한 얼굴 털의 상태

16

캐릭터의 머리털을 빗질하려면 3D 뷰포트를 [파티클 편집(Particle Edit)] 모드로 변경해야 합니다. 다른 모드와 마찬가지로 여기에도 왼쪽에 툴바가 있습니다. 이 툴바에는 [빗(Comb)], [스무스(Smmoth)], [추가(Add)], [길이(Length)], [퍼프(Puff)], [잘라내기(Cut)], [웨이트(Weight)] 등 털을 다루는 다양한 도구가 있습니다. 사이드바의 [도구(Tools)] 탭에서는 브러시의 [반경(Raius)]과 [강도(Stregnth)]를 조절할 수 있으며, [옵션(Options)] 패널에는 활성 레이어가 나타나므로 각각 편집할 수 있습니다(그림 6-16a).

속성 편집기의 [파티클 프로퍼티스] 탭에서 표시를 켜고 끄는 것도 작업할 때 도움이 됩니다. 예를 들어 **그림 6-16b**에서 [Face] 파티클의 스크린 아이콘이 꺼졌는데, 이렇게 하면 다른 파티클 영역을 작업하기가 수월합니다. 이런 방식으로 영역을 하나씩 빗질할 수 있습니다. [빗(Comb)] 도구를 선택하고 모자를 통과하는 털부터 빗질합시다.

머리털을 모두 빗질했다면 [파티클 프로퍼티스] 탭에서 얼굴 털을 활성화하고 빗질합니다(그림 6-16c).

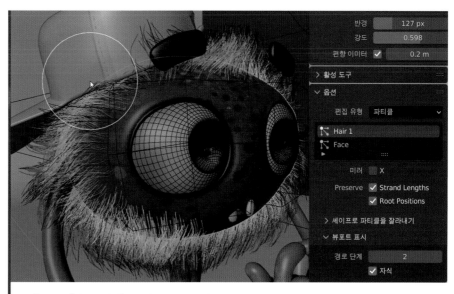

그림 6-16a [파티클 편집] 모드의 도구를 이용하여 캐릭터 빗질하기

그림 6-16b
3D 뷰 포트에서
파티클 숨기기와 표시하기

그림 6-16c 얼굴 털 빗기

17

[오브젝트 모드]로 돌아와 털 레이어를 원하는 만큼 만듭니다. 단, 레이어가 많을수록 렌더링할 파티클이 많아지므로 컴퓨터가 느려집니다.

파티클 설정을 또 하나 추가하고 털 레이어를 만듭니다. [번호(Number)]는 [15] 또는 [20]으로, [헤어 길이(Hair Length)]는 [0.8m]로 설정하고 머리 부분 레이어에서 자라게 합니다(그림 6-17a). 나머지는 이전 과정과 마찬가지로 설정하고 [버텍스 그룹]은 [Head]를 선택합니다.

그리고 [파티클 편집] 모드로 바꾸고 캐릭터의 털을 빗습니다. 헤더 왼쪽에는 스타일링할 때 도움이 되는 [경로(Path)], [포인트(Point)], [팁(Tip)] 등의 파티클 선택 옵션이 있습니다(그림 6-17b). 버텍스 그룹을 만들고 파티클 시스템을 추가하여 눈썹을 더할 수도 있습니다(그림 6-17c).

그림 6-17a 달라진 설정으로 레이어 추가

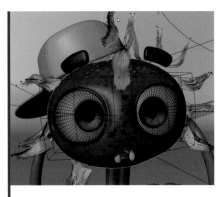

그림 6-17b [빗질] 도구를 사용해 털을 더 풍성하게 보이도록 설정한 모습

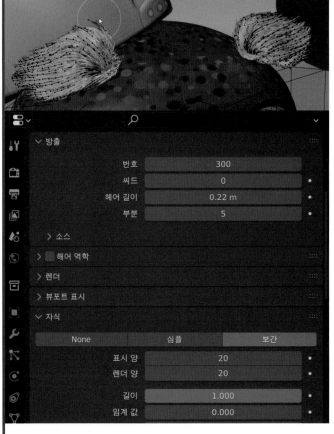

그림 6-17c 눈썹에도 털 추가하고 빗질하기

18

다리에도 양말에 이르기까지 버텍스 그룹을
만듭니다. 팔에는 버텍스 그룹을 2개 만듭니
다. 하나는 팔이고 나머지는 하나는 손입니다
(**그림 6-18a**). 팔과 다리에 털을 추가할 때 역
시 같은 과정을 적용하되 가닥의 굵기와 길이
는 달리합니다(**그림 6-18b**).

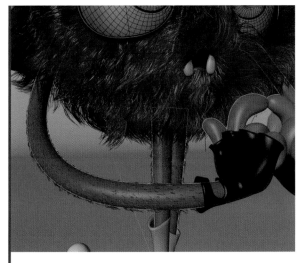

그림 6-18a 팔과 다리에 털 추가

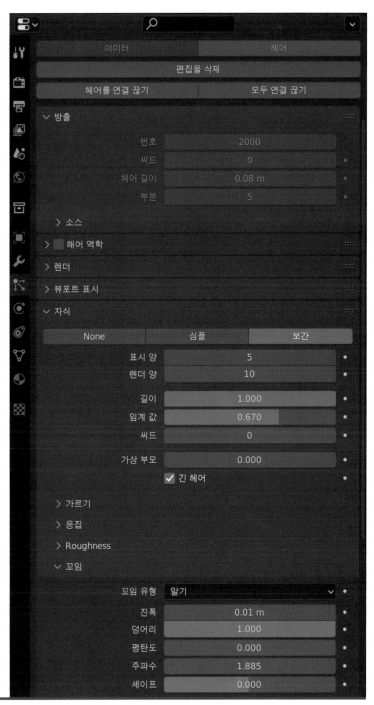

그림 6-18b 파티클 설정

손에서는 손가락 위에만 버텍스 그룹을 만들고
(그림 6-18c) 팔과 다리에 설정할 때처럼 새로
운 파티클 시스템을 만듭니다. 단, [자식(Chil-
dren)] 패널의 [렌더 양(Render Amount)]은 줄
입니다(그림 6-18d).

마지막으로, 털을 다듬어 가닥이 다른 요소를
뚫고 지나가지 않도록 합니다.

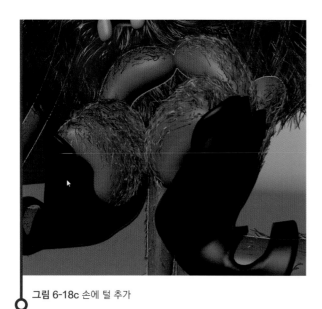

그림 6-18c 손에 털 추가

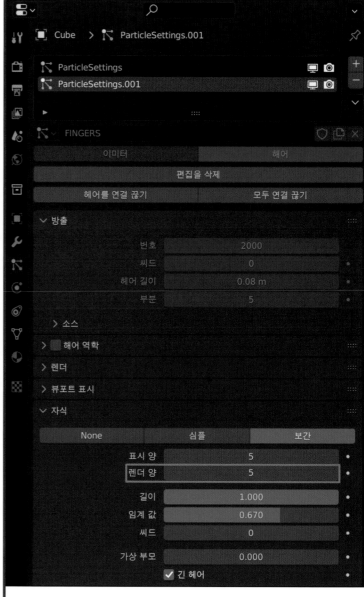

그림 6-18d 손의 털 설정

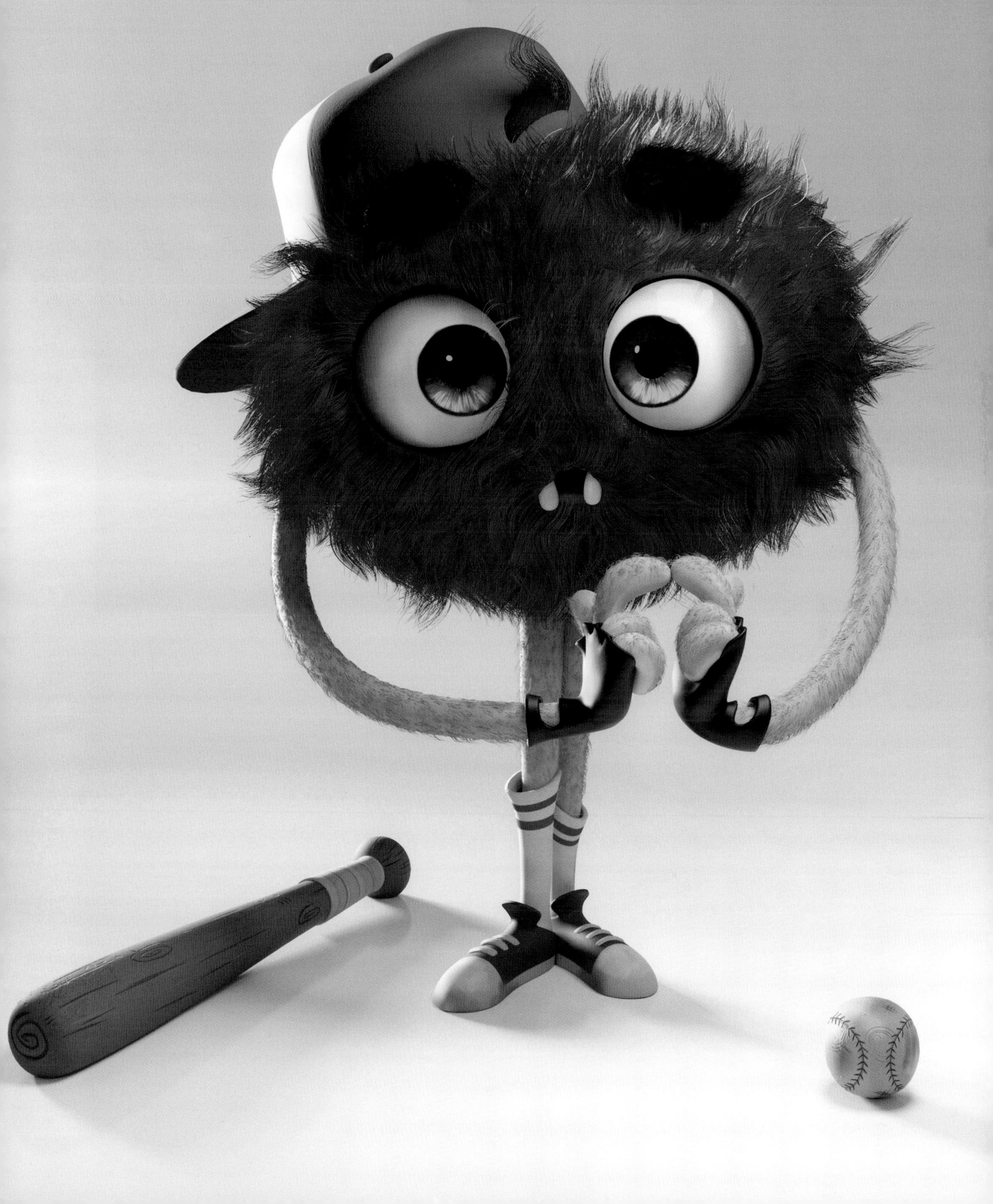

최종 아트워크 © 마이크 레드

07 · 피시맨 몬스터 만들기

후안 에르난데스

이 장에서 다룰 내용

- ▶ 기본 모양
- ▶ 스컬프팅
- ▶ 리토폴로지
- ▶ 옷
- ▶ 마지막 리토폴로지
- ▶ 장신구 모델링
- ▶ UV 맵
- ▶ 주변 환경
- ▶ 재질과 텍스처
- ▶ 마무리하기

원안 아트워크
ⓒ 톰 반 리넨

최종 3D 아트워크
ⓒ 후안 에르난데스

07-1 · 기본 모양 만들기

01

캐릭터 몸체의 기본 모양부터 만들어 보겠습니다. 보통 모델링하기 쉬운 간단한 모양을 이용하여 전체 모습을 만듭니다. 이 방법은 캐릭터를 모델링할 때 가장 많이 쓰며 조각의 기본 토대가 됩니다.

새로운 블렌더 파일을 열고 장면에 정점 하나를 추가합니다. 그러려면 [편집 → 환경 설정]을 눌러 Add Mesh: Extra Objects 애드온을 활성화해야 합니다.

그리고 헤더 메뉴에서 [추가(Add) → 메쉬(Mesh) → Single Vert → Add Single Vert]를 클릭합니다(**그림 7-1a**).

[왼쪽 정사법]에서 쉽게 작업하고자 [Ctrl] + [3]을 누릅니다. [에디트 모드]에서 [버텍스 선택(Vertex Select) 모드]인지 확인하고 [G]를 눌러 캐릭터에서 입이 시작하는 곳으로 정점을 옮깁니다. 그리고 [E]를 누르고 정점을 여

러 번 클릭해 몸 모양을 만듭니다(**그림 7-1b**). 이로써 몬스터 캐릭터 피시의 골격을 완성했습니다.

Tip. 격자와 축: **그림 7-1b** 참고

그림 7-1a
Add Mesh: Extra Objects 애드온을 활성화하여 [Single Vert] 옵션 추가하기

그림 7-1b
정점을 돌출하여 캐릭터 골격 만들기

02

다음으로, 모든 정점을 선택하고 [섭디비전 표면(Subdivision Surface)] 모디파이어를 추가하여 실루엣을 부드럽게 하고 [스킨(SKin)] 모디파이어로 정점 주변에 기하 도형을 만듭니다. [섭디비전 표면] 모디파이어를 한 번 더 추가하여 기하 도형을 부드럽게 합니다(설정은 그대로). 블렌더의 가장 큰 특징인 모디파이어를 이용하면 연결한 몇 개의 정점만으로도 기하 도형을 만들고 조작할 수 있습니다.

그리고 각 정점을 선택하고 Ctrl + A 를 눌러 캐릭터 모양에 맞게 입 부분을 뾰족하게 하고 굵기를 조절합니다(**그림 7-2a**). Alt + Z 를 눌러 [X-Ray를 토글]을 켜면 정점을 확인할 수 있습니다. 필요하다면 [에디트 모드]에서 G 를 누르고 모양을 다듬습니다. 두 정점 사이에 정점이 더 필요하다면 마우스 오른쪽 버튼을 누르고 [섭디비전(Subdivide)] 메뉴를 선택합니다.

[오브젝트 모드]로 이동하고 나서 S 를 누르고 X축 방향으로 전체 캐릭터의 크기를 조절하여 몸체가 너무 동그란 모양이 되지 않도록 합니다. **그림 7-2b**처럼 뷰를 바꾸고 작업합니다.

> ## [왼쪽 정사법]에서 작업하는 이유
>
> [왼쪽 정사법]에서 작업하면 모든 정점을 같은 작업 축에 정렬하여 대칭인 기하 도형을 생성할 수 있습니다. 단축키는 Ctrl + 3 입니다.

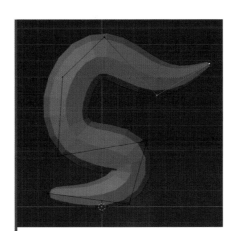

그림 7-2a
모디파이어를 추가하고 Ctrl + A 로 각 정점의 두께 조절하기

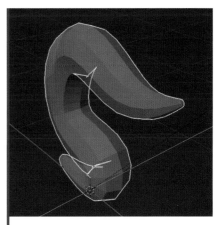

그림 7-2b X축 방향으로 크기 줄이기

03

이번에는 [에디트 모드]에서 정점을 돌출하여 꼬리지느러미를 추가하고 피시의 골격을 계속 만들어 보겠습니다. 꼬리 부분의 마지막 정점을 선택하고 나서 [E]를 누르고 위쪽으로 돌출합니다(그림 7-3a). 같은 정점을 다시 선택하고 아래쪽으로 돌출하여 **그림 7-3b** 처럼 꼬리지느러미 모양을 만듭니다.

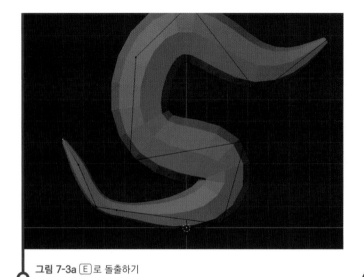

그림 7-3a [E]로 돌출하기

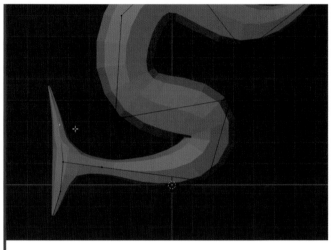

그림 7-3b [섭디비젼]으로 꼬리지느러미에 정점 추가하기

그림 7-3b처럼 가운데 정점과 바깥쪽 정점을 모두 선택하고 나서 마우스 오른쪽 버튼을 누르고 [섭디비젼(Subdivide)]을 선택하여 정점을 추가합니다. 다른 쪽 꼬리지느러미에도 정점을 추가합니다.

이 부분은 아직 평평한 상태이므로 [Ctrl] + [A]를 누르고 [X]를 눌러 X축으로만 제한하여 두께를 조절합니다(그림 7-3c). 이 작업을 몸 전체에 적용하여 캐릭터가 원통 모양이 되지 않도록 합니다.

이제 [스킨(Skin)] 모디파이어의 [스무스 셰이딩(Smooth Shading)]에 체크하여 표면이 부드러운 곡선이 되도록 합니다(그림 7-3d, 그림 7-3e).

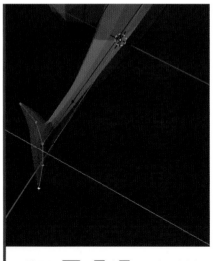

그림 7-3c [Ctrl] + [A]와 [X]로 두께 조절하기

그림 7-3d [스무스 셰이딩] 옵션 체크하기

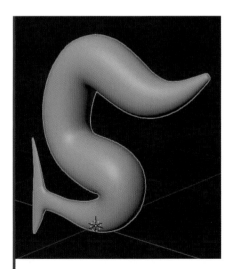

그림 7-3e [스무스 셰이딩] 옵션을 활성화한 메시

04

등지느러미를 만들려면 [오브젝트 모드]에서 장면에 평면(Plane)을 추가합니다. 이 평면을 Y축 방향으로 90° 회전하고 크기를 조절합니다. 그리고 [왼쪽 정사법]으로 위치를 대강 정합니다(그림 7-4a).

[에디트 모드]에서 선을 선택하고 E를 눌러 새로운 면을 돌출하여 전체 지느러미 모양을 만듭니다(그림 7-4b). 정점을 이동하고 선과 면의 길이를 조절하여 원하는 모양을 만듭니다(그림 7-4b). 이때 [앞쪽 정사법(Ctrl + 1)]과 [왼쪽 정사법]을 번갈아 오가며 정렬 상태를 확인합니다.

[오브젝트 모드]에서 지느러미를 선택하고 나서 [솔리디파이(Solidify)] 모디파이어를 추가하고 [두께(Thickness) 옵션]을 조절하여 원하는 모양이 되도록 합니다. 그리고 [섭디비전 표면] 모디파이어를 추가하여 모양을 부드럽게 만듭니다(그림 7-4c).

마지막으로, [오브젝트 모드]에서 지느러미를 선택하고 3D 뷰포트에서 마우스 오른쪽 버튼을 눌러 [셰이드 스무스(Shade Smooth)]를 선택합니다.

나머지 지느러미에도 이 과정을 반복합니다(그림 7-4d).

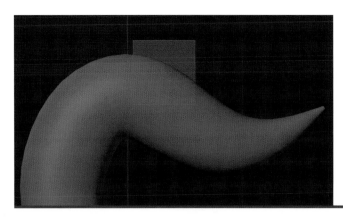

그림 7-4a
[X-Ray를 토글]을 이용하여 작업이 올바른지 확인하기

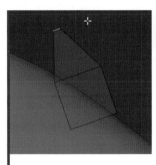  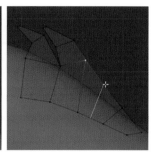

그림 7-4b 정점과 선을 돌출하고 이동하여 지느러미 모양 만들기

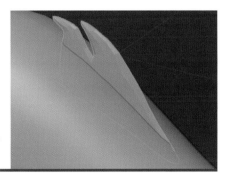

그림 7-4c
지느러미의 두께를 조절하고 부드럽게 다듬기

[비례 편집] 모드를 활용하세요!

O로 [비례 편집(Proportional Editing)] 모드를 켰다 껐다 하면서 작업하면 편리합니다. 이렇게 하면 기하 도형을 좀 더 실감 나게 만들 수 있습니다.

Tip. [비례 편집] 모드: 03-3절 70쪽 참고

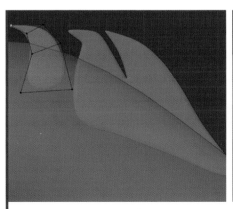

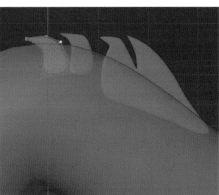
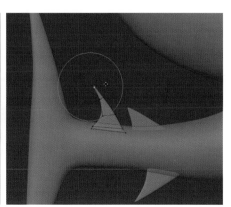

그림 7-4d 나머지 지느러미에도 같은 과정 반복하기

05

어깨를 만들려면 먼저 [오브젝트 모드]에서 장면에 큐브(Cude)를 추가합니다. 그리고 [섭디비전 표면] 모디파이어를 추가하고 나서 [Levels Viewport]를 [2]로 설정하고 크기를 조절합니다. 왼쪽과 오른쪽 보기로 바꾸면서(02-1절 27쪽 단축키 참고) G를 눌러 몸체의 어깨 부분으로 이동합니다. 새로 만든 오브젝트를 선택한 상태에서 마우스 오른쪽 버튼을 누르고 [셰이드 스무스(Shade Smooth)]를 선택하여 표면을 부드럽게 만듭니다(그림 7-5a).

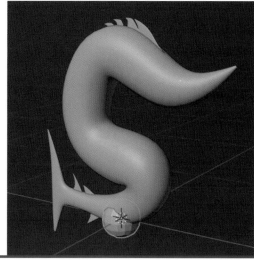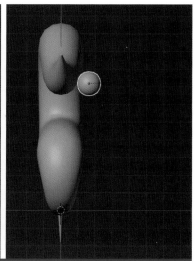

그림 7-5a [섭디비전 표면] 모디파이어를
적용한 큐브로 어깨 만들기

작업의 효율을 높이고자 큐브에 [미러(Mirror)] 모디파이어를 적용하고 스포이트 아이콘을 이용해 몸체를 [미러 오브젝트(Mirror Object, 그림 7-5b)]로 지정하여 양쪽 어깨가 몸체를 중심으로 서로 대칭이 되도록 합니다. 그러면 첫 번째를 미러링하여 몸체 반대편에 두 번째 큐브가 생깁니다(그림 7-5c).

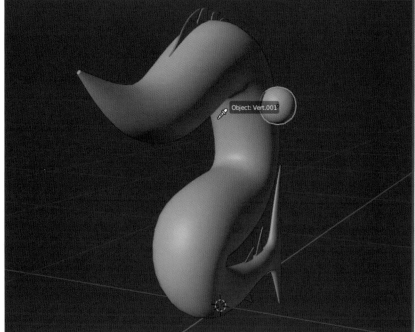

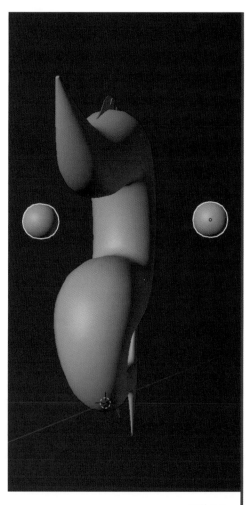

그림 7-5b
[미러] 모디파이어에서 스포이트 아이콘으로 미러링 기준 오브젝트 지정하기

그림 7-5c
2가지 모디파이어를 적용한 큐브 효과 확인하기

06

여기서는 [오브젝트 모드]에서 Shift + D 를 이용하여 큐브를 복제하고 재사용하여 팔을 만듭니다. 이렇게 하면 같은 모디파이어를 적용한 오브젝트를 똑같이 만들므로 [에디트 모드]에서 수정하여 적절한 자리에 두기만 하면 됩니다. 복제한 큐브는 G 로 이동하고 S 로

크기를 조절하여 위팔부터 적당한 모양으로 만듭니다(그림 7-6a).

에지 루프를 추가하고자 정점 위에 마우스를 올린 상태에서 Ctrl + R 를 누르고 에지 잘라내기 만들 곳을 표시합니다. 마우스 왼쪽 버튼으로 동작을 확정하고 한 번 더 눌러 적용합

니다. 그리고 Alt 를 누른 채 클릭해 에지 루프를 선택하고 S 를 이용하여 크기를 조절합니다(그림 7-6a).

위팔 작업이 끝났다면 [오브젝트 모드]로 이동하고 R 로 팔을 아래쪽으로 회전하여 위치를 잡습니다(그림 7-6b).

그림 7-6a 이동과 크기 조절을 이용하여 위팔 모양 잡기

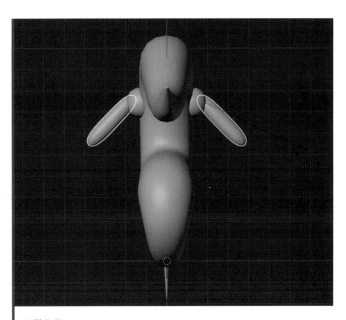

그림 7-6b
[에디트 모드]에서 기하 도형을 변환해도 피벗은 그대로임.
원통의 한쪽 끝으로 피벗(주황색 점)을 이동하면 팔을 회전하기 쉬움.

[오브젝트 모드]에서 Shift + D 를 눌러 어깨를 다시 복제하여 아래팔을 만들고 다시 이동하고 크기를 조절합니다. 그리고 [에디트 모드]에서 **그림 7-6c**처럼 에지 루프를 추가합니다.

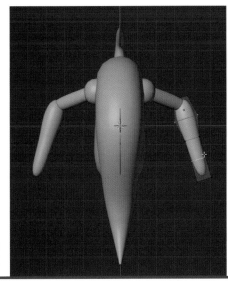
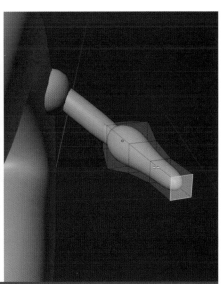

그림 7-6c
아래팔에도 같은 과정 반복하기

07

마지막으로, [오브젝트 모드]에서 어깨를 다시 복제하고 손 위치에 둡니다(그림 7-7a). [에디트 모드]에서 바닥 면을 선택하고 손바닥 모양이 되도록 조절합니다. 그리고 Y축 방향으로 크기를 조절하여 원 모양이 사라지도록 합니다(그림 7-7b).

Ctrl + R 를 눌러 **그림 7-7c**와 같이 에지 루프를 추가합니다. 이렇게 하면 너무 동그랗게 보이지 않습니다. 애당초 큐브를 사용했으므로 세분한 결과 역시 둥근 모양이 되기 때문입니다. 기하 도형에 에지 루프를 추가하면 모양을 유지하면서도 세분한 모델이 원래 모양과 더 비슷해집니다.

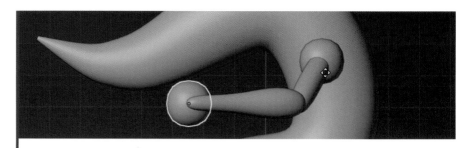

그림 7-7a 어깨로 사용했던 큐브 복제하기

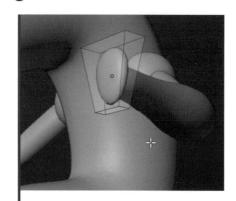

그림 7-7b
손의 바닥 면이 너무 둥글지 않도록 조절하기

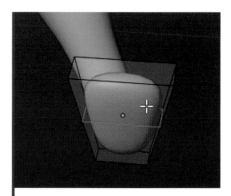

그림 7-7c 에지 루프를 추가하여
손이 사각형이 되도록 조절하기

08

[오브젝트 모드]에서 어깨를 한 번 더 복제하고 [에디트 모드]에서 모양을 조금 바꾸어 눈꺼풀로 사용합니다.

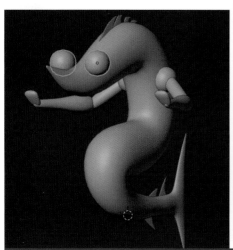

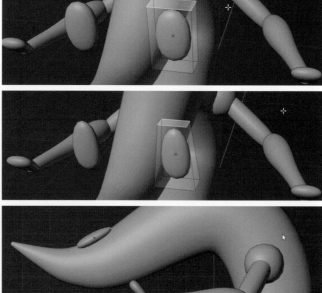

그림 7-8a
어깨를 한 번 더 복제하여
눈꺼풀로 사용하기

09

지느러미를 만든 방법과 비슷한 과정으로 평면(Plane)을 추가하고 모양을 다듬어 벌린 입을 만들 수 있습니다. 입 부분에는 부드럽게 꺾인 곳이 있으며 여기에는 꺾인 주름 부분도 있습니다. 꺾인 모양을 만들려면 적어도 3개 이상의 정점을 한곳에 모아야 합니다. 선을 선택하고 나서 Ctrl + B로 [베벨(Bevel)]을 적용하고 콘텍스트 메뉴에서 [부분(Segments)]을 [3] 이상 설정하거나 Ctrl + R로 [루프 잘라내기(Loop Cut)]를 직접 추가합니다(그림 4-9a).

벌린 입 전체를 선택하고 이번에는 먼저 [섭디비전 표면(Subdivision Surface)] 모디파이어를 추가하고 그다음에 [솔리디파이(Solidify)] 모디파이어를 추가합니다. 이는 평면 모양을 부드럽게 만들고 두께를 어느 정도 유지하기 위해서입니다. [솔리디파이] 모디파이어에서 두께(Thickness)를 몸 전체를 넘을 만큼 충분히 만듭니다(그림 7-9b).

이렇게 만든 오브젝트를 이용하여 불리언 도구로 몸체 오브젝트를 잘라 내겠습니다. Object: Bool Tool 애드온을 활성화했다면 [오브젝트 모드]에서 입 부분 메시를 선택하고 Shift를 누른 상태에서 몸체를 선택합니다. 그리고 Ctrl + 숫자 패드 −를 누르면 불리언 빼기를 만듭니다(그림 7-9c). 결과를 정확히 확인하려면 [X-Ray를 토글]은 해제합니다.

불리언 도구로 만들어서 어색하면 입 메시를 선택하고 속성 편집기의 [오브젝트 데이터 프로퍼티스(Object Data Properties)] 탭으로 이동합니다. 그리고 [노멀(Normals)] 패널에서 [자동 스무스(Auto Smooth)]를 적용합니다(그림 7-9d).

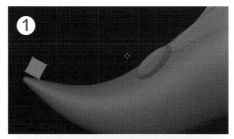

그림 7-9a 평면을 돌출하고 크기를 조절하여 벌린 입 모양을 만들고, [베벨]과 [루프 잘라내기]로 입의 꺾인 부분 표현하기

그림 7-9b
[솔리디파이] 모디파이어에서 두께를 설정하고 몸체 전체를 통과하도록 조절하기

그림 7-9c
Bool Tool 애드온을 이용하여 벌린 입 만들기

그림 7-9d [자동 스무스] 옵션 적용하기

10

이번에는 손가락을 만듭니다. 이 역시 팔을 만들 때 사용했던 방법과 비슷합니다. [오브젝트 모드]에서 큐브를 추가하고 X축과 Y축으로 크기를 조절합니다. 그리고 [섭디비젼 표면] 모디파이어를 추가합니다. 이때 [Levels Viewport]는 [1]이면 충분합니다. 마찬가지로 [오브젝트 모드]에서 마우스 오른쪽 버튼을 누르고 [셰이드 스무스(Shade Smooth)]를 적용합니다. [에디트 모드]로 이동하여 **그림 7-10a**

처럼 [루프 잘라내기] 몇 개를 추가하고 필요하다면 Z축 방향으로 크기를 조절합니다. 이로써 손가락 첫 번째 부분을 완성했습니다.

[오브젝트 모드]에서 Shift + D를 클릭하여 손가락을 복제하고 위치를 조절하여 두 번째 손가락 부분을 만듭니다(**그림 7-10b**). 이어서 **그림 7-10b**처럼 큐브를 추가하고 다듬고 위치를 조절하여 손톱과 관절도 만듭니다.

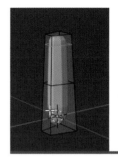

그림 7-10a
큐브 조절하고
[루프 잘라내기]
추가하기

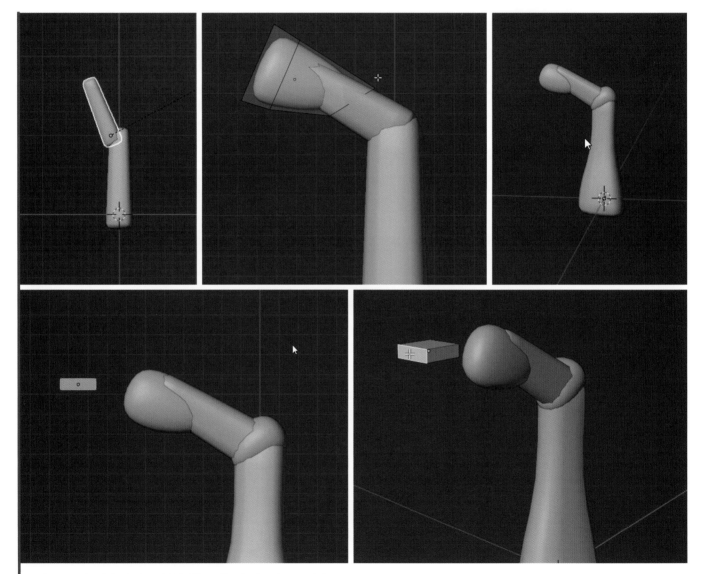

그림 7-10b 가능한 한 비율을 유지하여 이후 수정할 내용이 줄어들도록 하기

[로컬 뷰]로 오브젝트를 분리해 집중 작업하세요!

모델의 특정 부분에만 집중하려면 대상 오브젝트를 선택하고 숫자 패드
⁄(/) 또는 헤더 메뉴에서 [뷰(View) → 로컬 뷰(Local View) → 로컬 뷰
를 토글(Toggle Local View)]을 이용하여 오브젝트를 분리하고 나머지
부분은 숨깁니다.

그림 7-10b 앞 그림에서 이어짐

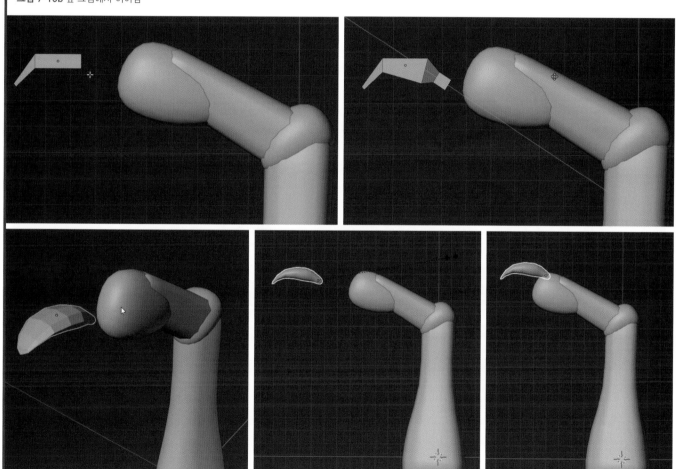

11

손가락 하나를 만들었다면 [오브젝트 모드]로 이동하여 손가락 구성 요소를 모두 선택하고 [Shift]를 누른 채 손가락을 손에 연결할 부분을 선택하여 오브젝트를 활성화합니다. 활성 오브젝트는 밝은 주황색으로 보입니다. 그리고 [Ctrl] + [P]를 누르고 [오브젝트 (변환을 유지)(Object (Keep Transform))]를 선택하여

모든 오브젝트의 부모로 지정합니다. 이렇게 하면 나머지 부분은 활성 오브젝트의 자식이 되며 부모만 조작해도 모든 손가락의 위치나 크기를 조절할 수 있습니다.

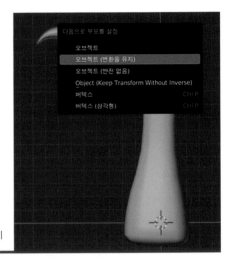

그림 7-11 부모 오브젝트 설정하기

12

숫자 패드 [/]를 눌러 로컬 뷰에서 빠져나옵니다. [오브젝트 모드]에서 손가락의 부모 오브젝트를 선택하고 [이동(Move)], [축적(Scale)], [회전(Rotate)] 도구를 이용하여 손가락을 손에 둡니다.

이 손가락을 반대편 손에도 미러링합니다. 여러 가지 오브젝트로 이루어지므로 가장 빠른

방법은 다른 오브젝트에서 [미러(Mirror)] 모디파이어를 옮기는 것입니다. 먼저 [환경 설정(Preferences)]에서 Interface: Copy Attributes Menu 애드온을 활성화합니다. [Shift]를 누른 채 손가락의 모든 부분을 클릭해 선택하고 마지막으로 손을 선택합니다. [Ctrl] + [C]를 누르고 [Copy Selected Modifiers]

를 선택합니다(그림 7-12a). 새로운 메뉴가 나타나면 복사할 미러 모디파이어를 고르고 〈OK〉 버튼을 클릭합니다. 그러면 반대편 손에 손가락이 생깁니다(그림 7-12b).

그림 7-12a
Copy Attributes Menu 애드온을 활성화하고 [Ctrl] + [C]를 눌렀을 때 나타나는 메뉴

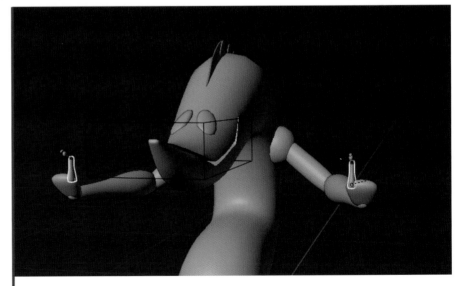

그림 7-12b 손가락이 양손에 나타남

뷰를 바꾸며 확인하세요

작업하고 있는 모델을 여러 각도에서 보면서 구성 요소가 올바르게 자리 잡았는지를 확인해야 합니다.

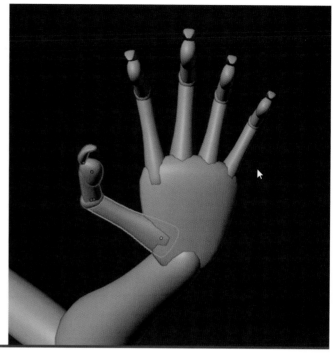

손가락 전체를 선택하고 나서 [Shift] + [D]를 눌러 복제하고 손가락을 만듭니다. 손가락 5개를 모두 만들었으면 부모를 선택하고 [S]를 눌러 손가락 크기를 조절하고 [R]로 회전합니다(그림 7-12c).

그림 7-12c
손가락을 복제하고 이동,
크기 조절, 회전하기

움직임 테스트하기

움직임을 테스트하고자 팔의 모든 부분을 자식으로 만들 수도 있습니다. 그리고 움직임 테스트를 통해 비율이 올바른지를 확인할 수 있습니다. 단, 움직임 테스트는 만들기 과정에서 필수는 아닙니다.

여기서는 손가락 부분을 더 큰 손가락 부분의 자식 요소로 만들고, 다시 이를 손의 자식 요소로 만들었습니다. 또한 손은 아래팔의 자식 요소로, 아래팔은 위팔의 자식 요소로, 위팔은 어깨의 자식 요소로 만들 수 있습니다.

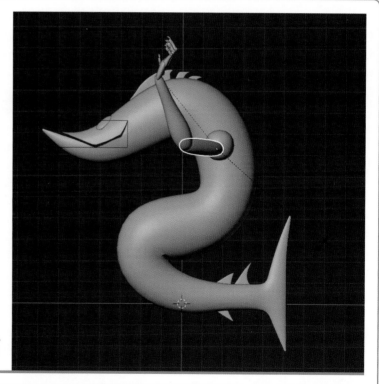

부모 요소로 지정하고 나서 팔의 각 부분을 이동,
회전하여 움직임 테스트하기

07-2 • 스컬프팅 — 디테일한 부분 만지기

13

지금까지 캐릭터 기본은 준비했으니 이제부터 스컬프팅 작업을 이어 가겠습니다. 그전에 모든 모디파이어를 적용해야 합니다.

먼저 몸체의 서브디비전 수준을 늘려 스컬프팅에서 더 부드러운 표면을 만들고자 두 번째 [섭디비젼 표면(Subdivision Surface)] 모디파이어를 적용하고 [Levels Viewport]의 값을 [4]로 늘립니다(그림 7-13a). 다른 오브젝트에도 [섭디비젼 표면] 모디파이어를 적용하고 [Levels Viewport]의 값을 [2]로 설정합니다.

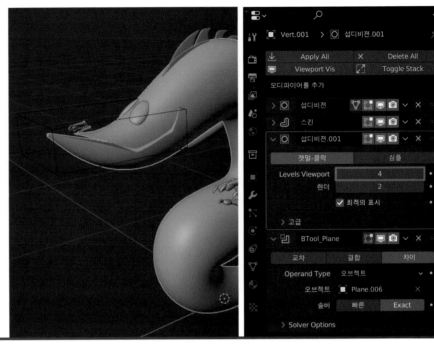

그림 7-13a
몸체의 세분화(서브디비전) 수준 늘리기

그리고 앞에서 설정한 모든 모디파이어를 각 오브젝트에 적용합니다. 각 오브젝트를 선택한 상태에서 [모디파이어 프로퍼티스] 탭 윗부분에 있는 [Apply All] 버튼을 누릅니다(그림 7-13b). 몸체부터 시작하여 팔, 손, 눈에도 같은 과정을 반복합니다. 이때 부모 요소뿐 아니라 각 오브젝트를 하나씩 선택하고 모디파이어를 적용해야 합니다. 좀 더 빠른 방법을 원한다면 아웃라이너에서 부모 오브젝트를 선택하고 마우스 오른쪽 버튼을 눌러 [계층 구조를 선택(Select Hierarchy)]을 클릭합니다. 그러면 자식 요소까지 함께 선택할 수 있습니다.

Tip. [Apply All] 버튼이 보이지 않으면 Interface: Modifier Tools 애드온을 설치하세요.

모델의 입 주변에는 입을 자를 때 썼던 오브젝트의 경계 박스가 있습니다(그림 7-13c). 오브젝트와 몸체에 모든 모디파이어를 적용했다면 불리언 효과는 유지되므로 지워도 됩니다.

그림 7-13b [Apply All] 버튼

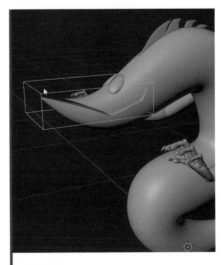

그림 7-13c
모디파이어를 적용했다면 자르는 데 사용한 오브젝트는 삭제하기

서브디비전 수준 변경하기

오브젝트의 서브디비전 수준을 변경하려면 오브젝트를 모두 선택한 상태에서 Ctrl + 섭디비전 수준을 누릅니다. 예를 들어 서브디비전 수준을 2로 하려면 Ctrl + 2 를 누릅니다. 이때 2 는 숫자 패드가 아니라 키보드 숫자 키를 사용합니다.

키보드 숫자 키   숫자 패드

14

디테일이 비슷한 오브젝트를 연결하려면 3D 뷰포트에서 [Shift]를 누른 채 모두 클릭하여 선택하고 [Ctrl] + [J]를 누릅니다. 예를 들어 손을 구성하는 모든 오브젝트를 하나로 연결합니다(**그림 7-14a**). 이 과정을 어깨까지 반복하여 팔을 만들고 몸체와 눈도 만듭니다. 이 때 [Ctrl] + [J]는 기하 도형을 물리적으로 연결하는 것이 아니라는 점에 주의하세요. 실제로 연결하려면 리메시 도구를 사용해야 합니다.*

* 실제로 연결할 때에는 오브젝트 사이의 교차를 없애면 안 된다는 뜻입니다. 구체 2개를 서로 교차하도록 합치면 교차한 면은 그대로 남습니다. 오브젝트를 올바르게 스컬프팅하려면 안쪽에는 면이 없도록 두 오브젝트를 적절하게 합쳐야 합니다. 이럴 때는 불리언이나 리메시 도구를 이용합니다.

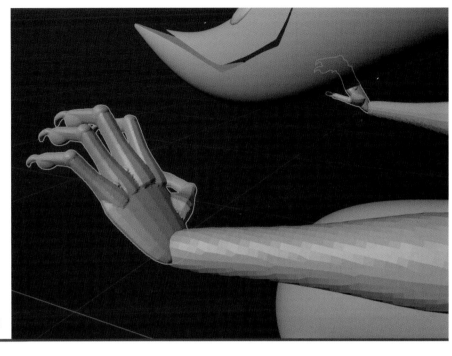

그림 7-14a 손 오브젝트를 하나로 연결하기

마지막으로, 오브젝트마다 [복셀 리메시(Voxel Remesh)] 옵션을 이용하여 교차 부분을 모두 없애야 합니다. [오브젝트 모드]에서 몸체를 선택하고 [오브젝트 데이터 프로퍼티스] 탭에서 [리메쉬(Remesh)] 패널로 이동합니다(**그림 7-14b**).

기본적으로 복셀 리메시는 모양을 유지하며 새로운 토폴로지를 만들고자 메시에 사각형 폴리곤 패턴을 투사합니다. 폴리곤 패턴 크기를 조절할 수 있으며 이를 통해 리메시 결과물의 폴리곤 개수를 정할 수 있습니다. 복

셀 리메시는 오브젝트의 폴리곤 밀도를 낮추거나 여기처럼 교차가 많은 오브젝트의 여러 메시를 합칠 때 사용합니다.

폴리곤 패턴 크기는 오브젝트의 디테일을 유지한다는 점에서 중요합니다. 예를 들어 패턴이 너무 크면 몇 개의 폴리곤만 남아 오브젝트가 무척 가벼워지지만, 입 모양을 만드는 데 필요한 세부 항목을 유지할 수 없습니다. 반대로 너무 작으면 입 모양을 만드는 세부 항목은 유지할 수 있으나 모델이 무척 무거워지므로 계산하는 시간이 오래 걸립니다.

여기서는 [복셀 크기(Voxel Size)]를 [0.02m] 정도로 설정하고 [복셀 리메쉬(Voxel Remesh)] 버튼을 클릭합니다. 이때 [폴을 고치기(Fix Poles)]와 [Preserve] 항목의 [볼륨(Volume)]을 모두 체크합니다(**그림 7-14b**). 그리고 모델을 확인합니다. 모양이 너무 단순해졌다면 실행을 취소하고 복셀 크기를 바꾸어 다시 리메시합니다. 숫자가 작을수록 더 많은 폴리곤을 투사합니다. 만족스러운 결과가 나올 때까지 이 과정을 반복하세요. 숫자는 민감하므로 조금씩 바꾸는 것이 좋습니다. 다른 오브젝트에도 복셀 리메시를 적용하세요.

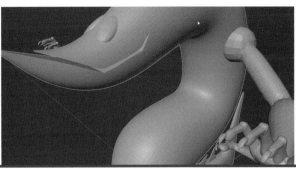

그림 7-14b
리메시로 스컬프팅할
오브젝트 준비하기

15

이제 모양이 어느 정도 갖추어졌으므로 스컬프팅은 그리 어렵지 않을 겁니다.

첫 번째로 할 일은 주름을 펴고 자세를 잡는 것입니다. 팔을 선택하고 [스컬프트 모드(Sculpt Mode)]로 이동합니다. 그리고 헤더 오른쪽의 [다인토포(Dyntopo)] 앞의 네모 상자를 클릭해 체크합니다. 오른쪽 화살표를 눌러 드롭다운 메뉴를 표시하고 [디테일링(Detailing)] 속성을 [상수 디테일(Constant Detail)]로 설정합니다(그림 7-15a). 위쪽 스포이트 도구를 이용하여 팔을 클릭하여 현재 디테일 양을 샘플링합니다. 이 값을 늘리면 스컬프팅할 때 기하 도형을 추가하게 되므로 세부를 다듬는 데 좋습니다.

헤더 왼쪽 나비 모양의 [대칭(Symmetry)]에서는 X축을 켜서 작업한 한 면을 다른 면에도 적용할 수 있도록 합니다(그림 7-15b). [점토(Clay)] 브러시로 필요한 곳에 부피를 추가합니다(예를 들어 피시의 배 부분을 좀 더 크게 하고 싶을 때 등). 때로는 Shift를 눌러 [스무스(Smooth)] 브러시도 함께 사용합니다.

그림 7-15a
[다인토포] 설정에서 [상수 디테일] 사용하기

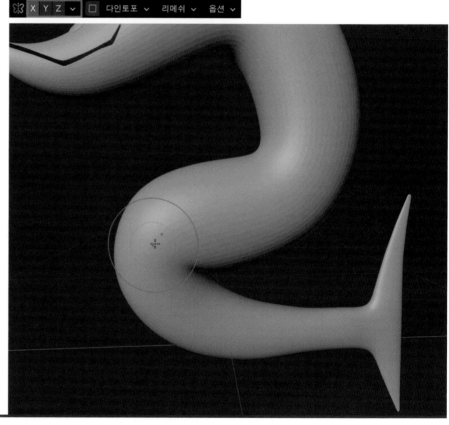

그림 7-15b
X축 방향으로 대칭 옵션을 켜고
[점토] 브러시로 부피 추가하기

[스무스] 브러시로 표면을 다듬고 합친 오브젝트가 유기적으로 연결되도록 어색한 부분은 없앱니다. 눈에도 같은 과정을 적용합시다. [스컬프트 모드]에서 [G]를 눌러 [잡기(Grab)] 브러시로 모양을 다듬습니다(그림 7-15c). 예를 들어 입 주변 모양을 원안 그림을 참고해서 수정합니다. [팽창(Inflate)] 브러시로도 입 주변을 다듬습니다(그림 7-15d).

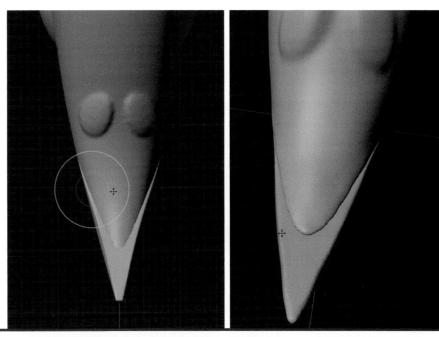

그림 7-15c
입 주변에 [잡기] 브러시 사용하기

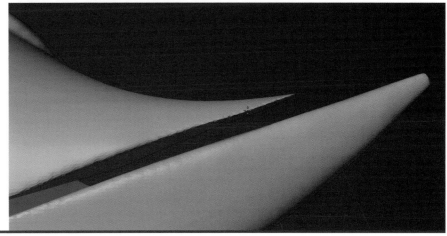

그림 7-15d
[팽창] 브러시로 입술 주변에
약간의 부피 더하기

팔도 마찬가지로 작업합니다(**그림 7-15e**). 다인토포 해상도를 조금 높게 설정하여 스컬프팅할 때 폴리곤이 추가되도록 합니다. [점토] 브러시로 부피를 더하여 전체 팔이 좀 더 원통 모양이 되도록 합니다. [스무스] 브러시를 이용하여 표면과 리메시한 후 남은 부분도 부드럽게 합니다.

같은 브러시와 더 높은 다인토포 해상도로 좀 더 세세하게 손 모양을 다듬습니다. [점토] 도구로 부피를 더하고, [크리스(Crease)] 브러시로 손금을 만들고, [스무스] 브러시로 표면을 부드럽게 합니다. 그리고 엄지손가락 시작 부분에 부피를 좀 더 추가하여 손바닥과 자연스럽게 연결되도록 합니다.

마지막으로, [팽창] 브러시로 모든 손가락을 다듬어 볼륨감을 주고 [스무스] 브러시로 손바닥 표면을 계속 부드럽게 다듬습니다(**그림 7-15f**).

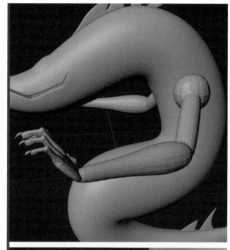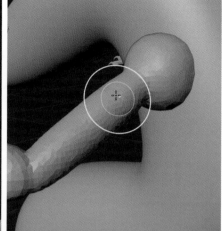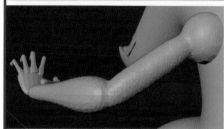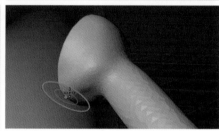

그림 7-15e 팔 스컬프팅하기

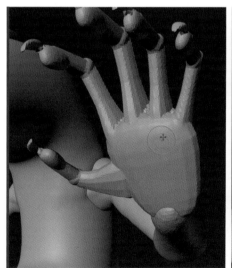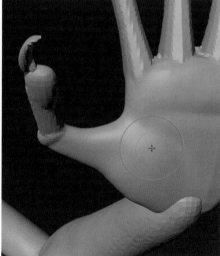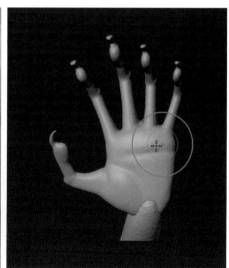

그림 7-15f 다인토포의 해상도를 높여 손의 섬세한 부분 다듬기

16

연결 부분이 좀 더 자연스러워졌다면 이번에는 손과 팔을 연결합니다. 앞에서 연결하지 않은 이유는 손은 복셀 리메시를 이용할 때 더 섬세한 디테일이 필요하지만, 팔은 그렇지 않기 때문입니다.

이번에는 불리언 도구를 이용하여 기하 도형을 합치겠습니다. [오브젝트 모드]에서 손을 선택하고 Shift 를 누른 채 팔을 클릭하여 활성화 상태로 만듭니다(**그림 7-16a**).

Bool Tool 애드온을 활성화했다면 Ctrl + 숫자 패드 + 를 눌러 팔과 손을 합칩니다(**그림 7-16b, 그림 7-16c**). 어떻게 합쳐졌는지 확인하려면 [X-Ray를 토글]을 이용합니다. [모디파이어 프로퍼티스] 탭에서 [불리언(Boolean)] 모디파이어를 적용하고 이전 손 오브젝트(경계 박스)는 삭제합니다.

기하 도형을 합쳤으므로 다시 [스컬프트 모드]로 이동하여 다인토포로 연결 부분을 부드럽게 다듬습니다.

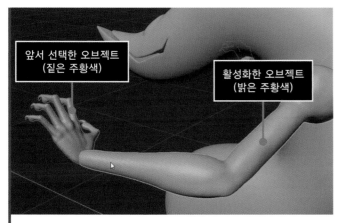

그림 7-16a 손과 팔을 선택한 모습

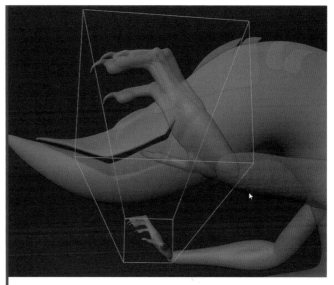

그림 7-16b
교차가 없는지 확인하고, 있다면 없어질 때까지 팔을 위아래로 이동하기

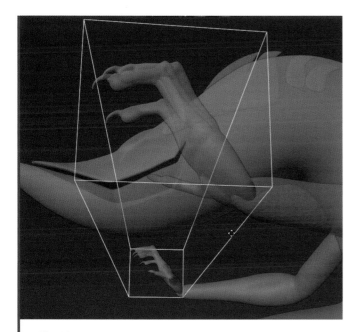

그림 7-16c
교차 부분이 사라졌으므로 모디파이어를 적용하고 경계 박스는 삭제하기

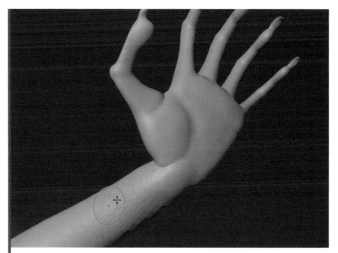

그림 7-16d
15단계와 마찬가지로 교차 부분을 다듬고 필요하다면 부피 추가하기

17

콧구멍과 안구를 만들려면 [스컬프트 모드]의 [마스크] 도구를 이용합니다. 마스크를 이용하면 세세하게 스컬프팅할 수 있습니다. [오브젝트 모드]에서 몸체를 선택하고 [스컬프트 모드]로 이동합니다.

M을 누르고 콧구멍이 될 부분을 그려 마스킹합니다. [반경(Radius)]을 줄이고 [강도(Strength)]를 높여 날카로운 브러시로 만듭니다. 필요하다면 헤더의 [마스크(Mask)] 탭에서 [샤픈 마스크(Sharpen Mask)]를 선택합니다. 원하는 브러시가 되도록 이 과정을 반복합니다. 이 모든 과정은 [대칭] 옵션을 켠 상태에서 진행합니다.

원하는 모양을 만들었다면 Ctrl + I를 눌러 마스크를 반전합니다. Ctrl을 눌러 [그리기(Draw)] 브러시의 방향을 바꾸고 기하 도형을 안으로 눌러 콧구멍 모양을 만듭니다. 그러면 앞서 표시한 부분만을 대상으로 스컬프팅할 수 있습니다.

콧구멍 조각이 끝났다면 Alt + M을 눌러 마스크를 없앱니다. 그리고 몸체와 연결된 부분을 다듬습니다.

Tip. [마스크]를 적용한 모습이 보이지 않는다면 [X-Ray를 토글]을 끄세요.

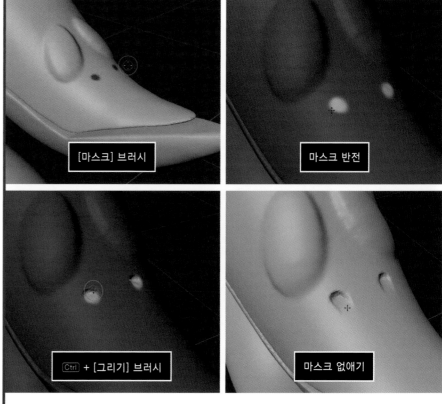

그림 7-17 콧구멍의 위치가 올바른지 여러 각도에서 확인하기

18

17단계와 같은 방법으로 안구 부분도 만듭니다. 전체 모습이 올바른지 확인하며 [마스크] 브러시로 안구 부분을 마스킹합니다. 다시 마스크를 반전하고 표시한 눈 부위에만 스컬프팅을 적용합니다. 끝나면 Alt + M을 눌러 마스크를 없애고 몸체와 연결된 부분을 다듬습니다(그림 7-18a).

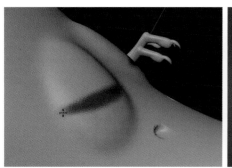  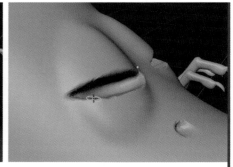

그림 7-18a 17단계와 같은 방법으로 안구 만들기

눈썹 부분도 같은 방법으로 만듭니다(그림 7-18b).

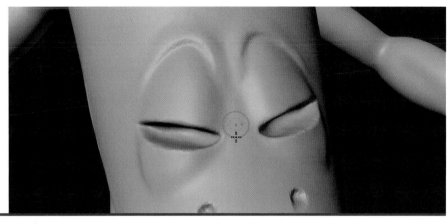

그림 7-18b
눈썹을 추가하고 표면 다듬기

19

리토폴로지 과정으로 넘어가기 전에 눈을 만들어 모습을 대강 완성합시다. 이때 눈 크기를 조절하여 머리에 잘 어울리게 하는 것이 중요합니다.

[오브젝트 모드]에서 UV 구체(Sphere)를 추가하고 X축과 Y축 방향으로 크기를 조절하여 달걀 모양으로 만듭니다(그림 7-19a). [미러(Mirror)] 모디파이어를 추가하고 몸체를 미러 오브젝트(Mirror Object)로 지정합니다. 그리고 회전하고 크기와 위치를 조절하여 안구에 맞춥니다(그림 7-19b). 위치가 올바르면 [스컬프트 모드]에서 몸체의 눈 부위를 다듬습니다. Ctrl 을 누른 채 [크리스(Crease)] 브러시를 이용하여 눈꺼풀 모양을 만듭니다(그림 7-19c).

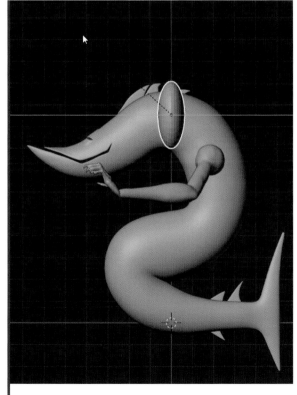

그림 7-19a
옆 모양 보기로 쉽게 위치 조절하기

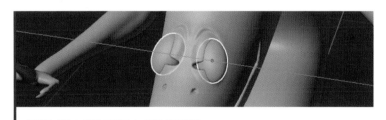

그림 7-19b 눈꺼풀 아래로 눈 위치 조절하기

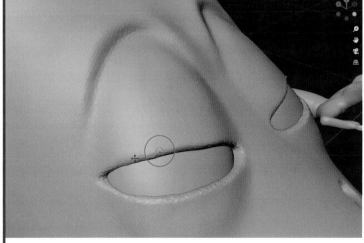

그림 7-19c 눈꺼풀 스컬프팅하기

07-3 · 리토폴로지 적용하기

20

이제 스컬프팅한 결과물에 리토폴로지를 적용합니다. 아직 팔과 몸체를 연결하지 않았다는 점을 기억하세요. 옷을 입히면 몸은 보이지 않으므로 리토폴로지 과정 역시 간단합니다.

몸체에 리토폴로지를 적용하려면 먼저 [오브젝트 모드]에서 Shift + A 를 눌러 [메쉬 → Single Vert → Add Single Vert] 메뉴로 장면에 정점 하나를 추가하고 [에디트 모드]로 이동합니다. 모델링을 계속하기 전에 할 일이 하나 있습니다. 헤더에 있는 자석 모양의 [스냅] 옵션을 켜고 오른쪽 드롭다운 메뉴에서 [Face Project]를 선택합니다(**그림 7-20a**). [투사 개별 요소(Project Individual Elements)] 옵션도 체크합니다. 이렇게 하면 선택한 각 부분을 표면에 스냅합니다.

추가한 정점을 선택하고 G 를 눌러 이동합니다. 그러면 몸체 표면에 붙은 것을 알 수 있습니다. 지금부터 만들 모델이 몸체 표면에 밀착되도록 [수축 감싸기(Shrinkwrap)] 모디파이어를 추가하고 스포이트로 몸체를 대상(Target)으로 지정합니다(**그림 7-20b**). 캐릭터는 대칭이므로 미러 모디파이어도 추가하여 몸체를 미러 오브젝트로 지정합니다. 그러면 나머지 과정이 수월해집니다.

E 를 눌러 정점을 몸 주위로 돌출하여 **그림 7-20c**와 같이 고리 모양으로 만듭니다. 언제든 분할할 수 있으므로 기하 도형은 적은 편이 좋습니다. 그리고 두 점을 선택한 상태에서 F 를 눌러 고리 시작과 마지막 정점을 연결합니다. 두 정점을 가운데에서 연결하고자 미러 모디파이어의 [클리핑(Clipping)] 옵션을 활성화합니다. 그러면 정점을 가운데로 이동하면 가운데에서 붙습니다.

그림 7-20a [스냅] 옵션

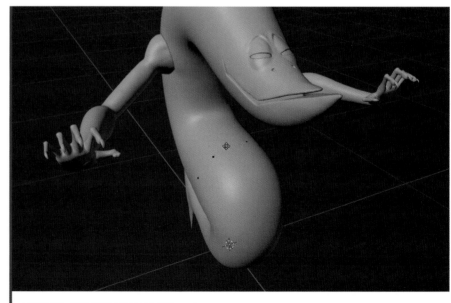

그림 7-20b
대상 옵션 오른쪽의 스포이트 아이콘을 누르고 3D 뷰포트에 있는 몸체를 클릭하여 대상으로 지정하기

그림 7-20c 몸체 주위로 정점 돌출하기

정점 사이의 거리는 가능한 한 같도록 하세요. 몸체 한쪽 면의 모든 정점을 선택하고 마우스 오른쪽 버튼을 클릭한 다음 [Loop-Tools → Space]와 [LoopTools → 릴렉스 (Relax)]를 클릭합니다(**그림 7-20d**). 참고로, 이 메뉴를 사용하려면 LoopTools 애드온을 활성화해야 합니다.

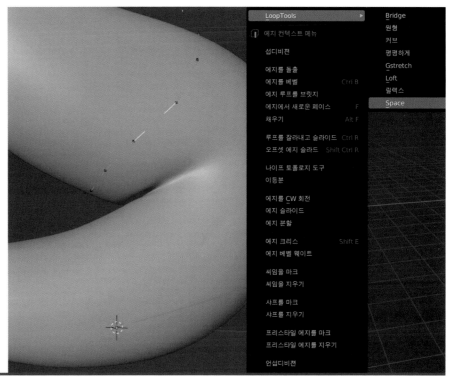

그림 7-20d
[LoopTools] 애드온을 이용하여 간격을 조절하고 선택 부분을 부드럽게 만들기

21

몸체는 원통 모양이고 표면에는 아무것도 없습니다. 즉, 사각형 기하 도형이면 충분합니다. 그러므로 방금 만든 정점 고리를 계속 돌출하면 간단하게 만들 수 있습니다.

옆 모습 보기로 바꾸고 몸을 따라 고리를 계속 돌출하여 기본 모양을 만듭니다(**그림 7-21a**). 잠시 스냅 기능을 꺼서 정점이 보기 모드에 따라 스냅하지 않도록 합니다. 수축 감싸기(Shrinkwrap) 모디파이어 덕분에 기하 도형은 몸체에 붙고 이를 돌출하면 몸체 대부분을 감쌀 수 있습니다. 긴 돌출을 만들고 나중에 [루프 잘라내기]를 추가하여 기하 도형

을 조절합니다(**그림 7-21b**). 팔을 숨기고 크기를 조절하면 몸체를 더 분명하게 확인할 수 있습니다. [X-Ray를 토글] 역시 확인하는 데 도움이 됩니다.

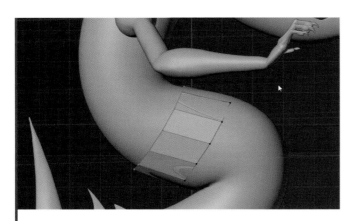

그림 7-21a
[스냅] 옵션을 꺼서 가운데 정점이 보기 모드에 따라 스냅하지 않도록 하기

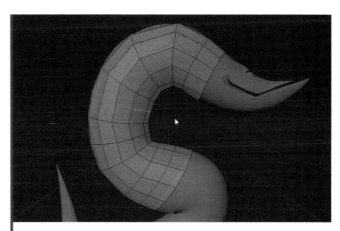

그림 7-21b 몸체 주위로 계속 돌출하기

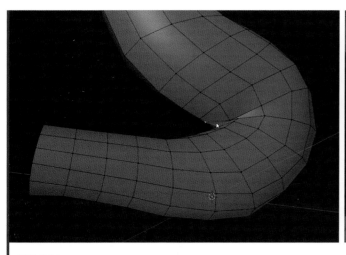 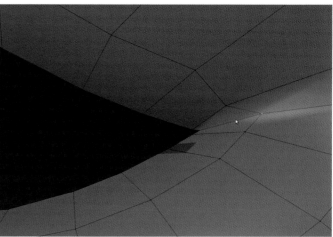

그림 7-21c
심하게 꺾인 부분은 좀 까다로우므로 개별 정점을 좀 더 정확하게 스냅하기

새로운 기하 도형 확인하기

새로운 기하 도형을 쉽게 확인하려면 속성 편집기의 [매트리얼 프로퍼티스(Material Properties)] 탭에서 [+ 새로운(New)] 버튼을 누릅니다. 그다음 [뷰포트 표시(Viewport Display)] 패널의 [컬러(Color)] 옵션에서 새로운 모델을 구분할 색을 지정합니다. 이 효과를 확인하려면 헤더 오른쪽에 있는 [뷰포트 셰이딩(Viewport Shading)] 옵션의 [컬러(Color)]가 [머티리얼(Material)]이어야 합니다.

새로운 모델을 구분할 색 지정하기

22

몸체는 당분간 이대로 두고 얼굴로 옮겨 갑니다. [스냅] 옵션을 다시 켜고 나서(Face Project로 설정) 얼굴 부분의 정점을 선택하고 Ctrl + D 를 눌러 복제합니다. 이 정점을 이용하여 몸체에서 했던 작업을 시작합니다.

리토폴로지의 핵심은 중요 루프를 모두 선택하고 그 사이의 영역을 잇는 것입니다. 이러한 주요 루프는 대부분 구겨진 곳이나 세세한 부분에 있습니다.

정점의 위치를 정하고 입 주변으로 돌출을 시작하여 입 모양을 표시합니다(그림 7-22a, 22b). 스냅 도구를 이용하므로 모델링하는 모든 것이 표면에 붙게 됩니다. 모양이 올바르다면 정점 그룹을 선택하고 면을 돌출하여 루프를 만듭니다(그림 7-22c, 22d).

그림 7-22a 분할할 때 주름이나 꺾인 곳을 제대로 표현하려면 정점이 적어도 3개 필요함

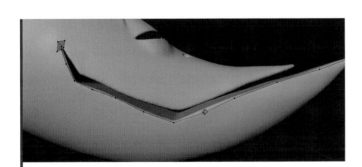

그림 7-22b E 로 정점 하나를 돌출하여 입 주변을 따라 배치하기

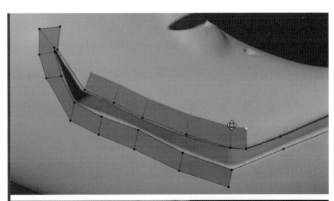

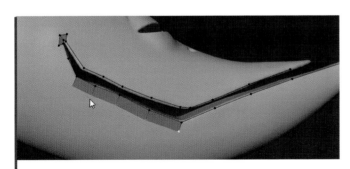

그림 7-22c 정점으로 이루어진 선을 선택하고 E 로 면을 돌출하기

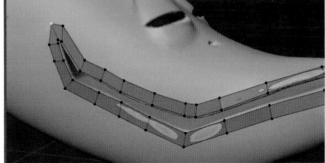

그림 7-22d 정점 4개를 선택하고 F 를 눌러 빠진 면 채우기(03-3절 87쪽 참고)

23

중요 부분을 따라 루프를 계속 만듭니다. 이번에는 콧구멍(그림 7-23a), 눈꺼풀(그림 7-23b), 눈(그림 7-23c)에 루프를 만듭니다.

가능한 한 모든 것을 단순하게 유지하고 개별 루프를 대칭으로 유지하면 잇기가 쉬워집니다. 눈이라면 먼저 눈꺼풀 루프와 눈 루프를 연결하고 [루프 잘라내기]를 추가하는 것이 모든 것을 직접 돌출하는 것보다 쉽습니다. 이렇게 만든 루프는 기하 도형을 고르게 만들고 둥근 모양을 유지하는 데 도움이 됩니다.

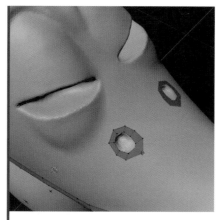

그림 7-23a 좌우 각각 네 개의 면을 대칭으로 루프를 구성한 모습

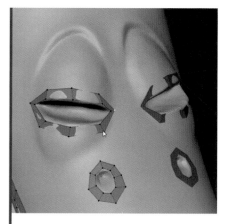

그림 7-23b 눈꺼풀 루프

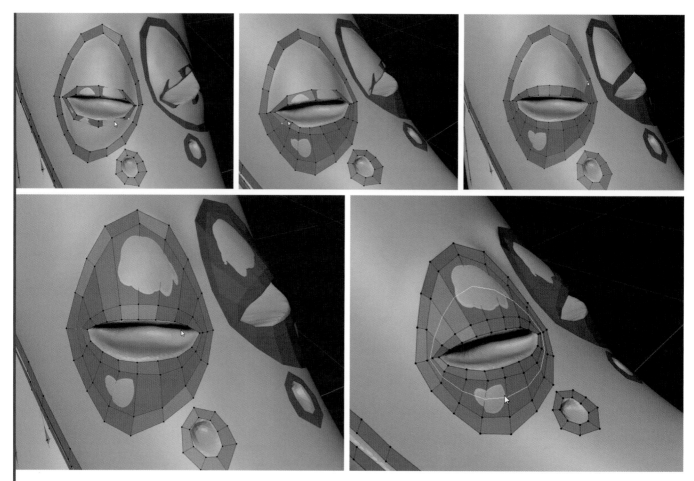

그림 7-23c
안쪽 눈꺼풀에 [루프 잘라내기]를 추가하여 바깥쪽 루프의 면 개수와 맞추기. 잘 조절하면 눈 영역과 코를 하나의 면으로 연결할 수 있음.

24

몸체에서 중요한 루프를 모두 준비했으므로 이제는 모든 것을 균형 있게 유지하고 삼각형이나 n각형을 피하면서 기하 도형의 빈 곳을 어떻게 채울지 생각해야 합니다.

논리적인 기하 도형부터 연결하는 것이 좋을 듯합니다. 예를 들어 입술 오른쪽에서 시작하는 기하 도형은 입 아래로 흘렀다가 다시 입술 왼쪽으로 갑니다. 그러므로 입 루프에서 정점을 몇 개 선택하고 가운데에서 만날 때까지 이를 아래로 돌출합니다(그림 7-24a).

눈 루프의 폴리곤 4개가 입의 일부와 마주하며 그 사이에는 특별한 세부 장식이 없습니다. 그러므로 이 둘을 연결합니다(그림 7-24b). 눈 사이도 마찬가지로 연결합니다(그림 7-24c).

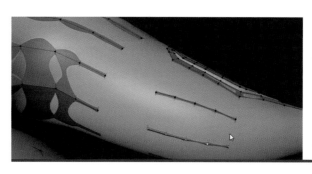

그림 7-24a
나중에 연결할 수 있도록 몸체의 면 분포를 일치하도록 함. 예를 들어 턱 아랫부분의 정점이 몸 아래쪽의 정점과 어떻게 정렬되는지 확인하기. 그리고 면은 대략 같은 크기임.

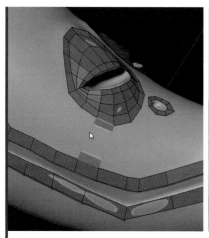
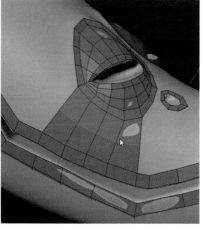

그림 7-24b 눈과 입 루프를 폴리곤으로 연결하기

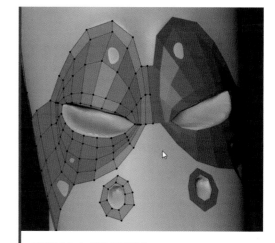

그림 7-24c 눈 루프 연결하기

법선 확인하기

[오브젝트 모드]로 이동하여 오브젝트를 분리하면 리토폴로지가 어떻게 진행되는지를 확인하는 데 도움이 됩니다. 어색한 부분이 있다면 몇몇 법선이 뒤집혔기 때문입니다. [에디트 모드]로 이동하여 모두 선택하고 Shift + N을 눌러 법선을 다시 계산합니다.

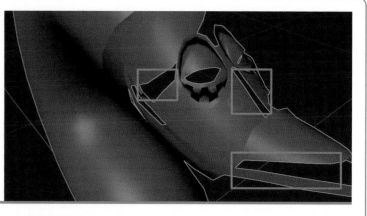

법선이 뒤집혀 어색해진 이미지

25

이번에는 콧구멍 일부를 눈 루프와 입 루프에 연결합니다. 일반적으로 대칭점이 되는 캐릭터 중앙에서 기하 도형 루프를 확인하는데, 이는 눈 사이의 폴리곤을 입 루프 가운데와 연결할 수 있다는 뜻입니다(그림 7-25a). 그리고 에지 루프를 추가하여 사각형을 유지하고(그림 7-25b) 콧구멍 사이의 연결 부위와 연결합니다(그림 7-25c).

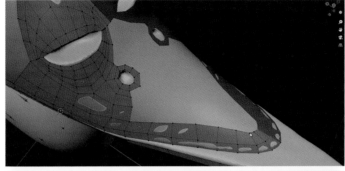

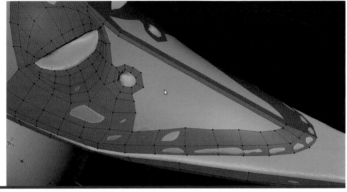

그림 7-25a
입에서 루프를 하나 더 돌출하여 영역을 닫음.
큰 폴리곤을 만들고 필요한 루프를
조금씩 추가하는 것이 쉬움.

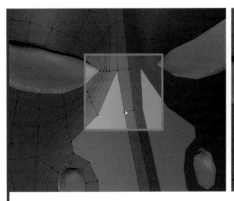
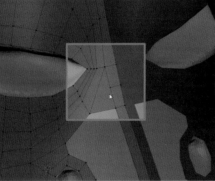
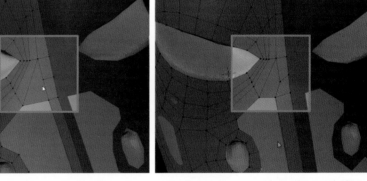

그림 7-25b
에지 루프를 추가하여 삼각형을
사각형으로 변환하기

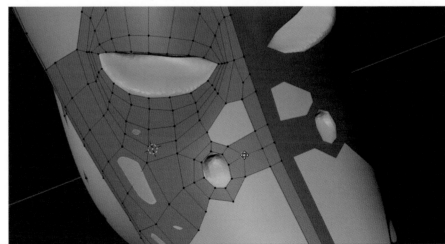

그림 7-25c
반대편 콧구멍으로 흐르도록
콧구멍의 옆 선을 가운데로 연결하기

남은 빈 영역은 사각형 면으로 채웁니다. 자유롭게 선을 돌출하거나 잘라 내거나 이동하여 영역을 채웁니다(그림 7-25d).

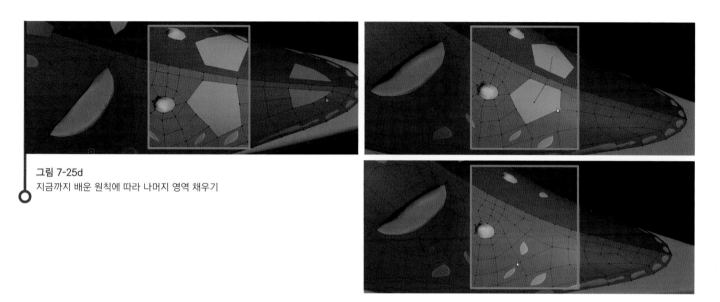

그림 7-25d
지금까지 배운 원칙에 따라 나머지 영역 채우기

26

다음은 얼굴을 기하 도형으로 덮고 얼굴 토폴로지와 몸체를 어떻게 연결할 것인가를 생각하는 단계입니다. 입 루프 경계 부분의 선을 위로 올리고, 얼굴은 대칭이므로 이를 돌출하여 얼굴 양쪽에서 입 모서리가 만나도록 루프를 만듭니다(그림 7-26a). 잠시 후 몸체를 다시 나눌 텐데, 이렇게 하면 몸체에서 뻗은 면도 각각 나뉩니다.

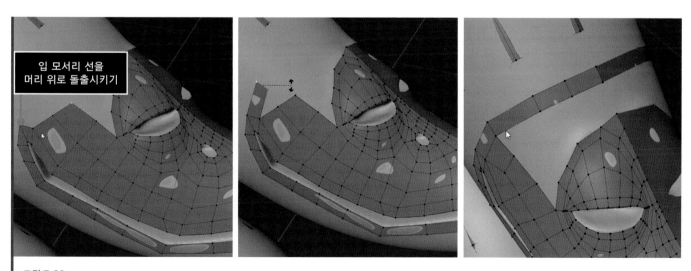

그림 7-26a
입 모서리 주변의 선을 선택하고 머리 위로 돌출하기. 이렇게 하면 몸으로 향하는 불필요한 선의 개수를 줄일 수 있음.

이는 몸체로 이어지는 기하 도형 세부의 흐
름을 유지하는 좋은 방법이지만 그 대신 머
리 주변으로 루프가 생깁니다. 이는 머리를
닫는 데도 도움이 됩니다. 머리의 선 위치를
몸체의 선에 대략 정렬하고 빈 영역을 채웁니
다(그림 7-26b).

끝났으면 입의 바닥 부분을 마무리하고 필요
한 루프를 추가하여 몸에 연결할 수 있도록
합니다(그림 7-26c). 그림 7-26d는 지금까지
작업한 리토폴로지 모델을 나타냅니다.

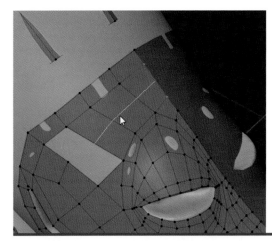

그림 7-26b
나중에 기하 도형이 어떻게 연결될지
계속 고민해야 함.
예를 들어 눈에서 시작하는 폴리곤 개수를
똑같이 유지하되 몸체에서 시작하는
폴리곤 개수의 2배가 되도록 할 수 있음.

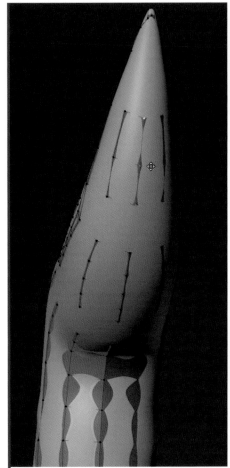

그림 7-26c
입과 머리 아랫부분도 같은 방법으로 작업하기

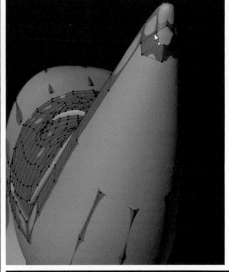

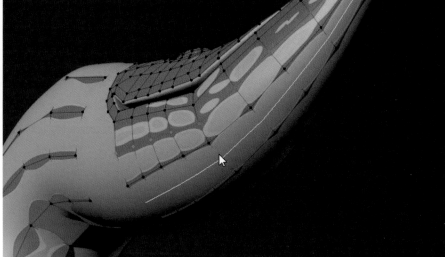

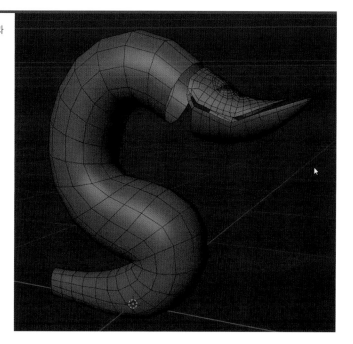

그림 7-26d 지금까지 진행된 리토폴로지 결과

마지막으로 몸체의 일부를 선택하고 나서
[L]을 눌러 연결된 모든 면을 선택하고 마우
스 오른쪽 버튼을 클릭해 [섭디비젼(Subdi-
vide)]을 선택하여 몸체를 다시 나눕니다. 이
때 얼굴은 제외합니다. 그리고 얼굴 영역과
몸체 영역을 연결합니다(**그림 7-26e**).

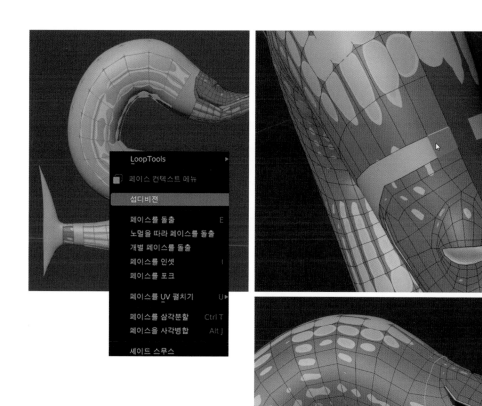

그림 7-26e
분할하고 얼굴과 몸체 합치기(필요하다면 에지 루프 추가하기)

27

이제 남은 리토폴로지 대상은 꼬리뿐입니다. 꼬리에는 세세한 부분도, 만들어야 할 중요한 루프도 없습니다. 따라서 옆면을 돌출하여 꼬리 뒤에서 만나게 하면 됩니다(그림 7-27a).

위쪽과 아래쪽에 정점 루프 2개가 남는데, 21단계의 몸체 가운데와 비슷하게 이를 돌출하여 나머지 꼬리를 덮도록 합니다. 루프의 마지막 선을 선택하고 E를 눌러 새로운 면을 돌출합니다(그림 7-27b, 27c, 27d). [스냅] 옵션을 켰다면 꼬리를 따라 마우스를 움직이기만 하면 됩니다. 기하 도형을 고르게 하고 사각형을 유지하고자 필요한 루프를 추가합니다.

이때 꼬리 끝은 제외합니다. [스냅]과 [미러] 모디파이어를 이용하여 작업할 때 요령이 조금 필요하기 때문입니다. 그러므로 끝부분은 스컬프트한 모델을 이용하지 않고 나중에 직접 만들겠습니다.

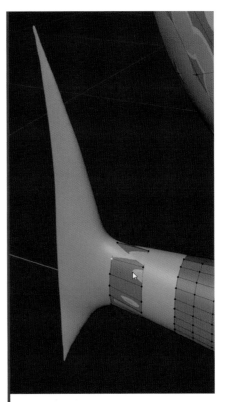

그림 7-27a
돌출시켜 몸체 해상도의 반으로 루프 만들기.
이렇게 하면 지느러미 리토폴로지가 빨라짐.

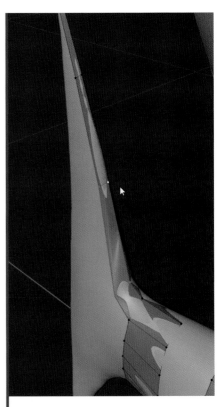

그림 7-27b
가운데를 중심으로 대칭되도록 루프 만들기

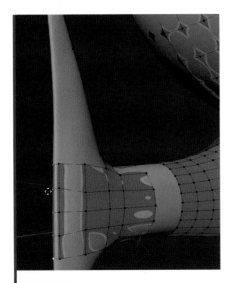

그림 7-27c
옆면에서 폴리곤을 돌출하여 꼬리 닫기.
이렇게 하면 쉽게 닫을 수 있는 방식으로
지느러미 위쪽과 아래쪽이 열림.

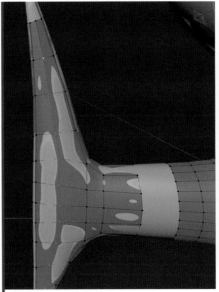
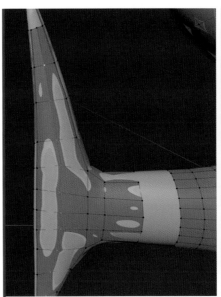

그림 7-27d
계속 돌출시키면서 루프를 추가하여 끝을 제외한 꼬리 부분을 덮음.

28

다시 얼굴로 돌아와 입 아랫부분에 루프를 2개 추가하여 꺾인 부분의 주름을 표현합니다 (그림 7-28a).

Ctrl + R 로 [루프 잘라내기]를 추가하여 눈 세부를 다듬습니다(그림 7-28b). Alt 를 누른 채 [에지 루프]를 클릭하여 선택한 뒤 E 로 돌출하고 S 로 크기를 조절하여 콧구멍 부분을 덮습니다.

그리고 가운데 영역을 4개의 면으로 채웁니다(그림 7-28c). 루프를 선택하고 나서 Ctrl + F 를 눌러 [격자 채우기(Grid Fill)]를 선택하거나 루프를 선택하고 나서 F 를 눌러 채우고 나이프 도구(K)로 4각형 폴리곤으로만 이루어지도록 선을 자릅니다.

안구 역시 세세하게 다듬습니다. 먼저 [오브젝트 모드]에서 [수축 감싸기(Shrinkwrap)] 모디파이어를 추가합니다(그림 7-28d). 스컬프팅을 통해 세세한 부분은 모두 만들었으므로 별 문제 없이 작업할 수 있습니다. [수축 감싸기] 모디파이어를 적용하고 나서 새롭고 깔끔한 기하 도형을 만들었다면 몸체 스컬프트는 삭제합니다.

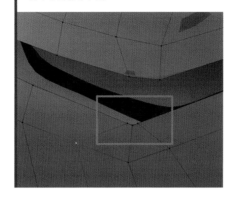

그림 7-28a
꺾인 곳에서는 정점이 서로 가까워야 함.
꺾인 곳 주변을 부드럽게 유지하려면
간격이 일정해야 함.

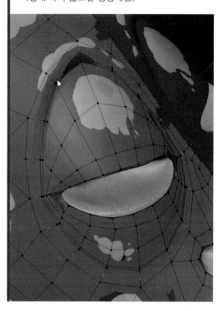

그림 7-28b
안구 주변에 [루프 잘라내기]를 추가하여
새로운 정점이 스컬프트한 눈썹에 스냅되도록 함.
이렇게 하지 않으면 평평해짐.

그림 7-28c 가운데 영역 채우기

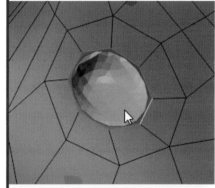

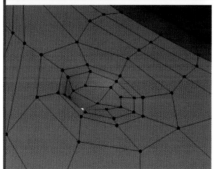

그림 7-28d
[모디파이어 프로퍼티스] 탭에서
[수축 감싸기] 모디파이어 적용하기

[에디트 모드]로 이동하여 눈꺼풀 경계를 선택한 뒤 F를 눌러 영역을 채우고 E로 법선을 따라 안쪽으로 돌출합니다. 돌출한 부분이 머리 안으로 들어가면 X를 누르고 [페이스를 삭제(Delete Faces)]를 선택하여 채운 부분을 지웁니다(그림 7-28e).

Tip. 파이 메뉴 애드온이 비활성 상태라면 [메쉬(Mesh) → 삭제(Delete) → 페이스(Faces)]를 선택합니다.

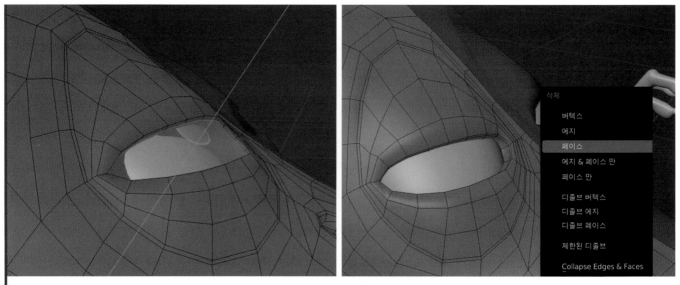

그림 7-28e 안쪽 부분은 눈에 가려지므로 지우는 것이 좋음

29

팔 역시 몸체와 같은 리토폴로지 방법을 이용합니다. 팔은 주름이나 꺾인 부분이 없는 원통 모양이므로 정점 고리를 만들어 팔을 따라 돌출하면 고른 기하 도형으로 감쌀 수 있습니다(그림 7-29a). 에지 루프를 돌출하는 동안에는 [스냅] 옵션을 꺼야 합니다. 그렇지 않으면 팔 뒤쪽의 정점이 팔 앞쪽 면에 붙습니다. 고른 기하 도형을 만들며 루프를 추가합니다.

팔꿈치 영역을 빠르게 작업하는 방법은 면 그룹을 선택하고 I를 눌러 인셋을 적용하는 것입니다(그림 7-29b). 이렇게 하면 긴장감을 좀 더 살린 팔꿈치 부분이 드러납니다.

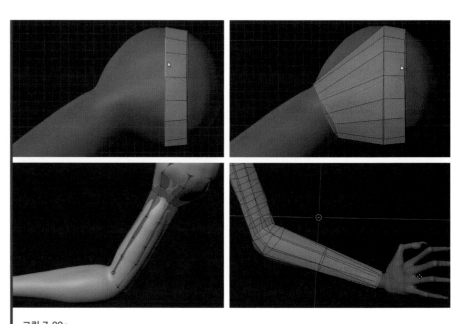

그림 7-29a
몸체와 같은 재질 속성 사용하기. 모양이 가장 많이 바뀌는 부분까지 돌출시키고 [루프 잘라내기]를 추가하여 다시 채우기

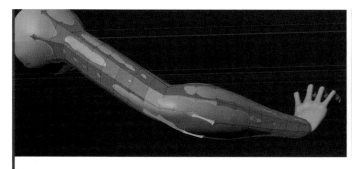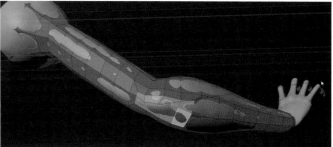

그림 7-29b
면 그룹 인셋하기. 기하 도형을 추가하지 않고도 팔꿈치나 무릎을 표현하는 간단한 방법임.

30

손가락에도 같은 방법을 적용합니다. [스냅] 옵션을 다시 켜고 나서 팔의 정점을 선택하고 Ctrl + D를 눌러 복제합니다. 이를 손가락 시작 위치로 옮기고 20단계에서 했던 것처럼 정점 루프를 만듭니다. 이 루프는 8개의 정점으로 이루어집니다.

다음으로, [스냅] 옵션을 끄고 손가락을 따라 선을 돌출합니다(그림 7-30a). [수축 감싸기] 모디파이어를 이용하면 손가락에 정점이 붙도록 할 수 있습니다. 팔꿈치와 같은 방법으로 손가락 관절 부분을 더 두드러지게 합니다(그림 7-30b). 모든 손가락을 감쌀 때까지 작업합니다(그림 7-30c).

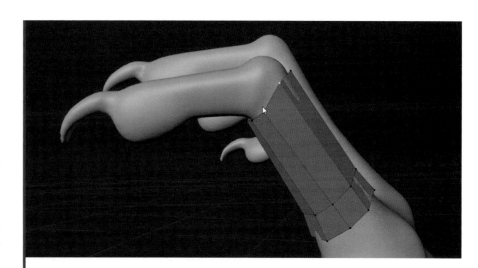

그림 7-30a 둥근 모양을 유지하도록 정점 8개로 정점 루프 만들기

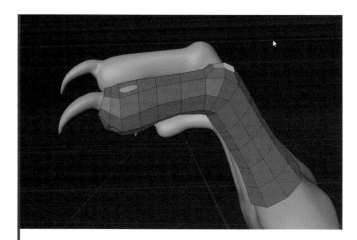

그림 7-30b 인셋을 이용하여 손가락 관절 표현하기

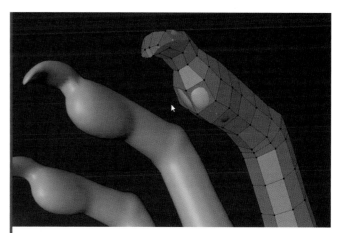

그림 7-30c 손가락과 손톱을 모두 감쌀 때까지 돌출하기

시간과 노력을 줄이는 방법으로, 손가락 하나를 완성하면 [수축 감싸기] 모디파이어를 끄고 [에디트 모드]에서 전체 손가락을 복제하여 다른 손가락에 둡니다. [수축 감싸기] 모디파이어를 다시 켜고 위치 등을 조절합니다. 이 과정을 모든 손가락에 똑같이 반복해서 적용합니다(**그림 7-30d**).

마지막으로, 손가락 사이의 공간을 연결하고 [루프 잘라내기]를 추가하여 꺾인 부분을 만듭니다(**그림 7-30e**).

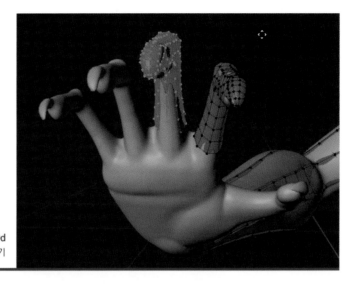

그림 7-30d
[에디트 모드]에서 손가락 기하 도형 복사하기

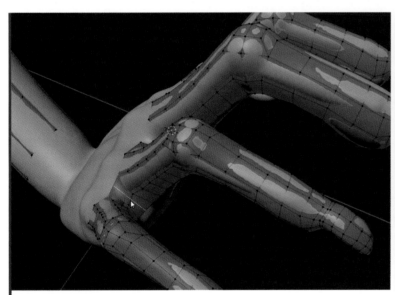
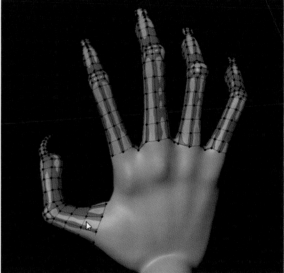

그림 7-30e
나머지 손가락을 대상으로 반복하고 그 사이의 공간을 연결한 다음, [루프 잘라내기]로 꺾인 부분 만들기

31

정확한 손 모양 토폴로지를 만들기란 쉽지 않지만, 여기에서는 애니메이션이 아닌 렌더링에만 관심이 있으므로 비교적 간단하게 작업할 수 있습니다. 손가락 아랫부분을 마무리하고 이번에는 손가락을 연결하는 관절을

만들 것이므로 면을 새롭게 돌출합니다(**그림 7-31a**). 손가락 관절 주변에 루프를 만들면 서브디비전을 더했을 때 더 잘 드러납니다. 모든 손가락 관절에 같은 모양을 만들고, 이 작업이 끝나면 손을 덮는 루프를 만듭니다.

그리고 모든 면을 돌출하고 필요한 만큼 [루프 잘라내기]를 추가합니다(**그림 7-31b**).

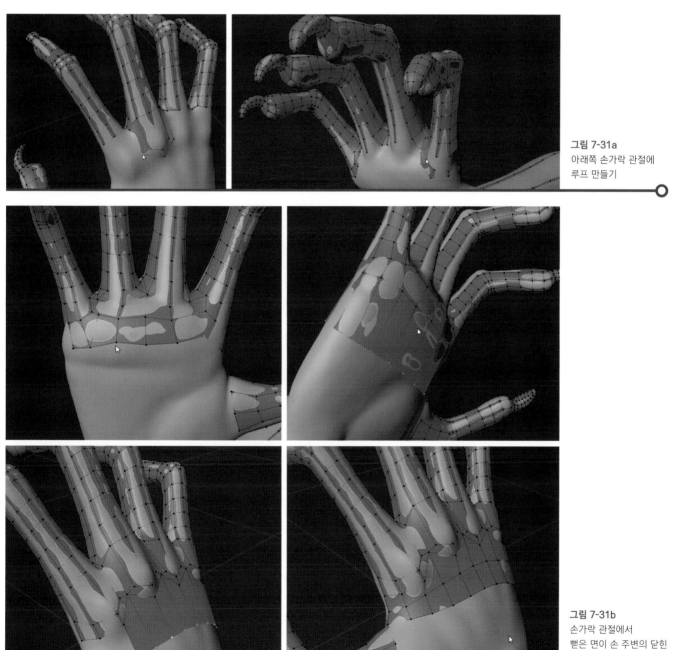

그림 7-31a
아래쪽 손가락 관절에
루프 만들기

그림 7-31b
손가락 관절에서
뻗은 면이 손 주변의 닫힌
루프인지 확인하기.
손 주위로 전체 정점
루프를 돌출하여
넓은 영역 채우기

32

손 부분 리토폴로지의 마지막 단계는 손과 팔을 연결하는 것입니다. 얼굴 부분과 마찬가지로 특별히 세세하게 추가할 부분은 없으며 폴리곤을 채우기만 하면 됩니다(**그림 7-32a**).

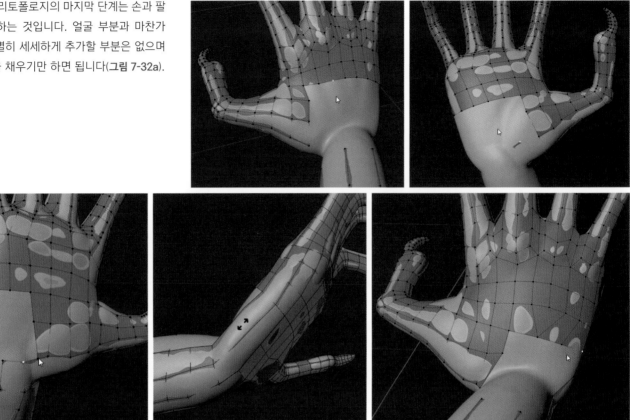

그림 7-32a 팔 방향으로 계속 돌출하고 만나는 부분 연결하기

일반적으로 손은 팔보다 복잡합니다. 이럴 때 팔로 연결되는 부분의 디테일 양을 줄이는 방법은 다이아몬드 모양을 사용하는 것입니다. 토폴로지 흐름을 바꾸어 특정 방향의 폴리곤 개수를 줄일 수 있기 때문입니다(**그림 7-32b**).

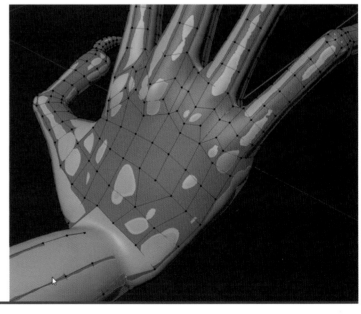

그림 7-32b
다이아몬드 모양을 사용하여
한쪽의 면 개수 줄이기

손이 끝났다면 [모디파이어 프로퍼티스(Mod-
ifier Properties)] 탭에서 [수축 감싸기] 모디
파이어를 적용하고 스컬프팅한 팔은 삭제합
니다. 그리고 리토폴로지한 팔과 손 오브젝트
에 [미러] 모디파이어를 추가하여 두 팔을 모
두 표시하고 [섭디비젼 표면(Subdivision Sur-
face)] 모디파이어를 적용하여 부드럽게 만듭
니다(그림 7-32c).

마지막으로 몸체, 손, 팔의 [머티리얼 프로퍼
티스] 탭으로 이동하여 [뷰포트 표시(View-
port Display)] 패널에서 [컬러]를 캐릭터에
어울리는 녹색으로 바꿉니다(그림 7-32d).

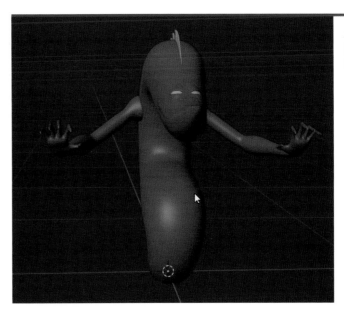

그림 7-32c
[미러] 모디파이어로
양쪽 팔 모두 표시하기

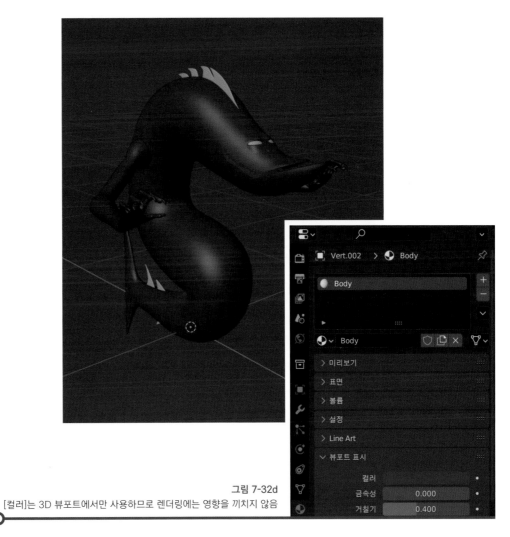

그림 7-32d
[컬러]는 3D 뷰포트에서만 사용하므로 렌더링에는 영향을 끼치지 않음

33

[오브젝트 모드]에서 몸체 오브젝트를 선택하고 [에디트 모드]로 이동합니다. 가운데 선 양쪽의 선 3개를 제외하고 입 주변에 있는 선을 선택합니다(그림 7-33a). 선 하나를 선택하고 Ctrl 을 누른 채 마지막 선을 클릭하면 간단합니다.

선택한 선을 X축 방향으로 돌출합니다(그림 7-33b). Ctrl + R 로 [루프 잘라내기]를 추가하고 남은 영역을 사각형으로 채웁니다(그림 7-33c).

그림 7-33a 입 주변의 선 선택하기

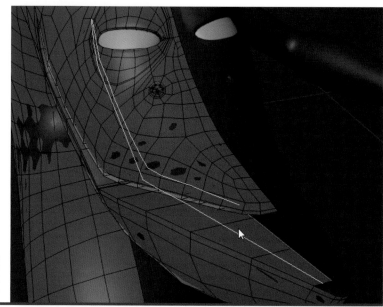

그림 7-33b
E 와 X 를 이용하여
X축 방향으로 돌출하기

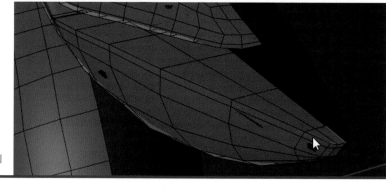

그림 7-33c 남은 영역 채우기

입 안쪽을 선택하고 나서 P를 누르고 [선택 (Selection)]을 클릭하여 이 부분의 메시를 분리합니다. 이렇게 하면 몸체에 신경 쓰지 않고 입 안을 작업할 수 있습니다. [오브젝트 모드]로 이동하여 분리한 메시를 선택하고 다시 [에디트 모드]로 돌아갑니다(그림 7-33d).

3D 뷰포트를 둘로 나누어 한쪽 창은 숫자 패드 3을 눌러 [오른쪽 정사법]으로 설정하고 Alt + Z로 [X-Ray를 토글]을 켭니다. 다른 쪽 창에서는 입 안쪽의 모양을 만들 것이므로 안쪽 정점을 이동합니다(그림 7-33e, 33f). 첫 번째 창에서 몸체를 확인하면서 입 모양이 머리 안쪽에 있도록 합니다. 즉, 입 주변의 선과 직접 연결된 정점을 이동해서는 안 됩니다.

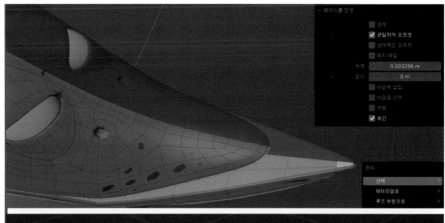

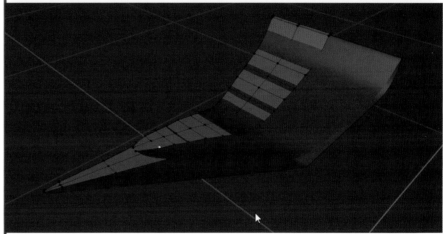

그림 7-33d
입 안쪽 모양을 수정할 준비 끝. 몸체와 연결된 상태를 유지해야 하므로
경계를 이루는 정점은 건드려서는 안 됨. 이렇게 하면 나머지 몸체와 입을 쉽게 연결할 수 있음

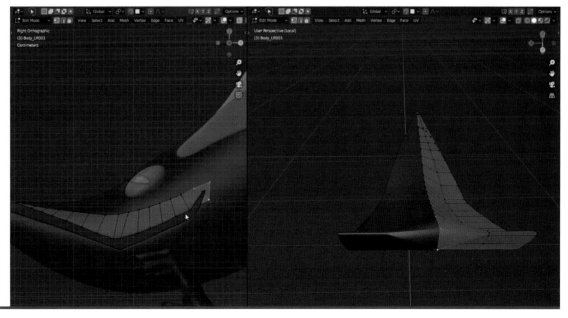

그림 7-33e
보기 창을 나누어
머리 모양과 입 모양
동시에 확인하기

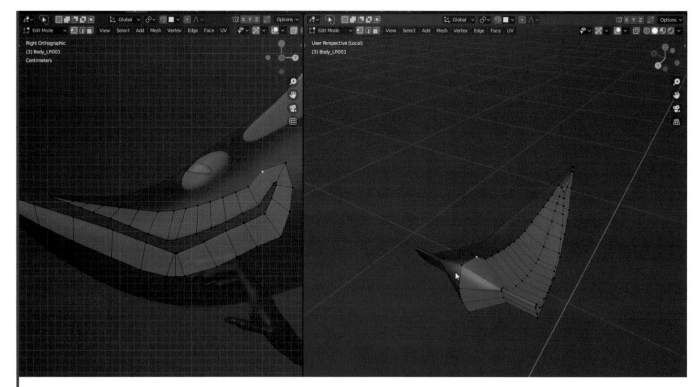

그림 7-33f 입 속 가장 안쪽 부분을 표현하기 위해 모델의 가운데 정점 모두 이동하기

두 번째 에지 루프 작업을 빠르게 하고자 **그림 7-33g**처럼 ⓧ를 누르고 [디졸브 에지 (Dissolve Edges)]를 선택해 이 루프를 없앱니다. 첫 번째와 마지막 선을 없앴으므로 앞서 추가한 루프는 사각형이 아닌 기하 도형과 만나게 되어 완전하지 않습니다. 여기서는 정점 2개를 선택하고 Ⓙ를 눌러 다시 연결합니다(**그림 7-33h**).

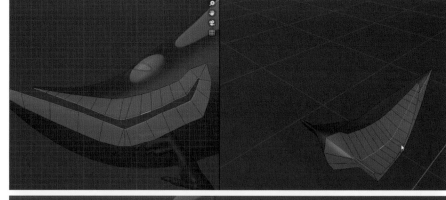

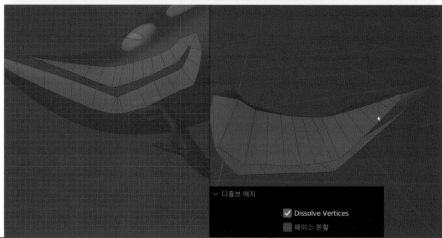

그림 7-33g
루프의 첫 번째 선과 마지막 선을 없애면
메시 경계에 영향을 주지 않음

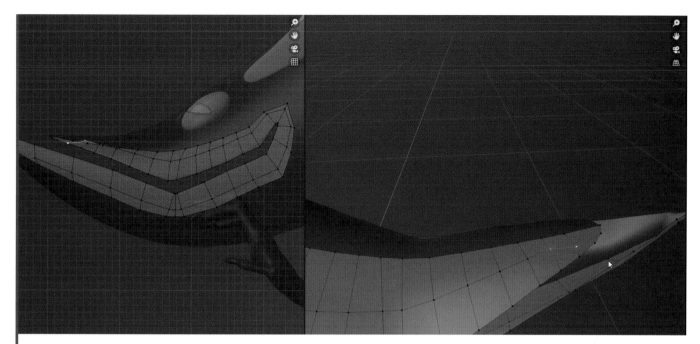

그림 7-33h 루프 다시 연결하기

마지막으로, [오브젝트 모드]에서 입 안쪽과 몸체 오브젝트를 선택하고 J를 눌러 오브젝트를 연결합니다. 몸체와 입 안쪽이 분리된 상태이므로 이 작업은 중요합니다. 경계는 건드리지 않았으므로 입의 모든 정점은 겹친 상태입니다. [에디트 모드]에서 헤더의 [메쉬(Mesh) → 병합(Merge) → 거리에 의해(By Distance)] 메뉴를 이용하거나 M을 누르고 [거리에 의해]를 선택해 이 둘을 병합합니다(그림 7-33i).

Tip. [병합(Merge)] 단축키: M

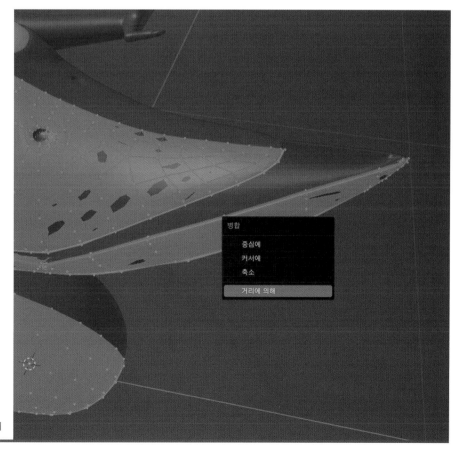

그림 7-33i 거리를 기준으로 정점 병합하기

07-4 · 옷 입히기

34

리토폴로지한 몸체를 이용하여 셔츠를 만들 겠습니다. 몸체를 선택하고 [에디트 모드]로 이동하여 셔츠가 될 부분을 지정합니다(그림 7-43a). 그리고 Shift + D 를 눌러 복제하고 나서 마우스 오른쪽 버튼을 클릭하고 P 를 눌러 선택한 부분을 분리합니다. [오브젝트 모드]에서 셔츠 오브젝트를 선택하고 [매트 리얼 프로퍼티스(Material Properties)] 탭에 서 새로운 재질을 만듭니다. 그리고 [뷰포트 표시(Viewport Display)] 패널에서 [컬러]를 노란색으로 선택합니다(그림 7-34b).

[에디트 모드]로 돌아와 Alt + S 를 눌러 [수 축/팽창(Shrink/Fatten)] 도구로 바꾸고 마우 스를 이용하여 셔츠를 몸보다 조금 크게 만듭 니다. 그리고 마우스 왼쪽 버튼을 눌러 크기를 확정합니다(그림 7-34c). [에디트 모드]에서 [변환(Transform)] 도구와 비례 편집을 이용 하거나 [스컬프트 모드]에서 [잡기(Grab)] 도 구를 이용하여 모양을 잡습니다(그림 7-34d).

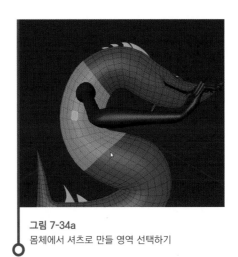

그림 7-34a
몸체에서 셔츠로 만들 영역 선택하기

그림 7-34b
새로운 재질을 만들고
[뷰포트 표시] 패널에서 색 지정하기

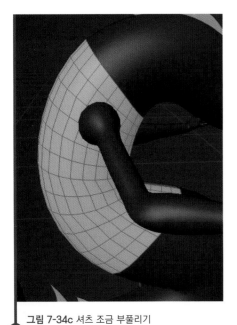

그림 7-34c 셔츠 조금 부풀리기

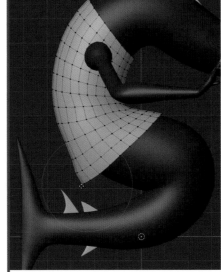

그림 7-34d 셔츠 모양 잡기

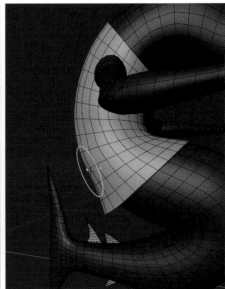

35

이제 [에디트 모드]로 이동하여 팔이 있는 곳에서 사각형 모양으로 폴리곤 그룹을 선택합니다(**그림 7-35a**). 이 면을 지우고 원 모양으로 루프를 만듭니다. 선택한 부분을 원처럼 더 둥글게 만들려면 마우스 오른쪽 버튼을 눌러 LoopTools 애드온의 [원형(Circle)] 메뉴를 사용합니다. 이 루프를 팔 모양대로 돌출하여 셔츠의 소매 부분을 만듭니다.

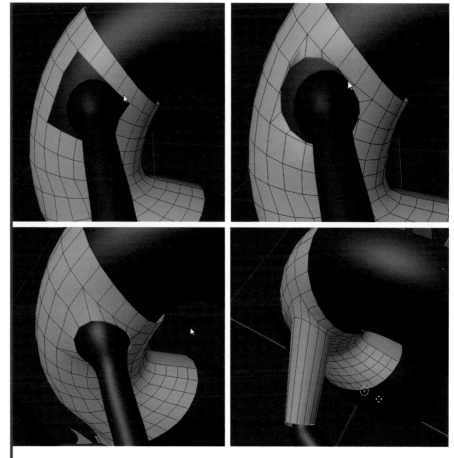

그림 7-35a 루프를 만들고 돌출하여 팔을 따라 소매 만들기

마우스 오른쪽 버튼을 눌러 LoopTools 애드온의 [릴렉스(Relax)] 메뉴로 에지 루프를 자연스러운 모양으로 만듭니다. 그리고 Ctrl + R로 루프를 추가하여 고른 기하 도형이 되도록 만듭니다(**그림 7-35b**).

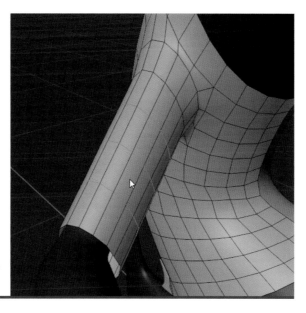

그림 7-35b
Ctrl + R로 에지 루프 추가하기

마지막으로, [미러 모디파이어] 탭에서 모니터 아이콘을 클릭하여 미러 기능을 잠시 끕니다. 정점 일부를 가운데에서 앞으로 옮겨 셔츠 단추가 풀린 형태를 만듭니다. [스컬프트 모드]에서 모양을 다듬어 자연스럽게 만듭니다(그림 7-35c).

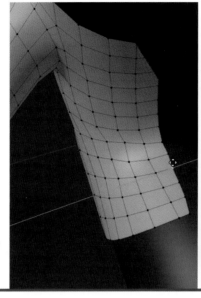
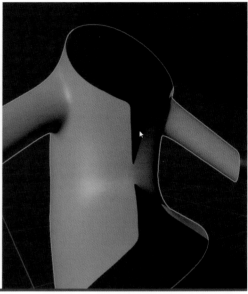

그림 7-35c
셔츠 윗부분과 아랫부분에
단추 풀린 모양 만들기

[에디터 모드]에서 [미러] 모디파이어를 다시 켜고 나서 셔츠의 목 부분을 선택하고 돌출하여 옷깃을 만듭니다(그림 7-35d). 필요하다면 [루프 잘라내기]를 추가하여 균일한 기하 도형이 되도록 합니다.

그림 7-35d
목 부분의 선을 돌출하여 옷깃 만들기

36

셔츠가 자연스러워 보이도록 간단한 옷감 시
뮬레이션을 만듭니다. 몸체를 선택하고 나서
속성 편집기의 [피직스 프로퍼티스(Physics
Properties)] 탭을 클릭하고 [충돌(Collision)]
버튼을 클릭하여 충돌 오브젝트로 설정합니
다. 옷과 몸체 사이의 가상 간격인 [두께 외
부(Thickness Outer)]의 값을 줄입니다(그림
7-36a). 이 값은 장면의 크기에 따라 달라집
니다. 여기서는 [0.010]이면 됩니다. 팔에도
마찬가지로 적용합니다.

이제 셔츠를 선택하고 [피직스 프로퍼티스] 탭
의 [옷감(Cloth)] 버튼을 클릭하여 옷감으로 지
정합니다. 아래로 스크롤하여 [충돌(Collision)]
옵션의 [거리(Distance)]를 [0.005m]로 설정
합니다(그림 7-36b). 아래에 있는 타임라인에
서 [플레이] 버튼을 클릭하거나 Spacebar 를
눌러 재생하고 셔츠가 몸체에 정착할 때까지
몇 프레임 기다립니다(그림 7-36c). 셔츠는 나
중에 한 번 더 작업하겠지만, 이렇게 하면 캐릭
터가 어떻게 보일지 확인할 수 있습니다.

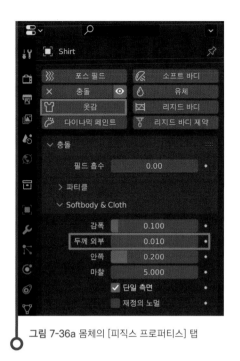

그림 7-36a 몸체의 [피직스 프로퍼티스] 탭

그림 7-36b 셔츠의 [피직스 프로퍼티스] 탭

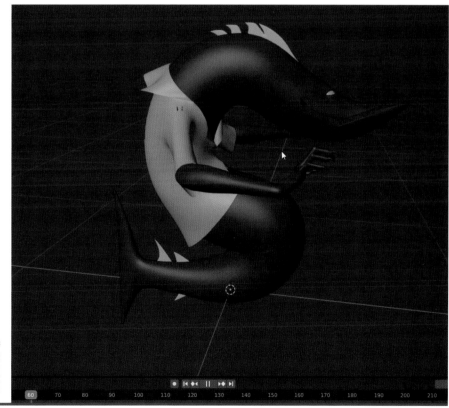

그림 7-36c
타임라인에서 [플레이] 버튼을 클릭해
재생하면서 셔츠가 몸체에
잘 달라붙도록 기다리기

07-5 · 세부적인 부분 다듬기

37

이쯤에서 몸체의 마지막 세부 작업을 끝냅시다. 앞서 남겨둔 꼬리 끝 영역은 아주 얇습니다. 이 작업을 쉽기 위해 [에디트 모드]에서 꼬리 부분을 선택하고 S와 X를 이용하여 납작하게 만듭니다(그림 7-37a). 필요하다면 G와 X를 이용하여 X축 방향으로 이동합니다.

꼬리 끝을 닫으려면 에지 루프를 선택하고 F를 누릅니다. 그리고 Ctrl + B로 이곳에 베벨을 적용합니다(그림 7-37b). 지느러미 역시 마찬가지로 그림 7-37c를 참고해서 다음 순서대로 리토폴로지를 적용합니다.

A 작은 지느러미를 하나 골라 주변의 면을 선택합니다.

B I를 눌러 인셋을 만들고 B로 [경계 (Boundary) 옵션]을 끕니다.

C 마우스 왼쪽 버튼으로 클릭하여 확정한 뒤 [옆쪽 보기]에서 E로 선택한 부분을 돌출하고 지느러미 끝을 향해 이동합니다.

D, E 루프와 점을 추가하여 모양을 다듬습니다.

꼬리 주변에 있는 모든 지느러미에 A~E 과정을 반복합니다. 작업을 모두 마치면 이전 지느러미 오브젝트는 지웁니다(그림 7-37d).

> ### [경계] 옵션 활용법
>
> [경계] 옵션은 무척 쓸모가 있습니다. 지느러미를 예로 들면, 인셋을 적용한 새로운 루프는 전체 지느러미 둘레에 있어야 합니다. 그러나 [미러] 모디파이어 때문에 절반만 작업하게 됩니다. 즉, 인셋만 적용하면 선택(모델의 절반) 주변으로만 완전한 루프가 생깁니다. 이때 B를 눌러 [경계] 옵션을 끄면(OFF) 블렌더는 선택 부분이 경계(모델 가운데) 위에 있다는 것을 알게 됩니다. 그러므로 선택 주변의 전체 루프를 닫지 않고 경계 너머로 계속 작업합니다.

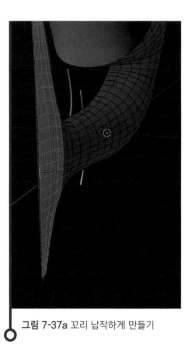

그림 7-37a 꼬리 납작하게 만들기

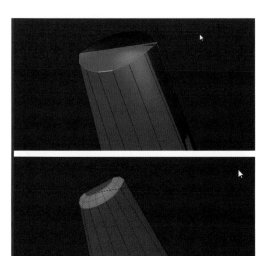

그림 7-37b 나머지 지느러미도 잊지 말고 작업하기

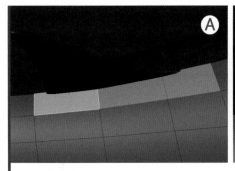

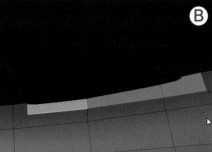

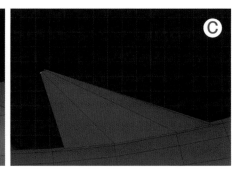

그림 7-37c 지느러미 리토폴로지 과정

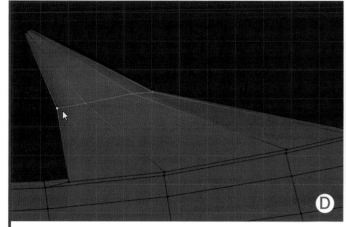

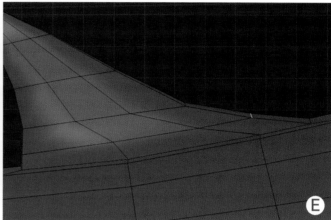

그림 7-37c 앞 그림에서 이어짐

그림 7-37d 완성한 지느러미

38

원래 디자인에서 꼬리지느러미는 똑바르지
도 않고 세모처럼 생긴 흠집도 있습니다. 여
기서는 이를 표현하고자 **그림 7-38**을 참고해
서 다음 순서대로 작업합니다.

A 꼬리를 따라 흠집을 만들 곳의 선을 선
택합니다.

B 선택한 모든 선을 대상으로 Ctrl + B 를
눌러 베벨을 적용하고 마우스 왼쪽 버튼
을 클릭하여 확정합니다.

C 선택한 부분을 삭제하여 삼각형 모양으로
흠집을 만듭니다. n각형이 생긴다면 중간
점과 옆 점을 합쳐 없애고 사각형만 유지
합니다. 그러려면 두 정점을 선택하고 나
서 M 을 누르고 [중심에(At Center)]를
클릭합니다.

D 원안 아트워크를 참고해서 모양을 다듬습
니다. 그리고 [옆쪽 보기]를 이용하여 꼬
리의 모양을 확인합니다.

E 결과가 만족스럽다면 안쪽 선을 돌출하고
면이 없는 곳을 닫아 흠집 안쪽 부분을 만
듭니다.

F 모든 틈을 닫았다면 꺾인 경계선을 각각 선
택하고 Ctrl + B 를 눌러 베벨을 적용합
니다. 이렇게 하면 서브디비전을 적용했을
때 흠집이 더 자연스럽고 보기 좋습니다.

꼬리의 모든 흠집에 **A ~ F** 과정을 반복합
니다.

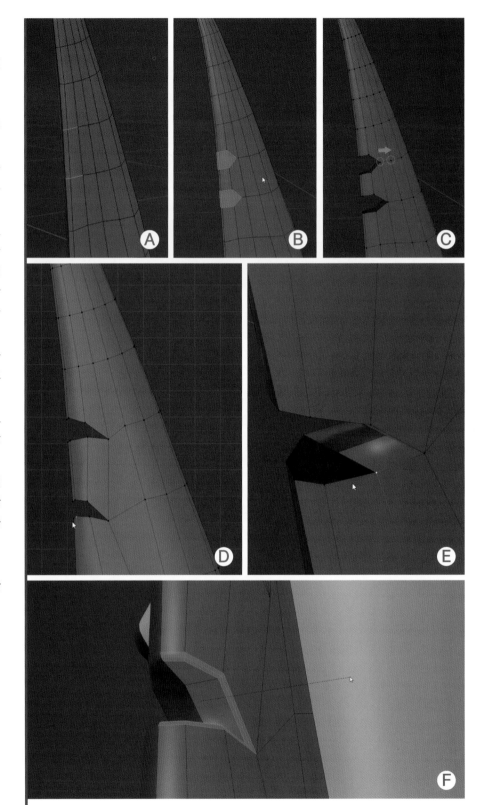

그림 7-38 꼬리지느러미에 흠집을 만드는 과정

07-6 · 장신구 모델링하기

39

다음 단계는 장신구 만들기입니다. 반지를 만들려면 먼저 [오브젝트 모드]에서 Shift + A 를 누르고 [커브(Curve) → 원형(Circle)]을 선택합니다. 원형의 위치를 지정한 뒤 회전하고 크기를 조절하여 손가락에 끼운 것처럼 합니다(그림 7-39a).

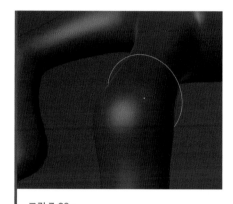

그림 7-39a
반지 위치를 다양한 각도에서 확인하기

속성 편집기의 [오브젝트 데이터 프로퍼티스 (Object Data Properties)] 탭에서 두께를 조절합니다. [지오메트리(Geometry)] 패널의 [돌출(Extrude)]에서 값을 늘려 원형에서 원통을 만들고 [베벨(Bebel)]에서 [깊이(Depth)]의 값으로 두께를 더합니다(그림 7-39b, 39c).

[매트리얼 프로퍼티스] 탭에서 새로운 재질을 추가하고 나서 이름을 [Gold]로 수정하고 [뷰포트 표시] 패널에서 [컬러]를 노란색과 주황색의 중간색으로 설정합니다(그림 7-39d). 같은 과정을 반복해서 반지를 하나 더 만들고 두께를 조절합니다(그림 7-39e). 원안 아트워크를 참고하여 다른 손가락에 끼울 반지를 만듭니다.

그림 7-39d 반지 재질 추가하기

그림 7-39b
[오브젝트 데이터 프로퍼티스] 탭에서 반지 모양과 두께 조절하기

그림 7-39c 두께를 조절한 반지

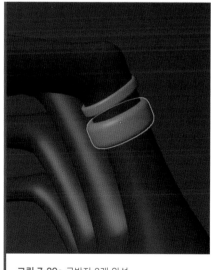

그림 7-39e 금반지 2개 완성

40

반지 하나에는 장식용 보석이 달려 있으므로 만들어 보겠습니다. 먼저 [오브젝트 모드]에서 Shift + A 를 누르고 [메쉬(Mesh) → 실린더(Cylinder)]를 클릭하여 장면에 원통을 추가합니다. 그리고 3D 뷰포트 왼쪽 아래에 나타나는 [실린더를 추가(Add Cylinder)] 메뉴를 열고 버텍스(Vertices)를 8개로 설정합니다(**그림 7-40a**). **그림 7-40b**를 참고해서 다음 순서대로 장식용 반지를 만듭니다.

그림 7-40a
버텍스가 8개인 실린더 추가하기

A S 와 Z 로 원통의 크기를 조절합니다.

B [에디트 모드]로 이동하여 위쪽 면을 선택하고 나서 I 를 눌러 인셋을 적용하고 드래그합니다. 새로운 면을 대상으로 인셋을 한 번 더 적용하고 G 와 Z 를 이용하여 Z축 방향으로 새로 만든 면을 옮깁니다.

C 새로운 면에 다시 인셋을 적용합니다. [루프 잘라내기(Loop Cut)] 도구로 원통 가운데 주변에 루프를 추가합니다.

D [섭디비젼 표면(Subdivision Surface)] 모디파이어를 추가합니다.

E 황금색 재질을 만들고 반지에 적용합니다.

F 마지막으로, [오브젝트 모드]에서 [커브]를 선택하고 헤더의 [오브젝트(Object) → Convert → 메쉬(Mesh)] 메뉴를 클릭하여 커브를 메시로 바꿉니다. *그리고 장식용 보석과 교차되는 부분이 없도록 반지 일부를 지웁니다. [에디트 모드]에서 보석과 교차되는 영역의 루프를 선택하고 나서 X 를 누르고 [페이스를 삭제(Delete Faces)]를 클릭하여 이 부분의 메시를 제거합니다.

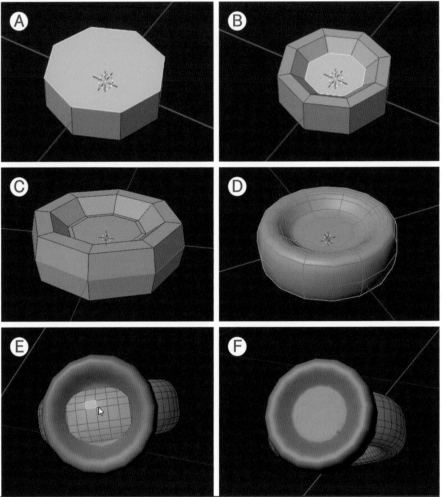

그림 7-40b 장식용 보석 만들기

* 이 과정은 반지 일부를 지워 앞서 만든 장식용 보석을 관통하지 않도록 할 때 필요합니다. 커브 일부를 지우기는 쉽지 않으므로 커브를 메시로 만들고 [에디트 모드]에서 폴리곤을 대상으로 하는 것이 낫습니다. 다른 반지에는 특별한 장식이 없으므로 이곳에만 적용합니다.

41

목걸이도 반지를 만들 때와 같은 과정을 거쳐 완성하겠습니다. 커브 원형을 추가해서 캐릭터에 배치합니다. 이번에는 [베벨(Bebel)] 옵션에서 [깊이(Depth)]의 값으로 두께만 더해 완전한 원 모양을 만듭니다. 그리고 [에디트 모드]에서 커브 핸들을 이용하여 모양을 바꿉니다(그림 7-41a).

목걸이의 나머지 부분은 간단한 모양을 이용하여 만듭니다. 예를 들어 실린더로 연결 부

분을 만들고 커브 원형으로 십자가가 달릴 곳에 고리를 만듭니다. 십자가는 큐브를 추가하여 양쪽으로 4곳을 돌출해서 만듭니다(그림 7-41b). [베벨] 모디파이어를 이용하면 십자가를 세세하게 다듬을 수 있습니다(그림 7-41c). 모든 장신구에는 반지와 마찬가지로 황금색 재질을 추가합니다.

그림 7-41a
커브 핸들을 조작하여
목걸이의 모양 바꾸기

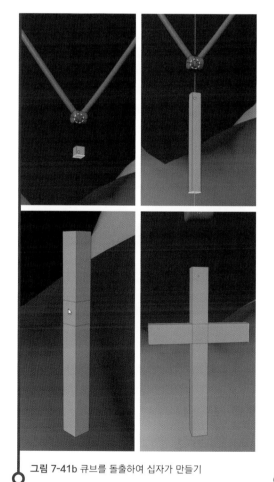

그림 7-41b 큐브를 돌출하여 십자가 만들기

그림 7-41c 십자가에 [베벨] 모디파이어 추가하기

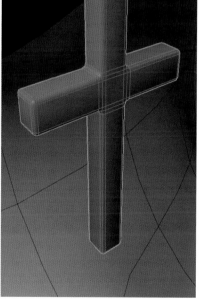

42

마지막 장신구는 손목시계입니다. 먼저 **그림 7-42a**를 참고해 **A ~ E** 순서대로 시곗줄의 첫 조각을 만듭니다.

A 큐브를 추가하고 크기를 조절하여 원하는 모양을 만듭니다.

B [I]를 누르고 커서를 움직여 인셋을 적용합니다.

C [E]를 누르고 커서를 움직여 돌출합니다. 이 부분을 다른 조각과 연결할 것이므로 면을 삭제하여 연결했을 때 안쪽에 면이 생기지 않도록 합니다.

D [I]로 앞면에 인셋을 적용하고 [E]로 약간 돌출합니다.

E 속성 편집기의 [모디파이어 프로퍼티스] 탭으로 이동하여 [베벨] 모디파이어를 추가합니다. [제한 메서드(Limit Method)] 옵션을 [각도(Angle)]로 선택하고 [부분(Segments)]은 [2]로 설정합니다.

 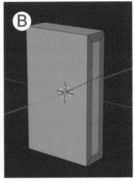   

그림 7-42a 시곗줄 조각 만들기

새로 만든 오브젝트를 선택하고 [배열(Array)] 모디파이어(**그림 7-42b**)와 [커브(Curve)] 모디파이어를 추가합니다(**그림 7-42c**). [배열] 모디파이어는 시곗줄을 만들고자 오브젝트를 복사하고(**그림 7-42d**) [커브] 모디파이어는 이 모양을 원형으로 만듭니다.

[커브] 모디파이어가 올바르게 작동하려면 장면에 커브 오브젝트를 추가한 뒤 [커브] 모디파이어에 있는 스포이트를 이용해 이를 Curve Object로 지정합니다. 그러면 커브를 따라 조각이 놓입니다(**그림 7-42e**).

그림 7-42b [배열] 모디파이어

그림 7-42c [커브] 모디파이어

그림 7-42d
[개수]를 [2]로 지정한 [배열] 모디파이어의 효과

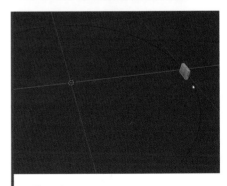

그림 7-42e
커브를 따라 늘어선 조각

손목에 맞도록 커브의 크기와 위치를 조절합니다. 이제 [배열] 모디파이어의 [개수(Count)]를 늘려 조각이 원이 되도록 합니다(그림 7-42f). 그리고 [에디트 모드]에서 [커브]를 선택하고 핸들로 모양과 위치를 조절하여 원안 아트워크처럼 만듭니다(그림 7-42g).

황금색 재질을 추가하고 40단계에서 반지에 장식용 보석을 추가하는 방법을 참고해 손목시계를 만듭니다(그림 7-42h).

정리하는 습관을 들이세요

아웃라이너에서 오브젝트 이름을 알기 쉽도록 변경하여 언제든 요소를 한눈에 구분할 수 있도록 합시다.

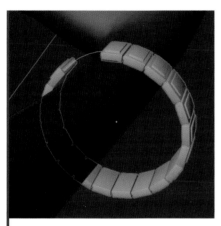

그림 7-42f
개수를 늘린 모습

그림 7-42g
원안 아트워크를 참고해 커브 모양 조절하기

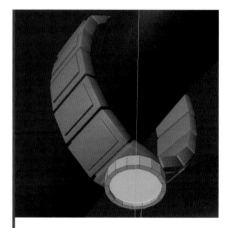

그림 7-42h
재질 추가하고 손목시계처럼 만들기

43

장신구를 모두 만들었다면 이제 다른 부분의 세부 작업을 진행합시다.

손가락 사이에 물갈퀴를 만들 때는 리토폴로지와 같은 방법을 이용합니다. 손 표면에 정점 몇 개를 스냅하여 원하는 영역을 감싸고 나서(그림 7-43a) E로 돌출하고(그림 7-43b) 선에 [루프 잘라내기]를 추가합니다(그림 7-43c). 마지막으로, [솔리디파이(Solidify)] 모디파이어와 [섭디비전 표면(Subdivision Surface)] 모디파이어를 이용하여 두께를 더하고 모양을 다듬습니다(그림 7-43d).

[미러] 모디파이어를 추가하고 몸체를 미러 오브젝트로 지정하여 다른 손에도 물갈퀴가 생기도록 합니다.

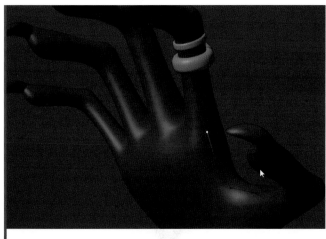

그림 7-43a 정점 개수를 가능한 한 적게 유지하여 다루기 쉬운 메시 만들기

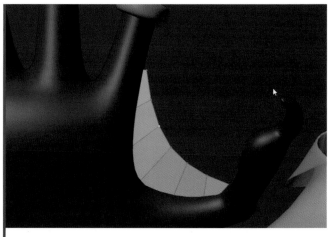

그림 7-43b 정점 돌출하기

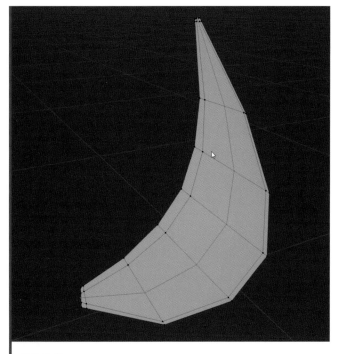

그림 7-43c
모든 면에 [루프 잘라내기]를 추가하여 세분한 모든 선을 선명하게 만들기

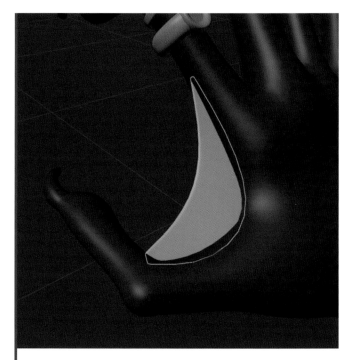

그림 7-43d 적당한 두께와 부드러운 모양으로 완성한 물갈퀴

44

치아를 만들려면 **그림 7-44a**를 참고해서 다음 순서대로 작업합니다.

A 큐브 하나를 추가하고 위쪽 면을 고른 다음, 위쪽으로 이동합니다.

B 위쪽 면의 크기를 조절합니다.

C [섭디비전 표면] 모디파이어를 추가하고 기본값 상태를 적용합니다.

D [심플 변형(SimpleDeform)] 모디파이어를 추가하고 [굽히기(Bend)] 버튼을 클릭합니다. [섭디비전 표면] 모디파이어를 추가하여 치아를 부드러운 모양으로 만듭니다(**그림 7-44b** 참고).

[매트리얼 프로퍼티스] 탭에서 재질을 추가하고 [뷰포트 표시(Viewport Display)] 옵션에서 [컬러]를 밝은 회색으로 설정합니다. 치아를 입으로 옮기고 몇 개를 복제하여 원안 아트워크처럼 배치합니다. 마지막으로 치아를 회전하고 크기를 조절합니다(**그림 7-44c**).

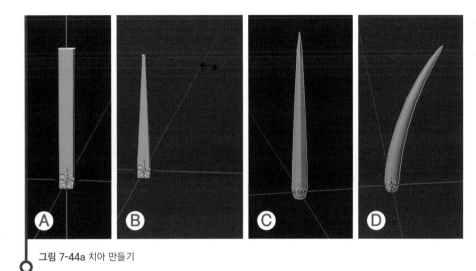

그림 7-44a 치아 만들기

그림 7-44b
[심플 변형]과 [섭디비전 표면] 모디파이어

그림 7-44c 입에 치아 배치하기

45

이번에는 좀 더 작은 치아를 만들어 봅시다. 여기서는 [심플 변형] 모디파이어는 추가하지 않습니다(그림 7-45a). 그 대신 손목시계를 만들 때와 비슷하게 [배열] 모디파이어와 [커브] 모디파이어를 추가하여 모양을 복사하고 다듬습니다(그림 7-45b).

[베지어(Bezier)] 커브를 추가하고 이를 [커브] 모디파이어의 기준으로 삼습니다(그림 7-45c). [에디트 모드]에서 커브 모양을 조절하여 입 영역에 맞춥니다(그림 7-45d). 베지어 커브의 모든 점을 선택하고 Ctrl + T를 눌러 치아의 기울기를 바꿉니다. 필요하다면 두 점을 선택하고 마우스 오른쪽 버튼을 눌러 [섭디비전 (Subdivide)]을 적용하여 커브를 다루는 데 필요한 점을 추가합니다.

그림 7-45a 좀 더 작은 치아 만들기

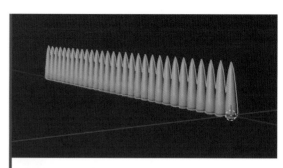

그림 7-45b 치아 배열하기

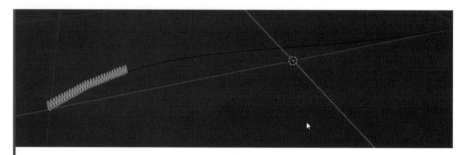

그림 7-45c [베지어 커브]로 치아 나열하기

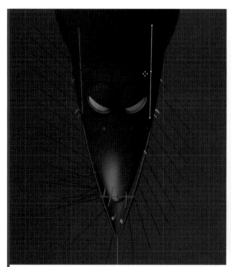

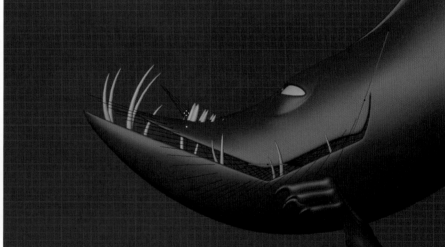

그림 7-45d 먼저 [위쪽 보기]에서 치아의 커브 모양을 다듬고 [옆쪽 보기]에서 입 모양에 맞추기

작업이 모두 끝났다면 첫 번째 치아를 선택하고 [에디트 모드]로 이동한 뒤 A를 눌러 모두 선택합니다. 숫자 패드 1을 눌러 [앞쪽 정사법]으로 바꿉니다. Shift + D로 기하 도형을 복제하여 첫 번째 치아 옆에 두고 180° 회전합니다. 이렇게 하면 위아래 양쪽 치아를 만들 수 있습니다(그림 7-45e).

커브의 위치를 조절하고 [배열] 모디파이어의 [개수]에서 값을 필요한 만큼 늘립니다(그림 7-45f). 모든 치아에 새로운 재질을 추가하고 원안 아트워크처럼 장신구에 사용한 황금색을 맨 먼저 만든 치아 하나에 적용합니다.

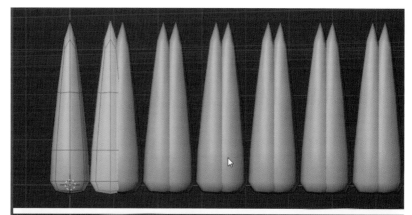

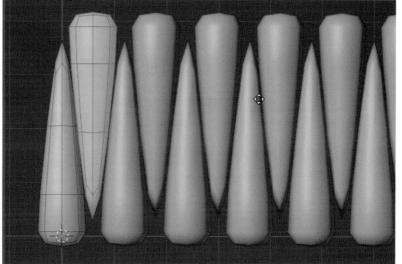

그림 7-45e 치아 복제하고 회전하기

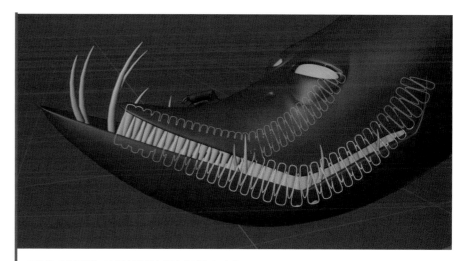

그림 7-45f [배열] 모디파이어의 [개수] 옵션값 늘리기

46

마지막으로 다듬을 모델은 셔츠입니다. 셔츠를 선택하고 [미러]와 [옷감] 모디파이어를 적용합니다. [에디트 모드]로 이동하고 [앞쪽 정사법]과 [X-Ray를 토글]을 이용하여 셔츠 절반을 선택하고 삭제합니다. 그리고 다시 [미러] 모디파이어를 추가합니다. 이렇게 하면 대칭을 유지하면서 작업할 수 있습니다 (그림 7-46a).

마우스 오른쪽 버튼을 누르면 나오는 Loop-Tools 애드온에서 릴렉스(Relax) 기능을 이용하여 고른 기하 도형으로 옷깃 부분의 모양을 다듬습니다(그림 7-46b).

셔츠 모서리 부분을 좀 더 주름지게 만들고 옷깃 끝부분도 모양을 유지합니다. 이렇게 하려면 모서리 부분에 루프를 하나 더 추가하고 [나이프] 도구로 토폴로지를 수정합니다(그림 7-46c). 단축키 K를 이용해도 됩니다.

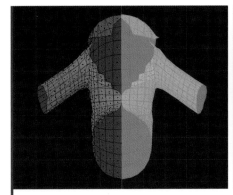 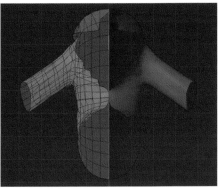

그림 7-46a 가운데 루프를 선택하고 S, X를 눌러 X축 방향으로 크기를 줄임. 이렇게 하면 [미러] 모디파이어와 정확하게 연결됨.

그림 7-46b
[클리핑] 옵션을 켜서
가운데를 밀착시키기

추가한 루프

 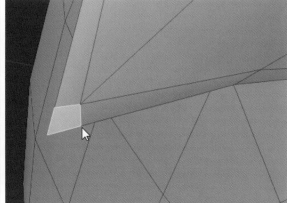

그림 7-46c 모서리를 날카롭게 하려면 정점이 적어도 3개 이상 필요함. 면을 연결하려면 선택한 상태에서 F를 누름.

계속해서 **그림 7-46d**처럼 모서리를 다듬습
니다.

토폴로지를 간결하게 유지하려면 앞쪽 옷깃
부분을 돌출하고 마지막 루프에 연결합니다
(**그림 7-46e~46g**). 이렇게 하면 세분했을 때
셔츠 모양이 더 자연스러워 보입니다.

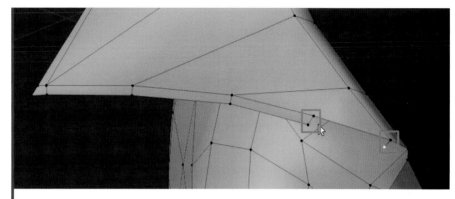

그림 7-46d 정점을 돌출하여 다른 3곳과 함께 선택하고 [F]를 눌러 채우기

그림 7-46e
모서리를 선택하고
돌출하여 옷깃 바깥쪽에
가느다란 조각 더하기

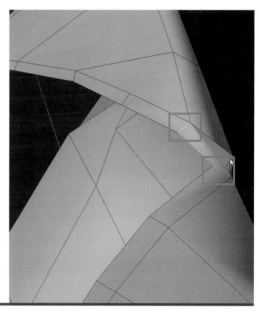

그림 7-46f
옷깃 양쪽 부분의
선을 선택하고 [F]를 눌러
사이에 면 만들기

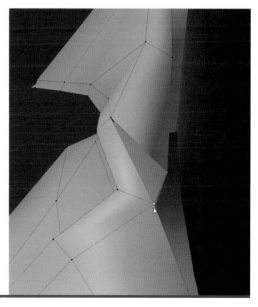

그림 7-46g
이 두 정점을 합쳐 열린 삼각형 없애기.
[M]을 누르면 [병합] 메뉴가 나타남

47

어깨에 루프를 하나 더 추가하면 셔츠를 더 정교하게 만들 수 있습니다(그림 7-47a). 그림 4-47b처럼 루프를 추가합니다. [솔리디파이(Solidify)]와 [섭디비전 표면] 모디파이어를 추가하여 오브젝트의 두께를 조절하고 부드럽게 만듭니다. 그리고 [미러] 모디파이어를 추가합니다. 가능하면 대칭을 유지하는 게 좋지만, 버튼이 있는 곳처럼 셔츠 일부가 겹치는 경우도 있으므로 여기에는 대칭을 적용할 수 없습니다.

[에디트 모드]에서 연결된 셔츠의 선을 선택하고 Ⓥ를 눌러 기하 도형을 떼어 내고 옆으로 조금 옮깁니다(그림 7-47c). [비례 편집(Proportional Editing)]을 켜고 [연결된 항목만(Connected Only)]에 체크합니다. 그리고 연결된 두 면을 반대편 위로 이동합니다. 이때 마우스 휠을 이용하여 [비례 크기(Proportional size)]를 조절합니다. 이렇게 하면 **그림 7-47d**처럼 셔츠가 더 자연스러워집니다.

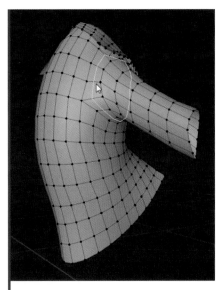

그림 7-47a
어깨 주변에 루프를 하나 더 추가하기

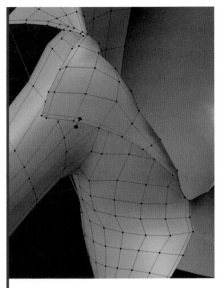

그림 7-47b
추가한 루프는 옷깃 모서리에 정점을 3개 만들므로 세분하더라도 날카로움을 유지함

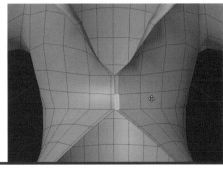

그림 7-47c
셔츠 한쪽을 다른 쪽 위로 조금 당기기

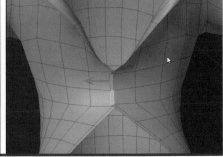

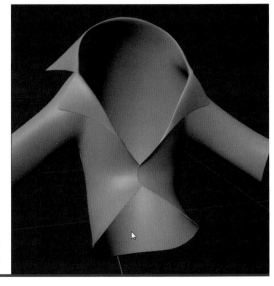

그림 7-47d
다듬기 작업이 끝난 셔츠

07-7 · UV 맵 만들기

48

이로써 모델링을 끝내고 다음은 캐릭터에 적용할 텍스처를 준비할 단계입니다. UV 없이 재질과 텍스처를 만들 수도 있지만, UV를 사용하면 여러모로 도움이 됩니다. 캐릭터에서 중요한 부분의 UV를 모두 펼치려면 접합선 (seam)을 표시하고 모델을 잘라 기하 도형을 2D로 표현해야 합니다. 상대적으로 쉬운 셔츠부터 시작합니다. 실제 셔츠와 똑같은 곳에 접합선을 표시하면 되니까요.

먼저 [에디트 모드]로 이동하여 접합선으로 표시할 선을 선택하고 나서 마우스 오른쪽 버튼을 누르거나 Ⓤ를 누르고 [씨임을 마크 (Mark Seams)]를 선택합니다(그림 7-48a). [UV Editing] 워크스페이스로 이동하면 3D 뷰포트와 UV 에디터를 동시에 볼 수 있습니다. 3D 뷰포트에서 셔츠 모델을 모두 선택하고 Ⓤ를 눌러 [펼치기(Unwrap)]를 클릭합니다. 그러면 UV 에디터 창에서 결과를 확인할 수 있습니다(그림 7-48b).

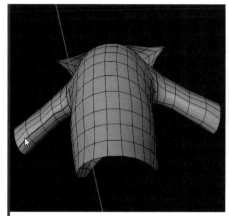
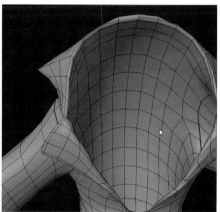

그림 7-48a
접합선은 빨간색으로 표시. [미러] 모디파이어를 적용했으나
이제는 양쪽 모두 작업해야 하므로 셔츠 양쪽에 접합선을 표시했는지 확인하기

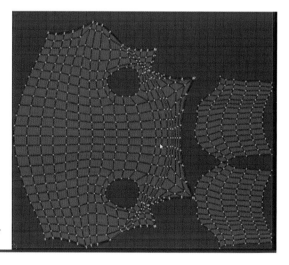

그림 7-48b 셔츠를 펼친 UV

TexTools 애드온으로 확인하기

05-3절 179쪽과 06-1절 200쪽에서 본 것처럼 격자 텍스처를 이용해서 확인할 수도 있습니다. 또는 TexTools 애드온을 이용하면 오브젝트에 격자무늬 맵을 빠르게 추가하여 잘 펼쳐졌는지, 그리고 사각형으로 잘 구성되었는지를 확인할 수 있습니다. 단, 작업을 마친 후에는 원래 재질로 되돌려야 합니다.

Tip. TexTools 애드온은 깃허브(github.com/SavMartin/TexTools-Blender)
에서 검색해서 내려받아야 합니다.

TexTools 애드온 적용하기

49

팔도 마찬가지로 작업합니다. 좀 잔인한 비유이지만, 캐릭터의 UV 펼치기에서 가장 좋은 방법은 캐릭터의 피부를 벗겨 액자에 넣어 벽에 건다고 상상하는 것입니다. 접합선은 잘 보이지 않는 부분에 만듭니다(그림 7-49a).

접합선을 표시할 때는 모델을 나누고 이를 분리 경계로 사용하여 다른 쪽에 영향을 주지 않고 특정 부분만 작업하는 것이 좋습니다. 예를 들어 손과 팔을 분리하여 작업합니다. [에디트 모드] 오른쪽 아이콘 중에서 세 번째 [페이스 선택 모드(Face Select mode)]를 선택하고 L을 눌러 연결된 기하 도형을 선택하면 그 부분만 UV 에디터에서 표시합니다(그림 7-49b). 이렇게 하면 원하지 않는 부분에는 영향을 주지 않으면서 기하 도형을 숨기고 루프를 선택하고 접합선을 추가할 수 있습니다.

그림 7-49c는 팔을 펼친 UV이고, **그림 7-49d**는 격자 텍스처를 이용하여 펼치기의 품질을 확인하는 모습입니다.

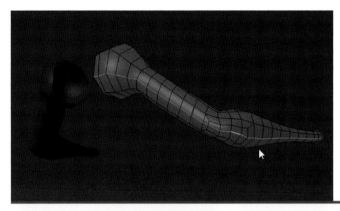

그림 7-49a
팔 접합선 만들기

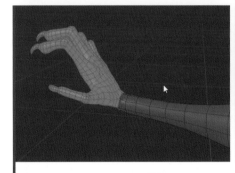

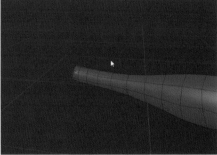

그림 7-49b [에디트 모드]에서 H로 메시 일부를 숨기거나,
Alt + H로 모두 표시하거나, Shift + H로 선택한 부분만 표시하기

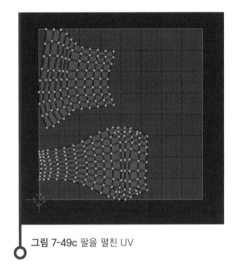

그림 7-49c 팔을 펼친 UV

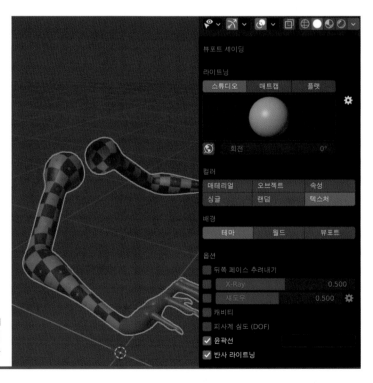

그림 7-49d
[솔리드] 모드에서 [뷰포트 셰이딩] 설정의 [텍스처] 옵션을 선택하면
미리 보기 할 때 컴퓨터의 부담을 줄일 수 있음

50

다음은 손입니다. ⓛ로 손 부분만 선택하고
Shift + ⒣를 눌러 나머지 부분은 모두 숨
깁니다.

손톱이 시작하는 곳에 접합선을 표시하고 손
톱은 숨깁니다(그림 7-50a). 손을 간단하게 펼
치려면 손 모양을 따라 접합선을 표시하여 두
부분으로 나눕니다. 손가락의 첫 번째 루프에
도 접합선을 표시하여 UV가 늘어나지 않도
록 합니다(그림 7-50b).

Alt + ⒣를 눌러 숨겨진 항목을 모두 표시하
고 이번에는 모든 손톱을 선택하고 분리합니
다. 한쪽에 접합선을 표시하여 상자처럼 펼칠
수 있도록 합니다(그림 7-50c). 작업을 마쳤으
면 마지막으로 모두 표시하고 선택하여 펼칩
니다(그림 7-50d).

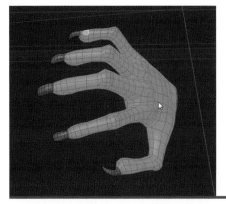

그림 7-50a
손톱이 시작하는 부분에
접합선을 표시하고 숨기기

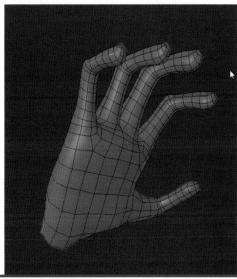

그림 7-50b
구부러진 손가락은 펼쳤을 때 뒤틀어지므로
손가락이 시작하는 부분에 접합선을 만드는 것이 좋음

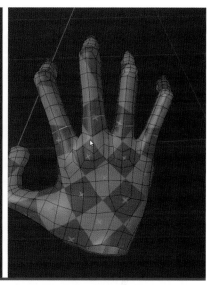

그림 7-50c
손톱에 접합선 표시하기

그림 7-50d
팔 전체에 접합선을 표시했으면
모두 표시하고 펼치기

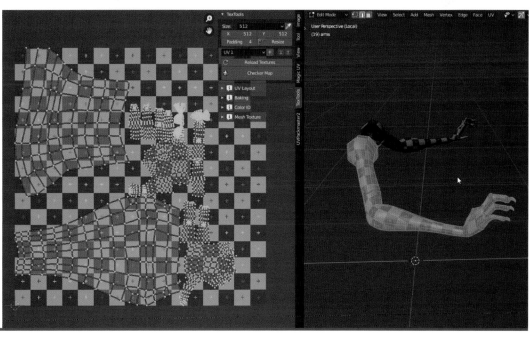

51

위쪽 지느러미는 평평한 기하 도형이므로 접합선을 표시하지 않아도 펼칠 수 있습니다(그림 7-51a). 몸체는 [미러] 모디파이어를 사용했으므로 실제 기하 도형은 평평합니다. 그러므로 몇 곳에만 접합선을 표시하면 됩니다.

늘어나는 것을 방지하려면 꺾인 부분이나 기하 도형의 방향이 크게 바뀌는 곳에 접합선을 만드는 것이 좋습니다. 예를 들어 입술 주위에 접합선을 표시하여 입 안쪽을 분리하는 등입니다. 눈과 꼬리지느러미 주변에도 접합선을 추가합니다(그림 7-51b).

몸체는 긴 모양이므로 그림 7-51c처럼 가운데에도 접합선을 추가합니다. 이 부분은 중간 지점이며 옷으로 가려지는 곳이므로 접합선을 표시하기에 좋습니다. 나머지 오브젝트는 단순한 텍스처이므로 펼치지 않아도 됩니다.

격자 텍스처를 한 번 더 적용하여 펼치기 결과를 확인합니다. 끝났다면 앞서 만든 몸체 재질을 다시 적용합니다.

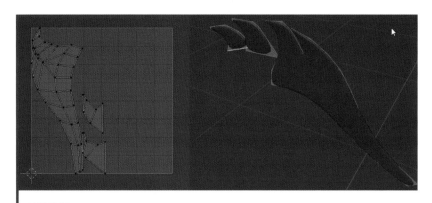

그림 7-51a
위쪽 지느러미는 평평한 기하 도형이므로 접합선을 추가하지 않아도 그대로 펼칠 수 있음

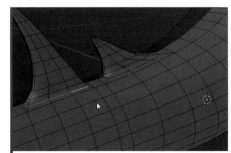 

그림 7-51b 아래쪽 꼬리지느러미, 눈, 입 부분에 표시한 접합선

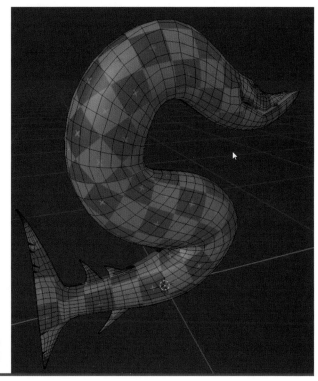

그림 7-51c
몸체 가운데에 접합선 추가하기

07-8 • 캐릭터 주변 환경 만들기

52

이 단계에서는 캐릭터의 주변 세계를 만듭니다. 인터페이스를 둘로 나누고 셰이더 에디터 (Shader Editor)와 3D 뷰포트를 각각 표시합니다. [셰이더 에디터]의 헤더 왼쪽에 있는 드롭다운 메뉴에서 [월드(World)]를 선택하여 환경 셰이더를 표시합니다(**그림 7-52a, 52b**).

그림 7-52a
드롭다운 메뉴에서 [월드] 선택하기

그림 7-52b
환경 셰이더 표시하기

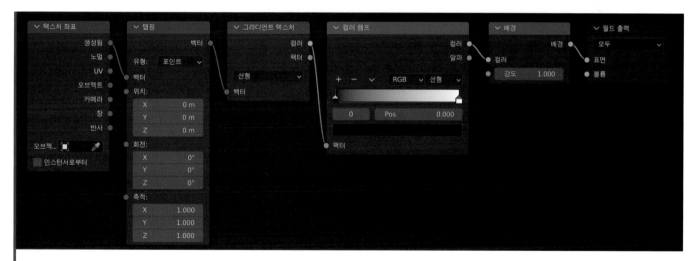

그림 7-52c 노드 연결하기

[셰이더 에디터]에서 Shift + A 를 눌러 [텍스처(Texture) → 그라디언트 텍스처(Gradient Texture)] 노드를 추가하고 다시 [컨버터 (Converter) → 컬러 램프(Color Ramp)]를 추가합니다. **그림 7-52c**처럼 [그라디언트 텍스처] 노드를 [컬러 램프]에 연결하고 이 [컬러 램프]를 [배경(Background)] 노드에 연결합니다. [그라디언트 텍스처] 노드를 선택하고 Ctrl + T 를 눌러 매핑 노드를 자동으로 추가합니다(**그림 7-52c**).

카메라 각도 설정하기

이쯤에서 카메라 각도를 설정하는 것이 좋습니다. 숫자 패드 0 을 눌러 카메라 시점으로 바꿉니다. 사이드바의 [뷰(View)] 탭에서 [뷰 잠금(Lock)] 옵션의 [Camera to View]에 체크하고 작업하는 동안 원안 아트워크와 같은 보기로 카메라 시점을 맞춥니다.

3D 뷰포트에서 [렌더 미리 보기]를 선택하여
셰이더가 어떻게 작동하는지 확인합니다. [맵
핑(Mapping)] 노드에서 Y축으로 90° 회전하
여 그레이디언트가 수평이 아닌 수직이 되도
록 합니다. 그리고 [컬러 램프] 노드에서 [선
형(Linear)]을 [B-스플라인(B-Spline)]으로 바
꿉니다.

이제 [컬러 램프] 노드에서 [컬러]를 조절하
여 녹색 배경을 만듭니다(그림 7-52d, 52e).
색을 바꾸려면 컬러 바를 클릭하고 나서 슬
라이더값을 조절하고 색상환에서 색을 선택
합니다.

Tip. 이때 색을 바꾸지 않으면 컬러 바는 검은색이 기
본 상태입니다.

그림 7-52d [+] 아이콘을 클릭해 램프에 색을
추가하고 아래 색상 바를 움직여 색 바꾸기

그림 7-52e
[렌더 미리 보기]로 변경 결과 확인하기.
Cycles 렌더링 엔진을 이용하면
더 나은 결과를 확인할 수 있음.

53

여기서는 재질에 올바르게 작용하는 몇 가지
요소를 설정합니다. 원안 아트워크처럼 조명
을 조절하려면 3D 뷰포트의 [오브젝트 모드]
에서 [영역(Area) 라이트]를 추가해 캐릭터
머리 위에 놓습니다(추가 후 회전, 그림 7-53a).

[오브젝트 데이터 프로퍼티스] 탭의 [라이트
(Light)] 패널에서 효과가 나타날 때까지 빛
의 파워(Power)를 높입니다. 마찬가지로 그림
7-53a처럼 [크기(Size)]도 늘립니다. 그리고
100% 흰색이 되지 않도록 조명 [컬러]를 밝
은 녹색으로 바꿉니다.

또 다른 영역 라이트를 추가하고 캐릭터 뒤
에 배치하여 후광(rim light)을 만듭니다(그림
7-53b). 마찬가지로 [Power]와 [크기(Size)]
를 늘립니다. 후광은 노란색 계열로 설정합
니다.

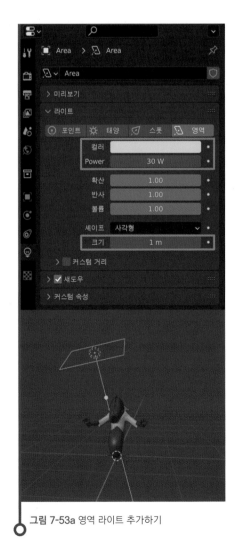

그림 7-53a 영역 라이트 추가하기

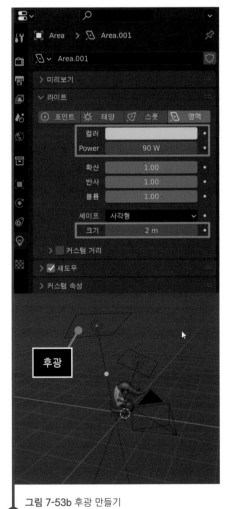

그림 7-53b 후광 만들기

이제 재질로 각각 이동하여 전체 모습이 나아지도록 기본색을 설정하겠습니다. 피부에는 색 변화가 조금 필요합니다.

먼저 3D 뷰포트에서 몸체를 선택하고 [셰이더 에디터]의 헤더에서 [월드]를 [오브젝트]로 변경합니다.

[셰이더 에디터]에서 [Shift] + [A]를 누르고 [텍스처(Texture)]에서 [노이즈 텍스처(Noise Texture)] 노드를 추가한 뒤 [컨버터]에서 [컬러 램프] 노드를 추가합니다. [노이즈 텍스처] 노드를 선택하고 [Ctrl] + [T]를 눌러 노드를 매핑합니다.

[노이즈 텍스처]를 [컬러 램프]에 연결하고 나머지를 그림 7-53c와 같이 연결합니다. [컬러 램프]의 [컬러]를 조절하여 원안 아트워크처럼 피부의 셰이드를 설정하고 [노이즈 텍스처]의 옵션을 조절하여 원하는 효과를 만듭니다(그림 7-53d).

그림 7-53c [셰이더 에디터]의 노드

그림 7-53d
캐릭터 렌더링 미리 보기

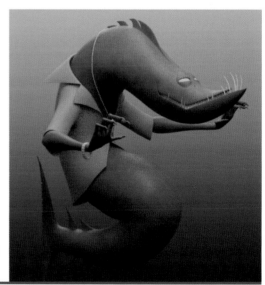

오브젝트마다 재질로 이동한 뒤 [프린시플드 BSDF(Principled BSDF)] 노드의 [베이스 컬러(Base Color)]를 조절하여 캐릭터의 느낌이 좋아지도록 합니다. 치아는 [프린시플드 BSDF] 노드의 [거칠기(Roughness)]에서 값을 [0.600]으로 설정합니다. 금 재질은 [프린시플드 BSDF] 노드의 [금속성(Metallic)]에서 값을 [1]로 바꿉니다(그림 7-53e).

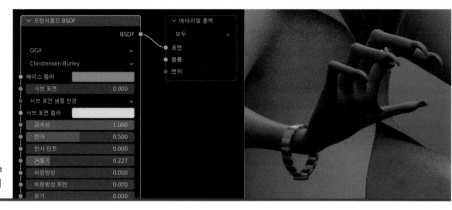

그림 7-53e
금 재질의 [금속성]에서 값 늘리기

07-9 · 재질과 텍스처 입히기

54

이 단계에서는 보로노이(Voronoi) 텍스처를 이용하여 밝고 어두운 반점을 만들고 나서 반점을 표현할 곳을 노이즈 텍스처로 마스킹합니다. 이렇게 하면 텍스처 세부를 레이어로 나누어서 단계별로 만들 수 있습니다. 또한 보로노이와 범프(Bump) 노드를 이용하여 크기를 조절합니다.

어두운 반점

몸체를 대상으로 [노이즈 텍스처(Noise Texture)] 노드, [보로노이 텍스처(Voronoi Texture)] 노드와 [컬러 램프] 노드 2개를 만듭니다. [노이즈 텍스처] 노드의 [팩터(Fac)] 소켓을 [컬러 램프]의 [팩터] 소켓에 연결합니다. [보로노이 텍스처] 노드의 [거리(Distance)] 소켓을 [컬러 램프]의 [팩터] 소켓에 연결합니다.

Tip. 노드 연결: 288~289쪽 그림 7-54g 참고

앞서 스킨 텍스처에 사용하려고 생성한 [맵핑(Mapping)] 노드의 [벡터] 소켓을 두 텍스처 노드의 [벡터(Vector)] 소켓에 연결합니다.

[컬러(Color)]의 [RGB 조합(MixRGB)] 노드를 추가하고 [컬러1] 소켓을 앞 단계에서 만든 스킨 [컬러 램프]의 [컬러] 출력에 연결합니다. [컬러2] 소켓을 반점 [컬러 램프] 노드([보로노이 텍스처]에 연결했던 노드)의 [컬러] 출력에 연결합니다. [RGB 조합] 노드의 블렌딩을 [조합(Mix)]에서 [곱하기(Multiply)]로 바꿉니다. 이렇게 하면 노드의 이름이 [곱하기]로 바뀝니다.

두 번째 [RGB 조합] 노드를 추가하고 나서 마찬가지로 [곱하기]로 설정하고 [컬러1] 소켓을 노이즈 [컬러 램프]의 [컬러] 출력 소켓에 연결합니다.
[RGB 조합] 노드를 또 하나 추가하고 이번에는 [조합]으로 둡니다. 노이즈 [곱하기] 노드의 [컬러] 출력을 [조합] 노드의 [팩터] 입력에 연결합니다. 스킨 [컬러 램프]의 [컬러] 출력을 [조합] 노드의 [컬러1] 입력에 연결하고 보로노이 [곱하기] 노드의 [컬러] 출력을 [조합] 노드의 [컬러2] 입력에 연결합니다.

[조합] 노드의 [컬러] 출력을 앞 단계의 [프린시플드 BSDF] 셰이더의 [베이스 컬러] 소켓에 연결하면 마스크 효과를 확인할 수 있습니다(그림 7-54e). 그림 7-54g처럼 [텍스처] 노드의 [축적(Scale)]이나 [거칠기(Roughness)] 옵션과 [컬러 램프] 노드의 검은색과 흰색 슬라이더값을 바꿔 보며 다양하게 시험해 봅니다.

밝은 반점

앞의 어두운 반점과 비슷한 과정을 반복하고 값을 변경하여 새로운 밝은 반점을 만듭니다. [노이즈 텍스처] 노드, [보로노이 텍스처] 노드, [컬러 램프] 노드를 추가하고 그림 7-54g 처럼 연결합니다. 여기서는 기존 [맵핑] 노드에 연결하지 않고 새로운 [맵핑] 노드와 [텍스처 좌표(Texture Coordinate)] 노드를 추가하고 그림 7-54g와 같이 연결합니다.

[컬러]의 [반전(Invert)] 노드와 [스크린(Screen)]으로 설정한 [RGB 조합] 노드를 추가합니다. 보로노이 [컬러 램프]의 [컬러] 출력을 [반전] 노드에 연결합니다. 그리고 [반전] 노드의 [컬러] 출력을 [스크린] 노드의 [컬러2] 소켓에 연결합니다.

어두운 반점과 밝은 반점의 효과를 모두 더할 새로운 [조합] 노드를 추가합니다. 그리고 앞서 연결한 [프린시플드 BSDF]의 [베이스 컬러] 소켓을 끊고 다음처럼 새로운 [조합] 노드를 연결합니다.

▶ 밝은 반점의 노이즈 [컬러 램프] 노드의 [컬러] 출력을 [팩터]에 연결
▶ 어두운 반점의 [조합] 노드 [컬러] 출력을 [컬러1]에 연결
▶ 밝은 반점의 [스크린] 노드 [컬러] 출력을 [컬러2]에 연결

그림 7-54a [컬러 램프]로 점을 더하거나 빼며 시험해 보기

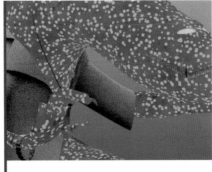

그림 7-54b 밝은 반점을 만드는 데 사용한 마스킹

그림 7-54c 두 종류의 반점 효과

마지막으로, 새로운 [조합] 노드의 [컬러] 출력을 [프린시플드 BSDF]의 [베이스 컬러] 소켓에 연결합니다. 이것으로 밝은 반점과 어두운 반점을 몸체에 표현했습니다(그림 7-54b, 54c).

비늘

[보로노이 텍스처] 노드를 추가하고 [거리] 소켓을 [벡터(Vector)]의 [범프(Bump)] 노드 [높이] 소켓에 연결합니다. [범프] 노드의 [노멀(Normal)] 출력 소켓을 [프린시플드 BSDF] 노드의 [노멀] 출력 소켓에 연결합니다. 그리고 [보로노이 텍스처] 노드를 선택한 상태에서 Ctrl + T를 눌러 [맵핑] 노드를 추가합니다. 이렇게 하면 피부에 비늘을 조금 만들 수 있습니다(그림 7-54d). 보로노이의 축적이나 범프의 강도를 다양하게 바꿔 보며 효과를 확인합니다.

같은 과정을 반복하되 이번에는 [범프] 노드와 [보로노이 텍스처] 노드 사이에 [반전] 노드를 추가하여 밝고 어두운 비늘을 만듭니다(그림 7-54e). 그림 7-54f의 노드 배치를 참고하세요. 새로운 [맵핑] 노드를 추가하기보다 [맵핑] 노드의 [벡터] 소켓을 새로 만든 [보로노이 텍스처] 노드의 [벡터] 소켓에 연결하여 첫 번째 보로노이를 만듭니다. [조합] 노드를 추가하여 그림 7-54f처럼 [범프] 노드와 연결하고 [컬러] 출력을 [프린시플드 BSDF]의 [노멀] 소켓에 연결합니다.

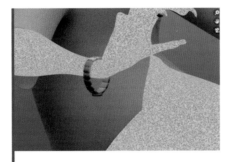

그림 7-54d [보로노이 텍스처] 노드와 [범프] 노드를 추가하여 만든 비늘

그림 7-54e 비늘 효과

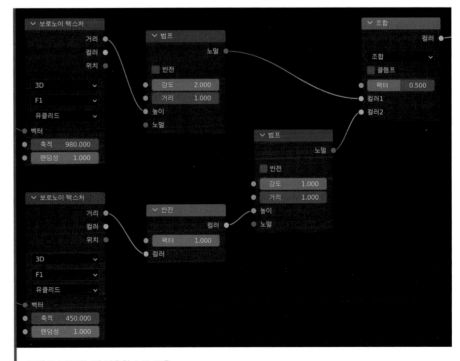

그림 7-54f 비늘에 적용한 노드 모음

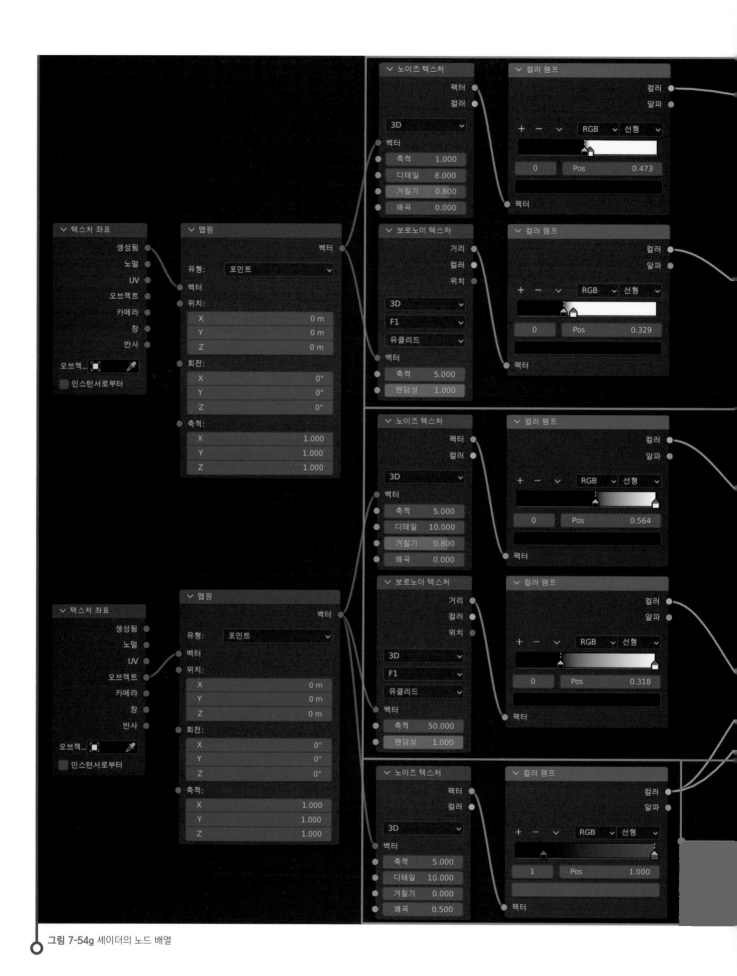

그림 7-54g 셰이더의 노드 배열

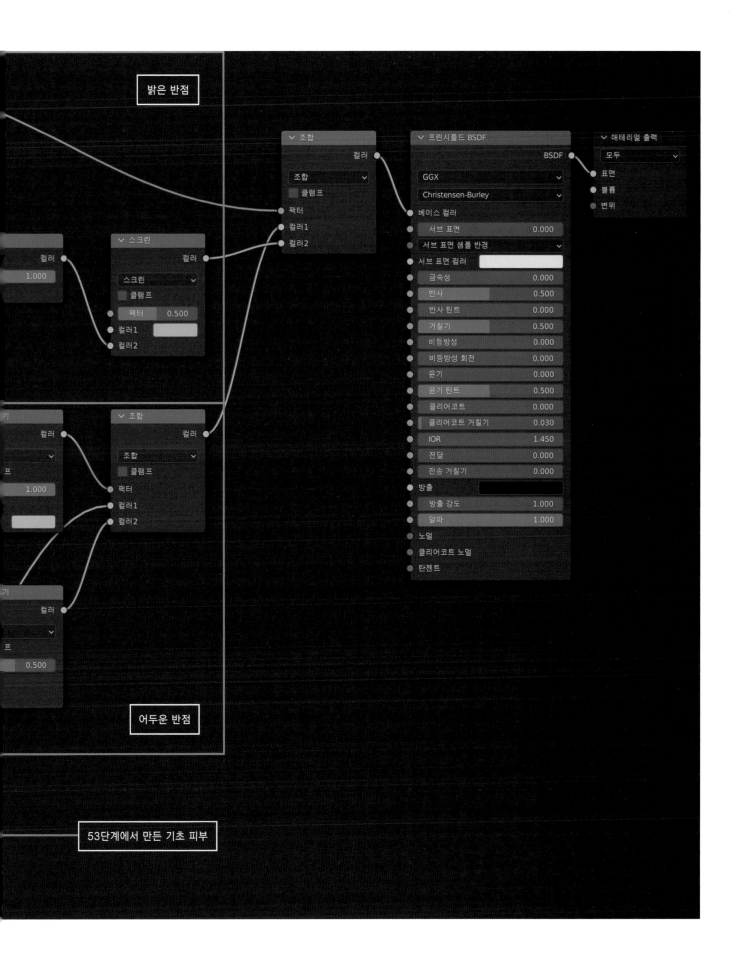

밝은 반점

어두운 반점

53단계에서 만든 기초 피부

조합
컬러
조합
클램프
팩터
컬러1
컬러2

스크린
컬러
스크린
클램프
팩터 0.500
컬러1
컬러2

조합
컬러
조합
클램프
팩터
컬러1
컬러2

컬러
1.000

컬러
1.000

컬러
0.500

프린시플드 BSDF
BSDF
GGX
Christensen-Burley
베이스 컬러
서브 표면 0.000
서브 표면 샘플 반경
서브 표면 컬러
금속성 0.000
반사 0.500
반사 틴트 0.000
거칠기 0.500
비등방성 0.000
비등방성 회전 0.000
윤기 0.000
윤기 틴트 0.500
클리어코트 0.000
클리어코트 거칠기 0.030
IOR 1.450
전달 0.000
전송 거칠기 0.000
방출
방출 강도 1.000
알파 1.000
노멀
클리어코트 노멀
탄젠트

매테리얼 출력
모두
표면
볼륨
변위

55

눈과 눈 텍스처를 만들려면 각막이 될 투명한 부분을 포함한 안구와 홍채·눈동자라는 구성 요소 2개가 필요합니다. 눈 2개를 만들려면 몸체를 [미러 오브젝트]로 지정하여 [미러] 모디파이어를 이용하거나 완성한 눈을 복사하고 회전하여 자리를 잡습니다.

눈에 텍스처를 세세하게 적용할 때는 변형하지 않은 새로운 구체를 추가하면 좀 더 쉽습니다. 3D 뷰포트에서 [오브젝트 모드]로 이동하고 안구가 될 [UV 구체]를 추가합니다.

[에디트 모드]에서 눈동자와 홍채가 될 부분을 선택하고 Shift + D로 복제한 뒤 마우스 왼쪽 버튼을 클릭하여 확정한 다음, P를 누르고 [선택(Selection)]을 클릭하여 새로운 오브젝트를 만듭니다. 안구 오브젝트는 숨기는 것이 좋으나 다시 위치를 조정하는 번거로움을 줄이려면 눈동자 오브젝트는 그대로 두는 것이 좋습니다.

[오브젝트 모드]로 돌아와 눈동자를 선택하고 [에디트 모드]로 이동합니다. 가운데 부분을 선택하고 약간 뒤로 움직여 눈에 공간을 만듭니다(그림 7-55a). [매트리얼 프로퍼티스] 탭에서 새로운 재질 2개를 추가합니다. 하나는 홍채에 어울리는 색으로, 또 하나는 눈동자에 어울리는 색으로 [베이스 컬러(Base Color)]를 지정합니다. [할당(Assign)] 버튼을 눌러 선택한 부분에 눈동자 재질을 지정합니다(그림 7-55b).

추가한 UV 구체로 돌아와 [에디트 모드]에서 앞부분을 선택하고 조금 이동하여 각막을 만듭니다. 각막이 끝나는 곳에 루프를 추가하여 변하는 부분을 또렷하게 합니다(그림 7-55c).

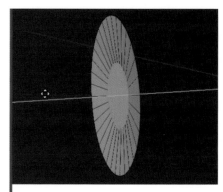

그림 7-55a
새로 만든 구체의 일부를 복사하여 눈동자 만들기

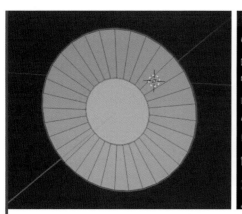

그림 7-55b [에디트 모드]를 이용해 면에 재질 할당하기

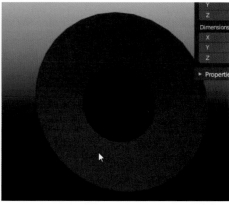

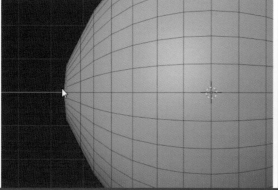

그림 7-55c
UV 구체의 각막 부분 수정하기

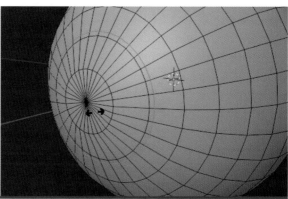

56

안구 셰이더에서 다시 재질 2개를 만들고 각각 할당해도 되지만 여기에서는 다른 방법을 사용하겠습니다. 즉, 정점 컬러 맵으로 기하 도형 영역을 마스킹합니다.

[에디트 모드]에서 투명해야 하는 면, 곧 홍채와 안구를 덮을 각막을 선택합니다. [버텍스 페인트(Vertex Paint)] 모드로 이동하여 오른쪽에 있는 [페인트 마스크(Paint Mask)] 선택 옵션을 켭니다(그림 7-56a 참고). 이렇게 하면 선택한 부분만 칠할 수 있습니다. 페인트 색을 검은색으로 설정하고 Shift + K 를 눌러 채웁니다(그림 7-56a). 참고로, 효과는 [매테리얼 미리 보기] 모드에서 확인할 수 있습니다.

이제 [셰이더 에디터]에서 [프린시플드 BSDF] 셰이더와 [셰이더(Shader)] 항목의 [유리 BSDF(Glass BSDF)]를 [조합 셰이더(Mix Shader)]

를 이용하여 섞습니다. 이때 마스킹한 부분을 [팩터(Fac)]로 연결합니다. 새로운 정점 컬러 맵은 기본값으로 [Col]이라 하는데, [속성(Attribute)] 노드를 추가하고 [이름]에 [Col]이라고 쓰면 접근할 수 있습니다. [프린시플드 BSDF]에서 안구의 [베이스 컬러]를 옅은 색으로 설정합니다.

[렌더 프로퍼티스(Render Properties)] 탭에서 [렌더 엔진]을 [Cycles]로 설정하고 3D 뷰포트에서 [렌더리드(Rendered)] 모드를 클릭합니다. 그러면 투명한 각막을 통해 홍채와 눈동자를 볼 수 있습니다. 마지막으로, 눈의 크기를 조절하고 이동하여 머리에 맞춥니다(그림 7-56c).

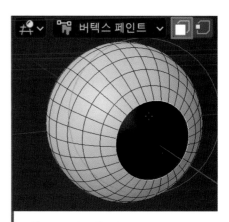

그림 7-56a 마스킹한 검은색 부분은 [유리 BSDF] 노드를, 흰색 부분은 [프린시플드 BSDF] 셰이더를 이용하기

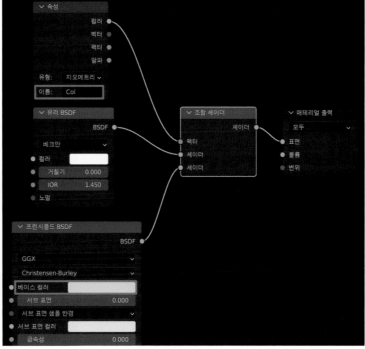

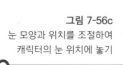

그림 7-56b 셰이더의 노드 구성과 눈에 적용한 효과

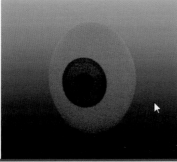
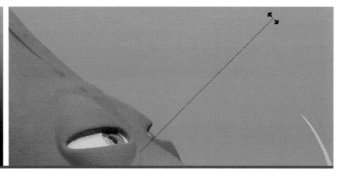

그림 7-56c
눈 모양과 위치를 조절하여
캐릭터의 눈 위치에 놓기

57

셔츠 재질을 대상으로 [셰이더 에디터]의 [추가]에서 [텍스처(Texture)]의 [매직 텍스처 (Magic Texture)] 노드와 [벡터]의 [범프(Bump)] 노드를 추가하고 [매직 텍스처]의 [컬러] 출력을 [범프] 노드의 [높이] 입력에 연결합니다. [매직 텍스처] 노드는 일반 옷감과 비슷한 패턴이므로 간단한 직물을 표현하기에 적절합니다. [매직 텍스처] 노드를 선택하고 Ctrl + T를 눌러 [맵핑] 노드를 추가합니다.

Tip. **셔츠 재질의 노드 구성: 그림 7-57a** 참고

[범프]의 [노멀] 출력 소켓을 [프린시플드 BSDF]

의 [노멀] 입력 소켓에 연결하여 결과를 확인합니다. [매직 텍스처]의 [축적(Scale)]에서 값을 [280.00] 정도로 크게 설정합니다. [범프] 노드의 [강도(Strength)]에서 값은 보기 좋도록 적절히 조절합니다.

이미지 텍스처로 야자수 패턴을 만들어 별도 파일로 저장합니다. [이미지 텍스처(Image Texture)] 노드를 추가하고 [열기(Open)] 버튼을 클릭해 바로 앞에서 저장한 야자수 패턴을 선택합니다. Ctrl + T를 눌러 [맵핑] 노드를 추가하는데 이 노드에서 텍스처의 축적과 회전을 조절합니다.

마지막으로, 이 텍스처를 마스킹으로 사용합니다. [RGB 조합(MixRGB)] 노드를 추가하고 [이미지 텍스처]의 [컬러] 소켓을 [RGB 조합] 노드의 [팩터] 소켓에 연결합니다. 원안 아트워크처럼 [컬러1]을 노란색으로, [컬러2]를 녹색으로 설정합니다. RGB 조합 노드의 [컬러] 출력을 [프린시플드 BSDF] 셰이더의 [베이스 컬러(Base Color)] 소켓에 연결하여 효과를 확인합니다.

Tip. **그림 7-57b, 그림 7-57a**에서는 [RGB 조합] 노드와 [속성] 노드를 추가했는데, 이는 다음 58단계에서 옷깃의 패턴을 지우는 데 사용합니다.

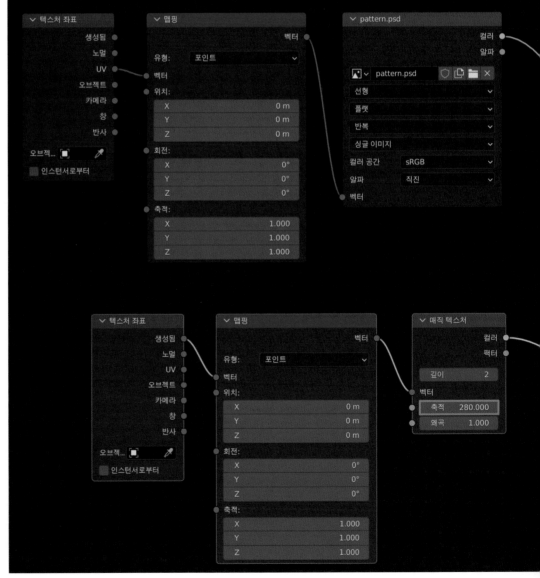

그림 7-57a
셔츠의 노드 구성하기

그림 7-57b 셔츠에 텍스처를 적용하는 과정

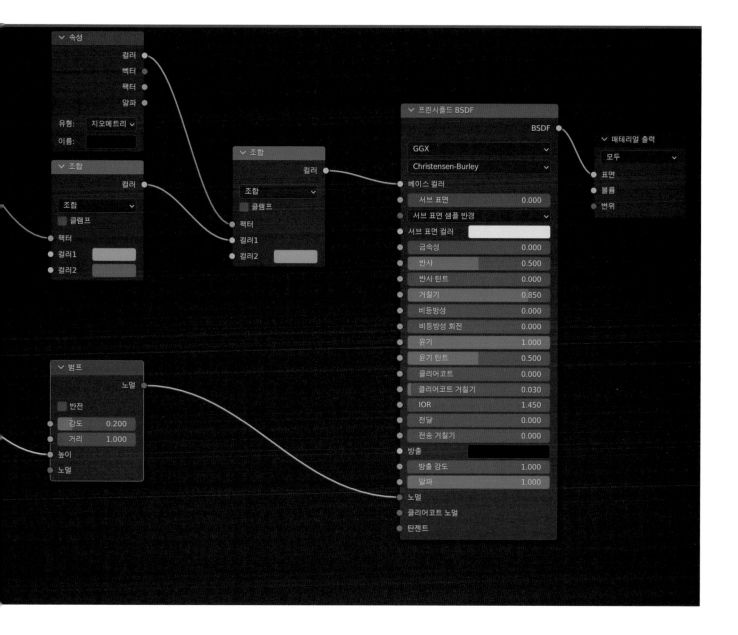

58

여기서는 셔츠 옷깃에 있는 패턴을 지우겠습니다. 바로 마스킹할 수도 있으나 셔츠 접힌 부분에 루프를 추가하는 쪽이 더 편합니다. 이렇게 하면 정점 컬러를 이용하여 옷깃을 마스킹하고 접힌 부분 역시 좀 더 날카롭게 표현할 수 있습니다.

[에디트 모드]에서 [나이프] 도구로 접힌 부분에 자르기 선을 대략 추가합니다. 그리고 접힌 부분의 선을 모두 선택하고 Ctrl + B (베벨)를 눌러 사이에 폴리곤 루프를 만듭니다 (그림 7-58a). 반대편에도 똑같이 작업합니다.

Tip. [나이프] 도구 단축키: K

다음으로, 56단계에서 눈을 마스킹할 때와 비슷한 과정을 따릅니다. 야자수 패턴을 지우고 싶은 목 부분의 옷깃을 선택하고(그림 7-58b) Ctrl + I 를 눌러 선택을 반전합니다(그림 7-58c).
[버텍스 페인트] 모드로 이동하여 [페인트 마스크]를 선택하고 옷깃을 제외하고 나머지 부분을 검은색으로 채웁니다. 이 마스킹은 기본 이름이 [Col]이므로 셔츠 재질의 [속성] 노드 이름에 [Col]을 입력하여 마스킹한 부분을 지

정합니다.
마지막 [RGB 조합] 노드를 복사하고 **그림 7-57a**처럼 연결합니다. 남은 색이 목 부분 옷깃의 색이 됩니다. 색에 마우스 커서를 올리고 Ctrl + C 를 눌러 색을 복사합니다. 여기서 색은 셔츠의 노란색입니다. 그리고 새로운 [RGB 조합] 노드에 복사합니다.

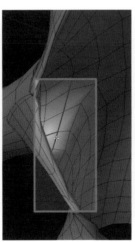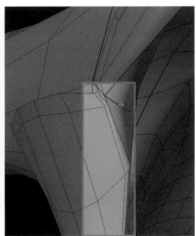

그림 7-58a 만든 루프에 [루프 잘라내기]를 만들고 UV를 펼칠 때 사용할 접합선으로 표시하기. 베벨을 적용했으므로 세부 접합선을 수정할 수도 있음.

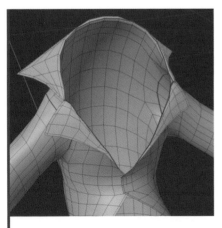

그림 7-58b 옷깃 선택하기

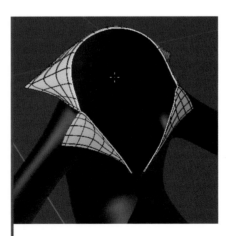

그림 7-58c 선택 반전하기

그림 7-58d
56단계의 마스킹에 사용한 과정 반복하기

59

지느러미의 노란색 부분, 특히 꼬리 주위는 몸체와 좀 더 자연스럽게 섞여야 하므로 모델을 직접 칠하는 것이 더 효율적입니다. 창을 나누어 이미지 에디터를 열고 나서 [+ 새로운] 버튼을 클릭하여 이미지 이름을 입력하고 해상도는 [2048]로 설정한 후 [OK] 버튼을 클릭합니다. 이 이미지는 만들고 나서 바로 저장하는데 만약 수정했다면 다시 저장합니다(그림 7-59a, 59b).

Tip. 해상도는 2048이면 충분하지만 사용자가 원하는 값으로 바꾸어도 됩니다.

3D 뷰포트에서 몸체를 선택하고 [셰이더 에디터]로 이동하여 [이미지 텍스처] 노드를 추가하고 드롭다운 메뉴에서 새로 만든 이미지를 선택합니다. [Ctrl] + [T]를 눌러 [매핑] 노드와 [텍스처 좌표] 노드를 추가하고 [이미지 텍스처] 노드의 [컬러] 출력을 [프린시플드 BSDF] 노드의 [베이스 컬러] 소켓에 연결합니다. 그리고 [이미지 텍스처] 노드를 선택한 상태에서 3D 뷰포트를 [텍스처 페인트] 모드로 바꿉니다. [옆면 보기]로 바꾸고 노랗게 표시할 부분을 칠합니다(그림 7-59c).

지금까지 작업을 모두 마쳤으면 [에디트 모드]로 이동하여 다른 지느러미를 선택하고 같은 방법으로 칠합니다(그림 7-59d).

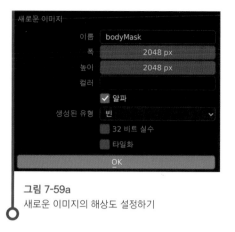

그림 7-59a
새로운 이미지의 해상도 설정하기

그림 7-59b
이미지 저장하기

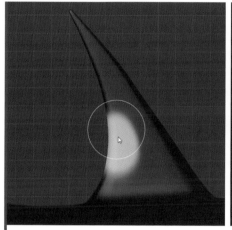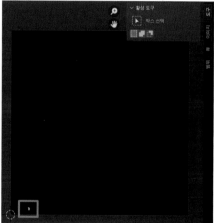

그림 7-59c
이미지 에디터에 칠한 모습이 나타남.
이미지 에디터에서 나올 때는 [Alt] + [S]를 눌러 텍스처 변경 사항 저장하기

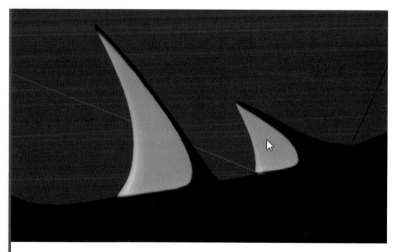

그림 7-59d 다른 지느러미 칠하기

60

몸체 재질 [셰이더 에디터]에서 [컬러(Color)] 항목의 [색조/채도(Hue/Saturation)] 노드를 추가하고 조금 전에 만든 마스킹을 [팩터] 소켓에 연결합니다(그림 7-60a). 이렇게 하면 노드는 흰색 부분에만 영향을 끼칩니다. 결과물을 확인해 보면서 만족스러울 때까지 설정을 다양하게 바꿔 봅니다. 이때 노드를 Ctrl + Shift + 마우스 왼쪽 버튼으로 클릭하면 출력을 미리 볼 수 있습니다.

이제 이 마스킹을 칠해 봅시다. 꼬리지느러미 전체를 칠하여 노랗게 표현할 부분을 덮습니다. 자연스러운 색상 변화를 표현하려면 브러시를 크게 하고 강도를 줄여 경계를 흐릿하게 만듭니다. [셰이더 에디터]에서 모두 연결했다면 [Texture Paint] 작업 공간으로 전환하여 칠하는 동안 실시간으로 결과를 확인할 수 있습니다.

세부를 추가하려면 브러시 크기를 줄이고 뒷부분을 검은색 선으로 칠하여 지느러미 모양을 만듭니다(그림 7-60b).

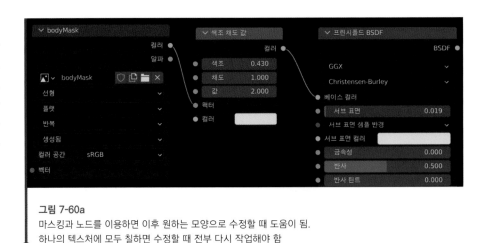

그림 7-60a
마스킹과 노드를 이용하면 이후 원하는 모양으로 수정할 때 도움이 됨. 하나의 텍스처에 모두 칠하면 수정할 때 전부 다시 작업해야 함

그림 7-60b
브러시를 이용하여 지느러미 구조 표현하기

07-10 · 마무리하기

61

모델링 작업 결과가 만족스럽더라도 실제로 렌더링을 해보고 셰이더, 모양, 조명 등 개선할 점이 있는지 확인해 보는 것이 좋습니다. 톱바의 [렌더(Render) → 이미지를 렌더(Render Image)] 메뉴를 이용하거나 F12를 눌러 렌더링합니다.

손톱이나 눈꺼풀 등의 텍스처에 표현을 조금 더하고 싶을 수도 있습니다. 몸체의 재질과 치아 표면에서 빛의 산란은 [프린시플드 BSDF] 셰이더의 [서브 표면(Subsurface)] 필드에서 값을 [0.019]로 설정하면 좀 더 자연스럽게 표현할 수 있습니다. 렌더링은 무겁겠지만 이렇게 하면 빛이 피부를 통과하므로 사실감을 더할 수 있습니다.

캐릭터를 만들면서 배운 다양한 기법을 이용하면 캐릭터의 손에 잡힌 작은 물고기도 만들 수 있습니다. 이 역시 기본 과정으로 도형 만들기, 스컬프팅, 리토폴로지, 텍스처를 거쳐 완성합니다.

08 · 전사 게임 캐릭터 만들기

알레한드로 트레비뇨

이 장에서 다룰 내용

- ► 설정하기
- ► 기본 도형 만들기
- ► 기초 모델링
- ► 세부 모델링
- ► 모델링과 스컬프팅 결합하기

- ► 리토폴로지
- ► 조명 설정하기
- ► UV 맵
- ► 재질 설정하기
- ► 재질 추가하기

- ► 모피와 털
- ► 렌더링
- ► 후처리, 후보정

08-1 · 블렌더 화면 설정하기

01

이번 프로젝트는 루이 가데아(Luis Gadea)의 2D 원안 아트워크를 바탕으로 합니다.

프로젝트를 시작하기 전에 원안 아트워크를 블렌더로 불러오는 것이 좋습니다. 이렇게 하면 모니터를 하나만 사용하더라도 원안 아트워크를 참고할 때마다 프로그램 사이를 이동하지 않아도 되기 때문입니다.

블렌더 화면 오른쪽 위 모서리로 마우스 포인터를 이동하여 커서가 십자가 모양으로 바뀌면 마우스 왼쪽 버튼을 클릭하고 왼쪽으로 드래그하여 뷰포트를 둘로 나누어 새로운 영역을 만듭니다. 그리고 새로운 영역의 [에디터 유형]을 [이미지 에디터]로 바꿉니다(단축키 Shift + F10). 이곳에 원안 아트워크를 끌어다 놓기만 하면 됩니다(그림 8-1).

이제부터 프로그램을 이동하지 않고도 그림을 만지거나 확대·축소할 수 있습니다.

Tip. 이 단계에서 카메라를 설정할 수도 있습니다.

그림 8-1 뷰포트를 나누어 새로운 영역을 만들고 원안 아트워크 추가하기

원안 아트워크 ⓒ 루이 가데아

08-2 · 캐릭터 형태 만들기

이 절에서는 캐릭터에 사용할 도형을 만들고 부드럽게 다듬는 등 기초 과정을 간단하게 살펴봅니다. 그리고 다음 08-3절에서 몇 가지 요소를 더 자세하게 살펴보겠습니다.

02

이 프로젝트에서는 서로 다른 속성을 적용한 평면, 큐브, 구체, 실린더 등 4가지 기본 메시를 이용합니다(**그림 8-2a**). 즉, 앞에서 설명한 대로 기본 도형 만들기를 연습하고 나중에 캐릭터를 만들 때 활용합니다.

[오브젝트 모드]에서 헤더의 [추가(Add) → 메쉬(Mesh) → 평면(Plane)]을 클릭해 도형을 만듭니다. 큐브는 기본 도형이므로 블렌더를 실행하자마자 뷰포트에 표시되지만, Shift + A 를 누르고 [메시(Mesh) → 큐브(Cube)]를 선택하여 추가할 수도 있습니다.

Tip. **[추가] 메뉴 단축키:** Shift + A

구체를 만들려면 큐브를 선택하고 헤더 메뉴의 [오브젝트(Object) → 오브젝트를 복제 (Duplicate Object)]로 복제합니다. 복제한 큐브를 선택하고 Ctrl + 2 를 눌러 레벨 2인 서브디비전을 적용합니다.*

Tip. **[오브젝트를 복제] 옵션 단축키:** Shift + D
* [섭디비전 표면] 모디파이어를 추가한 후 [Levels Viewpor]를 [2]로 설정해도 됩니다.

마지막으로 팔각기둥을 만들려면 헤더 메뉴 [추가(Add) → 메쉬(Mesh) → 실린더(Cylinder)]를 선택하고 뷰포트 왼쪽 아래 컨텍스트 메뉴에서 [실린더를 추가(Add Cylinder)]를 클릭해 [버텍스(Vertices)]를 [8]로 설정합니다(**그림 8-2b**). 그리고 [에디트 모드]로 이동하여 정점을 연결합니다.

먼저 **그림 8-2c**처럼 마주한 두 정점을 Shift 를 누른 채 선택하고 J 를 눌러 선으로 연결합니다. 같은 작업을 한 번 더 반복하여 **그림 8-2d** 처럼 만듭니다. 실린더 위아래 면 모두 적용합니다.

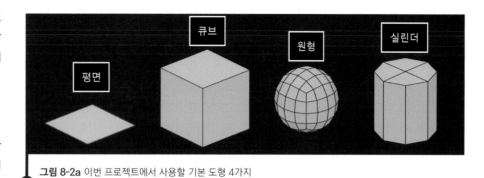

그림 8-2a 이번 프로젝트에서 사용할 기본 도형 4가지

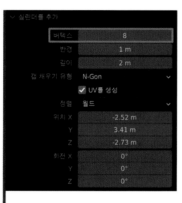

그림 8-2b 정점 개수 조절하기

오브젝트 이동하기

[오브젝트 모드]에서 G 를 누르면 오브젝트를 이동할 수 있습니다. 이때 X , Y , Z 를 누르면 각각 해당 축 방향으로만 움직일 수 있습니다.

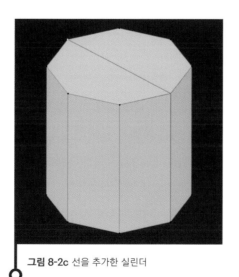

그림 8-2c 선을 추가한 실린더

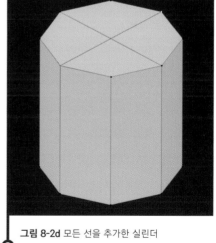

그림 8-2d 모든 선을 추가한 실린더

03

기본 도형에는 익숙해졌으므로 이제 기본 형태를 만들어 봅시다.

먼저 캐릭터가 차지하는 공간의 크기를 정한 다음, 이를 이용하여 다양한 모델 부품의 위치를 잡는 데 도움을 주는 와이어 큐브를 만들겠습니다. 02단계에서 만든 메시를 잠깐 옆으로 옮기고 [오브젝트 모드]에서 [Shift] + [A]를 눌러 기본 큐브를 만든 뒤 뷰포트 왼쪽 아래의 [큐브를 추가(Add Cude)] 컨텍스트 메뉴에서 [크기]를 [1.6~1.8m]로 조절합니다.

그리고 [에디트 모드]로 이동해 속성 편집기의 [오브젝트 프로퍼티스] 탭을 클릭하고 [뷰포트 표시(Viewport Display)] 패널에서 [다음으로 표시(Display As)]를 [와이어(Wire)]로 선택합니다(**그림 8-3**).

Tip. [**뷰포트 표시**] 옵션: 03-1절 60~61쪽 참고

> ### 큐브 편집하기
>
> 큐브를 만든 후에 크기를 조절하려면 [N]을 클릭하고 [항목(Item)] 탭의 크기(Dimensions)] 옵션을 이용합니다.

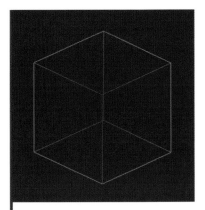

그림 8-3 기본 큐브 와이어프레임

04

[오브젝트 모드]로 돌아와 02단계에서 만든 실린더를 이용하여 몸통을 구성합니다. 이 부분이 상체와 어깨 부분을 이룹니다. [R]와 축을 제한하는 [X], [Y], [Z]를 이용하여 실린더를 회전합니다. 예를 들어 [R]를 누르고 축에 해당하는 키와 함께 [90]을 입력하면 회전 각도를 지정할 수 있습니다. 그리고 마우스 왼쪽 버튼을 클릭하여 변환을 확정합니다. 이와 함께 [S]를 누르고 축에 해당하는 키를 눌러 크기를 조절합니다(**그림 8-4a**).

마지막으로 큐브를 추가하고 크기를 조절합니다. 이것이 몸통 아랫부분입니다. **그림 8-4a**처럼 사다리꼴로 만들려면 [에디트 모드]에서 바닥의 정점 4곳을 선택하고 크기를 한꺼번에 조절합니다.

다시 [오브젝트 모드]로 돌아가서 두 메시를 함께 이동합니다. 오브젝트 위치가 적당한지 확인할 때는 [앞쪽 보기], [옆쪽 보기], [위쪽 보기]를 활용합니다. 메시를 모두 선택하고 숫자 패드 [.]를 누르면 뷰포트는 선택한 메시를 강조합니다.

구분	단축키
앞쪽 보기	숫자 패드 [1]
오른쪽 보기	숫자 패드 [3]
왼쪽 보기	[Ctrl] + 숫자 패드 [3]
위쪽 보기	숫자 패드 [7]
메시 강조하기	숫자 패드 [.]

그림 8-4a 상체 만들기

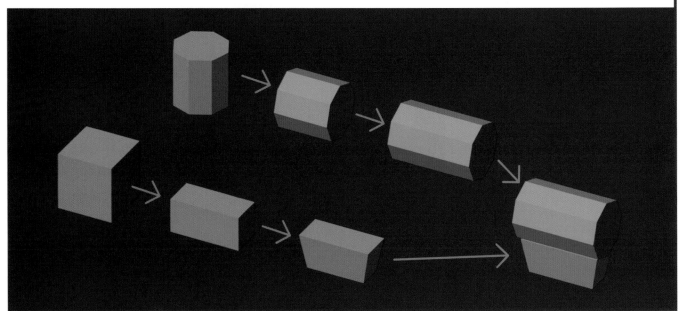

오브젝트 2개의 위치를 정확하게 조절하려면 [버텍스 스냅] 도구를 이용합니다.

[에디트 모드]에서 헤더의 [자석] 아이콘을 활성화하고 오른쪽 화살표를 클릭하여 [버텍스(Vertex)] 옵션을 선택합니다(**그림 8-4b**). 이제 옮길 오브젝트 전체를 선택하여 다른 오브젝트로 이동하고 스냅할 정점에 마우스를 올려 합칩니다(마우스 왼쪽 버튼으로 확정). 또는 오브젝트의 정점을 직접 선택하여 합치고자 하는 정점으로 이동해도 됩니다.

정점이 합쳐지면 커서 주변에 원이 나타납니다(**그림 8-4c**). 지금 만드는 블록은 기본 바탕일 뿐 최종 토폴로지에는 영향을 끼치지 않으므로 모양이 조금 틀어져도 상관없습니다.

그림 8-4b 스냅 메뉴

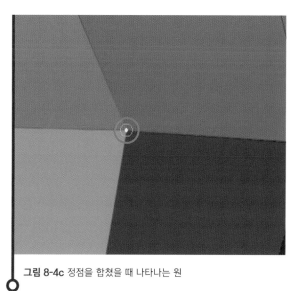

그림 8-4c 정점을 합쳤을 때 나타나는 원

05

그림 8-5a를 참고하여 다음 순서대로 다리와 발을 만듭니다.

A [Shift] + [A]를 눌러 평면을 만듭니다.

B 한쪽으로 크기를 조절하여 가는 띠 형태로 만듭니다.

C [에디트 모드]에서 한쪽 정점 2곳을 선택하고 [E]를 눌러 돌출하고 드래그하여 다리를 만듭니다. 그리고 [G]로 두 끝 정점을 이동하여 사다리꼴을 만듭니다.

D [Ctrl] + [R]를 눌러 [루프 잘라내기] 도구로 에지 루프를 추가합니다. 그리고 [솔리디파이] 모디파이어를 적용하여 평면에 두께를 더하여 원안 아트워크처럼 만듭니다. 속성 편집기의 [모디파이어 프로퍼티스] 탭에서 [모디파이어를 추가(Add Modifier)]를 클릭해 [생성] 범주에서 솔리디파이(Solidify)를 선택합니다. 솔리디파이에서는 다양하게 설정할 수 있지만, 여기에서는 [모드(Mode)] 옵션에서 [심플(Simple)]을 선택하고 [두께(Thickness)]만 조절하면 됩니다(**그림 8-5b**).

그림 8-5a
평면을 이용하여
다리와 발 만들기

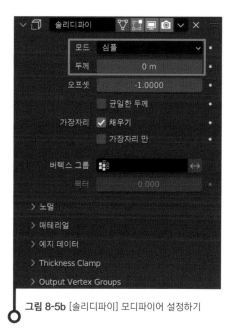

그림 8-5b [솔리디파이] 모디파이어 설정하기

06

04, 05단계와 같은 방법으로 **그림 8-6a, 6b**
를 참고해 캐릭터의 기본 도형을 추가합니다.
예를 들어 망토 브로치를 추가하려면 앞서 만
든 정점이 8개인 기본 실린더를 Z축으로 크
기를 조절하여 평평하게 만듭니다. 손과 손가
락에는 큐브를 여러 개 사용합니다. 그리고
캐릭터 주변으로 평면을 돌출하고 나서 선 2
개를 선택하고 F를 눌러 연결하여 튜닉 치
마를 만듭니다. 망토 역시 마찬가지로 [지역
돌출(Extrude Region)] 도구를 이용합니다.
어떤 오브젝트를 만들지는 오른쪽 표를 참고
하세요. 세부는 나중에 다듬을 것이므로 지
금은 **그림 8-6a, 6b**에서 보듯이 모양에 집
중합니다.

망토 브로치와 검은 앞으로 13, 14단계에서
만들 것이므로 잠시 기다리세요. 검을 만들려
면 몇 가지 추가 도구가 필요하므로 만드는
방법은 14단계를 참고합니다.

Tab 을 이용하여 필요할 때마다 [오브젝트 모
드]와 [에디트 모드]를 번갈아 이동하면서 작
업합니다. 지금 단계에서는 세세한 부분에 너
무 신경 쓰지 마세요.

평면 (Plane)	• 다리/발 • 망토 • 치마
큐브 (Cube)	• 머리 • 손 • 손가락 • 중간 부분 • 검 • 버클
실린더 (Cylinder)	• 상체 • 팔 • 망토 브로치

선택한 상태로 오브젝트를 추가하지 마세요!

[에디트 모드]에서 오브젝트를 선택한
상태로 장면에 새로운 오브젝트를 추
가해서는 안 됩니다. 그러면 두 오브젝
트가 연결됩니다.

그림 8-6b 주요 요소로 구성한 기본 모델

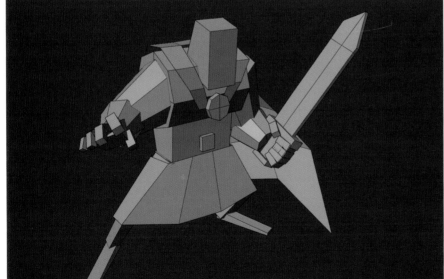

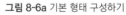

그림 8-6a 기본 형태 구성하기

07

여기서는 상체에 추가했던 실린더에만 집중해 봅시다. `/`를 이용하면 원하는 오브젝트를 분리할 수 있습니다. 이렇게 하면 선택한 오브젝트 외에 나머지는 모두 숨깁니다. 분리한 오브젝트는 [씬 컬렉션(Scene Collection)] 목록에서 밝은 주황색으로 표시합니다. 이는 모디파이어를 적용할 오브젝트를 고르는 데 도움이 됩니다.

첫 번째 할 일은 면을 다듬고 형태가 얼마나 선명해야 하는지를 결정하여 좀 더 부드러운 메시를 만드는 것입니다. 각을 유지하는 데 편리하도록 실린더 끝부분에 에지 루프를 2개 추가하는 것부터 시작합니다. 에지 루프를 추가하려면 [에디트 모드]로 이동하여 `Ctrl` + `R`를 누르고 마우스를 움직여 위치를 정합니다. 그리고 끝 면 4개를 선택하고 나서 `I`를 누르고 마우스를 움직여 인셋을 적용합니다(**그림 8-7a**).

[오브젝트 모드]에서 속성 편집기의 [모디파이어 프로퍼티스] 탭으로 이동하여 레벨 [3]인 [섭디비젼 표면(Subdivision Surface)] 모디파이어를 추가합니다(**그림 8-7b**). [에디트 모드]에서 `A`를 눌러 모든 면을 선택하고 헤더에서 [페이스(Face) → 셰이드 스무스(Shade Smooth)] 메뉴를 선택합니다(**그림 8-7c**).

Tip. [**섭디비젼 표면**] **모디파이어 추가하기:** `Ctrl` + `3`

이것으로 몸체 부분에 사용할 깔끔하고 부드러운 메시를 만들었습니다(**그림 8-7d**). 몸통 아래쪽 부분에도 같은 과정을 적용해서 부드럽게 합니다(**그림 8-7e**).

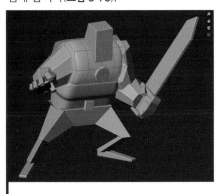

그림 8-7d 둥글게 만든 상체

에지 루프와 [섭디비젼 표면]의 상관관계

추가한 에지 루프의 위치가 모서리와 가까울수록 [섭디비젼 표면] 모디파이어를 적용했을 때 모서리가 날카로워지고 멀어질수록 둥근 모양이 됩니다.

에지 루프의 위치가 각도에 끼치는 영향을 보여 주는 예

아주 부드럽고 둥근 셰이드 스무딩 | 경계가 비교적 명확한 셰이드 스무딩 | 경계가 명확한 셰이드 스무딩

그림 8-7a 양쪽에 에지 루프 추가하기

그림 8-7b 메시 부드럽게 하기

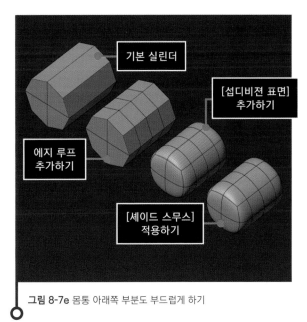

그림 8-7e 몸통 아래쪽 부분도 부드럽게 하기

그림 8-7c
[셰이드 스무스] 적용하기

08-3 • 세부 모델링하기

08

기본 메시를 부드럽게 만들었다면 이번에는 **그림 8-8a**처럼 메시를 몇 개 추가하여 얼굴의 기본 도형을 구성하겠습니다.

먼저 실린더를 필요한 만큼 추가합니다. 그리고 큐브를 사용하는 귀를 제외하고 나머지 부분에 앞 단계와 마찬가지로 레벨 2~3인 [섭디비젼 표면]을 추가하고 세이드 스무스

를 적용합니다.

귀에는 [미러] 모디파이어를 사용합니다. 귀하나를 만들고 위치를 정한 다음(**그림 8-8b**) 속성 편집기의 [모디파이어 프로퍼티스] 탭에서 [미러] 모디파이어를 추가합니다. 그리고 [미러 오브젝트] 옵션에 머리 큐브를 지정합니다(**그림 8-8c**).

미러가 올바르게 작동하지 않는다면 Shift + A를 누르고 [엠프티(Empty) → 일반 축 (Plain Axes)]을 선택하여 엠프티 오브젝트를 원하는 위치에 추가합니다. 그리고 이를 [미러] 모디파이어의 미러 오브젝트로 이용합니다.

그림 8-8a 기본 머리 형태 만들기

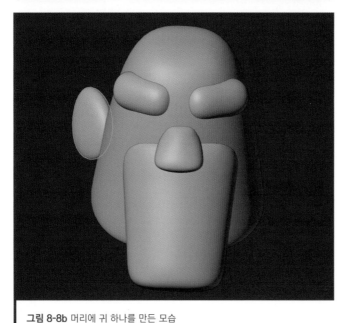

그림 8-8b 머리에 귀 하나를 만든 모습

그림 8-8c 머리를 미러 오브젝트로 지정하기

09

이제 눈을 만들고자 Shift + A로 UV 구체를 추가합니다. [UV 구체를 추가(Add UV Sphere)] 컨텍스트 메뉴에서 [부분(Segments)]을 [8]로, [링(Rings)]을 [10]으로 설정하고 90° 회전합니다. 그리고 [에디트 모드]에서 가운데 정점을 포함한 면을 선택하고 축을 따라 안으로 이동하여 구체 일부를 오목하게 만듭니다. 마지막으로, 가운데 정점만 선택하여 안으로 이동합니다. 이로써 안구와 홍채 부분이 될 오목한 모양을 만들었습니다(그림 8-9a).

이제 Shift + Alt + 마우스 왼쪽 버튼을 클릭하여 오목한 부분의 바깥쪽 루프를 선택하고 나서 Ctrl + B를 누르고 드래그하여 베벨을 적용합니다. 그리고 레벨 3인 [섭디비전 표면] 모디파이어를 추가합니다. 다음으로, 모든 면을 선택하고 [셰이드 스무스]를 적용합니다(그림 8-9b). 마지막으로, 눈 위치를 조절하고 [미러] 모디파이어를 적용하여 두 눈을 만듭니다. 이때도 08단계와 마찬가지로 머리를 미러 오브젝트로 지정합니다.

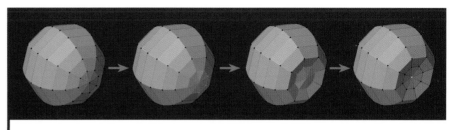

그림 8-9a 정점을 이동하여 볼록한 눈 일부를 오목한 모양으로 만들기

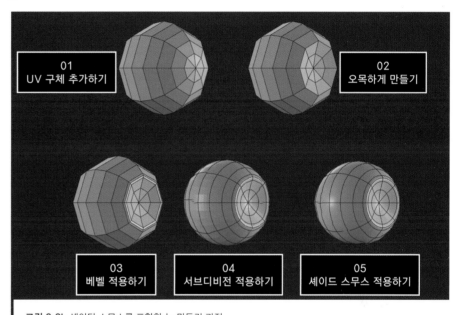

01 UV 구체 추가하기

02 오목하게 만들기

03 베벨 적용하기

04 서브디비전 적용하기

05 셰이드 스무스 적용하기

그림 8-9b 셰이딩 스무스를 포함한 눈 만들기 과정

10

튜닉 상의인 조끼를 만들려면 아랫부분부터 면을 돌출하면 됩니다. 그런 다음, [멀티리솔루션(Multiresolution)] 모디파이어를 적용하고 마지막으로 [솔리디파이(Solidify)] 모디파이어를 추가합니다.

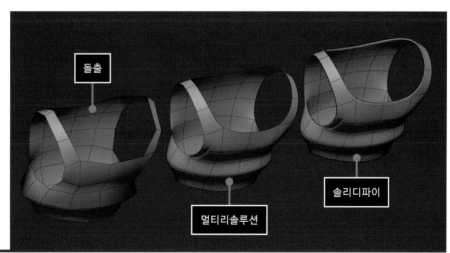

돌출

멀티리솔루션

솔리디파이

그림 8-10a
튜닉 조끼를 만드는 과정

11

머리털을 만드는 방법은 다양하지만, 여기서는 쉬운 방법으로 커브를 이용하겠습니다. Shift + A 를 누르고 [커브(Curve) → 경로(Path)]를 클릭하여 커브를 추가합니다. 그리고 속성 편집기의 [오브젝트 데이터 프로퍼티스] 탭을 클릭해 [지오메트리(Geometry)] 패널의 [베벨(Bevel)] 옵션에서 [깊이(Depth)]의 값을 늘려 두껍게 만듭니다(그림 8-11a). [에디트 모드]로 이동하여 정점을 선택하고 메시를 좀 더 머리털 같은 모양으로 만들고자 Alt + S 를 눌러 정점의 크기를 모두 조절합니다(그림 8-11b).

마지막으로 레벨 2~3인 [섭디비전 표면] 모디파이어를 적용하여 세분합니다.

머리털을 캐릭터로 옮기려면 [오브젝트 모드]에서 오브젝트를 선택하고 G 를 누릅니다. 위치를 정했다면 [에디트 모드]에서 정점을 선택하고 원하는 대로 모양을 좀 더 다듬습니다. 머리털을 더하려면 Shift + D 로 복제하고 그림 8-11c와 같이 배치합니다. 참고로, 그림 8-11c는 이후 과정에서 모델을 렌더링한 결과 모습입니다.

그림 8-11a
[오브젝트 데이터 프로퍼티스] 탭의
[지오메트리] 패널

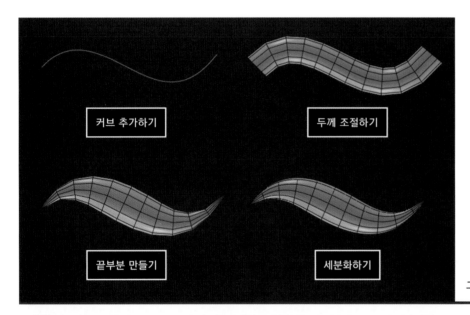

그림 8-11b 커브를 이용하여 머리털 만들기

그림 8-11c
머리털 배치하기(참고용)

12

그림 8-12a를 참고해서 다음 순서대로 허리띠를 만듭니다.

A 먼저 큐브를 만듭니다.

B Z축 방향으로 크기를 줄입니다.

C [에디트 모드]에서 위쪽과 아래쪽 면을 선택하고 나서 (Delete)를 누르고 [페이스(Faces)]를 클릭하여 삭제합니다.

D 그리고 레벨 3 또는 4인 [섭디비전 표면] 모디파이어를 추가하고 나서 모든 면을 선택하고 헤더에서 [페이스(Face) → 셰이드 스무스(Shade Smooth)]] 메뉴를 클릭해 셰이드 스무스를 적용합니다.

E 마지막으로, [솔리디파이] 모디파이어를 적용하여 허리띠에 어울리도록 [두께(Thickness)]를 조절합니다.

모디파이어의 순서가 결과에 영향을 끼치므로 어떤 순서가 최선인지 정해야 합니다. [섭디비전 표면] 모디파이어 위에 [솔리디파이] 모디파이어를 두면 메시가 부드러워집니다 (**그림 8-12b** 왼쪽). 이와 달리 [섭디비전 표면] 모디파이어 아래에 [솔리디파이] 모디파이어를 두면 메시 모서리가 날카로워집니다(**그림 8-12b** 오른쪽).

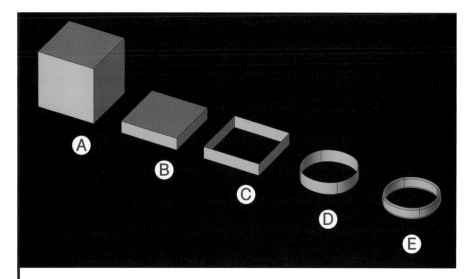

그림 8-12a 큐브로 허리띠 만들기

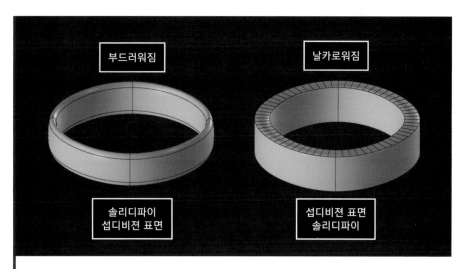

그림 8-12b 모디파이어 순서에 따라 달라지는 결과

프로젝트 조직화하기

때로는 프로젝트 과정이 차례대로 이루어지지 않을 수도 있습니다. 이럴 때는 워크플로에서 전체 순서를 유지하는 것이 좋습니다. 새로운 오브젝트를 추가했다면 [씬 컬렉션(Scene Collection)] 목록 안에서 구분하기 쉬운 이름을 붙입시다. '머리', '상체', '오른손' 등을 예로 들 수 있습니다. 이렇게 하면 이후 편집할 요소를 빠르게 구분할 수 있습니다.

이제 **그림 8-12c**를 참고해서 다음 순서대로 버클을 만듭니다.

A 큐브를 하나 만듭니다.

B [G]를 이용하여 면을 이동합니다.

C 앞뒤 면은 삭제합니다.

D [솔리디파이] 모디파이어를 추가합니다.

E 모디파이어를 적용하고 나서 [루프 잘라내기] 도구 등으로 모서리 부분에 선을 추가합니다.

Tip. **[루프 잘라내기] 도구 단축키:** [Ctrl] + [R]

F [섭디비전 표면] 모디파이어를 추가합니다.

G 새로운 평면을 추가합니다.

H [G]를 이용하여 선을 모두 이동합니다.

I [Ctrl] + [R]로 선을 추가합니다.

J [솔리디파이] 모디파이어를 추가합니다.

K [섭디비전 표면] 모디파이어를 추가합니다.

L 두 메시를 합칩니다.

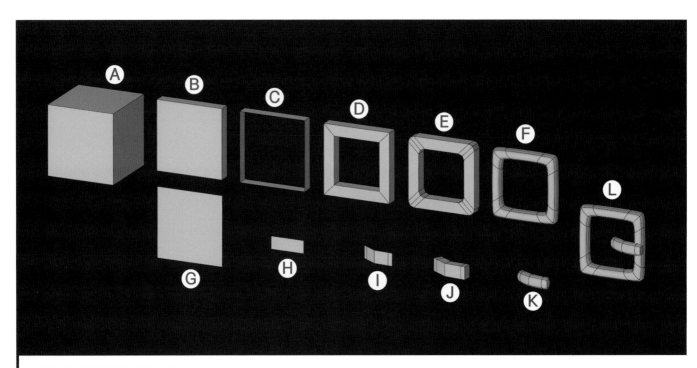

그림 8-12c 허리띠 버클을 만드는 과정

허리띠를 **그림 8-12d**와 같이 몸체에 둡니다. 허리띠 위치를 맞추려면 [앞쪽 정사법]과 [오른쪽 정사법], [왼쪽 정사법]을 번갈아 확인하면서 [G]로 이동합니다. 허리띠는 몸체에 정확히 맞추지 않아도 되지만 허리에 꼭 맞는다는 느낌이 들어야 합니다. 참고로, **그림 8-12d**는 이후 과정에서 모델을 렌더링한 결과 모습입니다.

Tip. 단축키

[앞쪽 정사법]: 숫자 패드 [1]

[오른쪽 정사법]: 숫자 패드 [2]

[왼쪽 정사법]: [Ctrl] + 숫자 패드 [3]

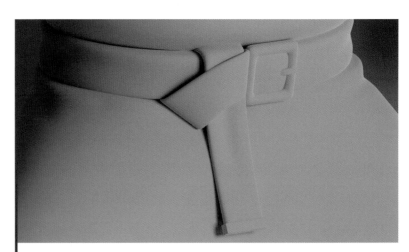

그림 8-12d 렌더링한 허리띠 모습(참고용)

13

그림 8-13을 참고해서 다음 순서대로 망토
잠금쇠를 만듭니다.

A 정점이 8개인 납작한 실린더를 하나 만
듭니다.

B [에디트 모드]에서 앞쪽 면을 선택하고
[I]를 누른 채 드래그하여 인셋을 추가합
니다.

C [E]로 메시 가운데 면을 안쪽으로 돌출하
고 마우스 왼쪽 버튼을 눌러 확정합니다.

D 이번에는 바깥쪽으로 한 번 더 돌출합니
다. 마우스 왼쪽 버튼을 눌러 확정하고
[S]로 크기를 조금 작게 조절합니다.

E 마지막으로, 메시를 부드럽게 하고자 [Ctrl]
+ [3]으로 [섭디비전 표면] 모디파이어를
추가하고 헤더 메뉴에서 [페이스 → 셰이드
스무스]를 클릭해 모든 면에 적용합니다.

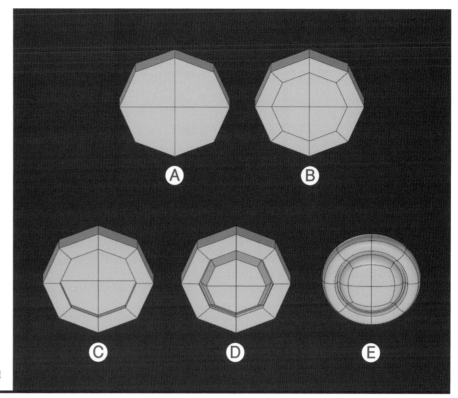

그림 8-13 망토 잠금쇠 제작 과정

14

검을 만들려면 칼날, 칼코등이, 칼자루, 칼자
루 끝 등 네 부분으로 블록을 나눠야 합니다.
[S]를 이용하여 큐브를 길고 납작하게 늘려
날 부분을 만듭니다. 그리고 [에디트 모드]로
이동하여 [루프 잘라내기] 도구로 에지 루프
를 추가하고 날을 수직으로 두 부분으로 나눕
니다. 날의 위쪽 가운데 정점을 선택하고 [G]
+ [Z]를 눌러 튀어나오도록 만듭니다. 인셋을
적용하고 보조 에지 루프를 추가하여 모서리
를 날카롭게 합니다(그림 8-14a).

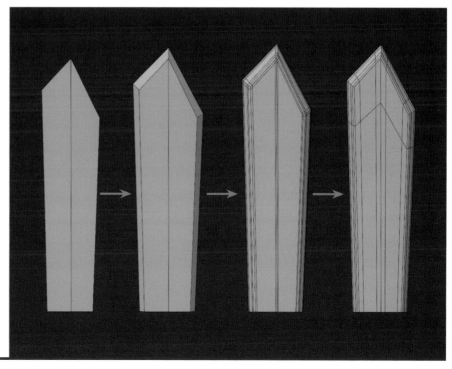

그림 8-14a 칼날 제작 과정

칼코등이도 늘린 큐브에서 시작합니다. 에지 루프를 추가하고 끝쪽 면을 돌출합니다. 그리고 양쪽 윗면에 에지 루프를 추가하고 끝부분 모양을 둥글게 만듭니다(**그림 8-14b**).

칼자루는 **그림 8-14c**처럼 큐브 크기를 조절하고 윗면과 아랫면을 삭제합니다. 에지 루프를 수직으로 하나, 수평으로 3개 추가합니다. 수평 에지 루프에 Ctrl + B로 베벨을 적용합니다. [베벨] 컨텍스트 메뉴에서 [부분(Segments)]을 [2]로 하여 각 에지 루프가 3개씩 되도록 합니다. 각각의 가운데 에지 루프를 선택하고 나서 안쪽으로 크기를 조절하고 가운데 선에 또 한 번 베벨을 적용합니다. 레벨 3~4인 [섭디비젼 표면] 모디파이어를 추가하고 나서 A를 눌러 모두 선택하고 헤더 메뉴에서 [페이스 → 셰이드 스무스]를 선택합니다.

칼자루 끝을 만들려면 큐브 크기를 조절하고 **그림 8-14d**처럼 에지 루프를 몇 곳에 추가합니다. A를 눌러 모두 선택하고 Ctrl + 3으로 레벨 3인 [섭디비젼 표면] 모디파이어를 적용합니다. 그리고 헤더 메뉴에서 [페이스 → 셰이드 스무스]를 선택합니다.

마지막으로, 검의 모든 요소를 선택하고 Ctrl + J를 눌러 하나로 합칩니다. 그리고 Ctrl + 3으로 레벨 3인 [섭디비젼 표면] 모디파이어를 추가합니다.

그림 8-14e는 검 전체 제작 과정을 단계별로 나타낸 것입니다.

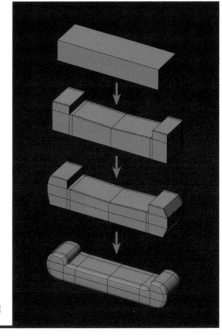

그림 8-14b 칼코등이 제작 과정

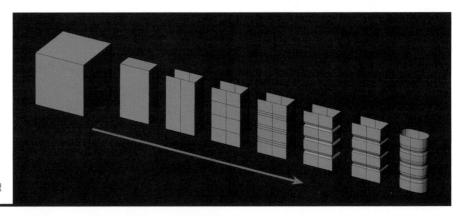

그림 8-14c 칼자루 제작 과정

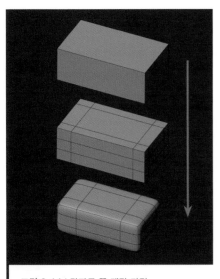

그림 8-14d 칼자루 끝 제작 과정

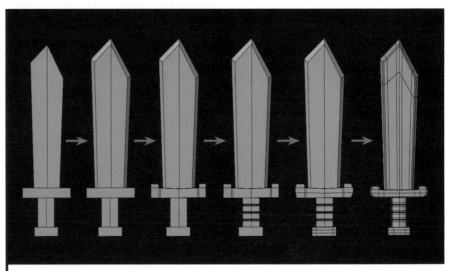

그림 8-14e 단계별 검 제작 과정

15

입은 입 모양, 치아, 혀 등 세 부분으로 구성합니다. 입 모양은 21단계에서 다룰 [불리언] 모디파이어를 이용해 만듭니다.

Tip. 21단계에서 입 모양을 만들고 나면 치아와 혀를 제자리에 둘 수 있습니다.

그림 8-15a를 참고해서 다음 순서대로 치아를 만듭니다.

A 먼저 큐브를 하나 추가합니다.

B 큐브의 크기를 조절하여 납작한 모양으로 만듭니다.

C 3면을 남기고 나머지 면은 모두 삭제합니다.

D [솔리디파이] 모디파이어와 [섭디비전 표면] 모디파이어를 추가합니다. 모양을 다듬는 데 필요하다면 에지 루프도 추가합니다.

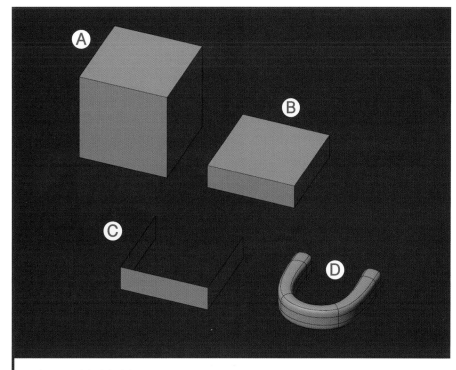

그림 8-15a 치아 제작 과정

그림 8-15b를 참고해서 다음 순서대로 혀를 만듭니다.

A 큐브를 하나 추가합니다.

B 크기를 조절하여 납작한 모양으로 만듭니다.

C 가운데에 에지 루프를 3개 추가합니다.

D 가운데 선을 안쪽으로 줄입니다.

E 마지막으로, [섭디비전 표면] 모디파이어를 추가하고 [셰이드 스무스]를 적용합니다.

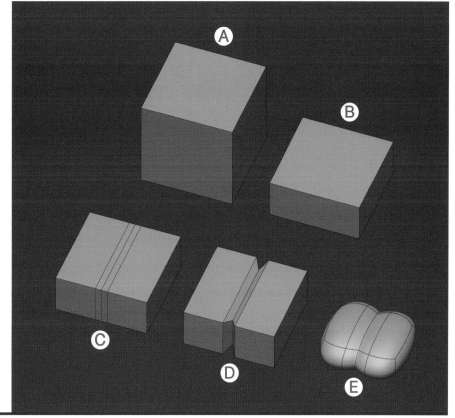

그림 8-15b 혀 제작 과정

08-4 · 모델링과 스컬프팅 결합해 작업하기

여기서는 기본 [스컬프팅] 브러시를 이용하여
몇 가지 요소를 더욱 자연스럽게 만드는 방법
을 알아봅니다.

16

06단계에서 만든 기본 메시에 **그림 8-16a**
와 같이 에지 루프를 추가합니다. 발을 가늘
게 만들고 다리 윗부분의 모양을 잡고자 정점
을 변환합니다. 그리고 [섭디비전 표면] 모디
파이어를 적용합니다.

이제 [스컬프팅] 브러시를 이용하여 다리 모양
을 좀 더 자연스럽게 다듬습니다. 먼저 헤더 왼
쪽의 [에디터 유형] 메뉴를 이용하여 [스컬프
트 모드(Sculpt Mode)]로 이동합니다.
[엘라스틱 변형(Elastic Deform)] 브러시(**그림
8-16b**)를 이용하여 참고 이미지와 비슷해지
도록 메시의 모양을 다듬습니다.

마지막으로, [섭디비전 표면] 모디파이어를
다시 추가하고 [셰이드 스무스]를 모든 면에
적용합니다(**그림 8-16c**).

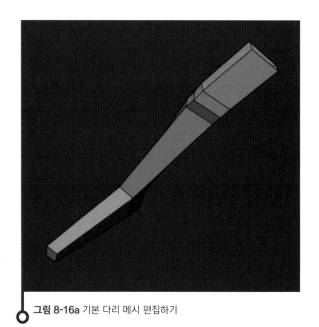

그림 8-16a 기본 다리 메시 편집하기

그림 8-16b [엘라스틱 변형] 브러시   엘라스틱 변형

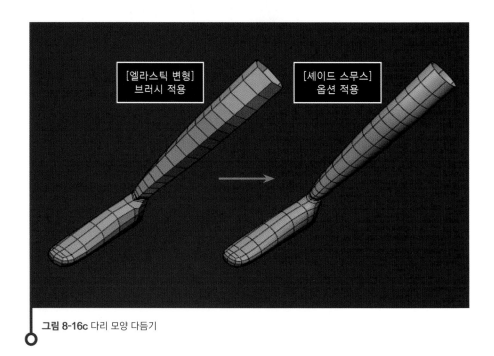

[엘라스틱 변형]
브러시 적용

[셰이드 스무스]
옵션 적용

그림 8-16c 다리 모양 다듬기

17

망토를 만들려면 레벨 2~3으로 [섭디비전 표면] 모디파이어를 적용해야 합니다. 그리고 [솔리디파이] 모디파이어로 평면에 두께를 더합니다. 망토와 옷 등에 이 모디파이어를 적용할 때는 두께를 달리하는 게 좋습니다.

메시를 좀 더 자연스럽게 움직이려면 [스컬프트 모드]로 이동하여 [잡기(Grab)] 브러시와 [엘라스틱 변형] 브러시로 메시 위를 드래그하여 **그림 8-17**처럼 만듭니다.

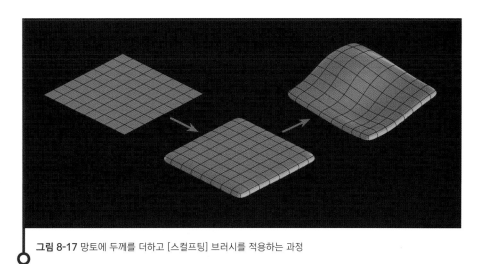

그림 8-17 망토에 두께를 더하고 [스컬프팅] 브러시를 적용하는 과정

18

손 부분 메시에 [섭디비전 표면] 모디파이어를 추가하고 [스컬프트 모드]로 이동합니다. 그리고 [엘라스틱 변형] 브러시로 메시를 변형하여 좀 더 자연스러운 모양으로 만듭니다.

각 부분을 모두 선택하고 Ctrl + J를 눌러 손에 속한 모든 메시를 합칩니다(**그림 8-18a, 18b**).

이렇게 만든 손을 리토폴로지하는 방법은 21단계와 20단계에서 알아봅니다.

그림 8-18a 오른손 제작 과정

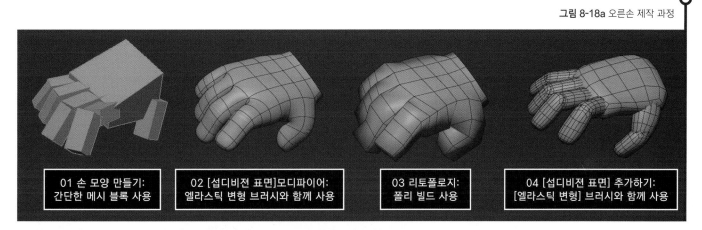

01 손 모양 만들기: 간단한 메시 블록 사용

02 [섭디비전 표면]모디파이어: 엘라스틱 변형 브러시와 함께 사용

03 리토폴로지: 폴리 빌드 사용

04 [섭디비전 표면] 추가하기: [엘라스틱 변형] 브러시와 함께 사용

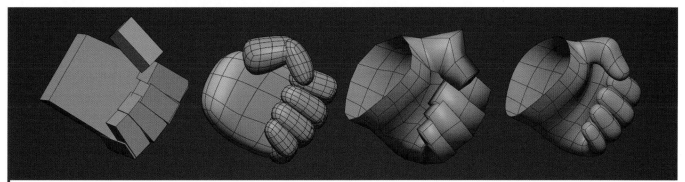

그림 8-18b 왼손 제작 과정

08-5 · 리토폴로지하기

19

이어지는 19, 20단계에서는 주로 [폴리 빌드(Poly Build)] 도구를 사용하여 손을 리토폴로지합니다.

먼저 리토폴로지의 바탕이 되는 메시가 있어야 합니다. Shift + A 를 이용하여 평면 하나를 추가하고(**그림 8-19a**) 크기를 조절하여 리토폴로지할 메시 표면 근처로 이동합니다. 이와 함께 스냅 동작의 설정을 바꾸어 바탕이 되는 메시에 붙입니다. [에디트 모드]에서 [스냅] 메뉴로 이동하여 [Face Project]를 선택하고 [투사 개별 요소(Project Individual Elements)] 옵션에 체크합니다(**그림 8-19b**).

마지막으로, 바탕이 되는 메시 위에 새로운 메시가 보여야 하므로 [오브젝트 프로퍼티스] 탭의 [뷰포트 표시(Viewport Display)] 패널에서 [앞에 표시(In Front)] 옵션에 체크합니다(**그림 8-19c**).

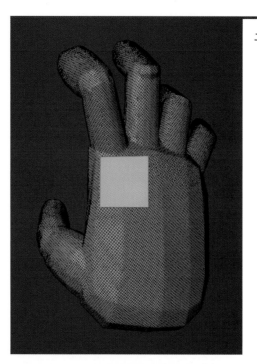

그림 8-19a 평면 추가하기

Tip. 손과 21단계의 머리를 리토폴로지할 때는 편한 방법으로 하면 됩니다. 예를 들어 07장 피시맨 몬스터를 만들 때처럼 하나의 정점에서 시작해도 됩니다.

그림 8-19b [스냅] 메뉴

그림 8-19c [앞에 표시] 옵션에 체크하기

20

이제 [에디트 모드]의 툴바에 있는 [폴리 빌드] 도구를 사용할 준비를 마쳤습니다.

[폴리 빌드] 도구를 이용하면 정점을 간단하게 옮길 수 있습니다. 정점을 선택하면 파란색으로 바뀌는데, 이때 마우스 왼쪽 버튼을 누른 채 드래그하면 정점을 원하는 대로 이동할 수 있습니다(**그림 8-20a**).

선을 선택해 파란색으로 바뀌었을 때 드래그하면 새로운 면을 돌출할 수 있습니다(**그림 8-20b**). [Ctrl]을 사용하면 선 2개로 면을 만들 수도 있습니다(**그림 8-20c**).

마지막으로, [Shift]로 면이나 정점을 삭제합니다(**그림 8-20d**). [Shift]를 누르면 지울 요소를 빨간색으로 표시합니다. 이런 방식으로 폴리곤을 추가하거나 편집하고 손 전체를 덮어 토폴로지를 간결하게 만듭니다.

손 리토폴로지가 끝나면 [멀티리솔루션(Multiresolution)] 모디파이어를 추가하고 레벨 [3]인 [섭디비젼]을 추가합니다. 그리고 [스컬프트 모드]에서 [크리스(Crease)] 브러시로 세부를 다듬습니다. 손 리토폴로지가 끝나면 이전 손 메시는 삭제합니다.

다음은 머리를 리토폴로지할 차례입니다. 이 프로젝트에서는 머리와 손만 리토폴로지가 필요합니다. 몸체 나머지 부분은 간단한 메시로 구성했기 때문입니다.

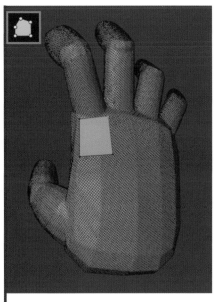

그림 8-20a [폴리 빌드] 도구로 정점 이동하기

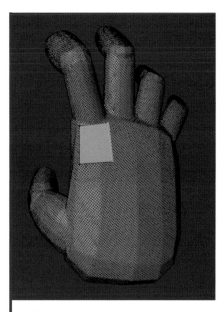

그림 8-20b 선으로 면 돌출하기

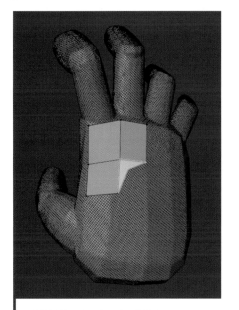

그림 8-20c 선 2개로 면 돌출하기

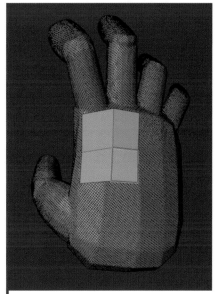

그림 8-20d [폴리 빌드] 도구로 면 삭제하기

[폴리 빌드] 도구 단축키

기하 도형 추가하기	[Ctrl] + 마우스 왼쪽 버튼
메시 요소 삭제하기	[Shift] + 마우스 왼쪽 버튼
정점 이동하기	마우스 왼쪽 버튼
선 돌출하기	마우스 왼쪽 버튼

21

머리를 리토폴로지하기 전에 먼저 [불리언 (Boolean)] 모디파이어를 이용하여 입 모양을 만들어야 합니다. 이 모디파이어를 적용하려면 턱 부분인 주 메시와 여기서 모양 빼기를 하여 입 모양을 만들 메시 등 메시 2개가 필요합니다. 입 모양을 뺄 오브젝트로는 직사각형으로 늘린 큐브를 이용합니다.

턱이 있는 주 메시를 선택하고 속성 편집기에서 [모디파이어 프로퍼티스] 탭으로 이동하여 [불리언] 모디파이어를 추가합니다. [차이(Difference)] 버튼을 클릭하고(**그림 8-21a**) 모디파이어의 [오브젝트(Object)] 옵션에 있는 스포이트를 이용하여 주 메시에서 입 모양

을 뺄 직사각형을 선택합니다. 불리언 결과를 확인하려면 뺄 도형을 선택하고 [오브젝트 프로퍼티스] 탭에서 [뷰포트 표시] 패널의 [다음으로 표시(Display As)] 옵션을 [텍스처화(Textured)]에서 [와이어(Wire)]로 바꿉니다. 그리고 뺄 메시를 원하는 입 모양이 될 때까지 이동합니다(**그림 8-21b**). 모디파이어 이름 옆에 있는 화살표를 클릭해 [적용(Apply)]을 선택하여 모디파이어를 적용합니다. 그리고 입과 치아의 위치를 조절합니다.

모든 모디파이어를 적용하고 Ctrl + J로 나머지 메시를 머리와 합칩니다.

다음으로, 자동 리메시를 적용할 차례입니다. [스컬프트 모드]로 이동하여 오른쪽 위에서 [리메쉬(Remesh)] 메뉴를 열어 [복셀 크기 (Voxel Size)]를 설정하고 [리메쉬] 버튼을 클릭합니다(**그림 8-21c**). 이렇게 하면 머리 메시의 최종 토폴로지를 만들 기본 바탕이 완성됩니다(**그림 8-21d**).

[에디트 모드]로 이동하여 손과 마찬가지로 [폴리 빌드] 도구를 사용합니다. 이때 눈, 입, 코 주위 루프에 집중합니다(**그림 8-21d**). 그리고 [멀티리솔루션] 모디파이어를 적용하여 세분화, 추가하고 [스컬프트 모드]에서 [크리스 (Crease)] 브러시와 [스무스(Smooth)] 브러시를 이용하여 세세한 부분까지 다듬습니다.

그림 8-21a [불리언] 모디파이어

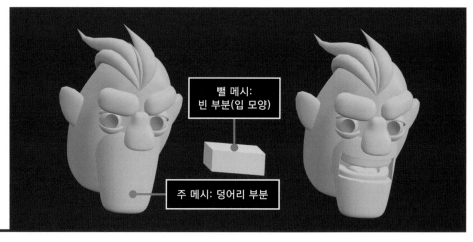

그림 8-21b [불리언] 모디파이어 적용하기

그림 8-21c [리메쉬] 메뉴

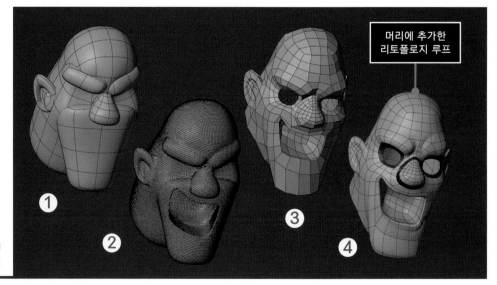

그림 8-21d
머리 리토폴로지 과정

22

모델의 기본 모양을 모두 리토폴로지했으므로 스컬프팅을 이용해 세부를 좀 더 다듬습니다. 눈치챈 독자라면, 세분한 오브젝트의 세부를 스컬프팅할 때는 [섭디비젼 표면] 모디파이어가 아닌 [멀티리솔루션] 모디파이어를 적용해야 한다는 것을 알 것입니다(**그림 8-22a**). 모디파이어를 추가하고 메시가 보기 좋게 부드러워질 때까지 세분합니다.

[스컬프트 모드]로 이동하고 [그리기(Draw)], [스무스(Smooth)], [크리스(Crease)], [점토 스트립(Clay Strips)], [엘라스틱 변형(Elastic Deform)] 등과 같은 브러시를 이용하여 다듬습니다.

이 브러시를 시작으로 스컬프팅에 익숙해집시다. 요소를 대상으로 모든 브러시를 테스트해 보기 바랍니다. **그림 8-22b**는 치마에 적용한 스컬프팅 과정을 보여 줍니다. 캐릭터의 나머지 부분도 스컬프팅을 이용하여 세세하게 다듬습니다(**그림 8-22c**).

그림 8-22a
[멀티리솔루션] 모디파이어

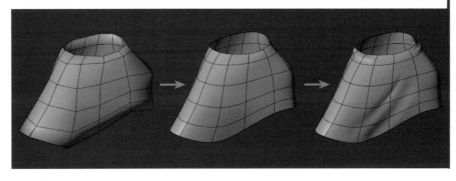

그림 8-22b
스컬프팅으로 치마의 세부 다듬기 과정

[모든 변환] 적용하기

[다인토포(Dyntopo)], [리메쉬], [UV]와 같은 도구가 제대로 적용되지 않을 때가 있습니다. 이럴 때는 Ctrl + A 를 누르고 [모든 변환(Apply All)]을 선택하거나 헤더에서 [오브젝트(Object) → 적용(Apply) → 모든 변환(All Transforms)] 메뉴를 클릭합니다.

그림 8-22c
스컬프팅한 캐릭터를 렌더링한 모습(참고용)

08-6 · 조명 설정하기

23

이 프로젝트에서는 사진 스튜디오를 흉내 낸 배경을 사용합니다. 모서리를 숨기고 바닥과 벽의 경계를 없앤 이 배경 벽은 05-1절 164쪽에서 만드는 과정을 살펴보았습니다.

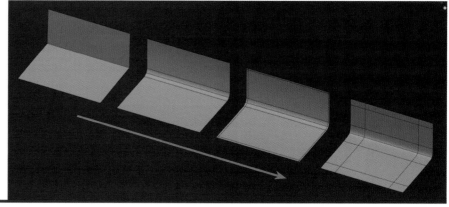

그림 8-23
스튜디오 배경 벽을 만드는 과정

24

여기에서는 다음 4가지 조명을 사용합니다.

▶ 주광(key light)
▶ 보조광(fill light)
▶ 후광(rim light)
▶ 반사광(bounce light)

이름만 봐도 알 수 있듯이 반사광은 장면 주변으로 빛을 반사하여 조명을 추가하고 부드러운 그림자를 만듭니다.
[월드 환경]을 설정하여 장면 조명을 시작합시다. 속성 편집기에서 [월드 프로퍼티스

(World Properties)] 탭을 클릭합니다. 이곳에서 [컬러] 이름 옆의 아이콘을 클릭하고 [블랙보디(Blackbody)]를 선택합니다. 그리고 [온도(Temperature)]를 [23,000]K, [강도(Strength)]를 [0.05]W로 설정합니다(**그림 8-24a**). 이것이 보조광입니다.
다음으로, 장면에 추가 조명을 더합니다. [오브젝트 모드]에서 Shift + A를 누르고 [라이트(Light) → 포인트(Point)]를 선택하여 조명을 추가합니다. 모든 조명에는 [포인트] 유형을 사용합니다. G를 이용하면 메시 오브젝트와 마찬가지로 조명 오브젝트를 움직일 수

있습니다. 주광(key, **그림 8-24b**), 후광(rim, **그림 8-24c**), 반사광(bounce, **그림 8-24d**)을 추가하고 각각 [오브젝트 데이터 프로퍼티스(Object Data Properties)] 탭에서 조명 속성을 편집합니다. [노드(Nodes)] 패널에서 [노드를 사용(Use Nodes)] 버튼을 클릭하면 다음 표와 같이 설정할 수 있습니다. 이때 [컬러]는 [블랙보디]여야 합니다. [노드] 패널이 보이지 않는다면 [렌더 프로퍼티스(Render Properties)] 탭으로 이동하여 [렌더] 엔진이 [Eevee]가 아닌 [Cycles]인지 확인합니다.
그림 8-24e를 보면 색 온도에 따라 어떤 효과가 나타나는지 비교할 수 있습니다.

조명	위치	온도(K)	강도(W)	반경(m)
주광	캐릭터 앞쪽	6,000	100	1.00
후광	캐릭터 뒤쪽 가까운 곳	4,000	30	0.80
반사광	캐릭터 뒤쪽 먼 곳	5,000	50	1.00

그림 8-24a 보조광 설정하기

그림 8-24b 주광 설정하기

그림 8-24c 후광 설정하기

그림 8-24d 반사광 설정하기

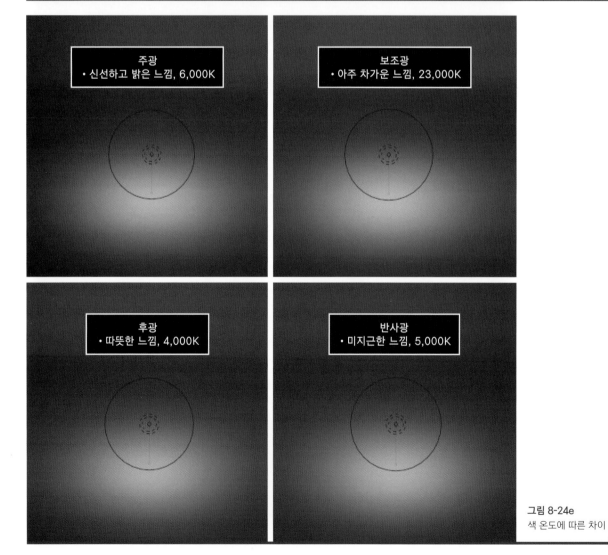

주광
• 신선하고 밝은 느낌, 6,000K

보조광
• 아주 차가운 느낌, 23,000K

후광
• 따뜻한 느낌, 4,000K

반사광
• 미지근한 느낌, 5,000K

그림 8-24e
색 온도에 따른 차이

08-7 · UV 맵 펼치기

25

이로써 모델에 재질을 적용할 준비를 마쳤습니다. 프로시저럴 텍스처가 편리하지만 복잡한 오브젝트라면 UV 맵을 이용해서 표면 전체를 제어해야 할 때도 있습니다. UV 맵을 이용하면 텍스처의 어떤 부분을 메시의 어떤 폴리곤에 적용할지 다음 세 과정을 거쳐 지정할 수 있습니다.

▶ 접합선(seam) 표시하기
▶ 펼치기(unwrapping)
▶ 텍셀 밀도(texel density) 확인하기

Tip. **텍셀 밀도**는 28단계에서 자세히 알아봅니다.

이 단계에서는 이반 보스트리코프(Ivan Vostrik-ov's)가 만든 Texel Density Checker 애드온이 필요합니다. 이 애드온은 깃허브(Github)나 굼로드(Gumroad)에서 검색하여 내려받을 수 있으며, UV를 수정할 때 필요한 다양한 도구를 제공합니다.

Tip. **애드온 내려받기:** mrven.gumroad.com/l/CEIOR

먼저 접합선 만들 곳을 표시합니다. 겉으로 잘 드러나지 않을 곳에 접합선을 적당히 표시합니다. 비틀어진 텍스처를 피하고 좋은 결과를 얻으려면 다양하게 테스트해 보는 것이 좋습니다. 접합선을 표시하려면 [에디트 모드]에서 [에지(Edge) 선택 모드]를 켜고 Shift + Alt + 마우스 왼쪽 버튼을 이용하여 완전한 루프를 선택합니다(**그림 8-25**). 마지막으로 U 를 누르고 나서 [씨임을 마크] 단축키인 M 을 눌러 선택한 선에 접합선을 표시합니다. 그러면 빨간색 접합선이 보입니다.

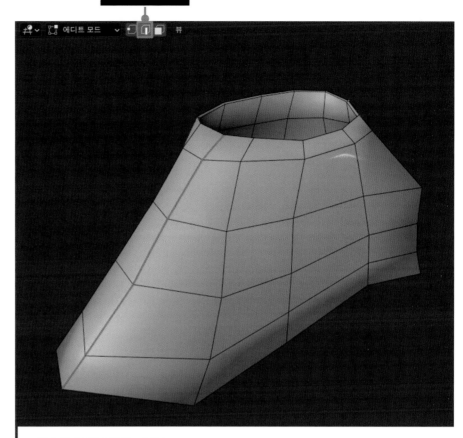

[에지 선택 모드]

그림 8-25 치마에 접합선 표시하기

블렌더 커뮤니티에 방문해 보세요

블렌더 프로그램과 관련하여 궁금한 점이 있다면 먼저 잘 정리된 블렌더 매뉴얼을 참고하세요. 그래도 궁금증을 해결하지 못했다면 온라인 포럼이나 소셜 네트워크를 활용해 경험이 많은 사람에게 도움을 받는 방법도 있습니다.

26

캐릭터 전체 메시를 대상으로 접합선을 표시합니다. 이 작업을 마쳤다면 펼치기 준비 끝입니다. 먼저 [에디트 모드]에서 Ⓐ로 모든 면을 선택하고 나서 Ⓤ를 눌러 [UV 매핑(UV Mapping)] 메뉴를 엽니다(**그림 8-26a**). 여기에서 UV를 만드는 다양한 알고리즘을 선택할 수 있는데, 지금은 [펼치기(Unwrap)]를 선택합니다. 접합선을 표시하지 않을 때는 [스마트 UV 투사(Smart UV Project)] 메뉴를 이용하여 블렌더가 자동으로 접합선을 표시하도록 합니다. 단, 결과가 좋지 않을 때도 있습니다.

톱바에서 [UV Editing] 워크스페이스를 선택합니다. [펼치기]를 선택했으므로 [UV 에디터]에서 만든 UV 맵을 확인할 수 있습니다(**그림 8-26b**).

그림 8-26a [UV 맵핑] 메뉴

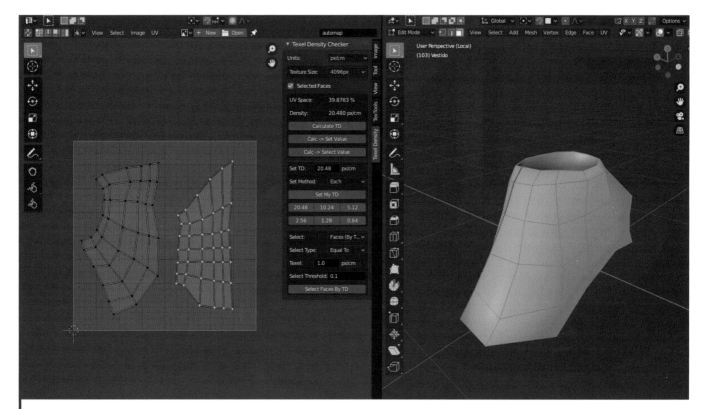

그림 8-26b 선택한 메시의 UV 맵을 표시한 [UV Editing] 워크스페이스

27

오브젝트의 텍셀 밀도를 확인하려면 격자가 있는 이미지가 필요합니다. 먼저 [UV 에디터]로 이동하여 [+ 새로운(New)] 버튼을 클릭하고 나서 이름, 크기를 입력하고 유형을 선택합니다(**그림 8-27a**). 여기서는 폭과 높이를 각각 [4096px]로 입력하고 [생성된 유형(Generated Type)]은 [UV 격자(UV Grid)]를 선택하고 [OK] 버튼을 클릭해 격자 UV 이미지를 만듭니다(**그림 8-27b**).

모델에 텍스처를 적용한 모습을 확인하려면 톱바에서 [Shading] 워크스페이스를 클릭하고 [셰이더 에디터(Shader Editor)]에서 [+ 새로운(New)] 버튼을 클릭하여 [프린시플드 BSDF(Principled BSDF)] 노드를 만듭니다. 이 노드를 선택한 상태에서 [Ctrl] + [T]를 누르고 새로 생성된 [이미지 텍스처(Image Texture)] 노드에서 격자 이미지를 선택하여 이를 [베이스 컬러(Base Color)]로 설정합니다(**그림 8-27c**). **그림 8-27d**는 메시에 UV 격자 재질을 적용한 모습입니다.

Tip. 단축키를 사용하려면 Node Wrangler 애드온을 활성화해야 합니다.

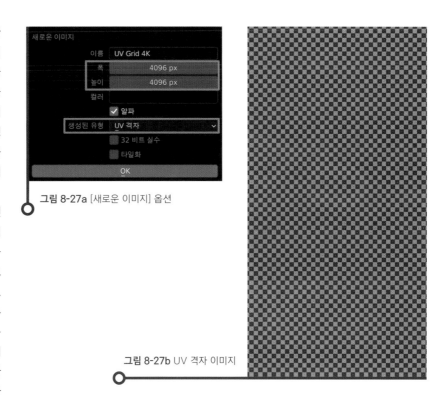

그림 8-27a [새로운 이미지] 옵션

그림 8-27b UV 격자 이미지

그림 8-27c 블렌더에서 만든 [셰이더 에디터]의 격자 재질

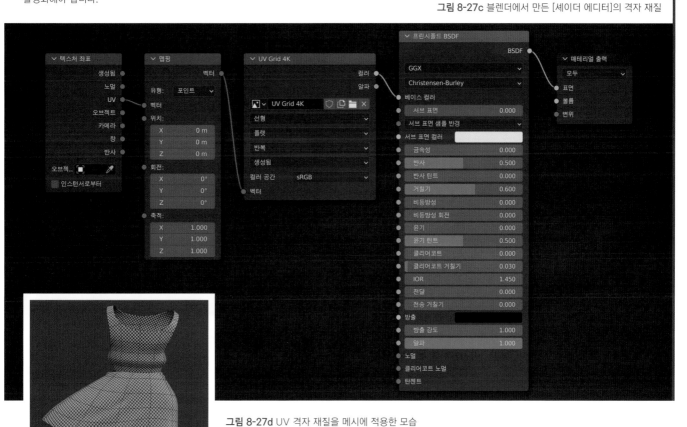

그림 8-27d UV 격자 재질을 메시에 적용한 모습

28

텍셀 밀도(texel density)는 메시에 사용한 텍스처의 해상도를 일컫습니다. 앞서 설명했듯 이 같은 텍스처를 사용한 오브젝트 사이에는 텍셀 밀도도 같아야 바람직합니다. 그렇지 않으면 메시 사이의 해상도가 서로 달라지므로 확대해서 보면 어떤 메시는 흐리게 보입니다.

Texel Density Checker 애드온을 활성화 하고 [UV 에디터]로 이동합니다. Ⓐ로 모든 면을 선택하고 Ⓝ으로 사이드바를 연 다음, [Texel Density] 탭을 클릭합니다. [Texture Size]로 [4096px]을 선택하고 [Set TD] 옵션을 이용해 여러 가지 밀도를 테스트하여 맵에 맞는 가장 높은 밀도가 얼마인지 확인합니다. 여기서는 [Set TD] 옵션을 [20.48px/cm]로 설정합니다. 이 밀도는 다

른 오브젝트에도 사용할 수 있습니다. Texel Density Checker 애드온이 제대로 작동하지 않는다면 더 안정된 이전 버전의 애드온을 사용해 보기 바랍니다.

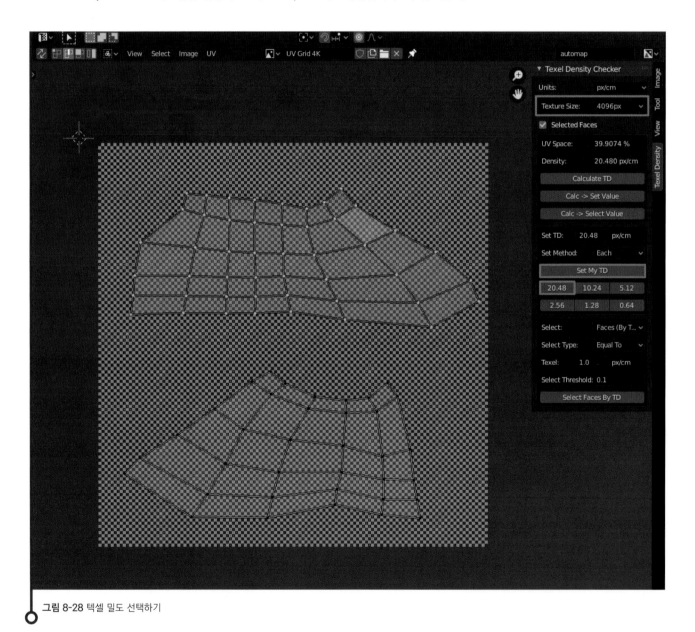

그림 8-28 텍셀 밀도 선택하기

08-8 · 재질 설정하기

29

요소마다 재질을 만들려면 3D 뷰포트에서 요소를 선택하고 [Shading] 워크스페이스로 이동합니다. [매트리얼 프로퍼티스] 탭에서 [+ 새로운] 버튼으로 새 재질을 추가하면 [셰이더 에디터]에 기본값인 [프린시플드 BSDF] 노드가 생깁니다.

Node Wrangler 애드온을 활성화했다면 [프린시플드 BSDF] 노드를 선택하고 Ctrl + T를 눌러 텍스처 설정 노드를 생성합니다. 이후 단계에서는 모델에 사용할 재질에 어떤 설정을 적용할지 다양하게 살펴봅니다.

Tip. [셰이더 에디터]에서 사용할 수 있는 단축키는 05-2절 168쪽을 참고하세요.

그림 8-29 텍스처 설정하기

30

옷의 헤진 부분에 알파 맵을 사용하면 메시를 찢지 않고도 표현할 수 있습니다. 먼저 [이미지 에디터]에서 텍스처를 만듭니다. [이미지 에디터]에서 가운데 위에 있는 [+ 새로운] 버튼을 클릭하고 이름과 크기를 설정합니다(그림 8-30a). [컬러(Color)]는 [흰색]으로 선택하고 [OK] 버튼을 클릭합니다.

[셰이더 에디터]에서 새로운 알파 맵 이미지를 [이미지 텍스처]에서 열고 [프린시플드 BSDF] 노드의 [알파(Alpha)] 소켓에 연결합니다(그림 8-30b). 마지막으로, [Texture Paint] 워크스페이스의 3D 뷰포트에서 숨기고 싶은 부분은 검은색으로 칠하고 드러낼 부분은 흰색으로 둡니다.

그림 8-30a 알파 맵 만들기

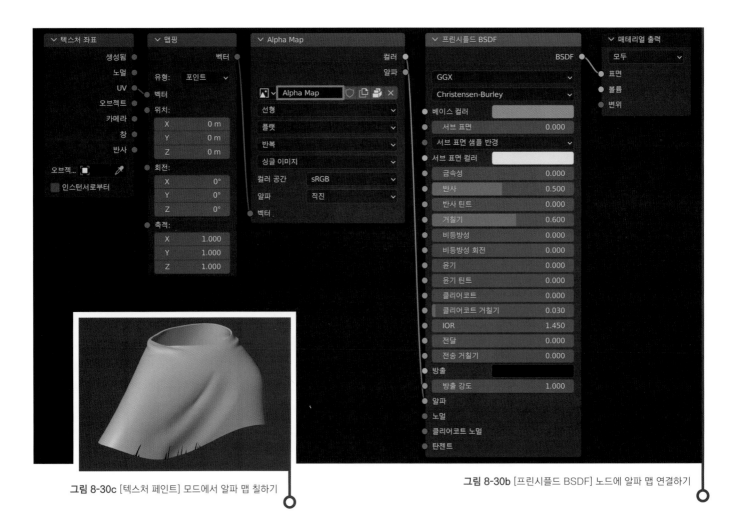

그림 8-30c [텍스처 페인트] 모드에서 알파 맵 칠하기

그림 8-30b [프린시플드 BSDF] 노드에 알파 맵 연결하기

31

브로치 크리스털을 만드는 데도 [프린시플드 BSDF] 노드를 이용합니다. 먼저 [베이스 컬러]로 [빨간색]을 설정합니다(**그림 8-31**). [거칠기(Roughness)]를 [0.3] 정도로 설정하여 조금은 불규칙하게 반사하도록 합니다. [클리어코트(Clearcoat)]를 [0.5]로 설정하여 빛 반사 레이어를 만듭니다. [IOR]은 [1.554]로 설정하여 자수정처럼 반사되도록 합니다. 마지막으로 [전달(Transmission)]을 [1]로 설정하여 오브젝트를 완전 투명으로 만듭니다. 결과는 3D 뷰포트에서 확인할 수 있습니다.

[매트리얼 프로퍼티스(Material Properties)] 탭에서 [매테리얼 슬롯을 추가(Add Material Slot)] 버튼, 즉 [+] 아이콘을 이용하여 메시 하나에 재질을 여러 개 할당할 수도 있습니다. 나중에 몇 가지 재질을 만들어 망토 잠금쇠의 원하는 부분에 이를 추가해 보겠습니다.

그림 8-31 크리스털 재질의 옵션 설정

32

피부 재질에도 [프린시플드 BSDF] 노드를 사용합니다. 이번에는 [베이스 컬러]에서 색을 선택하는 것이 아니라 [지오메트리(Geometry)] 노드를 추가하고 [포인트네스(Pointiness)] 소켓을 [컬러 램프(Color Ramp)] 노드에 연결합니다(**그림 8-32a**). 그러므로 적어도 오목한 부분에는 어두운 색을 이용하는 등

색 변화를 2개 이상 설정해야 합니다. 어두운 색은 0.49 정도 위치에 두고 밝은 색은 0.5 정도 위치에 둡니다. 이 노드는 렌더 엔진이 Cycles일 때만 작동합니다.

Tip. [지오메트리] 노드와 [컬러 램프] 노드는 [추가] 메뉴의 검색 창에서 검색해 추가할 수 있습니다.

[프린시플드 BSDF] 노드에서 [서브 표면(Subsurface)]은 [0.1]로 설정합니다. 마지막으로 [거칠기(Roughness)]를 [0.4]로 설정합니다. 이렇게 하면 만화 같은 캐릭터에 그럴 듯한 효과를 더해 장난감 인형 같은 피부를 만들 수 있습니다(**그림 8-32b**).

그림 8-32a 피부 재질 설정하기

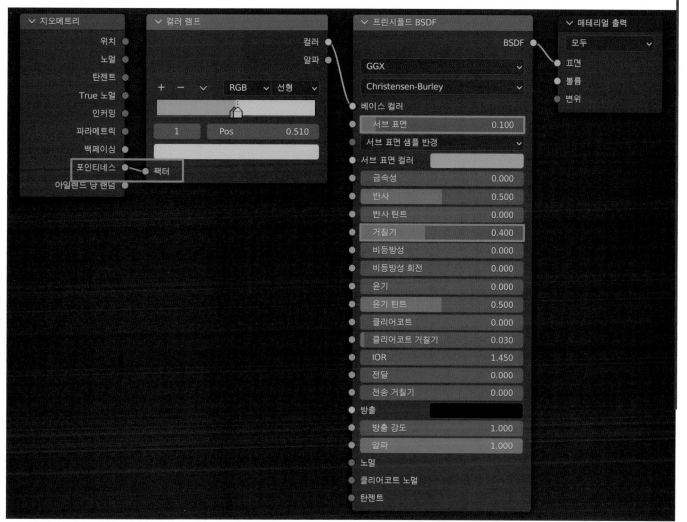

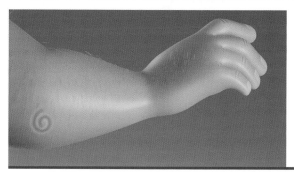

그림 8-32b 렌더링한 모습

33

혀 재질을 만들 때는 [베이스 컬러], [거칠기], [노멀(Normal)] 등 [프린시플드 BSDF] 노드의 3가지 소켓이 중요합니다. 기본 토대는 [텍스처 좌표(Texture Coordinate)], [맵핑(Mapping)], [보로노이 텍스처(Voronoi Texture)] 노드로 구성합니다. 그림 8-33과 같이 [셰이더 에디터]의 헤더 메뉴에서 [추가(Add)]를 이용하여 이 3가지 노드를 추가합니다.

[프린시플드 BSDF] 노드의 [베이스 컬러] 소

켓에는 [컬러 램프]를 이용하여 색을 #DBA-BAA와 #BF7F75 둘로 나눕니다. 그러려면 [컬러 램프] 노드를 추가하고 나서 한쪽의 슬라이드 마커를 클릭하고 아래 검은색 막대의 헥스(Hex)에 원하는 색의 16진수 코드를 입력합니다. 첫 번째 슬라이더가 좀 더 밝은 색입니다. 두 번째 슬라이더를 클릭하여 어두운 색도 설정하여 두 색으로 그러데이션을 만듭니다. 그리고 이 노드를 [프린시플드 BSDF] 노드의 [베이스 컬러] 소켓에 연결합니다.

[거칠기]로 반사 정도를 조절할 [컬러 램프] 노드를 추가하되 이번에는 어두운 회색과 밝은 회색으로 그러데이션을 만듭니다. 마지막으로 그림 아랫부분처럼 [컬러 램프] 노드와 [범프(Bump)] 노드를 추가하여 노멀 소켓에 연결합니다. 이로써 혀 재질을 완성했습니다.

그림 8-33 혀 재질 설정하기

34

치아 재질에는 새하얀 색보다는 #E7D5C8와 같이 붉은 기가 있는 흰색을 [베이스 컬러]로 설정한 [프린시플드 BSDF] 노드를 사용합니다. [서브 표면]을 [0.02]로 설정하고 [서브 표면 산란 렌더링 방법]을 [Christensen-Burley]로 선택합니다. [거칠기]는 [0]으로 하여 표면이 반짝이도록 합니다. 이렇게 간단한 재질로도 원하는 효과를 낼 수 있습니다.

그림 8-34 치아 재질 설정하기

35

눈은 동공, 홍채, 흰자위의 세 부분으로 나뉩니다. 그러므로 [매트리얼 프로퍼티스] 탭의 슬롯에 세 부분에서 사용할 재질을 각각 추가합니다.

눈 재질은 모두 [프린시플드 BSDF] 노드를 이용합니다. 먼저 **동공**에 사용할 재질은 [베이스 컬러]를 [#220E08], [거칠기]를 [0.15]로 설정하여 빛을 조금 반사하도록 합니다

(**그림 8-35a**). **홍채** 재질은 [베이스 컬러]를 [#716950], [거칠기]를 [0.3], [클리어코트]를 [1]로 설정합니다(**그림 8-35b**).

마지막으로 **흰자위** 재질은 [베이스 컬러]를 [#E7E7E7], [서브 표면]을 [0.015], [거칠기]를 [0.5]로 설정합니다(**그림 8-35c**). 그리고 [에디트 모드]에서 세 부분을 각각 선택하고 속성 편집기의 [매트리얼 프로퍼티스] 탭

에서 [할당(Assign)] 버튼을 클릭해 재질마다 할당합니다(**그림 8-35d**).

브로치와 같은 메시에 금속 고리와 보석처럼 서로 다른 재질을 추가할 때도 같은 과정을 이용하면 됩니다.

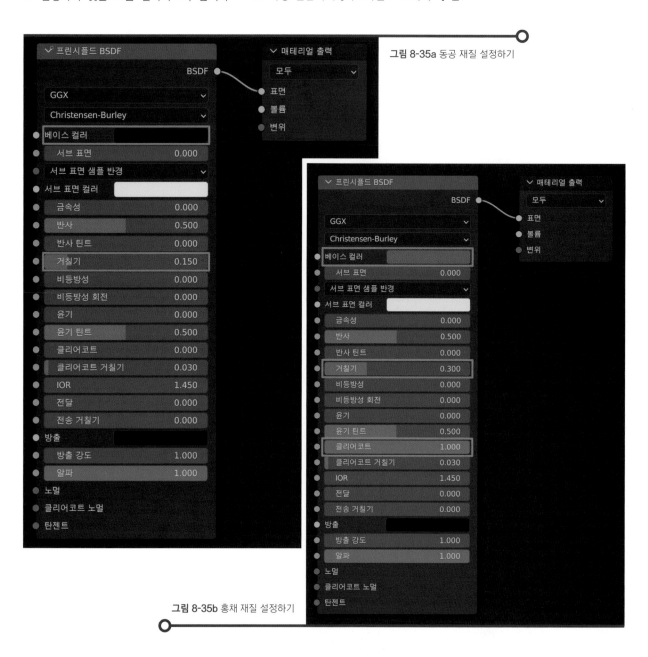

그림 8-35a 동공 재질 설정하기

그림 8-35b 홍채 재질 설정하기

그림 8-35c 흰자위 재질 설정하기

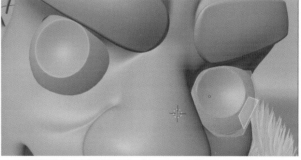

그림 8-35d
홍채, 동공, 흰자위에
각각 다른 재질 할당하기

36

옷감 재질에는 [베이스 컬러], [거칠기], [노멀(Normal)], [변위(Displacement)] 맵 등을 포함한 무료 PBR 텍스처를 사용합니다. 여기서 사용한 텍스처는 무료 텍스처를 제공하는 Texture Haven (texturehaven.com)에서 내려받은 것으로, 어떤 PBR 텍스처라도 상관없습니다. 이 맵은 Node Wrangler 애드온의 단축키인 Ctrl + Shift + T를 사용하여 연결할 수 있습니다. 그런 다음, 26단계에서 만든 UV 맵의 UV 아일랜드를 정렬합니다. 마지막으로, [주변 폐색(Ambient Occlusion, AO)] 노드를 추가하고 밝은색과 어두운색 등 최소 2가지 색을 추가한 [컬러 램프] 노드에 연결하여 옷감의 구겨진 부분을 두드러지게 합니다.

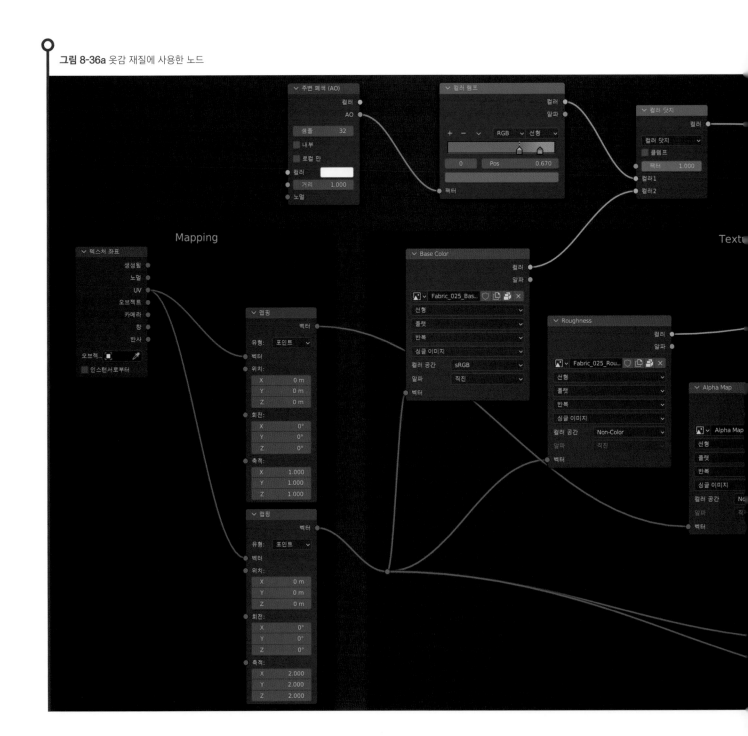

그림 8-36a 옷감 재질에 사용한 노드

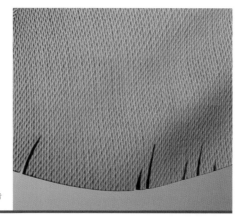

그림 8-36b 옷감 재질을 렌더링한 모습

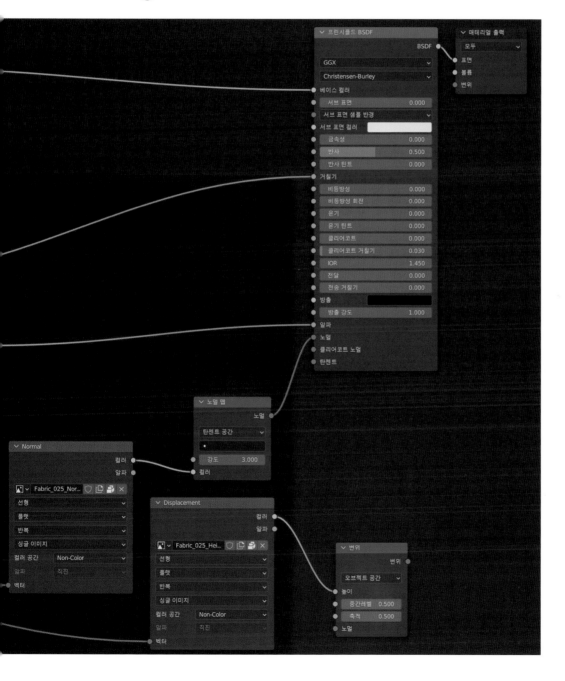

37

[프린시플드 BSDF] 노드를 이용하면 금속성 재질을 아주 간단하게 만들 수 있습니다. 사용하고 싶은 금속의 느낌을 익히려면 인터넷에서 이미지를 검색해 보고 기본색을 결정합니다. 예를 들어 철이라면 #C0BDBA, 은이라면 #FAF9F5, 금이라면 #FEDC9D, 황동이라면 #F4E4AD 등입니다.

[베이스 컬러]에 해당 색을 나타내는 16진수 코드를 입력하고 [금속성(Metallic)]은 [1]로 설정하여 재질을 금속으로 정의합니다.

마지막으로, 흠이 약간 있는 반사 표면을 만들고자 [거칠기]에서 값을 [0.275]로 낮게 설정합니다.

그림 8-37 금속 재질을 사용한 예

38

검의 자루 부분에 적용할 황동 재질을 만들려면 황동을 흉내 낸 [베이스 컬러(#F4E4AD)]와 같은 16진수)로 [프린시플드 BSDF] 노드를 사용하고 [금속성]을 [1]로 설정하여 재질을 금속으로 지정합니다. [거칠기]를 표현하고자 [텍스처 좌표] 노드, [보로노이 텍스처] 노드, [컬러 램프] 노드를 추가하고 **그림 8-38a**처럼 모든 노드를 연결합니다.

[보로노이 텍스처] 노드에서 [스무스 F1(Smooth F1)]을 선택하고 [축적(Scale)]을 [121] 정도로 변경합니다. [컬러 램프] 노드의 슬라이더는 원하는 결과를 얻을 때까지 다양하게 움직여 봅니다(**그림 8-38b**).

그림 8-38b 렌더링한 칼자루 모습

그림 8-38a 칼자루의 황동 재질에 사용한 노드

39

흠집 난 검날을 표현하려면 마스킹 3개를 만드는 노드 6개가 필요합니다. 이들 노드는 검날에만 적용하므로 눈 메시의 각 부분에 재질을 할당했을 때와 같은 방법을 사용합니다. 첫 번째 마스킹은 [보로노이 텍스처] 노드와 [컬러 램프] 노드에 연결한 [텍스처 좌표] 노드입니다. 두 번째 마스킹은 [주변 폐색(AO)] 노드와 또 다른 [컬러 램프] 노드입니다.

이들을 [곱하기(Multiply)]로 설정한 [RGB 조합(MixRGB)] 노드와 섞어 검날의 흠집만을 나타내는 마지막 마스킹을 만듭니다.

마지막으로, [범프] 노드를 추가하여 흠집 정도를 정하고 이를 [프린시플드 BSDF] 노드의 [노멀] 소켓에 연결합니다(**그림 8-39a, 39b**).

그림 8-39a 흠집 난 검날에 사용한 재질

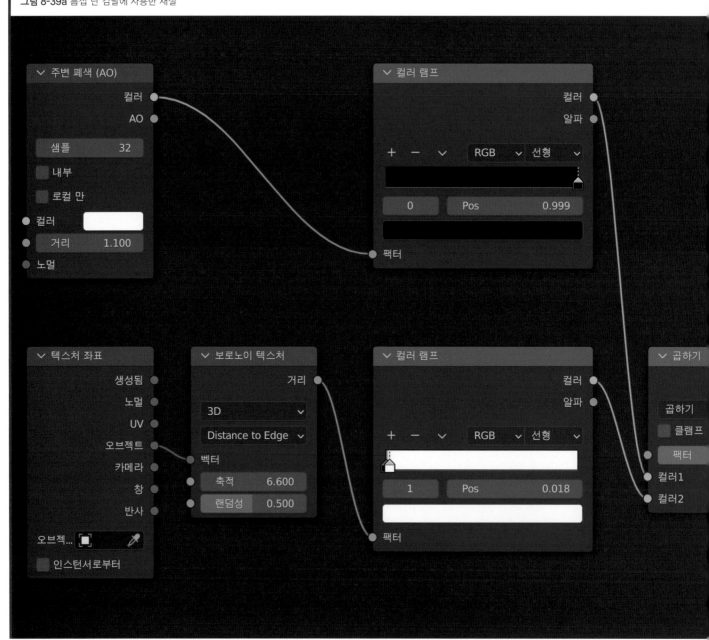

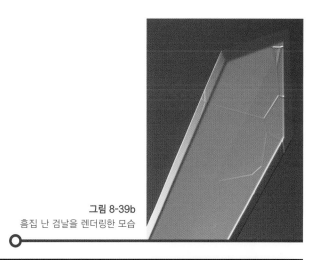

그림 8-39b
흠집 난 검날을 렌더링한 모습

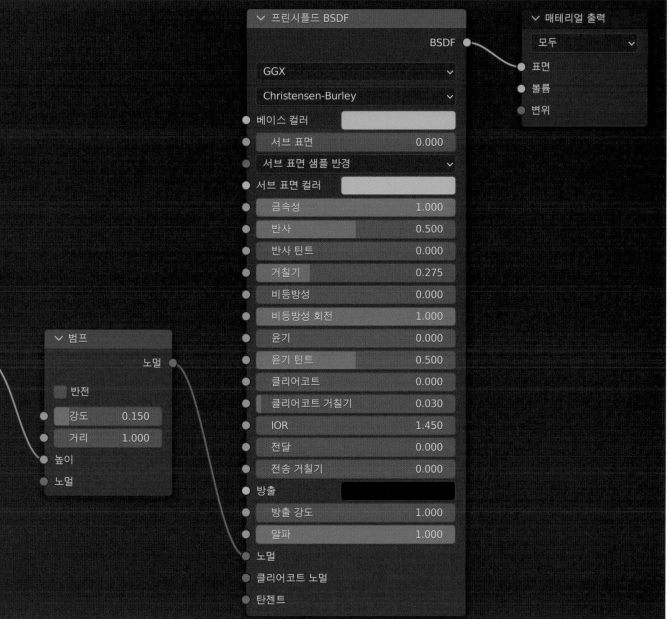

40

가죽에는 미리 만든 접합선이 없는 재질을 사용합니다. 재질은 앞에서와 마찬가지로 Texture Haven (texturehaven.com)과 같은 사이트에서 내려받을 수 있습니다. 이 재질을 추가하려면 [프린시플드 BSDF] 노드에서 Node Wrangler 애드온의 단축키인 Ctrl + Shift + T를 사용합니다. 텍스처 파일 선택 창에서 내려받은 파일을 선택하면 자동으로 [베이스 컬러(Base Color)], [거칠기(Roughness)], [노멀(Normal)], [변위(Displacement)] 맵이 추가됩니다. 이렇게 하면 기본 재질이 만들어집니다. 그리고 [RGB] 노드를 추가하여 원하는 색으로 변경합니다.

마지막으로, Ctrl + 0으로 [조합] 노드를 추가하여 이 노드와 [베이스 컬러] 텍스처를 섞습니다(**그림 8-40a, 40b**).

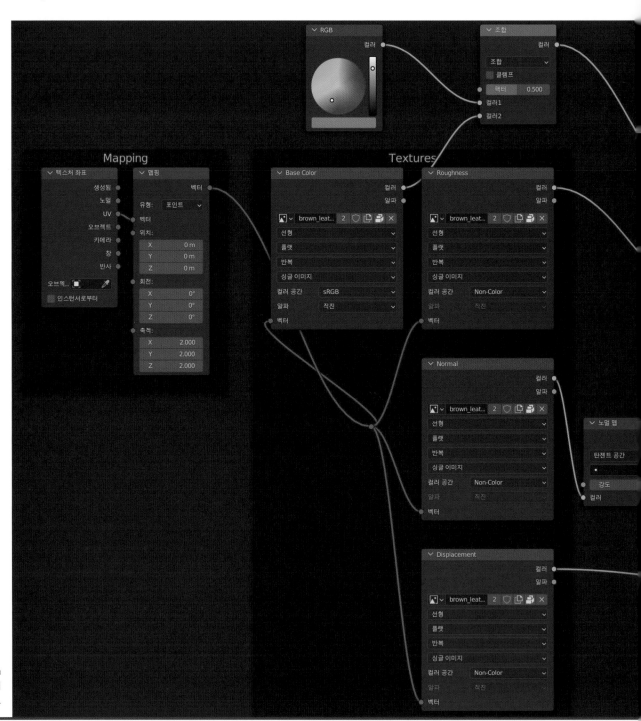

그림 8-40a
가죽 재질에
사용한 노드

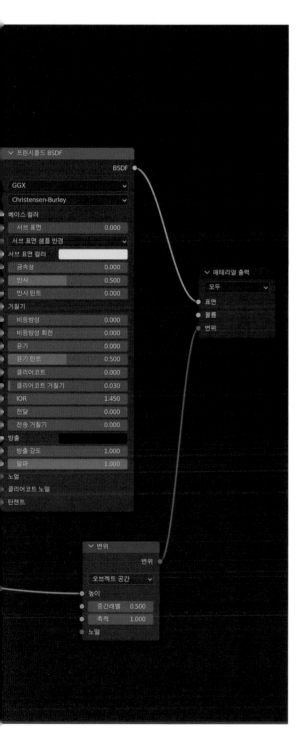

그림 8-40b 가죽 재질을 렌더링한 모습

41

몸체에는 UV가 없으므로 수염은 [버텍스 페인트(Vertex Paint)] 모드에서 칠해야 합니다. 그러면 수염 색은 [버텍스 컬러(Vertex Color)] 그룹에 저장됩니다. 3D 뷰포트에서 [버텍스 페인트] 모드로 이동하고 브러시로 수염을 칠합니다(그림 8-41a).

그리고 32단계에서 [셰이더 에디터]로 만든 피부 재질로 이동하여 노드를 추가합니다.

[컬러 속성(Color Attribute)] 노드를 이용하면 방금 칠한 것을 사용할 수 있습니다. [컬러 램프] 노드를 추가하여 강도를 조절하고 [그레이디언트 텍스처] 노드를 추가하여 그러데이션을 적용한 뒤 다시 [컬러 램프] 노드로 강도를 조절합니다.

[조합] 노드를 추가하여 [스크린(Screen)]으로 설정하고 [컬러 램프] 노드 2개를 이곳에 연결합니다. 이를 또 다른 [조합] 노드와 연결하는데, 이 노드가 수염의 파란색 [RGB] 노드와 앞서 만든 피부 노드를 연결하는 알파 맵이 됩니다(그림 8-41b, 41c).

그림 8-41a [버텍스 페인트] 모드에서 수염 칠하기

그림 8-41b 3D 뷰포트에서 본 렌더링 결과

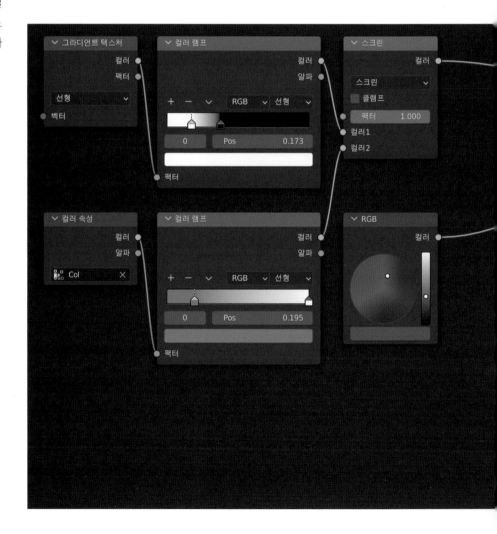

노드 그룹을 만들어 관리하세요

05-2절 174쪽에서 살펴봤듯이 노드가 많아지
면 노드 그룹을 만드는 것이 좋습니다. 그룹으
로 만들 노드를 선택하고 Ctrl + G를 누르면
됩니다. 재질을 다루는 [셰이더 에디터]와 [필터
(Filter)], [밝기/대비(Bright/Contrast)], [블러
(Blur)]와 같은 모든 노드를 한곳에 모아 후처리
(후보정) 과정을 빠르게 하는 합성기(Composi-
tor) 등에서 노드 그룹을 이용합니다.

그림 8-41c 피부 노드와 수염 노드 연결하기

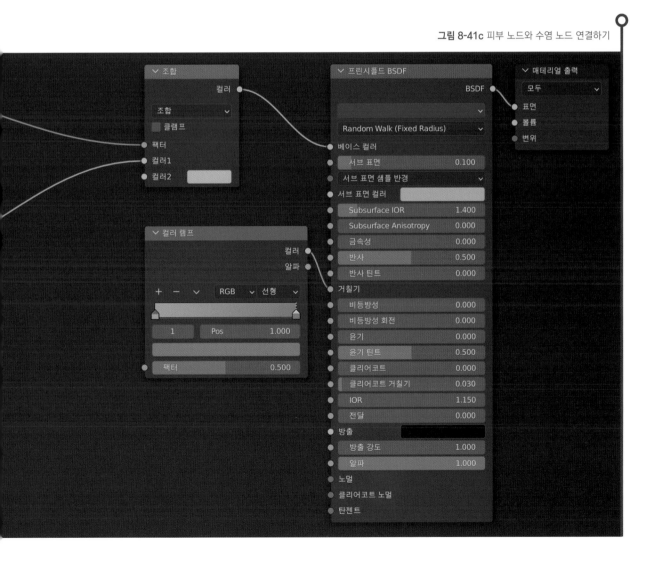

42

모피 망토는 여러 가지 색으로 구성하여 더 자연스러워 보이도록 합니다. 렌더 엔진이 [Cycles]인 상태에서 [프린시플드 헤어 BSDF(Principled Hair BSDF)] 노드와 [보로노이 텍스처] 노드를 추가하고 [축적(Scale)]을 [22.5]로 설정해 흑백 패턴을 만듭니다. 여기에 [컬러 램프] 노드를 추가하여 사용할 모피의 색 범위를 정합니다. [+] 아이콘을 클릭하면 슬라이드 색을 추가할 수 있습니다. 이 모두를 [프린시플드 헤어 BSDF]의 [컬러] 소켓에 연결합니다(그림 8-42). 자연스러운 모피 바탕으로는 점이 있는 패턴이 이상적입니다.

그림 8-42 모피 재질에 사용한 노드

08-9 · 모피와 털 표현하기

43

02-6절 42쪽에서 설명했듯이 웨이트 페인트(Weight Paint)는 특정 요소의 영향 수준을 설정하는 데 사용하는 방법입니다. 여기서는 전사 게임 캐릭터의 망토에 있는 털의 양에 영향을 주고자 사용합니다. 가중치는 따뜻한 색과 차가운 색의 그러데이션으로 표현합니다. 즉, 낮은 값은 파란색으로 표시하며 0에 가깝습니다. 이와 달리 높은 값은 빨간색으로 표시하며 1에 가깝습니다.

[웨이트 페인트] 모드로 이동하여 **그림 8-43a**처럼 브러시의 [반경(Radius)]과 [웨이트(Weight)]를 설정합니다. **그림 8-43b**처럼 털이 많은 영역을 나타내려고 설정한 브러시로 오브젝트를 칠합니다. 그리고 속성 편집기의 [파티클 프로퍼티스(Particle Properties)] 탭으로 이동하여 [+] 아이콘을 클릭하고 [버텍스 그룹(Vertex Groups)] 패널의 [밀도(Density)]에서 새로 만든 웨이트 페인트 그룹을 선택합니다.

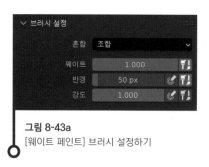

그림 8-43a
[웨이트 페인트] 브러시 설정하기

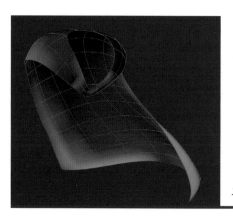

그림 8-43b 망토에 [웨이트 페인트] 적용하기

[웨이트 페인트] 모드의 도구

[웨이트 페인트] 모드의 도구에는 [그리기] 외에도 3가지가 더 있습니다.

▶ **블러(Blur):** 부드럽게 합니다.
▶ **문지르기(Smear):** 색을 다른 영역으로 번지게 합니다.
▶ **그라디언트(Gradient):** 서서히 변하도록 칠합니다.

헤더의 [웨이트(Weight) → 스무스(Smooth)] 메뉴를 이용하면 전체 오브젝트의 가중치 분포를 한 번에 부드럽게 할 수 있습니다.

44

털을 만들려면 다음 3가지가 필요합니다.

▶ 털이 날 오브젝트(그림 8-44a)
▶ 털의 크기, 양, 방식을 정한 파티클 시스템(그림 8-44b)
▶ 색소를 이용하여 털의 색을 자연스럽게 만드는 [프린시플드 헤어 BSDF] 셰이더 (그림 8-44c)

먼저 털이 날 오브젝트, 여기서는 망토를 선택하고 [셰이더 에디터]에서 [프린시플드 헤어 BSDF] 노드를 추가합니다. 다음 단계로, 털 파티클 시스템을 추가하고 마지막으로 **46** 단계의 [파티클 편집(Particle Edit)] 모드에서 털을 다듬습니다.

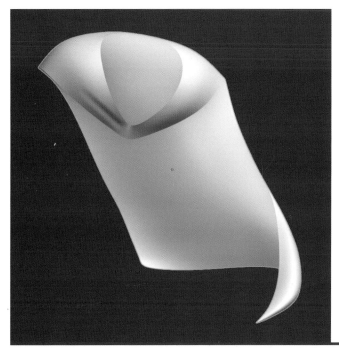

그림 8-44a
털을 표현할 오브젝트

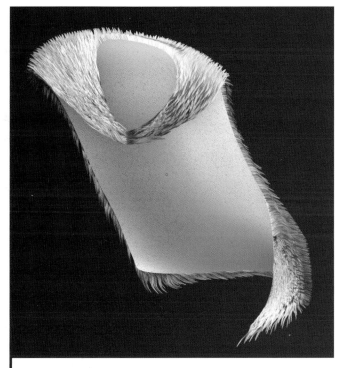

그림 8-44b 파티클 시스템

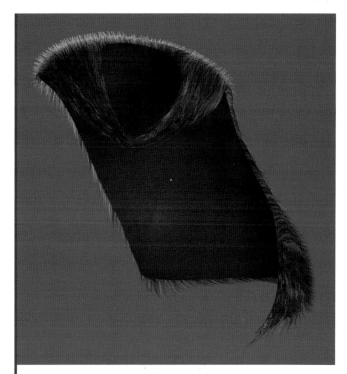

그림 8-44c 완성한 재질

45

[파티클 프로퍼티스] 탭에서 오른쪽 위 [+] 아이콘을 클릭하여 새로운 파티클 시스템을 만들고 [헤어(Hair)]를 선택합니다(**그림 8-45a**). [방출(Emission)] 패널에서 원하는 털 파티클의 개수와 길이를 설정합니다(**그림 8-45b**).
[렌더(Render)] 패널에서 [경로(Path)] 옵션의 [B-스플라인(B-Spline)]에 체크하고 [단계(Steps)]를 [8]로 설정합니다. 그리고 [뷰포트 표시(Viewport Display) 패널의 [가닥 단계(Strand Steps)]도 [8]로 설정합니다.
[자식(Children)] 패널에서 [보간(Interpolated)] 버튼을 클릭하고 뷰포트에 표시할 개수와 렌더링에 적용할 개수를 입력합니다. 여기서는 각각 [15]로 설정합니다(**그림 8-45c**). 그 아래 [응집(Clumping)] 옵션에서 [덩어리 커브를 사용(Use Clump Curve)]에 체크하여 응집을 활성화합니다. 선 끝의 점을 드래그하여 덩어리 커브를 대각선 모양으로 만듭니다(**그림 8-45d**).
마지막으로, [꼬임(Kirk)] 옵션에서 [꼬임 유형(Kink Type)]으로 [웨이브(Wave)]를 선택합니다. 이것으로 털의 기본을 완성하고 편집할 준비를 끝냈습니다.

그림 8-45a [파티클 프로퍼티스] 탭

그림 8-45b 파티클 시스템 설정하기

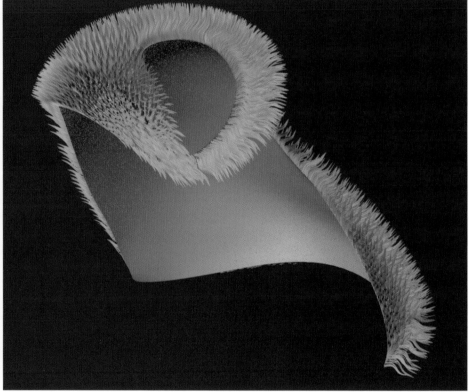

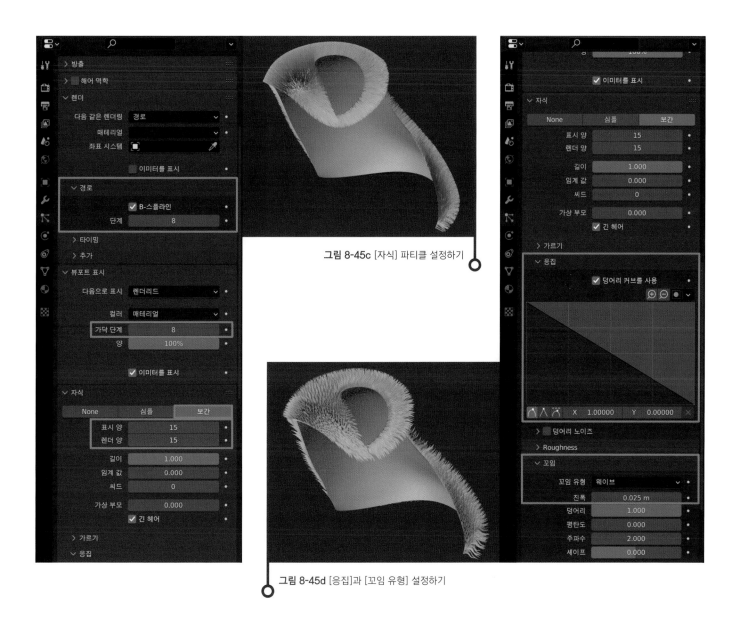

그림 8-45c [자식] 파티클 설정하기

그림 8-45d [응집]과 [꼬임 유형] 설정하기

파티클이 보이지 않는다면?

3D 뷰포트에서 털 파티클이 보이지 않는다면 [오브젝트 모드]인지를 확인하세요.

46

털 파티클을 편집하려면 헤더 왼쪽 위에 있는 모드 드롭다운 메뉴에서 [파티클 편집(Particle Edit)]을 선택합니다. 파티클을 움직이려면 선택 모드에서 [포인트(Point)]를 활성화합니다(그림 8-46a). 다음은 털 파티클을 다룰 때 사용하는 도구입니다.

▶ **빗(Comb)**: 파티클을 고르게 정리합니다.
▶ **추가(Add)**: 파티클을 추가합니다.
▶ **길이(Length)**: 파티클을 늘이거나 [Shift]를 눌러 줄입니다.
▶ **퍼프(Puff)**: 파티클을 세우거나 [Shift]를 눌러 눕힙니다.

이 도구를 이용하여 망토의 털을 다양한 모양으로 만들어 봅니다(그림 8-46b).

그림 8-46a
[파티클 편집]에서 사용하는 도구

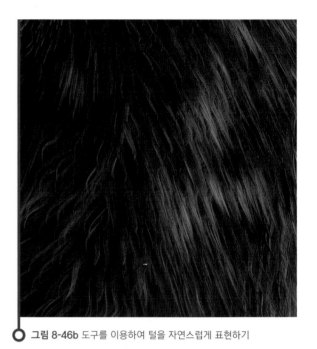

그림 8-46b 도구를 이용하여 털을 자연스럽게 표현하기

47

팔에 털을 적용하려면 [웨이트 페인트] 그룹을 만들고 털이 있는 부분과 없는 부분을 오브젝트에 칠해 표시합니다. 망토와 마찬가지로 털 파티클 시스템을 추가하고 편집하여 팔에 난 털을 원하는 모양으로 조절합니다.

여기서는 [멀티리솔루션] 모디파이어 때문에 속도가 느려져 [파티클 편집] 모드에서 빗질하기가 쉽지 않을 겁니다. 이를 개선하려면 [멀티리솔루션] 모디파이어를 맨 아래로 이동합니다.

다음으로, [셰이더 에디터]로 이동하여 [프린시플드 헤어 BSDF] 노드에서 [Melanin Concentration]을 선택하고 [멜라닌(Melanin)]을 [0]으로 설정하여 털을 하얗게 만듭니다(그림 8-47a, 47b).

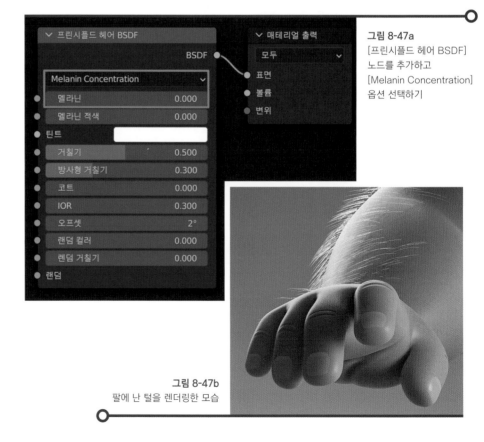

그림 8-47a
[프린시플드 헤어 BSDF]
노드를 추가하고
[Melanin Concentration]
옵션 선택하기

그림 8-47b
팔에 난 털을 렌더링한 모습

08-10 · 렌더링 설정하기

48

렌더링에는 [Cycles] 엔진을 사용합니다. 장면이 그리 크지 않으므로 그래픽 카드만으로도 렌더링할 수 있습니다.

[편집(Edit) → 환경 설정(Preferences) → 시스템(System)]으로 이동하여 GPU 옵션을 체크합니다(그림 8-48a).

Tip. 여기에서는 엔비디아 지포스 GTX 1080을 사용하므로 GPU 옵션이 아니라 [CUDA] 버튼을 클릭합니다.

속성 편집기의 [렌더 프로퍼티스(Render Properties)] 탭에서는 [렌더 엔진(Render Engine)]으로 [Cycles]를 선택하고 [장치(Device)]는 [GPU 계산(GPU Compute)]으로 설정합니다. [샘플링(Sampling)] 패널의 [렌더]에서는 노이즈를 줄이고자 [Noise Threshold]를 [0.002]로 설정하여 렌더링을 가속화합니다(그림 8-48b).

마지막으로 [성능(Performance)] 패널에서 [Use Tiling]에 체크하고 [타일 크기]에서 [256]px 정도로 큰 타일을 사용합니다.

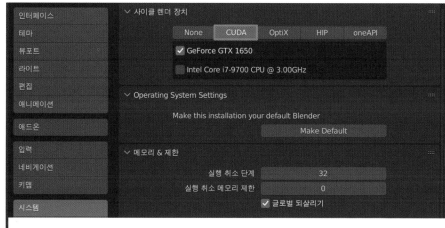

그림 8-48a [블렌더 환경 설정] 창

그림 8-48b [렌더 프로퍼티스] 탭 설정하기

08-11 · 렌더링 후처리, 후보정하기

49

회색 느낌이 드는 이미지를 피하려면 색 커브를 이용합니다. [렌더 프로퍼티스] 탭에서 [컬러 매니지먼트(Color Management)] 패널을 열고 [뷰 변환(View Transform)]을 [Filmic]으로 설정합니다. [보기(Look)] 옵션에서는 콘트라스트의 양을 선택합니다. 여기서는 [Very High Contrast]를 선택하고 [노출(Exposure)]은 [0.75]로 설정합니다. 그리고 [커브를 사용(Use Curves)] 옵션에 체크합니다.

[블랙 레벨(Black Level)]의 [R] 채널은 [-0.01]로 설정하여 붉은빛이 도는 검은색으로 만듭니다. [화이트 레벨(White Level)]의 [R]과, [G] 채널은 각각 [1.1], [B] 채널은 [1.5]로 설정하여 이미지에 따뜻한 느낌을 만듭니다(**그림 8-49**).

Tip. R은 red(빨간색), G는 green(녹색), B는 blue (파란색)를 뜻합니다.

그림 8-49
[컬러 매니지먼트] 설정 사용하기

50

이미지를 렌더링하려면 톱바 메뉴 [렌더(Render) → 이미지를 렌더(Render Image)]를 선택합니다. 그러고 나서 합성기(Compositor)를 이용하여 후처리를 진행합니다. 톱바의 [Compositing] 워크스페이스로 이동하여 왼쪽 위에 있는 [노드를 사용(Use Nodes)]에 체크합니다. 그러면 [뷰 레이어 프로퍼티스(View Layer Properties)] 탭에서 활성화한 패스를 표시한 [렌더 레이어(Render Layers)] 노드와 최종 출력인 [컴포지트(Composite)] 노드가 나타납니다. 그리고 [Shift] + [A]를 눌러 노드를 추가할 수 있습니다. 여기서는 기본인 [밝기/대비(Bright/Contrast)], [블러(Blur)], [필터(Filter)], [조합(Mix)], [RGB 커브(RGB Curves)], [컬러 균형(Color Balance)]부터 시작합시다. 각 노드를 다양하게 설정해 보고 결과에 어떤 영향을 끼치는지 확인하기 바랍니다(**그림 8-50**).

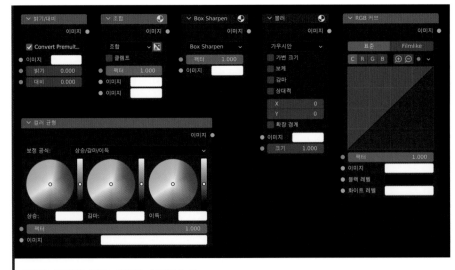

그림 8-50 합성기에서 사용하는 다양한 노드

51

합성기에 있는 [디노이즈(Denoise)] 노드를 이용하면 렌더링할 때 노이즈를 없앨 수 있습니다. 이렇게 하면 품질을 유지하면서도 렌더링 시간을 줄일 수 있습니다. 이 노드를 이용하려면 [뷰 레이어 프로퍼티스] 탭의 [패스(Passes)] 패널 아래 [데이터(Data)] 옵션에서 [노멀(Normal)]을 활성화합니다. 그리고 합성기로 돌아가 Shift + A 를 누르고 [필터(Filter) → 디노이즈(Denoise)]로 [디노이즈] 노드를 추가합니다.

마지막으로 [렌더 레이어] 노드의 [이미지] 소켓과 [노멀] 소켓을 [디노이즈] 노드의 [이미지] 소켓과 [노멀] 소켓에 각각 연결합니다(그림 8-51).

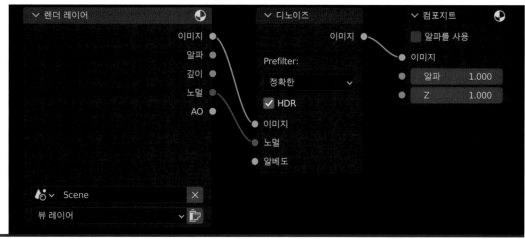

그림 8-51
[디노이즈] 노드와
소켓 연결하기

52

캐릭터를 강조하려면 합성기를 이용하여 모서리를 어둡게 만드는 비네트 효과를 적용합니다.

먼저 Shift + A 를 눌러 [매트(Matte)]의 [타원 마스크(Ellipse Mask)] 노드를 추가하고 [폭(Width)], [높이(Height)], [회전(Rotation)]에서 값을 다양하게 입력하여 시험해 봅니다. 그리고 [필터(Filter)]의 [블러(Blur)] 노드를 추가하고 [가우시안(Gaussian)]과 [X], [Y]를 이용하여 흐린 정도를 조절합니다.

마지막으로, [컬러(Color)]의 [조합(Mix)] 노드를 추가하여 블렌딩 모드를 [곱하기(Multiply)]로 선택하고 **그림 8-52**처럼 최종 결과와 비네트 효과 마스크를 연결합니다.

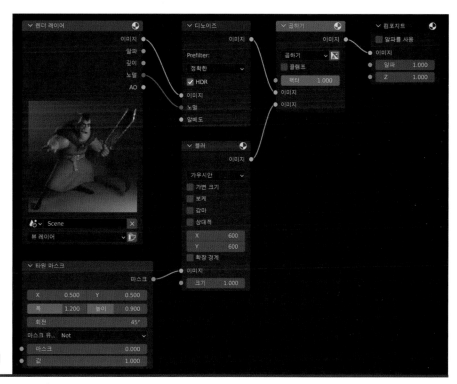

그림 8-52 비네트 효과 적용하기

53

이로써 렌더링 이미지를 완성했습니다. 다양한 각도에서 렌더링한 캐릭터의 모습을 살펴봅시다.

최종 3D 아트워크 © 알렉스 트레비뇨(원안 아트워크 © 루이 가데아)

개념 사전

어도비 애프터 이펙트(Adobe After Effects)
어도비 애프터 이펙트는 원래 동영상 편집 전문 소프트웨어였으나 이후 합성까지 가능한 소프트웨어로 진화했습니다. 동영상 효과, 합성, 모션 디자인, 동영상 편집 등에 사용합니다.

알베도 맵(Albedo map)
알베도 또는 반사율은 물체가 빛을 받았을 때 반사하는 정도를 나타내는 단위로, 일반적으로 0~100%로 표현합니다. 알베도 맵(albedo map)은 반사, 거칠기 등의 물리적 동작이 없이 재질에 바탕색을 설정하는 데 사용하는 텍스처로, 디퓨즈 맵(diffuse map)이라고도 합니다.

주변 폐색(AO, Ambient occlusion)
주변 폐색은 3D 환경에서 모든 표면에 셰이딩을 대략 적용하는 방법입니다. 이는 빛이 사라질 때까지 여러 번 반사하는 것과 같이 가까운 두 표면 사이의 빛 손실을 시뮬레이션합니다.

베벨(Bevel)
베벨 기능을 적용하면 모서리가 양쪽 두 면에 수직이 아니라 비스듬하게 기울여 깎입니다. 즉, 베벨은 두 면 사이의 각도를 줄여서 경사진 모서리 면을 만듭니다.

불리언(Boolean)
불리언 기능을 이용하면 메시 오브젝트가 2개 이상 교차하는 부분을 이용하여 합치거나 빼거나 새로운 기하 도형을 만들 수 있습니다.

색 수차(Chromatic aberration)
광학에서 색 수차는 카메라가 동시에 빨간색, 녹색, 파란색 파장에 초점을 맞추지 못하는 현상을 일컫습니다. 이 때문에 사진의 피사체 주위가 흐려지거나 가장자리에 변색이 일어납니다. 컴퓨터 그래픽에서는 이미지의 각 색상 채널을 상쇄하여 이 물리 현상을 시뮬레이션하고 좀 더 현실적이고 영화 같은 느낌이 들도록 합니다.

CPU(central processing unit)
중앙 처리 장치로 컴퓨터에서 계산을 담당하는 곳입니다. CPU의 성능이 좋을수록 복잡하고 부담이 큰 작업도 쉽게 처리할 수 있습니다.

실린더(Cylinder)
실린더는 헤더의 왼쪽 메뉴에서 [추가(Shift + A) → 메쉬]를 클릭하면 보이는 하위 메뉴 10개에 속합니다. 실린더 외에 평면, 큐브, 원형, UV 구체, 아이코 구체, 원뿔, 토러스, 격자, 원숭이 메뉴가 있습니다.

변형(Deformation)
모디파이어나 전용 도구를 이용하여 오브젝트를 구부리고 비틀고 크기를 조절하는 역할을 합니다.

선(Edge)
두 정점 사이의 선 또는 두 면이 만나는 곳을 말합니다. 면을 만들려면 선이 최소 3개 있어야 합니다.

돌출(Extrude)
하나 이상의 점, 선, 면을 당기거나 밀어 새로운 기하 도형을 만듭니다. 돌출 기능을 이용하면 원하는 축을 따라 새로운 기하 도형을 만들 수 있습니다.

면(Face)
정점과 선으로 정의한 평면입니다. 그리고 여러 개의 면은 3D 오브젝트의 표면을 정의합니다. 선 3개는 삼각형을 만들고 선 4개는 사각형을 만듭니다. 선 5개 이상으로 만든 도형은 n각형(n-gon)이라고 합니다.

가우시안 블러(Gaussian blur)
가우스 함수를 이용하여 이미지를 흐리게 하는 방법입니다. 부드럽고 고른 흐림 효과를 만듭니다. 독일 수학자인 카를 프리드리히 가우스(Carl Friedrich Gauß)의 이름을 딴 용어입니다.

GPU(graphic processing unit)
컴퓨터의 그래픽 처리 장치로, 보통 그래픽 카드에 내장되어 있습니다. 명령을 처리하고 연산하는 역할을 한다는 점에서는 CPU와 같지만, CPU가 복잡한 연산을 처리하기 위해 연산 속도에 집중하는 반면, GPU는 그래픽 계산을 주 목적으로 하며 간단한 알고리즘을 대량으로 빠르게 계산한다는 차이점이 있습니다.

헥스 코드(Hex code)
일반적으로 웹 디자인이나 그래픽 소프트웨어에서 색을 표현하는 데 사용하는 16진수를 말합니다. 색은 문자와 숫자 6자리로 이루어집니다.

보간(Interpolate)
곡선의 움직임을 정의하는 수학 기능입니다. 그레이디언트 색 대조나 움직임의 속도와 같은 출력 결과에 영향을 끼칩니다.

텍스처 매핑(Texture mapping)
3D 그래픽에서 텍스처 매핑은 3D 모델 표면에 이미지(텍스처)를 투사하는 방법을 말합니다.

재질(Material)
재질은 반사, 투명, 반투명, 색 거칠기 등을 이용해서 표면이 빛에 어떻게 반응하는지를 결정하는 알고리즘과 셰이더의 조합입니다. 즉, 표면 재질에서 빛이 나게 해서 광원 역할을 하게 만들 수도 있고, 투명도·반사·굴절 등을 조절해서 인간의 피부나 대리석, 보석과 같은 재질을 사실적으로 표현할 수도 있습니다.

메시(Mesh)
정점, 선, 면으로 구성된 3D 오브젝트 구조입니다. 공간에서의 점 네트워크가 3D 오브젝트의 메시를 구성합니다.

모델링(Modeling)
3D 가상 공간에서 모델(물체, 오브젝트)의 형태를 만드는 작업을 말합니다. 모델링은 폴리곤이라는 삼각형 또는 사각형의 면을 조합해 형태를 만드는 폴리곤 모델링, 공업 제품을 설계할 때 사용하는 스플라인 모델링으로 크게 구분합니다. 일반적으로 폴리곤 모델링을 많이 사용하는데 블렌더는 두 방식 모두 제공합니다. 이 책에서는 폴리곤 모델링을 중심으로 설명합니다.

노드(Node)
수학 함수, 색 함수, 셰이더 알고리즘을 시각적으로 나타낸 것입니다. 사용자는 노드를 눈으로 직접 확인하며 직관적으로 연결할 수 있습니다.

법선(Normal)
법선이란 표면의 한 점에 수직인 방향 벡터입니다. 표면에 반사한 빛의 움직임을 계산하는 데 사용합니다.

누크(NUKE)
누크는 파운드리가 개발한 합성 전문 소프트웨어입니다. 기능은 어도비 애프터 이펙트와 비슷하나 노드를 기반으로 하므로 더 많은 가능성을 제공합니다. 규모가 크고 복잡한 것을 제작할 때 자주 사용합니다.

오브젝트(Object)
블렌더에서 오브젝트란 위치, 방향, 크기 정보를 저장한 상자로, 어떤 형태의 오브젝트 데이터이든 담을 수 있습니다.

오브젝트 데이터(Object data)
오브젝트 데이터는 블렌더 오브젝트 안에 있으며, 메시 데이터가 있는 메시 오브젝트인지, 초점 거리나 피사계 심도 등의 카메라 데이터가 있는 카메라 오브젝트인지 등 그 목적을 정의합니다.

파티클(Particle)
파티클의 사전 의미인 아주 작은 입자나 조각처럼 작고 단순한 이미지 또는 메시를 말하며, 설정한 오브젝트에서 대량 발생시킬 수 있는 기능입니다. 블렌더에서는 입자의 형태를 변경해 군중을 표현하거나 연속해서 발생시켜 머리카락을 만들고 헤어 스타일을 꾸미는 기능도 제공합니다.

평면(Plane)
블렌더에서 평면은 정점 4개와 각도 2개로 이루어진 기본 3D 메시 오브젝트입니다. 평평한 2D 표면이나 모양을 일컬을 때도 사용합니다.

램(RAM)
랜덤 액세스 메모리(random-access memory)의 줄임말로, CPU가 계산한 내용을 저장하는 기억 장치입니다. 계산이 끝나면 다른 계산을 위해 RAM을 지웁니다. 컴퓨터의 램 용량이 크면 더 많이 계산하고 멀티태스킹을 더 효율적으로 수행할 수 있습니다.

래스터화(Rasterize)
컴퓨터 스크린에 표시할 수 있도록 이미지를 픽셀로 변환하는 과정입니다. 래스터 이미지는 크기와 품질이 정해지지만, 픽셀과 달리 벡터 이미지는 수학 공식으로 정의하여 품질을 유지한 채 크기를 얼마든지 조절할 수 있습니다.

렌더링(Rendering)
렌더링은 가상의 카메라를 통해 오브젝트 표면의 빛 움직임을 계산하고 그 결과를 이미지로 출력하는 과정입니다. 결과 이미지를 '렌더'라고 합니다.

씬(Scene)
3D 뷰포트에 표시되는 가상 공간을 말하며 새 파일을 만들면 육면체(Cube), 카메라(Camera), 조명(Light)이 배치되어 있습니다. 블렌더에서는 파일 하나에 여러 씬을 만들 수 있어서 다양한 상황을 일괄해서 관리할 수 있습니다.

셰이더(Shader)
표면의 투명도를 정의하는 투명 셰이더나 표면의 빛 방출을 만드는 방출 셰이더처럼 셰이더 역시 표면 속성을 정의하는 재질의 하위 요소입니다. 이들 알고리즘은 각각의 특별한 움직임을 시뮬레이션합니다.

반사(Specularity)
표면의 반사 정도를 가리킵니다. 즉, 얼마나 빛나는가를 나타내는 수준입니다.

하위 표면 산란(Sub-surface scattering)
SSS로 나타내기도 하는 하위 표면 산란이란 빛이 피부나 반투명 유리처럼 투명한 표면에 들어와서 이를 반사하고 재질을 빠져나가면서 빛을 산란하여 부드럽게 빛나는 것을 말합니다. 주변 사물 대부분은 어느 정도 하위 표면 산란을 만듭니다. 흔히 머리 뒤에서 빛을 비추었을 때 사람이나 동물의 귀 주변이 붉게 빛나는 모습 등을 예로 들 수 있습니다.

텍스처(Texture)
3D 오브젝트에 투사하여 겉모양을 꾸미거나 재질 움직임에 영향을 미치는 2D 이미지입니다.

스레드(Threads)
스레드란 CPU의 가상 코어를 일컫습니다. 최근 CPU에는 2개의 스레드로 나눈 코어가 여러 개 있습니다. 각 스레드를 특정한 계산에 할당하여 소프트웨어를 한 번에 여러 개 사용하거나 이미지를 더 빠르게 렌더링할 수 있습니다.

타일(Tiles)
렌더링할 때 이미지를 크기가 같은 조각으로 나누고 GPU나 CPU를 이용하여 차례대로 계산합니다. 하나의 스레드로 타일 하나를 계산합니다. CPU 성능이 좋을수록 더 많은 타일을 한 번에 계산할 수 있습니다.

토폴로지(Topology)
메시 오브젝트의 정점, 선, 면의 좌표와 순서를 말합니다. 특히 연결된 면을 대상으로 하며, 메시를 변형하거나 메시가 빛과 상호 작용하는 방식을 정의합니다.

UV
UV란 3D 오브젝트를 펼치거나 투사한 2D 좌표를 일컫습니다. 이 좌표에 따라 오브젝트에 텍스처를 적용할 때 UV를 사용해서 UV 맵을 생성합니다.

정점(Vertex)
폴리곤의 모서리 점 또는 다른 정점과 연결된 선의 끝을 말합니다.

비네트(Vignette)
이미지의 모서리를 어둡게 하면 이미지 가운데를 강조하는 효과가 생깁니다. 비네트는 아날로그 카메라를 사용할 때 생기는 원치 않던 효과였으나, 지금은 렌더링한 이미지에 좀 더 현실적인 느낌을 주고 시선을 가운데에 집중하도록 합니다.

VRAM
비디오 랜덤 액세스 메모리(video random-access memory)의 줄임말로, 그래픽 카드에 내장된 RAM이며 오직 GPU만 사용합니다. VRAM 용량이 클수록 복잡한 이미지를 계산할 수 있습니다.

이 책에 참여한 작가

피에릭 피코(PIERRICK PICAUT)

CG 디렉터 & 블렌더 강사

www.artstation.com/pieriko

블렌더 재단 인증 트레이너이자 NOARA 게임 제작에 참여한 아트피크 스튜디오(Atypique Studio)의 CG 디렉터입니다. 게임 애니메이션에 열정을 갖고 블렌더와 CG를 주제로 교육 콘텐츠를 만듭니다.

알렉스 트레비뇨(ALEX TREVIÑO)

3D 전문가

aendom.com

독립 3D 아티스트로, 자신의 능력을 향상하고자 늘 새로운 기법을 시도하며 프로젝트마다 더 나은 워크플로를 찾고자 합니다.

마이클 A. 로하스(MICHAEL A. ROJAS)

디지털 아티스트

artstation.com/mikered

마이크 레드(Mike Red)로도 알려진, 베네수엘라의 오큐마레 델 투이라는 작은 마을에서 태어난 디지털 아티스트입니다. 스무 살이 되자 페루의 리마로 이주했습니다. 예술, 캐릭터 디자인, 자연을 사랑하며 블렌더를 시작한 이후 작업을 한 번도 멈춘 적이 없습니다.

후안 에르난데스(JUAN HERNÁNDEZ)

CG 디자이너

artstation.com/donchuan3d

베네수엘라에서 태어난 3D 디자이너이자 캐릭터 아티스트입니다. 체코 프라하에 있는 PFX 스튜디오에서 일하며 멋지고 현실감 나는 3D 일러스트레이션 만들기를 즐깁니다. 독학으로 지금에 이르렀습니다.

온라인 독자 설문 — 보내 주신 의견을 소중하게 반영하겠습니다!

오른쪽 QR코드를 스캔하여 이 책에 대한 의견을 보내 주세요. 더 좋은 책을 만들도록 노력하겠습니다. 의견을 남겨 주신 분께는 보답하는 마음으로 다음 6가지 혜택을 드립니다.

❶ 추첨을 통해 소정의 선물 증정   ❷ 이 책의 업데이트 정보 및 개정 안내
❸ 저자가 보내는 새로운 소식   ❹ 출간될 도서의 베타테스트 참여 기회
❺ 출판사 이벤트 소식   ❻ 이지스 소식지 구독 기회

전 세계에서 활약하는 프로 작가들의 작품을 그대로 따라 그린다!

1권

아이패드 드로잉 & 페인팅
with 프로크리에이트

디즈니, 블리자드, 넷플릭스에서 활약하는
프로 작가 8명의 기법을 모두 담았다!

3dtotal Publishing 지음 | 김혜연 옮김
가격 20,000원

전 세계 프로 작가 8명이 알려 주는 캐릭터 아트워크 그리기

아이패드로 캐릭터 디자인
with 프로크리에이트

2권

아이패드로 캐릭터 디자인
with 프로크리에이트

3dtotal Publishing 지음 | 김혜연 옮김
가격 20,000원

이 책의 작가들이 직접 제작한
브러시와 밑그림으로 실습해 보세요!

3dtotal Publishing 지음
김혜연 옮김

이지스 퍼블리싱